方言学の未来をひらく

オノマトペ・感動詞・談話・言語行動

小林隆

川﨑めぐみ

澤村美幸

椎名渉子

中西太郎

ひつじ書房

目　次

序：方言学の新分野─本書へのナビゲーション─　　1
　　　　　　　　　　　　　　　　　　　　　小林　隆
1. 本書がめざすもの　　1
2. この本のしくみ　　2
3. 研究の難しさを乗り越えるために　　4
4. 新たな分野の興味と意義　　7

第1章　オノマトペの方言学　　11
　　　　　　　　　　　　　　　　　　　　　川﨑めぐみ
1. 研究史と課題　　11
    1.1. オノマトペの研究史　　11
    1.2. オノマトペ研究の課題　　20
2. 方法と資料　　21
    2.1. 方言オノマトペの収集　　21
    2.2. 方言オノマトペの調査方法　　24
    2.3. 方言オノマトペの分析方法　　27
3. 研究の実践(1)─記述的研究〈オノマトペ辞「ラ」を例に〉─　　30
    3.1. 先行研究　　31
    3.2. 調査地域の概要　　32
    3.3. 調査・収集の方法　　32
    3.4. オノマトペ辞「ラ」を持つオノマトペ　　33
    3.5. オノマトペ辞「ラ」の特徴　　34

		3.6. 「ラ」による語形の派生	37
		3.7. まとめと今後の課題	50
4.	研究の実践(2)		
	―地理的研究〈グイラ・ボット系オノマトペを例に〉―		50
		4.1. 調査対象のオノマトペについて	51
		4.2. 副詞の種類とオノマトペ	52
		4.3. 陸羽東線グロットグラムから見た地理的展開	55
5.	調査項目案		59
		5.1. 汎用的調査項目	59
		5.2. 個別調査項目	77

第2章　感動詞の方言学　　　　　　　　　　　　　　87

小林　隆・澤村美幸

1.	研究史と課題		87
	1.1. 感動詞の範囲		87
	1.2. 感動詞の先行研究		90
	1.3. 感動詞研究の課題と方法		92
2.	資料と方法		114
	2.1. 感動詞の資料		114
	2.2. 感動詞の調査方法		118
	2.3. 場面および調査項目の設定		120
3.	研究の実践(1)―記述的研究〈アバ系感動詞を例に〉―		122
	3.1. 「バ」の意味		122
	3.2. 「バ」の形態―調査Aによる―		128
	3.3. 「バ」の形態―調査Bによる―		134
	3.4. 「バ」と文の種類・文型		144

4. 研究の実践(2)―地理的研究〈アバ系感動詞を例に〉―　149
    4.1. アバ系感動詞の範囲　149
    4.2. 全国分布調査によるアバ系感動詞の収集　153
    4.3. アバ系感動詞の回答一覧　157
    4.4. アバ系感動詞の形式上の特徴とその分布　163
    4.5. アバ系感動詞の意味上の特徴とその分布　172
    4.6. 地域差の詳細、および、記述的研究との関わり　184
  5. 調査項目案　185

第3章　談話の方言学　207
椎名渉子・小林　隆

  1. 研究史と課題　207
    1.1. 方言学における談話研究　207
    1.2. 談話研究の課題　209
  2. 資料と方法　211
    2.1. 方言の談話資料　211
    2.2. 今後のための資料の方法論　215
    2.3. 分析の対象と観点　220
    2.4. 分析のための単位　226
  3. 研究の実践(1)―記述的研究〈不祝儀の挨拶の談話を例に〉―　230
    3.1. 要素の抽出・分類　230
    3.2. 談話の構成を捉える　239
  4. 研究の実践(2)―地理的研究〈不祝儀の挨拶の談話を例に〉―　250
    4.1. 弔いの発話とそれに応じる発話―談話の部分構成を見る―　251
    4.2. 儀礼対応における発話内容―発話の構成を見る―　253
    4.3. 儀礼対応における表現法―発話の要素を見る―　258
    4.4. 不祝儀談話の性格―談話の要素を対象にする―　263

5. 調査項目案　274
      5.1. 方言談話資料の話題・場面一覧　274
      5.2. 『生活を伝える被災地方言会話集』の場面一覧　274

第4章　言語行動の方言学　339
中西太郎

   1. 研究史と課題　339
      1.1. 言語行動の研究史　339
      1.2. 言語行動研究の課題　341
   2. 方法と資料　345
      2.1. 言語行動研究の対象の設定　345
      2.2. 言語行動研究の方法論　350
      2.3. 言語行動の資料　358
   3. 研究の実践(1)―記述的研究〈祝いの言語行動を例に〉―　364
   4. 研究の実践(2)
      ―地理的研究・社会的研究〈出会いのあいさつを例に〉―　374
      4.1. 言語行動学的観点での出会いのあいさつの地理的研究　375
      4.2. 言語行動学的観点での出会いのあいさつの社会的研究　385
      4.3. 複合的観点による言語行動の方言学的研究　388
   5. 調査項目案　393
      5.1. 記述的研究のための調査項目　393
      5.2. 地理的研究のための調査項目　394

あとがき　409
索引　411

序：方言学の新分野
―本書へのナビゲーション―

小林　隆

1.　本書がめざすもの

　方言学は、今や新たな分野に歩み出そうとしています。従来、言葉の中核的・構造的な側面に研究が集中していたものが、最近では、周辺的・運用的な側面に関心が移りつつあります。ただし、そうした新たな研究動向を踏まえ、これからの研究をサポートするような手引きはまだありませんでした。未開拓の分野の研究を活性化させるために、先導役を果たすような指南書が求められています。本書は、そうした期待に応えるべく企画したものです。

　しばらく前、同じくひつじ書房から『方言の発見―知られざる地域差を知る―』という本を刊行しました。この本も新たな方言学を切り拓く意図を込めたものでしたが、トピック的な論文集であったため、未開拓の分野のおもしろさは伝えられたと思うものの、研究の前提や方法・資料といった基礎的な面を扱うことはできませんでした。そこで、本書では、そうした研究の基盤となる部分に目を向け、新分野の研究にとって必要と思われることがらを一通り解説していきたいと考えました。先の『方言の発見』が先遣隊の役割であったとすれば、今回の『方言学の未来をひらく―オノマトペ・感動詞・談話・言語行動―』は、いよいよ本格的に未開の地へ向けて本隊を動かしていこうという試みとも言えます。

　本書で取り上げた新分野とは、副題にもあるとおり、オノマトペ、感動詞、談話、言語行動の4つです。これらの分野について、初めてこの分野

に触れる方々にもわかりやすいように、教科書的・マニュアル的な要素も盛り込みながら、具体性のある内容をめざしました。すなわち、先行研究を概観して課題を整理し、今後のための方法論や資料論を検討しながら実践例を示すことにしました。さらに、これからこの分野の調査を行おうとする方々のために、調査項目の案も付してみました。

　ところで、本書が取り上げる分野は、方言学のみでなく、日本語学（現代語研究・歴史研究）や言語学においても、まだまだ研究の日が浅いと言えます。したがって、本書は、日本語学にとっても言語学にとっても、今後の研究のために役立つ部分があるのではないかと思います。オノマトペ、感動詞、談話、言語行動といったキーワードに関心のある方々にとって、本書が何らかの参考になれば幸いです。

2.　この本のしくみ

　今述べたとおり、本書はオノマトペ、感動詞、談話、言語行動の4つの分野を取り上げています。それらを次のように4つの章に配置しました。執筆者と共に示します。

　　　第1章　オノマトペの方言学　　　川﨑めぐみ
　　　第2章　感動詞の方言学　　　　　小林隆・澤村美幸
　　　第3章　談話の方言学　　　　　　椎名渉子・小林隆
　　　第4章　言語行動の方言学　　　　中西太郎

　そして、各章の中を以下の5つの節で構成し、内容に統一性をもたせることにしました。

　　1. 研究史と課題
　　2. 方法と資料
　　3. 研究の実践(1)―記述的研究―

4. 研究の実践(2)―地理的研究(・社会的研究)―
　　5. 調査項目案

　まず、「1. 研究史と課題」では、その分野におけるこれまでの研究を概観し、これからの研究課題を提示します。その際、方言研究のみでなく、日本語学(現代語・歴史)や言語学の成果にも目を配るようにしています。次に、「2. 方法と資料」では、前節の研究史・課題を踏まえながら、その分野における研究対象の設定や、調査方法・分析方法について具体的に解説します。資料については、これまで公にされていて利用可能なものを整理しつつ、今後のあり方などにも触れることにします。なお、この第1節と第2節はいわば概説編にあたる部分であり、章によっては執筆者の書きやすいように、2つの節の間に内容上の出入りがあります。
　続いて、「3. 研究の実践(1)」「4. 研究の実践(2)」はその名のとおり実践編にあたるものです。ここでは、各執筆者が自身の得意分野について具体的な題材を選び考察を展開します。(1)(2)の2つの節に分けたのは、方言学にとっての両輪とも言える「記述的研究」と「地理的研究」をテーマにしたからです。このうち、「3. 研究の実践(1)」では特定地点を選び、記述の見本を示しました。一方、「4. 研究の実践(2)」では地理的な研究を行いましたが、ひと口に地理的と言っても、章によって方言地理学によるもの・対照方言学によるもの、また、広域を扱うもの・狭域を扱うもの、さらに、分布図を使うもの・グロットグラムを使うものといったバラエティがあります。さらに、第4章では、言語行動という特性に応じて、社会的研究にも視野を広げました。これらの章では、概説編で述べた内容のほんの一部を実践できたにとどまりますが、読者のみなさんにとっては、新たな分野の研究に具体的に触れることのできる場となるでしょう。
　最後に、「5. 調査項目案」では、これから研究を始めようとする方々のために、調査項目の案を示します。もっとも、その分野の調査項目の全体像や理想像を現段階で示すことは難しいので、見本として一部のみ掲げたり、視点や対象を限定して提示したりしました。中には、調査票的なものを例示す

るに留まった部分もあります。それらの多くは、これまで執筆者たちが実際に調査で使用したものに基づいています。その点で、本書に掲げる調査項目案は一つの叩き台の役目を果たすものであり、今後、利用者がそれぞれの立場から改良・充実を図っていくことが期待されます。

3. 研究の難しさを乗り越えるために

さて、話題を変え、本書が扱う新たな分野の難しさとおもしろさについて述べてみます。

まず、難しさですが、オノマトペや感動詞、談話、言語行動といった分野の研究がまだ十分進んでいないのは、それらが言語にとって周辺的なものとみなされたり、対象として複雑すぎると考えられたりしてきたことが一つの理由だと思われます。そのため、まず言語の中核的・基礎的な部分からスタートし、いずれこれらの分野へも進もうということで、研究が後回しにされてしまったわけです。これはもっともな理由ですが、ただそれだけでなく、むしろ、研究者にとって、これらの分野をどう研究すべきかよくわからなかったというのが本音ではないかと思われます。

これらの分野に共通しているのは、形や意味が不明瞭で、構造が見えにくいという点です。例えば、感動詞の「あ」の形をとらえようとしても、「あっ」「あー」「あーあ」などといった無数のバリエーションをどう処理してよいか困ります。「あ」の意味は何かと問われても、驚きとか感動とかいった程度のことは即座に言えるにせよ、厳密に考えようとすると、どう深めていけばよいかわからなくなります。オノマトペも、形態は感動詞よりとらえやすそうですが、意味となるとやはり難解です。談話や言語行動は対象が長くなる分だけ形と意味の問題が複雑化し、その構造を把握するといっても、いったいどんなふうにアプローチするのが適当か頭を抱えてしまいます。その上、これらの分野はいずれも個人差が大きそうで、果たして地域差が見えてくるのか不安だということもあります。

こうした問題に具体的にどう対処するかは各章を見ていただくことにし、

ここでは基本的な研究姿勢として、次の3つの点を提案しておきたいと思います。

(1)対象を定まったものとみなさず、曖昧さを持つものとして理解する。
(2)対象を静的に見るのではなく、動的なプロセスとしてとらえていく。
(3)明確な結果が現れるとは考えず、大局的な傾向として把握していく。

(1) 曖昧で自由度の高い研究対象

まず、対象の性格についてですが、(1)の点は、オノマトペや感動詞、談話、言語行動といった研究対象が明確で確固とした姿を持つものではなく、多分に曖昧さや自由さを抱えたものではないかということです。そうした性格を持つならば、研究対象によっては形や意味の細部、あるいは構造の詳細を厳密に明らかにすることが、そもそも難しいということになります。

このような研究対象に対しては、最初から分析の精密化を求めることは得策ではありません。まず、大局的な視点から、現象が見せる特徴や型を把握したり、現象を成り立たせる規則や条件をとらえたりするのがよさそうです。そうした型や規則から外れる部分は、対象が内包する曖昧さや自由さのなせるところであり、そこに拘泥していると、先に進めなくなってしまう恐れがあるからです。曖昧な部分の説明は、思い切って後回しにするということでもよいでしょう。

以上のように、新しい分野では、緩やかに現象をとらえるアプローチとでも呼ぶべき研究姿勢が必要に思われます。この場合、実証に重きを置く帰納的な見方のみでなく、仮説に基づく演繹的な見方も大切であると思われます。その現象にとって何が重要なのか、観察者としての直感も大事になってくるでしょう。

(2) 現象を生み出すプロセスとしての理解

次に、(2)の点は、(1)に述べた曖昧さや自由度の高さというものを考えたとき、研究対象をでき上がった完成品として静的に扱うのではなく、それ

を生み出すプロセスとして動的に理解することが有効かもしれないということです。これは、オノマトペ・感動詞・談話・言語行動といった分野の言葉を、辞書的にリストアップされる目録のようなものとして扱うのではなく、その場で状況に応じて作り出されるある種の生成過程のようなものとして見るということでもあります。

例えば、これらの分野では、そもそも最初からすべてが備わったものとして言葉が存在するのではなく、何か基本となる言葉の型や骨組みだけが存在すると仮定します。そして、何らかの生成規則により、そうした型・骨組みに対して現場の状況に応じた肉付けがなされ、実際の現象が生起する、というふうに考えます。この肉付けの部分が厳密に規定されておらず、恣意性を許容するものであるとすると、(1)で指摘したような曖昧さや自由さが現象面に現れることになります。

このように研究対象を生成のプロセスとしてとらえる考え方では、基本となる型や骨組みといったものの検討が重要になってくるでしょう。また、現場の状況と言語的な肉付けとの関係をつかさどる規則についての考察も必要になります。そうした検討の中で、その研究対象にとって、どこまでが厳格に決められており、どこからが話し手の自由に任されているのかが見えてきそうに思われます。

(3) 傾向としてとらえる研究手法

最後に、(3)の点は、(1)(2)を踏まえたうえで、これらの分野の研究手法に関わる一つのポイントを指摘したものです。つまり、ここまで述べてきたように、対象がファジーな性格を持つものであるとすると、現象の現れ方は時と場合によって異なってくることになります。もちろん、その「時」と「場合」を厳密に検討し、掘り下げる必要はありますが、対象の性格上、どうしても曖昧さや自由な側面は残るだろうと思われます。

そして、その部分に話し手の個性の影響が大きく作用する可能性があります。個人差が現れてしまうということです。そうなると、地域差を見ようとしても、明確な違いが現れてこないことになります。東西方言境界線といっ

たような、何か一本の線で仕切られる理想的な地域差が立ち現れることは望みにくいでしょう。これまでの研究分野でも不明瞭な分布は見られますが、新たな研究分野では、それが一層顕著になるだろうと予想されます。

それでも、地域差自体の存在は疑う余地がないと思われます。それは各章を見ていただければわかります。ただ、その地域差のあり方が、従来知られているような、はっきりした姿をしていないというだけのことです。新たな分野においては、明瞭な地域差が現れないといってがっかりせず、大局的な傾向を把握することを目標とすべきです。そのためには、質的な調査とともに、量的な調査が不可欠になります。一地点内のサンプル数を確保する多人数調査によって割合として傾向をつかんだり、方言地理学的な分布調査でグラデーションとして傾向を把握したりする、といった見方が必要になるでしょう。

4. 新たな分野の興味と意義

研究の難しさについて先に述べてしまいましたが、それにも増して、新たな分野は私たちを引きつけてやまない魅力に満ちています。それは本書の執筆者たちが実感するところです。それでは、オノマトペや感動詞、談話、言語行動といった分野は、どこがおもしろいのでしょうか。研究の意義はどこにあるのでしょうか。私なりに次の3点を挙げてみました。

(1)従来、知られていない世界の地域差を発見する楽しみがある。
(2)言葉を操る発想法レベルで方言について考えることができる。
(3)コミュニケーションギャップを解消する手がかりが得られる。

(1) 知られざる地域差の発見

まず、なんといっても(1)の点が大きいでしょう。新たな分野に挑戦するわけですから、そこで発見される地域差はとても新鮮で、驚きに満ちたものになるはずです。音や様態の写し取り方、驚きや歓喜・悲嘆の声、あるい

は、おしゃべりのし方やお礼・お詫びの言い方など、これまでほとんど気づかれなかった方言的な違いが目の前に姿を現す体験は純粋に楽しいと言えます。一般に、研究の蓄積とともに専門性が増し、細かな部分を精密化するような段階に入っていきますが、そうなると、逆に研究の楽しさは薄れてしまう気がします。わくわくするような研究の醍醐味は、未知との遭遇に勝るものがないと言えば過言でしょうか。

　また、現在の方言学はそれなりに進化を続けていますが、正直、停滞の感がぬぐえません。理論の見直しや記述の徹底も必要ですが、一方で、新たな研究対象を開拓することも重要です。料理に喩えれば、調理法や味付けの工夫を怠ってはいけないものの、それだけでは物足りないのと似ています。新たな食材を探し出し、そのおいしさを引き出すことも大切であり、それによって料理の世界は大きく拓けていきます。方言学が新たな分野へ挑戦することは、そうした料理のあり方になぞらえて考えることができます。未開の分野を切り開くことは、現在の方言学が再び活性化するために、取り組まなくてはいけない課題だと言えるでしょう。

(2) 発想法レベルの方言学へ

　ところで、新しい分野へのチャレンジは、もしかしたら、方言というものの見方を大きく変えることになるかもしれません。それが(2)に挙げた点です。先に研究の難しさについて言及した際、オノマトペや感動詞、談話、言語行動といった分野は多分に曖昧さや自由さを持つ、といった趣旨のことを述べました。この曖昧さ・自由さは要するに規則でがんじがらめにされていないことを意味します。研究が進んでいる音韻・アクセントや文法の世界は、この規則がしっかりしていてあまり緩みがありません。語彙も、一つの概念には一つの形式が対応するのが基本で、同じものごとを指すのにいろいろな言い方が存在するわけではないのです。

　それに比べると、未開拓の分野の規則は非常に緩やかなものではないかと考えられます。規則が緩やかでそれに縛られないということは、そこに表現の自由が働く余地があるということです。表現の自由、つまり、同じものご

とに対してどのように言葉を当てはめるか複数の選択肢があり、その判断が話し手に任されているということです。その判断には、どの選択肢も選ばない、つまり、言葉を使わない、表現しないというケースも含まれます。

このように、言語使用の自由度が高く、話し手に任される部分が大きいとすると、そこには言葉に対する話し手の志向や好みが自ずと反映されると考えられます。そうした志向や好みが個人的なレベルのものであると、先に述べたようにうまく地域差となって見えてきませんが、これが個性を超えた地域共同体に共通するものであると、それは地理的な傾向となって現れてくる可能性があります。この場合、私たちは形式や意味の世界の地域差を観察しているつもりで、実は、その背後に潜む、言葉に対する話し手の態度の地域差を見ていることにもなります。すなわち、新たな分野の地域差は、各地の人々が言語とどう向き合い、どんな発想法で言葉を操っているかを知るための重要な手がかりとなるわけです。

発想法という思考レベルで方言を扱うことは、方言を言語という枠に閉じ込めておくのではなく、広く文化や社会との関わり中でとらえていこうという姿勢にもつながります。なぜなら、言語は文化の一環であり、さまざまな文化の現象と関連を持っており、また、その文化は社会のあり方と不分離な存在であるからです。その意味で、新たな分野の開拓は、言語形式を超えた世界の方言学に足を踏み出す可能性を秘めているのです。

(3) よりよき人間関係のために

最後に、(3)のコミュニケーションギャップの解消という点について述べます。これは、オノマトペや感動詞、談話、言語行動といった新しい研究分野の地域差が、研究者だけでなく、一般にもまだほとんど知られていないということに関わります。従来の音韻やアクセント、語彙、文法といった分野は、その中身はともかくとして、地域差の存在自体は一般にも理解されています。したがって、自分と異なる言葉を使う相手に接しても、この人は方言を話していると認識することができます。相手の言葉が理解できない場合でも、方言と分かっていれば、その意味を問うことも可能です。しかし、方言

だということがよく知られていない分野については、それが難しい場合があります。

さらに問題であるのは、自分とは違う言葉遣いが、往々にしてその人の人格に関わるものとして評価されてしまう危険性があることです。共通語的に見て、オノマトペの使用は幼児性と結びつきやすい面を持っています。感動詞の多用は粗野で大げさなイメージを喚起する可能性があります。ある種の話しぶりは人によって率直すぎたり、迂遠すぎたりすると感じられるかもしれません。この場面ではこう言わなければという規範意識が強いと、それから外れる言い方を教養の欠如と受け止めてしまう恐れがあります。そうしたマイナス面が話し手の性格に帰せられてしまうと、人間関係の構築や維持に悪い影響を及ぼすことになりそうです。

今、実践方言学の世界ではコミュニケーションギャップの問題が取り上げられることが多くなっていますが、そこでは、音韻や文法・語彙など、旧来の分野を扱うのが普通です。しかし、人間性に関わる誤解が起こる危険性を考えると、むしろ、新しい分野に関わるコミュニケーションギャップの方が根深い問題をはらみ深刻であるとも言えます。こうした課題を解決していくためには、オノマトペ・感動詞・談話・言語行動といった分野に、どのような地域差が存在するのか、それを明らかにすることから始めなければいけません。未開の分野を拓くことの意味は、こうしたところにも認められるのです。

以上、この本の目的と構成について述べ、新たな分野を研究することの難しさや意義を語ってきました。本書へのナビゲーションはここで終わりです。この本がどんな本か、大体おわかりいただけたでしょうか。

このあとは、執筆者たちが腕を振るった各章へとお進みください。そして、この本をお読みになったみなさんが、本書が取り上げる分野の研究に興味をお持ちになり、未来に向け新たな方言学を一緒に切り拓いてくださることを期待します。

第1章
オノマトペの方言学

川﨑めぐみ

1. 研究史と課題

1.1. オノマトペの研究史
(1) 共通語におけるオノマトペ研究

　方言のオノマトペの研究は、かねてよりその必要性が唱えられてきたが、オノマトペの研究は共通語についてのものが主流をなしてきた。よって、方言のオノマトペの研究史を見る前に、共通語におけるオノマトペ研究の流れをまず見ていきたい。

　オノマトペの名称については様々な呼び方がなされてきた。古くは小林英夫が擬容辞と呼び、他に象徴詞、擬態語など、呼び方が統一されてこなかった。しかし、擬声語と呼ばれることがしだいに多くなり、「声を写す」ものと定義されるようになった。さらに時代が下ると、音声を模した擬音語と、音声を伴わない動作や感情・感覚を言語音によって描写する擬態語に二分され、擬音語・擬態語あるいは擬声語・擬態語と呼ばれることが多くなる。そして擬音語と擬態語の区別があいまいなもの、例えば「ばたばたと羽ばたく」の「ばたばた」が、羽ばたきの音と羽ばたきが強い様子の双方を表す場合があるなど、日本語では擬音語と擬態語の区別が困難であることから、近年の日本語オノマトペの研究では、それらの総称としてオノマトペ（onomatopoeia）と呼ばれることが多くなってきている。なお、英語においてonomatopoeiaという語は幼児的で軽蔑的な意味合いを持つことがあるた

め、ideophones や mimetics といった名称が用いられることが多い。また、特に擬音語と擬態語を対比させる場合には phonomimes と phenomimes という呼び方が一般的なようである。

　このような共通語におけるオノマトペ研究は、鈴木朗（1816）『雅語音声考』あたりを端緒に、音象徴分野から始まった。しかし、音に意味を見出そうとする「音義説」の分析が強引すぎるものであったことに加え、音と意味との結びつきは恣意的であるとする主流の言語観から外れたオノマトペは外縁的な存在とみなされ、研究の始まりが遅れた。オノマトペ自体が幼児語に多い、非論理的、感情的な言葉であるといった印象や評価から敬遠されたということもある。これが生活語として人々の言語生活の中で重要な位置を占めると再評価されるにしたがい、1930年代からオノマトペの研究が少しずつ進んでいく。

　音象徴ではないオノマトペの言語そのものとしての性質に注目した研究に先鞭をつけたのは小林英夫であろう。小林英夫（1935）は、オノマトペを収集したうえで、形態による分類を行った。小林のオノマトペの分類は、後ろにどのような要素が付くか、繰り返しか否かというオノマトペの形態の研究の基礎となった。

　これを発展させ、オノマトペに特徴的に見られる音韻的要素について onomatopoeia markers（オノマトペ標識）という名称を付けたのが Waida, Toshiko（1984）である。Waida は、促音、撥音、「リ」、反復を onomatopoeia markers とした。また、田守育啓、ローレンス・スコウラップ（1999）は、日英語のオノマトペの形態を比較対照させつつ、より詳細にまとめている。この1980年代以降、オノマトペの形態の研究がより進んできている。特に最近では、那須昭夫（1995・2007a・2007b）など、那須による音韻環境によるオノマトペの形態の一連の分析は緻密なものとなっており、方言のオノマトペの記述的研究にも生かせるものが多い。

　一方、意味の分野では、心理学的手法を用いるなどしての音象徴分析に重きが置かれている。音象徴（sound symbolism）とは、ある言語音に対して想起されるイメージのことである。確かに、日本語のオノマトペには、清濁対

立と呼ばれるイメージ対比が存在する。「ころころ」と「ごろごろ」では、清音の「ころころ」のほうが小さく、かわいらしく、きれいだというイメージが付随する。対して、濁音を使用した「ごろごろ」では大きく、鈍重で、汚いというイメージが存在する。方言のオノマトペには共通語にはない音の使用が見られるため、方言のオノマトペにおける音象徴研究をすべきだという主張もある。しかし、気を付けなければならないのは、基本的に音象徴研究は文化的背景を捨象する試みだということである。言語音声に対するイメージは普遍的なものであるのに対して、オノマトペの語としてのイメージは文化的背景に根差したものである。これを混同した研究がよく見られる。

その他、共通語においては、中国語や韓国語などの他言語との対照研究、また通時的な研究も行われている。さらに、多数のオノマトペの辞書が出版されている。代表的なものとして、天沼寧編(1974)『擬音語・擬態語辞典』、浅野鶴子編・金田一春彦解説(1978)『擬音語・擬態語辞典』、飛田良文・浅田秀子(2002)『現代擬音語擬態語用法辞典』、山口仲美編(2003)『暮らしのことば 擬音・擬態語辞典』、小野正弘編(2007)『擬音語・擬態語4500日本語オノマトペ辞典』がある。特に小野編(2007)は各地の方言オノマトペも収録しており、解説でも方言のオノマトペについての言及がある。

(2) 方言オノマトペ全般に関する研究

それでは、方言オノマトペに関する研究について見ていく。方言のオノマトペについては、小林英夫(1932)に「さうした擬容辞を観察することによつて、我々はそこに映じた言衆の心を読むことが出来るのである。擬容辞の活躍は大交通の言語に於けるよりも、片田舎に話される土の香の高い俚語に於ける方が顕著であらう」(234頁)と述べられ、方言におけるオノマトペ研究の意義が示されている。

しかし、方言オノマトペに関する研究は共通語のものに比べて数が限られている。室山敏昭(1971)は「『擬声・擬態の副詞語彙』については、今のところ、報告がきわめて少ない。決して、これについては触れられていないというわけではないのだが、一地方方言の『擬声・擬態の副詞語彙』の全的記

述が、ほとんどみとめられないのである」(31頁)と述べており、方言オノマトペに関する研究以前に方言オノマトペの報告の蓄積が少ないことを指摘している。

　この室山の指摘から40年以上を経た現在、各地方言のオノマトペが収集され、少しずつ蓄積がなされてきている。室山(1976)では、鳥取県東伯郡羽合町(現：湯梨浜町)宇野方言「人に関する擬態副詞語彙」を自然傍受法により約520語集めている。人に関する語彙と限定しているにもかかわらず500語を超えたということは、1地域方言全体では相当数のオノマトペが存在すると考えられる。室山は、さらに精査を加えれば2000語近くになると予測しており、筆者の経験においても、一方言におけるオノマトペの語数は2000語、あるいはそれ以上になると思われる。また、室山(1976)では、佐々木隆次(1971)において、同じく旧青森市の「人に関する擬態副詞語彙」が740語集められていると述べている。近年では、中谷眞也編著(2010)が盛岡市の方言オノマトペを500語程度採集・整理し、川越めぐみ(2012)は山形県寒河江市方言のオノマトペを1600語程度収集しているなど、報告は着実に増えつつある。

　しかしながら、語彙集や方言集以外ではやはり数が極めて限られている。井上博文(1992)が「方言の世界でのオノマトペの実態については、方言集や方言辞典、特定の方言のオノマトペの記述でその一端を垣間みることができるものの、全国を通覧し実態を把握することができない」(Ⅳ頁)と述べているように、全国的な方言オノマトペの地域差の様相を初め、特定の地域における方言オノマトペの詳細な記述についても地点が数箇所に偏っているなど、他の分野に比べて論文及び研究報告の少なさが際立っている。

(3)　**方言オノマトペの記述的研究**

　ここからは、方言オノマトペについての記述的研究にはどのようなものがあるか、形態に関するものと意味に関するものとに分けて見ていきたい。

　方言オノマトペの形態の研究は、小林英夫(1935)の方法を参考にすることで都竹通年雄(1965)がその端緒を開いた。他に意味の研究や地域差の研

究もあるが、本格的な方言オノマトペ研究ということで言えば、この都竹のものが最初である。

　都竹は、方言集や方言辞典などから集めた方言オノマトペの形態を幾つかの型に分類している。これは小林の用いた語基の拍数とオノマトペ標識の組み合わせによる分類である。

　この都竹の記述では、「多音節の重ねことば」のうち、「アフラアフラ」「ゾベラゾベラ」といったアフラアフラ型（AB ラ AB ラ型）が東日本に特徴的な形であるとしている。また、ギンガギンガ型（A ン BA ン B 型）、ケッタケッタ型（A ッ BA ッ B 型）は北奥羽の特徴としているなど、地域によってオノマトペの型に特徴があることを示している。

　その他、形態に関する研究としては、室山（1971・1976）、近藤清兄（2007）などがある。室山（1976）では、鳥取県西伯郡中山町八重方言において、擬態語では音節数の平均が 5.56 音節なのに対し、擬声語（擬音語）では 6.23 音節と、擬声語のほうが拍数が多くなることを述べている。これには地域差があるかもしれない。また語基を構成する音の分布についても調査しており、これは小林英夫（1935）を踏襲した方法であると思われる。

　一方、近藤（2007）の秋田県男鹿方言のオノマトペの形態に関する研究は、語基音の 1 拍目と 2 拍目の音の組み合わせに注目した表示をしている。さらに後接する「－メグ」「－スル」などによって動詞化した語について、使役、受け身、否定形、過去形となるかどうかを判定している点が特徴となっているが、語数が少ないためにそれほど記述は多くない。このオノマトペの後ろに付く要素については、オノマトペを動詞化する要素として一般的な「する」などは共通語でも文法の分野で比較的研究が進んでいる。しかし、「－メグ」「－ジー」など、方言に特徴的な要素も見られるため、今後、方言オノマトペ研究における発展が見込まれる。

　一地域におけるオノマトペの形態の記述については、川越の研究が詳しいものであろう。川越めぐみ（2011a・2012）はオノマトペ標識を「オノマトペ辞」と呼び、意味の中心を担う語基に対し、その語基に付加され、派生的な語形を作る要素としている。例えば、大きな板などが倒れる音を表す「バッ

ターン」というオノマトペの場合、語基となるのは「バタ」という部分であるが、この「バタ」に「ン」という要素が付いて「バタン」という語形へ派生する。この場合の「ン」がオノマトペ辞である。この「バタン」という音がさらに強く、大きく、長い余韻を持った音として「バッターン」と表現されたと考えると、促音「ッ」や長音「ー」は「バタン」を強調したものと考えられ、新たな語形を作る。ただし、これらの要素はオノマトペの基本的な語形に加えられるものであり、最初の「ン」とは特徴が異なる。従来、これらもオノマトペ標識として同列に扱われてきたが、川越は「強調辞」として区別している。

　川越の研究では、共通語に見られる促音、撥音、「リ」以外に、方言において生産性を有する「ラ」がオノマトペ辞として加えられている。「ラ」は共通語ではほぼ生産性を持たないが、方言では「ゴロゴロ」に「ラ」を加えた「ゴロラゴロラ」などが使われる地域もあり、程度の大きさを表す方言オノマトペに特徴的なものである。さらに、「コ」や「エ(イ)」といった要素もオノマトペ辞として加えられる。

　続いて、方言オノマトペの意味に関する研究は大きく2種類に分けられる。1つは、オノマトペを可能な限り全体的に収集し、その意味分野を明らかにするというもの、もう1つは、特定の意味分野に限って、その意味を有する語を収集するというものである。

　1つ目の、できる限り多くのオノマトペを採集した上で意味分野を明らかにするという研究は、室山(1971・1976)が行っている。擬声語(擬音語)と擬態語に分け、その中を細分類するという手法で、シソーラス的な分類を行っている。室山(1971)においては、擬声語では人以外のものに関する語彙のほうが多く、擬態語では人に関する語彙のほうが多くなっている。また、人以外のものに関する擬声語では「獣・家畜の動作を表わすもの」が多く、鳥取県西伯郡中山町八重方言における家畜の役割の重要性を示すと解釈している。

　次に、特定の意味分野に限っての研究では、室山(1976)や森下喜一(1986)、方言研究ゼミナール編(1992)がある。室山(1976)は人に関する語

彙に限っており、森下(1986)は雪に関するものを収集している。

　方言研究ゼミナール編(1992)は身体感覚という意味のオノマトペを、全国の複数地点において調査したものである。身体感覚を表すオノマトペは医療の場面で用いられる可能性がある。それを収集することは医師と患者との意思疎通において便宜を図ることになり、実用的な需要がある分野である。これを実践したのが竹田晃子(2012)で、身体感覚を表すオノマトペをまとめ、東日本大震災で支援を行う医療関係者向けのハンドブックを作成した。

(4) オノマトペの地域差に関する研究

　次に、方言オノマトペにおける地域差についての研究について見ていきたい。

　方言オノマトペに関する地域差についての研究は、西日本と東日本の2地点を取り上げた東西比較と、全国分布の研究が見られる。

　東西比較を行ったものでは、室山(1976)がある。室山(1976)は、鳥取県東伯郡羽合町(現：湯梨浜町)宇野方言と旧青森市方言を、意味分野の種類とそれに属するオノマトペの語数、そして形態的特徴から違いを考察している。意味に関しては、意味領野によって属する語数が宇野方言と旧青森方言とで違いが見られることが指摘されている。形態的特徴では語末母音において、旧青森方言では /a/ が多く、宇野方言では /i/ が多いとしている。これは、青森方言に「ガタラガタラ」のような「ラ」を含む語形が多いからである。また、第二音節に位置する /Q/ と /N/ では、旧青森方言は /Q/ のほうが圧倒的に多いのに対して、宇野方言は /Q/ と /N/ にほとんど差がないことなどが述べられている。

　同じく、2地点での差異を問題としたのは、齋藤ゆい(2007)である。齋藤は宮城県旧小牛田町と高知県安芸郡奈半利町の比較を行っている。室山(1976)と同様、東日本と西日本の対立と見ることができるだろう。齋藤は、小牛田方言が「既存の語に音韻やオノマトペの型にのっとった語形変化のアレンジを加え、この場面を表すのによりふさわしい語を生み出して」いるとし、また、「小牛田方言におけるオノマトペは具体性が強い傾向がある」(56

図1 「大声で泣く様子」の表現

頁)と述べている。例えば、赤ちゃんの髪の毛を表す語に「ポヤポヤ」というものがある。このようなものは1つの具体的な意味に1語が充てられている。つまり、1語ごとの意味が狭いのである。また、感覚を表す表現が発達し、種類が多くなっている。

一方、奈半利方言は小牛田よりも各語が安定しており、新たな語を生み出すよりも、既存の語をいかに使用するかというほうに重点が置かれていると解釈する。すなわち、小牛田方言は語数が多く、具体的な特定の場面に結びついている語が多いのに対して、奈半利方言は語の種類は少ないものの各語の応用力が高いということである。

全国のオノマトペを調査したものには、上記の方言研究ゼミナール編(1992)のほか、三井はるみ・井上文子(2006・2007)、小林隆(2010)がある。三井・井上は、『全国方言談話データベース』を用い、談話中におけるオノマトペの出現頻度を調査している。県ごとの出現頻度という観点からの研究はこれだけである。

さらに、三井・井上(2007)は全国的に見た地域差として、方言に独特なオノマトペは周縁地域の一部に限られるとしている。県別には東日本の中でも東北地方でのオノマトペの使用頻度が高いことを指摘している。これらは、これまでの方言オノマトペの研究の中では明らかにされてこなかったことであり、地域差を見る上で重要な点である。

さて、以上の研究は複数地点における調査ではあるが、地点の設定がまばらであり、方言研究ゼミナール編(1992)などは点的な調査となっている。これに対し、小林隆(2010)は市町村レベルにまで地点を増やし、「消滅する方言語彙の緊急調査研究」(2000–2002)のデータを用い、全国806地点分のデータを地図上にプロットして面的に分布図を描いている(図1)。ここで取り上げられているのは「大声で泣く様子」を表すオノマトペである。

この論文でも西日本と東日本とを対比させているが、ここでもやはり、東日本の中でも東北においてオノマトペの使用が多いことが指摘されている。図1は小林の地図である。この地図に見られるように、東北地方ではオノマトペを用いた泣き方の表現をすることが多く、西日本ではオノマトペを用

いずに表現することが多いという。その上で、小林はオノマトペによる表現を「状況をリアルに映し出すもの」とし、「東日本、特に東北地方は現場性の強い直接的な表現が好まれるのに対し、西日本は現場性の弱い間接的な表現が志向される」(44–45頁) という東西日本の言語的な発想法の違いを示唆している。

1.2. オノマトペ研究の課題

　以上述べてきた方言のオノマトペに関する研究の流れの中で、課題として挙げられるのは、次の3点である。

　1つ目は、方言オノマトペの資料が少ないことである。

　これは前々から言われてきた点であり、オノマトペを収集する方法が確立されてこなかったためである。しかし、現在に至って、多数の方言辞典や方言語彙集、談話資料などが豊富にそろってきている。これらからオノマトペを抜き出し、オノマトペの資料とすることができる。もちろん室山 (1976) のように自然傍受法を用いた収集も必要である。ただし、オノマトペの場合、場面・現場と密着した語彙であることから、その場面に遭遇しない限りはなかなか聞けないものが多い。そのため、効率を考えるならば、まずは方言集等を用いて資料とすることも方法の1つとなるだろう。

　2つ目として、各地方言の記述的研究が少ないことが挙げられる。

　オノマトペの研究自体、他の分野に比べると数が少なめであり、どのように着手していけばよいかがわかりにくい分野である。共通語の分野では、形態や意味に注目した研究が一段落したように見え、スル動詞化したオノマトペに関するもの等、文法的なふるまいに着目した研究など、少しずつ記述の方法も見え始めている。共通語で確立されつつある方法をもとに方言オノマトペの記述的研究を進めることができるだろう。一方で、方言オノマトペの研究が進めば、方言オノマトペにしかない要素についての研究が逆に共通語のオノマトペ研究を牽引できる可能性もある。

　3つ目に、オノマトペの分布を見る地理的研究が少ないことがある。

　地理的研究が少ないのは、そもそもオノマトペをどのように調査したらよ

いかわからないという点に尽きるだろう。地域差が大きいわりに実態が見えにくいと思われるのは、オノマトペが同じ意味や場面であっても1つの地域で複数の語形や型を持つためである。この問題を解消するためには、オノマトペの中でも一般語彙のように扱えるものとそうでないものとを区別し、単語を問うのではなく、語群として問うといった方法も必要となる。例えば、東北方言の「ワラワラ来い」(急いで来い)といったオノマトペは典型的な伝統方言として根付いており、「ワラワラ」以外に「ワラ」という語基を持つ語がないため、語形を直接問うことも可能である。対して、同じく東北方言に見られる「グエラ来た」(急に来た)の「グエラ」は、「ボエラ」「グエット」「バエラ」「ヒョエット」等、複数の語と置換可能であり、言い換えてもほとんど意味の違いが生じない。このようなオノマトペは、複数の語形が回答されるという前提で調査を行う必要があるだろう。本章では、オノマトペの調査を行うための調査票の項目案を収載しているので、地理的な調査の参考となるはずである。

2. 方法と資料

2.1. 方言オノマトペの収集

(1) 方言オノマトペの収集が困難な理由

　方言オノマトペ研究は、他の語彙分野などと同様、まずはオノマトペを収集することから始めることが必要である。加えて、オノマトペの場合は音が一部違うのみで意味が似ている、清濁音で意味が対比的になっている(清濁対立)、オノマトペ辞の有無によるバリエーションが多いといった特徴があり、特定の語形のみを把握するだけでは調査の際に取りこぼしが多くなる。前もってある程度の語数を収集し、語としてではなく語群として捉えておくことも必要となってくる。

　しかし、このオノマトペの収集に関して、従来から困難さが指摘されてきた。その理由を挙げると以下の4点が考えられる。

①共通語でカバーされない意味を表す方言が取りこぼされる可能性が大きい。
②翻訳式などの一般的に方言調査で使用される調査法でオノマトペの回答を得るのが難しいことがある。
③自然談話の観察では、時間と手間がかかる割に得られる語が少ない。
④臨時的に作られる形や、個人や家庭内でのみ使用される語が多い。

これらを踏まえて、方言オノマトペをどのように収集できるのかを考えてみる。

(2) 方言オノマトペの収集に使用できる資料
① 方言辞典・方言集

まず、方言オノマトペの資料として使用できるのは、方言辞典や方言集である。これらはオノマトペの収集のみを目的としたものではないが、ものによっては多数のオノマトペが含まれる。特に、これまでの方言研究の蓄積から、かなりの語数が集められる状況となっており、共通語ではオノマトペで表現されない意味のオノマトペも多数見られる。他の資料も丹念に見ていくことで、共通語でカバーされない意味のオノマトペがある程度収集することができるだろう。

この方言辞典や方言集にオノマトペが収録される場合、五十音順になっているものは順番に見て拾っていくしかないが、品詞別になっているときには副詞が最も多く、形容詞、形容動詞、動詞、名詞にも含まれていることがある。

また、オノマトペが使用される場合、「ごろごろと」のように後ろに「ト」や「テ」、「ニ」が後接することが多い。これらを筆者は「後接辞」と呼ぶ。この後接辞「ト」「テ」等は辞書や方言集などでは記されないことがあり、また4の倍数拍のオノマトペではその後接が任意であるため、表記がまちまちになっていることがある。さらに、後接する動詞化接辞にも方言的特徴が見られることがあるが、これらも省略されやすい。この後接辞や動詞化要

素も含めて語とするか否かは研究者の見解にゆだねられるところであり、接続の有無については面接調査等で確認をしていくべきである。

そして、方言辞典・方言集での収集で最も気をつけるべき点は、共通語と同形あるいは似た語が省かれやすいということがある。例えば、東北方言に見られる「ゴロラゴロラ」などのオノマトペ辞「ラ」は方言に特徴的なものであるが、語基が「ゴロ」という共通語でも使用されるもののため、「ゴロラゴロラ」という語形は方言辞典等には拾われないことがある。

② **談話資料**

次に、談話資料についてである。三井・井上（2006・2007）が『全国方言談話データベース』から多数のオノマトペを収集したように、各種方言談話資料からもオノマトペを収集することができる。談話資料の利点としては、自然なオノマトペ使用が見られるということである。

しかし、欠点としては、オノマトペの使用率に大きな個人差があること、オノマトペの出現が談話の設定場面に依存すること、そして臨時語が含まれる可能性があるということである。オノマトペは話者によって使用する頻度が大きく異なる。さらに、談話の内容によってはオノマトペが出にくいことがある。音が発生する場面や身体の動きを伴う場面を表現する場合はオノマトペが出やすい反面、昔のことを思い出して説明してもらうような場面ではオノマトペは出にくい。

一方、臨場感のある場面を表現する場合は、その話者個人しか使用しない語や臨時的に作られる語が使用されていることがある。オノマトペは一度用いると、その場面を繰り返し話す場合に同じ語が何度も用いられる傾向もあるが、身体感覚や動物の鳴き声など、伝統的な方言オノマトペを収集するのならば方言辞典・方言集のほうが効率は良いだろう。ただ、方言辞典・方言集では拾いきれなかった共通語と同形・類似の語が拾える可能性があることは大きなメリットである。

さらに、談話資料においては他の資料に比べて臨時的に作られた語や個人的使用の語が出てくる可能性が高いことについて、臨時的使用や個人的使用

なのかを厳密に区別する場合は、方言辞典や方言集にあたるか、あるいは当該方言の話者への確認をすることも考えるとよいだろう。

③ 民話・昔話

民話や昔話は話し言葉で臨場感あふれる描写が行なわれる。このような民話や昔話といった民俗資料にはオノマトペが頻出する。資料として編集された民話集等では、それを文字起こしする際の立場が冒頭に記されていることが多いので注意したい。その立場は、語り手が発話した言葉（方言）をそのまま文字にしたものと、読みやすさを優先してできる限り共通語に直したものとに分けられる。つまり、どの程度方言が直接反映されているかの判断基準とすることができる。民俗学・文化人類学などの専門家が収集したものは、語り手の発話そのままのものが多い。共通語に直されたものでも、登場人物のせりふは発話のまま、方言が残っていることもある。

オノマトペは比較的共通語には直されにくい。臨場感がある、独特な表現である、そのままでも何となく通じる、民話の展開に深く関わる（聞きなしや鳥の鳴き声など）といった理由から残されていることが多い。しかし、地の文が方言ではないと、そのオノマトペが方言として実際に使用されているのかどうかは、その土地の方言話者でなければわかりにくい。

また、民話ではオノマトペを表現の核としていることがあり、実際の方言として現在はそれほど使用されないにもかかわらず、民話の表現としては定着していることがある。「桃太郎」の「どんぶらこどんぶらこ」などがいい例だろう。このような表現はあるとしても、日常的に使用される方言独特のオノマトペが紛れ込んでいることがあるため、民話・昔話類もオノマトペを収集する資料として有用である。

2.2. 方言オノマトペの調査方法

（1） 面接調査

方言オノマトペの調査法について、面接調査、通信調査それぞれの利点と欠点をオノマトペの特徴に照らして見ていきたい。

方言オノマトペの面接調査では、まずオノマトペの調査であること自体をどのように理解してもらうかということが問題となってくる。これを怠ると、オノマトペ以外の表現が出てきてしまう。例えば、「こんにゃくの歯ごたえをどのように言いますか」と聞いた場合に、「柔らかい」「歯ごたえがある」といったオノマトペではない表現が出てくる可能性がある。絵を見せて回答してもらう場合も同様である。

　この問題を避けるためにどうするか。最も簡単な方法としては「擬音語・擬態語」で表現してほしいということを直接伝えてしまうことである。「擬音語・擬態語」は専門用語のように思われるが、実際に調査をしてきた感触からいくと、「擬音語・擬態語での言い方について教えてください」と伝えて構わないようである。むしろ、「擬音語・擬態語」と伝えたほうが誤解は少ない。

　これに加えて、調査票の最初に伝統的な方言オノマトペの表現で、使用頻度の多い語に関する質問を持ってくる工夫もできるだろう。山形方言であれば、「ワラワラドでだて（急いで支度しろ）」のような「ワラワラ」というオノマトペが広く使われており、方言であるという意識も強い。形も繰り返し型の典型的なオノマトペの形をしている。ただし、これだけだと単なる「重なり言葉」と勘違いされることがあるので、「ペロット食った（全部食べた）」のような非反復形の語も入れておくべきだろう。

　では、どのように話者から回答を引き出すか。問い方としては、意味を問うものと語形を求めるものとがある。意味を問う場合、「こんにゃくの歯ごたえをコキコキと言いますか」→「それはどのような食感ですか」という順番で聞いていくが、これだけだと「柔らかい」などのあいまいな答えしか得ることができない。この場合、似た意味のオノマトペ「グニャグニャ」などと対比させて考えてもらうと、わかりやすくなる。例えば、「コキコキ」は良い食感、「グニャグニャ」は美味しくないとき、といった回答が得られる。

　一方、語形を求める場合は、通常の調査では調査者が語形を提示することをなるべく避けることが多いが、オノマトペの場合はむしろ積極的に語形を出したほうがよい場合がある。伝統的な方言オノマトペで使用頻度も高いも

のであれば、通常の語彙の調査と同様に聞くことも可能である。しかし、共通語と類似した形の語や、オノマトペ辞や後接辞、動詞化要素に関わる調査、同じ意味でも複数の語が存在する場合では、語形を調査者のほうから提示したほうがよい。例えば、「急に来た」の「急に」の部分を方言のオノマトペで表現してほしいと伝えたとする。そうすると、「チューニ」といった方言音声に変えたのみの語形や「イギナリ」といった別語形が出ることが多い。翻訳式がうまくいかない場合である。主に東北方言では「グイラ」「ボッポリ」といった「急に」と言い換えられる語が複数ある。そこで、「急に来た」を「グイラ来た」のようには言いませんかという問い方をしてみる。そうすると、「グイラは言わないけれども、ボットなら言う」など、オノマトペ形式が話者のほうから出てくる可能性がある。オノマトペが大体決まった形をしていることを利用した方法である。

最後に、面接調査における話者の選定については、オノマトペについては特に、言語に対する規範意識を持った人は調査が難しいことがある。幼児語に多いオノマトペは非論理的で、使用する人は幼稚だという考え方から、他の人は使うが、自分は使わない（ようにしている）と言われ、調査がスムーズに進まないことが往々にしてある。

また、規範意識の問題をクリアした話者でも、さらに使用依存度に注意する必要がある。オノマトペの使用率は個人差が大きく、使用依存度が低い人は、規範意識の強さにかかわらず、そもそもほとんど使用しないということもあるからだ。逆に、使用する人は独特な方言のオノマトペを多数使用するので、使用語彙に大きな違いが出てくる。使用依存度の低い人は、伝統的な方言オノマトペのみを使用することも多いが、オノマトペ辞の付加の仕方を知りたい場合や多数の語形が欲しい調査には向いていないように思われる。

（2） 通信調査

次に、通信調査（アンケート調査）について考えてみたい。

アンケート調査票を作成する場合も、面接調査の調査票と同様、「擬音語・擬態語」の調査であることを明示したほうがいい。そして、オノマトペ

の例を出すことも必要である。これをせずに語形の自由回答の形式にすると、やはりオノマトペ以外の表現が出てくる可能性が高まってしまうだろう。そして、オノマトペ以外の表現が出てきた場合、その地域ではその場面を描写する際にオノマトペを使用しないと結論づけるのは早計である。特に共通語のオノマトペで表現できる場面でオノマトペ以外の表現が回答された場合、オノマトペで回答するということが十分に認識されていなかった可能性がある。例えば、「急に来た」の「急に」の部分をオノマトペに置き換えてほしい場合に、「イギナリ」という一般語が回答されることが頻繁に見受けられる。

2.3. 方言オノマトペの分析方法

　以上、調査方法について述べてきたが、そもそもオノマトペとして収集すべき語にはどのようなものがあるのだろうか。そして、収集した方言オノマトペはどのように分析をしていったらよいか、その研究分野について見ていきたい。

(1) オノマトペの認定について

　オノマトペの研究を行う際、必ず問題となるのが、何をもってオノマトペとするかという点である。オノマトペを収集していると、オノマトペかどうか議論が分かれるような語が出てくる。それらの語をいかに扱うかは収集・分析の際に定めておかなければならない。この問題となる語には、外来語由来のもの、漢字語のもの、意味用法が限りなく一般語（オノマトペ以外の語）に近づいているもの、一般語を繰り返している語（畳語）、また数は少ないが、聞きなしが存在する。場合によっては、「にゃんにゃん」（猫）や「ぶーぶー」（車）、「ぎっこんばったん」（シーソー）など、名詞化した幼児語も普通のオノマトペと区別することもあるだろう。

　外来語由来のものは擬音語に多く、時計の音を表す「チクタク」などである。日本語にも軽妙な歯ごたえやかみ砕く音を表す「カリコリ」「パリポリ」など、ABCBという型を持つオノマトペが存在するため、また擬音語

は描写対象の音と類似した言語音を用いて描写するため、他言語でも意味が通りやすいという特徴があり、日本語にも受け入れられたものである。「チクタク」に関しては、ほとんど日本語化しており日本語のオノマトペと似た語形変化をする。例えば「チックタック」とＡッＢＣッＢという型をとる。これは元々の tick-tock に応じた形ではあるが、同じく時計の音を表す「カチコチ」と「カッチコッチ」と同じ型となっている。このような例は少ないが、日本語のオノマトペとして扱ってもかまわないのではないかと思う。日本語オノマトペと同様のふるまいをするか否かがポイントとなる。

一方、漢字語のオノマトペに関しては、角岡賢一（2007）で扱われているように、擬似オノマトペという名称がつけられている。例えば、「ごうごう（轟々）と風が鳴る」などである。これらはオノマトペではあるが、語形変化がしづらいなど、ふるまいが和語のオノマトペとは一線を画しているため、別の扱いとすることが多い。

問題は、一般語に限りなく近づいている語である。「ずっとまっすぐに行く」「ちょっと手を借りる」「ゆっくり休む」などは、オノマトペに特徴的な型をしているものの、オノマトペの特徴である具体的な描写性が相当希薄になっている。しかも収集をしていると、これらは繰り返し大量に出てくるため、収集や分析の妨げとなってくる場合もある。そのため、研究の目的によっては、分析の際にこれらを除外して考えるということも行われる。この一般語に近づいている語の扱いは、研究者が必ず決めておかなければならない。一般語に関連するものとしては、ほかに「明々と月が照っている」などの畳語も問題となるものがある。漢字が当てられている場合は、オノマトペとしての意識が薄れていると考えられ、オノマトペとしないことが多い。ただし、「びっくり」は「吃驚」という漢字が当てられる。このように、よく使用されるオノマトペには当て字として漢字が当てられてきたものもあるが、訓読みとして定着しているものではないと考えられるため、オノマトペとして扱われる。

最後に「聞きなし」である。これは鳥の鳴き声や民話に時折見られる。ホトトギスの「てっぺんかけたか」、ウグイスの「月日星（日月星）」や「法、

法華経」といったものである。このようなものは一般語を通して聞き、描写しているものであるため、オノマトペというよりは「聞きなし」として別に扱ったほうがよいだろう。

　民話では、「和尚さんと小僧」という話に、金仏が叩かれて「くわん、くわん」((おはぎを)食わん食わん)と鳴ったり、お湯で煮られて「くった、くった」(食った食った)と鳴ったりする表現がある。(楠山正雄(1986)「和尚さんと小僧」『日本の諸国物語』講談社学術文庫、青空文庫 http://www.aozora.gr.jp/cards/000329/files/18387_11946.html)このようにオノマトペと一般語が重なって、話の流れの中心的役割を果たすようなものもある。

　このようにオノマトペには、典型的なオノマトペとしては扱いきれないものが含まれているため、その認定においては、研究者それぞれが立場を明確にしておく必要がある。音や様態を言語音で切り取った描写であるか、漢字語ではないか、一般語の畳語ではないか、聞きなしではないかを確認し、一般語に限りなく近い語の扱いや一般語と重なる表現をどうするかをしっかり決めることが重要である。

(2)　方言オノマトペの研究分野

　それでは、以上の視点を踏まえつつ収集した方言オノマトペを分析するには、どのような視点があるのか。

　まず、方言オノマトペの意味に注目する視点がある。同じ語形ながら、共通語とは異なる意味を持つものが見られる。いわゆる気づかれない方言に属するものが多いが、「ペカペカ」という語は共通語では「ぴかぴか」に比べて鈍い光り方を表し、安っぽいイメージが持たれると言われる反面、岩手の民話などを見ると点滅を表す意味となる。点滅は共通語の「ぺかぺか」には含まれない意味である。このように、一見共通語と同様の解釈が可能だと思っても、実は方言独自の意味で使用がなされている場合がある。これは用例や使用場面をよく観察することによって分析が可能である。

　次に、オノマトペ辞の使い方、語形に注目することがある。

　例えば、オノマトペ辞の中でも「ラ」は共通語では生産的には用いられな

い。「うつらうつら」くらいに見られるのみであり、現代では語基に「ラ」を付加することで様々な語形を作るということはないが、特に一部の東北方言のオノマトペでは「ゴロラゴロラ」「ガダラガダラ」「ペチョラペチョラ」など、生産的に用いられている。この「ラ」の付加がどのようにされるのかというのは分析対象となるだろう。一方、杉村孝夫（2001）によると、佐賀県には「どんどんどん」のような3連オノマトペが見られるという報告がある。通常、オノマトペの反復形は語基を2つ重ねたABAB型のものが多いが、語基を3つ重ねたものがよく用いられるという。また、語形変化によるオノマトペの強調法が、地域によってどのように異なっているのかを見るのも興味深いだろう。

続いて、後接する要素に注目する方法がある。

後接する要素には、後接辞、動詞化接辞、形容詞化接辞がある。後接辞は「ト」「テ」が多いが、結果副詞的に用いられる場合には「ニ」が後接する。動詞化接辞には「−する」のほか、例えば「きらめく」「べたつく」等に見られる「−めく」「−つく」などがある。形容詞化接辞には「−しい」が見られる。北東北方言では「−ジー」「−ズー」「−ツイ」などの要素が付き、形容詞的なふるまいを見せることがある。共通語では「−しい」となるオノマトペは限られているのに対して、比較的自由に形容詞化接辞が付くようである。

以上は記述的研究を念頭に置いた説明であるが、もちろん地理的分布の調査も必要である。地理的分布の調査・研究を行う場合も、伝統的な方言として定着したオノマトペなど一般語彙とほとんど同様に扱える部分と、一方で、オノマトペ辞や後接する要素など一般語彙と同じには扱えない部分があることに注意することが肝要である。

3. 研究の実践（1）―記述的研究〈オノマトペ辞「ラ」を例に〉―

研究の実践として、まず記述的研究を紹介する。記述的研究として取り上げるのは、山形県寒河江市方言におけるオノマトペ辞「ラ」についての分析

である。ここではABラABラ型のみを取り上げた川越めぐみ（2011a・2012）に、ABラッ型、ABラCBラ型の分析を加えた考察を行っていく。

オノマトペ辞は前述したとおり、意味の中心を担う語基に対し、その語基に付加され、派生的な語形を作る要素である。オノマトペの形の多彩さを支える要素であるとも言える。現代共通語のオノマトペ研究では、促音、撥音、「リ」、長音があるとされている。

対して、東北方言ではさらに「ラ」という要素が生産性を持った要素として存在していることがある。山形県寒河江市方言は、そうした生産的な「ラ」を有する方言の1つである。ここではオノマトペ辞「ラ」がどのような条件のもとで付加され、どのような意味を担うのかという視点からの分析を行っていく。

3.1. 先行研究

「ラ」という要素は、前述したように現代共通語ではオノマトペの形を生産的に派生させる力を持たない。例えば、前述した「うつらうつら」のほかには、「ふっくら」のようなものには見られるが、奇抜さを狙って創作されたオノマトペを例外として、「ごろごろ」に「ラ」を入れて「ごろらごろら」のような形が取られることはない。

「ごろらごろら」のようなABラABラ型のオノマトペは、山口仲美（1973）によると、「ほからほから」（中古）や「しゃならしゃなら」（中世）のように、中央語においては中世までの文献に見られるようである。しかし、江戸時代以降から現在はほとんど見られない。

それに対し、方言ではABラABラ型をとるオノマトペが時折聞かれる。先に紹介したように、都竹（1965）においてABラABラ型のオノマトペは、東日本に多い形として複数挙げられているほか、気仙地方（岩手県沿岸南部から宮城県気仙沼市周辺）の言葉（ケセン語）について記述された山浦（2000）の「文法編」では、心臓の拍動を表す「dogidogi」を「強調」する形として「dogiradogira」が示されている。神奈川県の方言を扱う日野資純（1984）には「ダフラダフラ（服などを着たときゆとりがありすぎる様子）」などの語が

「方言擬態副詞」に見られる。このように神奈川県などの関東地方にもABラABラ型オノマトペが存在しており、方言においてはそれほど珍しくない形である。ただ、ABラABラ型のオノマトペが、「ラ」を加えないABAB型と意味的にどのように違うのかといった観点からの詳細な記述はそれほど多くない。山浦玄嗣（2000）でもABAB型の「強調」であるとしか述べられていない。

そういった状況を踏まえ、ABラABラ型を含めたオノマトペに「ラ」が付加されるにはどのような条件が必要なのか、また「強調」の内実がどうなっているかを観察する必要がある。「ラ」を有するオノマトペが多数存在し、生産的に「ラ」が用いられる山形県寒河江市方言は、筆者の出身地で内省がきくこともあり、その分析に十分耐えうるものだと考えられる。そこで、山形県寒河江市方言を例に、「ラ」の特徴について方言オノマトペ分析の1つとして考察を行っていきたい。

3.2. 調査地域の概要

山形県寒河江市は県庁所在地である山形市の北西、山形県のほぼ中央に位置する。方言区分では山形市と同じ村山方言に含まれているが、山形市が東村山地区にあるのに対し、寒河江市は西村山地区に含まれ、西村山地域の中核都市となっている。人口は2015年の統計では約41,000人、65歳以上の人口が26％を占める。山形市とは音韻や語彙などの面でやや異なる部分があり、老年人口が多いためか、共通語化も山形市ほどは進んでいないと思われる。オノマトペ辞「ラ」も、山形市では現在それほど生産的には用いられないのに対し、寒河江市では中・若年層にも使用が見られる。

3.3. 調査・収集の方法

今回、考察対象とするオノマトペの収集は、山形県寒河江市方言のオノマトペの全体を捉えるという目的を設け、3段階の手順を踏んで行った。

まず、①山形県方言研究会編（1970）『山形県方言辞典』を用い、「寒河江市」で使用があると記述されている方言オノマトペの語形と用例をすべて抜

き出す。②次に、寒河江市在住の話者に面接調査で、『山形県方言辞典』から抜き出したオノマトペの一つ一つについて、寒河江市で使用があるかどうかを確認する。その際、話者から提示された辞書に記載のない語についても記録する。さらに、『山形県方言辞典』には記載されていない共通語と同形のオノマトペの使用を確認するため、共通語のオノマトペ辞典である浅野鶴子編・金田一春彦解説（1978）『擬音語・擬態語辞典』に記載のオノマトペについても、使用の有無を確認する。③これらに加え、自然談話の観察、及び寒河江市出身である調査者の内省から使用可能と考えられた語を話者にその都度確認することで、オノマトペのリストを補完していく。以上の手順で収集を行った。なお内省がきかない場合も、自然談話の観察や談話資料の調査、話者からの情報などにより、リストをより充実させていくことが可能だろう。

　面接調査は 2001 年に行ったもので時間が経過しているため、再度の面接調査が必要かもしれないが、今回はこの調査をもとに収集したオノマトペの語形と使用例文を用いていくこととする。

　話者は農村部の谷沢地区に在住の当時 70 代の女性 1 名（現在 90 代）と 50 代男性（現在 60 代）、そして市街地の島地区に在住の当時 50 代の女性（現在 60 代）である。面接調査後に語形と使用例文を収集した自然談話の観察は、主に谷沢地区で行ったものである。この面接等を経て収集したオノマトペをもとに、寒河江市出身の筆者の内省を加えながら考察を行っていくこととする。なお、収集したオノマトペの一覧は、川越（2012）に示してある。

3.4. オノマトペ辞「ラ」を持つオノマトペ

　3.3 節で収集した寒河江市方言のオノマトペのうち、ここで取り上げる「ラ」を有するオノマトペの型の種類と語数は次のとおりである。

　　　Aエラ型(7語)：グエラ，ゴエラ，チョエラ，ドエラ，ヒョエラ　など
　　　AッAラAッAラ型(2語)：シュッシュラシュッシュラ，ブッブラ
　　　　　　　　　　　　　ブッブラ

ABラ型(7語)：グジャラ，グニャラ，ズボラ，ズダラ，ドフラ　など
ABラッ型(16語)：ガブラッ，ケソラッ，コソラッ，ズゴラッ，ペソラッ　など
ABラン型(1語)：ケソラン
AッBラ型(20語)：ウッスラ，ギッチラ，サックラ，デッツラ，ムックラ　など
AンBラ型(1語)：ドンブラ
コAッBラ型(1語)：コミッツラ
ABラABラ型(74語)：アフラアフラ，ガグラガグラ，スコラスコラ，ニコラニコラ，バサラバサラ　など
ABラCBラ型(16語)：アフラタフラ，ガガラシャガラ，ドダラバダラ，モタラカタラ　など
AッBラAッBラ型(1語)：ピッタラピッタラ
AッBラCッBラ型(5語)：ギッタラバッタラ，エッチラオッチラ，トッタラパッタラ，ネッツラクッツラ，ヤッコラスッコラ
AンBラAンBラ型(1語)：フンガラフンガラ

　この中で最も数が多いのがABラABラ型の74語である。オノマトペ全体の中ではABAB型が最も数が多くなっており、このABAB型に「ラ」が付加されたと考えれば、ABラABラ型が多くなるのも不思議ではない。次にAッBラ型の20語、ABラッ型とABラCBラ型の16語が続く。そこで、本書では比較的語数の多い、これら4つの型のうち、特殊とされるAッBラ型を除いた3つの型(ABラABラ型、ABラッ型、ABラCBラ型)を中心に、「ラ」の付加される条件とその意味について見ていきたい。

3.5. オノマトペ辞「ラ」の特徴
（1）　形式的な特徴
　本格的な分析に入る前に、上で示した「ラ」を持つオノマトペから「ラ」

の特徴をまとめておきたい。

　まず、オノマトペ辞としての「ラ」の形式的な特徴は、語基に直接後接する位置に付くということが挙げられる。現代共通語の「リ」と同じ位置に生起し、「ふらりふらり」「ごろりごろり」などに対し、「フララフララ」「ゴロラゴロラ」となり、第1語基音と第2語基音の間に入ることはない。なお、共通語はひらがなで表記し、方言はカタカナで表記している。

　一方、撥音や促音は「ころりん」「ころりっ」「コロラン」「コロラッ」などのように「リ」「ラ」の後に続いて現れることができるが、「？コロリラ」「＊コロラリ」などのように、「ラ」が「リ」と並んで生じることは基本的にはない。ただし、4節でのグロットグラム調査によると、山形県最上郡最上町に「グイラリ」という語形が見られるので、東北方言全体を見れば、全く存在しないというわけではない。このことから、撥音・促音と、「リ」「ラ」とは同じオノマトペ辞ではあるものの、形式的な特徴から見ると、生起する位置にそれぞれの制限があることから異なる性格を持っているものと考えられる。

　さらに語基の第2拍目の音が「リ」や「レ」の場合「ラ」は後接せず、「ル」には後接しにくくなる。それ以外は、おぼつかない様子を表す「フララフララ」（「フラフラ」＋「ラ」）、酔っ払ってろれつが回らない状態を表す「レロラレロラ」（「レロレロ」＋「ラ」）のように「ラ」が付加される。

（2）　意味的な特徴

　次に、意味的な特徴について考えてみる。

　オノマトペ辞はオノマトペを派生させ、付加的な意味を与える。共通語のオノマトペ辞が持つ付加的な意味とは、語基の基本的な意味は変えず、語基が持つ意味について、動きのスピードや音の残り方などを表すものである。例えば、「ドアがバタッと閉まる」と「ドアがバタンと閉まる」では、「バタッ」のほうがスピードが速く感じられるのに対し、「バタン」のほうはドアの閉まった音の余韻が感じられると説明される。

　一方、寒河江市方言の「ラ」の持つ付加的な意味について、石などが転が

る様子を表す「ゴロゴロ」ならびに「ゴロラゴロラ」というオノマトペを例にすると、(1)の「ゴロゴロ」よりも(2)の「ゴロラゴロラ」のほうが、石の大きさが大きく感じられる。共通語と共通するオノマトペ辞である促音や「リ」などが動きの局面やスピードを表すのに対し、「ラ」は動きや状態の程度の大きいことを表すと考えられる。

（１）　庭サ　石ゴロゴロド　アテ　アルギズライ。
（２）　庭サ　石ゴロラゴロラテ　アテ　アルギズライ。
　　　　（庭に石がごろごろとあって、歩きにくい）

さらに「ラ」には(4)のような用法があり、話し手の不快感や苛立ちなどマイナスの意味を強めていることが多い。

（３）　エズマデ　グズグズ　言ッテンダー。（いつまで文句言ってるんだ。）
（４）　〔(3)の発話からしばらく経ち、しびれを切らして〕
　　　　ンダガラ　エズマデ　グズラグズラテンダズ！
　　　　（だから、いつまで文句言ってるんだ！（いい加減にしろ！））

そもそもABラABラ型は、話者や筆者の内省で「重い」という印象があり、相手を非難するなど、とりたててマイナス評価的な意味を表したい時に用いられる傾向がある。「ラ」を用いたABラッ型には、「ツケラットシテヤー」（平然としていて（憎たらしい））や「メロラットシタ　ヤロコダヤレ」（しまりのない子供だな）のように、人間に対してマイナスの評価を与える意味を持つものが多い。それぞれ「ツケットシテヤー」「メロットシタ」のように「ラ」のないABッ型も存在するが、「ラ」のあるほうが憎たらしさや、しまりのなさに対するマイナス評価が強くなる。
　咳を表すオノマトペ「ゲショゲショ」「ゲショラゲショラ」の(5)〜(8)のようなふるまいを見ても、「ラ」がマイナス評価に関わることが見てとれる。

（5）　ナイダテ　ゲショゲショテ　ナー。
　　　（なんとまあ、咳が出て、ねえ。(大変そうだねえ)）
（6）　ナイダテ　ゲショラゲショラテ　ナー。
　　　（なんとまあ、ひどく咳が出てること、ねえ。(嫌だな。うつさないでくれよ)）
（7）？ナイダテ　ゲショゲショテ　ヤーレ。ウーウ　ヤンダチャー。
　　　（なんとまあ、咳が出て。うわあ、嫌だねえ）
（8）　ナイダテ　ゲショラゲショラテ　ヤーレ。ウーウ　ヤンダチャー。
　　　（なんとまあ、ひどく咳が出て。うわあ、嫌だねえ）

　このように、(6)(8)のように咳を表すオノマトペについては、不快さを表す場合にはABAB型よりABラABラ型のほうが用いられやすく、咳そのものに対する不快感に加えて、その咳をしている相手への非難というマイナスの評価を持つことが多い。対して「ラ」のない(5)の「ゲショゲショ」では、咳の苦しさに同情するような文脈になる。(7)のように他人の咳に対して不快に思うことを直接言い表す表現があると、「ラ」のないABAB型ではすわりが悪い。
　「ゲショラゲショラ」については、話者から「ひどい」というより「痰がからまったような咳」だという内省を得ており、ただ「激しい咳」というよりも聞いた時に不快感をおぼえるような咳を表すようである。
　このように見てくると、「ラ」は基本的に、ABAB型に対してより程度の大きいことを表し、それに加えて、マイナス評価をより強めている場合もあるということが言える。

3.6.「ラ」による語形の派生

　以上のように、「ラ」を付加させることによって程度が大きく、あるいはマイナス評価の強い表現ができるように考えられるが、実際はそこまで「ラ」の付加の自由度は高くない。例えば、(9)のようにABAB型に対し、すべてのABAB型から「ラ」を付加したABラABラ型が作れるわけでは

ない。逆に、ABラABラ型が存在するものの、対応するABAB型が存在しないものもある。つまり、「ラ」による語形の派生には制限があるということである。

（9） a. スリコギデ　ガロガロド　カマシェ。
　　　 b. スリコギデ　＊ガロラガロラド　カマシェ。
　　　　　（すりこぎで勢いよくかき混ぜろ）
　　　 c. サガナ　＊アフアフテダ。
　　　 d. サガナ　アフラアフラテダ。
　　　　　（魚が死にそうになっている）

　3.5.(1)節の形態的特徴で挙げた条件のほかにどのような制限があり、どのような仕組みで「ラ」による派生が行われるのだろうか。また意味として程度の大きいこと、あるいは強いマイナス評価の意味合いがどのように生じているのか。このことについて、ABラッ型、ABラABラ型、ABラCBラ型の順に考えていきたい。

（1）　ABラッ型の派生
　オノマトペは語基とオノマトペ辞から成る。ABラッ型の場合、語基ABにオノマトペ辞「ラ」と促音が付加されている形である。類似の型にABラ型があるが、ABラッ型が文中で使用される際、「ト」「テ」といった後接辞が必須であるのに対し、ABラ型は「ト」「テ」を介さずに使用できるという違いがある。また、ABラ型には「ドフラ」（ドフッと落ちる水たまりの意味）のような名詞のものも含まれており、「ラ」が名詞化要素として働いているように見えるものもあるため、ABラッ型とは区別する必要がある。
　調査で得られたABラッ型は、次の(10)の16語である。

（10）　ガブラッ【水に落ち込む音の形容】
　　　　　ガブラット　ミズサ　オッジャ。（勢いよく水に落ちた）

グダラッ【草花などの枯れしおれたる様】
　ハナ　グダラット　ナッテダ。(花がしおれている)
ケソラッ【平然。平気。知らん顔】
　アイズ　ケソラットシテ。(あいつ、平気で知らん顔している)
コソラッ【そっと】
　コソラット　ハナシタ。(内緒話のように小さな声で話した)
ツケラッ【平気で。横柄に。けろりとして】
　ナニシテモ　ツケラットシテ。(何をしても平気でいる)
ズゴラッ【背が低く太っている形容】
　ズゴラットシッタネー。(背が低くて太った体格をしているね)
ドモラッ【どんよりと陰鬱なさま】
　キョーワ　アダマ　ドモラットスル。(今日は頭がはっきりしない)
ノヘラッ【鈍感なさま。平然と】
　アイズワ　エズモ　ノヘラットシッタ。
　(あいつはいつも平然としている)
ノペラッ【鈍感なさま。平然と】
　アイズワ　エズモ　ノペラットシッタ。
　(あいつはいつも平然としている)
ピタラッ【平らに】
　ホイズ　ピタラット　スロ。(それ、平らにしろ)
ビジョラッ【つぶすさま】
　ムシバ　ビジョラット　ツブシタ。(虫を潰した)
プクラッ【太って顔が丸くなっている様】
　マエワ　プクラッテシッタッケゲント　ホッソグナタネー。
　(前は丸々としていたけれども、細くなったね)
ペソラッ【①平気なさま　②黙り込んでいるさま　③柔らかく歯応えのないさま】
　ナニ　サッジェモ　ペソラットシテンナヨナー。
　(何をされても、平気な顔をしているんだよな)

ペタラッ【ぴったりと】
　　ホレ　ペタラット　ハレ。（それ、ぴったりと貼れ）
モサラッ【間抜けている。行動不活発だ】
　　ホレ　モサラットシテンナヨ。（ほら、遅れるなよ）
モヤラッ【おだやかに。うっとうしく〈天気について〉】
　　キョー　ナンダガ　モヤラットシッタネー。
　　（今日は何だか天気がはっきりしないね）

　(10) のABラッ型オノマトペは、「ラ」を除いたABッ型が存在するものがほとんどである。例えば「モサ」という語基の「モサラッ」には「モサッ」というABッ型のオノマトペがある。そして、ABラッ型とABッ型で主要な意味は変わらない。「ラ」が付加されることでニュアンスが変わるのみであり、そのニュアンスが3.5.(2)節で示した「程度の大きいこと」または「マイナス評価の強調」である。

　しかし、ABッ型は調査において117語収集されており、「程度の大きいこと」「マイナス評価の強調」というだけでは、なぜ16語しか「ラ」が付加できないのかという理由の説明ができない。繰り返しになるが、「ラ」は「重い」という印象があるため、「ラ」の付いた形に派生させるにはそれなりの動機が必要である。その動機の中でも特に強いのが、人に対するマイナス評価と不快感ではないかと推測する。

　(10)を見ると、人の見た目に関するマイナス評価を含むものが「ズゴラッ」「プクラッ」の2語、人の性格・行動に関するマイナス評価を含むものが「ケソラッ」「ツケラッ」「ノヘラッ」「ノペラッ」「ペソラッ」「モサラッ」の6語、身体感覚に関する不快感を含むものが「ドモラッ」1語となり、計9語と半分以上を占めている。対して、人以外のものの様子に対するマイナス評価を含むものが「グダラッ」「モヤラッ」の2語、特別マイナスの評価を持たないものが残りの5語となっている。また調査ではとらえきれなかったオノマトペで「メロラッ」（しまりのない様子）も人の性格・行動に関するマイナス評価を含むものである。

このような人に対するマイナス評価や不快感に言及するとき、例えば「モサッとする」ではなく「モサラッとする」と言うと、動作の遅さの程度が大きく表現されるとともに、動作の遅さに対する批難というマイナス評価がとりたてて表現されるように感じられる。「ズゴッとしている」という太めの体型に関する表現についても、「ズゴラッとしている」と言うと、その体型がより大きいことに加え、評価的な側面が目立ってくる。このように、(10)でも、「ラ」が付加された形がよりしっくりくるのが「ズゴラッ」「ノヘラッ」など人に関する語、そして「ドモラッ」のように不快感を表す語である。そして、その人に対する評価や不快感をどれほど強く表したいかによって、ABラッ型で表現するか、ABッ型で表現するかという場面差や個人差が生じてくると考えられる。

(2)　**ABラABラ型の派生**

　次に、ABラABラ型への派生について考察を行う。寒河江市方言のABラABラ型オノマトペは表1のように多数存在する。
　これらのうちから、語基「ゴロ」を持つ「ゴロラゴロラ」を例にして考えてみる。
　語基「ゴロ」はABAB型にすると「ゴロゴロ」という語形になり、転がる様子や音を表すもの(擬態語)と、雷の鳴る音を表すもの(擬音語)に大きく分かれる。ここでは前者の転がる様子や音を表すオノマトペを中心に考える。語基「ゴロ」は、通常単独では使われることがないので(　)内に入れてある。

(11)　(ゴロ) ─────→ ゴロッ ─────→ ゴロラ(ッ)
　　　　↓　　　　　　　　　　　　　　　　↓
　　　ゴロゴロ ──────────────→ ゴロラゴロラ

　(11)のように、語基「ゴロ」からABラABラ型の「ゴロラゴロラ」へ派生するルートは2つ考えられる。一回語形(非反復形)の「ゴロラッ」を経

表1　山形県寒河江市方言におけるＡＢラＡＢラ型オノマトペ

ＡＢラＡＢラ型	ＡＢＡＢ型	その他の型	意味	ＡＢラＡＢラ型	ＡＢＡＢ型	その他の型	意味
アフラアフラ	—	—	放蕩する様／魚が死にそうになっている様	ドダラドダラ	○	○	騒ぎ回って騒がしい様
アホラアホラ	—	—	放蕩する様	ドフラドフラ	○	○	雪に足を取られる様
ウツラウツラ	○	—	居眠りする様	トボラトボラ	○	—	雪道などを危なげに歩く様
ウロラウロラ	○	—	右往左往する様	ニコラニコラ	○	○	愛想良く笑う様
カクラカクラ	○	○	ねじなどが取れそうになっている様、居眠りの様	ニチャラニチャラ	○	○	音を立てて物を噛む様
ガグラガグラ	○	○	ねじなどが横に動く様	ニヘラニヘラ	—	—	しまりなく笑う様
カサラカサラ	○	○	物音がして何かが動く様	ニヤラニヤラ	○	○	いやらしく笑う様
ガサラガサラ	○	○	物音がして何かが動く様	ネツラネツラ	△	○	優柔不断な様
ガダラガダラ	○	○	騒がしい様	ネビラネビラ	—	—	しつこく粘つく様
カチラカチラ	○	—	鼠が木を齧る音	ノロラノロラ	○	○	行動の緩やかな様
キョロラキョロラ	○	○	落ち着かなく見る様	バキラバキラ	○	—	餅のように固まった食べ物や、糊が固まった様子
ギグラギグラ	○	○	ねじなどが動く様	バサラバサラ	○	○	衣服をしどけなく着る様
ギツラギツラ	○	○	戸の動きがかたい様	バダラバダラ	○	○	騒がしい音
クタラクタラ	○	○	芯の弱い様(人にも使う)	フララフララ	○	○	不安定な様
グダラグダラ	○	○	不活発な様	ビトラビトラ	○	○	大きな水滴状の、ねばつく物が落ちる様
クチャラクチャラ	○	—	音を立てて物を噛む様	ブヨラブヨラ	○	○	水気を含んで柔らかい様
グジャラグジャラ	○	○	濡れて、乱雑な様	ヘカラヘカラ	○	—	竹や木片が薄く、たわむ様
グズラグズラ	○	△	小言や文句を言う様	ペコラペコラ	○	○	へこむ様、平身低頭の様
クナラクナラ	○	○	柔らかく弱い様	ペソラペソラ	○	○	柔らかく食べ応えのない様
グナラグナラ	○	○	折れそうに曲がる様	ペタラペタラ	△	—	舐める様、くっつく様
ゲショラゲショラ	○	○	咳をする音	ベダラベダラ	○	○	粘つく様
ゲヘラゲヘラ	—	—	しまりなく笑う様	ベドラベドラ	○	○	ひどく粘つく様
コキラコキラ	○	○	蒟蒻のような歯触り	ボクラボクラ	○	—	芋や南瓜を煮たものが、冷えて固くなった食感
ゴジャラゴジャラ	○	○	乱雑に入り交じっている様	ボサラボサラ	○	○	髪が乱雑に生えている様
ゴドラゴドラ	—	○	人が文句を言う様	ボダラボダラ	○	○	湿り雪の降る様
ゴロラゴロラ	○	○	転々とある様、怠ける様	ポロラポロラ	○	○	落ちる様
シコラシコラ	○	○	生餅などの歯触り	ボロラボロラ	○	○	落ちる様
スポラスポラ	—	○	だらしない様	マジラマジラ	—	—	眠れず、目を開いている様
チビラチビラ	○	○	少しずつ	ムキラムキラ	—	—	ご飯などが半煮えの食感
チョキラチョキラ	○	○	ハサミで切る様	ムズラムズラ	○	○	鼻などが痒い様
チョクラチョクラ	—	○	掘る様	メソラメソラ	○	○	悲しげに泣く様
チョコラチョコラ	○	○	子供が覚束なく歩く様	モクラモクラ	○	○	動作が緩慢な様
チョビラチョビラ	○	○	少しずつ酒を飲む様	モズラモズラ	—	—	鼻などが痒い様
チョロラチョロラ	○	○	小さい物が動いて邪魔な様	モソラモソラ	○	○	背中などに違和感のある様／行動が遅い様
ツカラツカラ	○	○	棘がささって不快な感じ	モタラモタラ	○	—	果物の熟しすぎた様
ツケラツケラ	○	○	言葉遣いに愛想のない様	モヤラモヤラ	○	○	うっとうしい様
ズゲラズゲラ	○	—	遠慮なく物を言う様	ヨロラヨロラ	○	○	不安定に歩く様
ズダラズダラ	○	○	びしょぬれの様	レロラレロラ	○	—	泥酔して舌の回らない様

由するものと、繰り返し語形（反復形）の「ゴロゴロ」を経由するものである。「ゴロラ（ッ）」を経由する場合、最後の促音は文中で「ト」「テ」を後接させるときに必ず現れるものであり、オノマトペの意味にそれほど影響しないことから、ここでは括弧に入れておく。ルートの1つは「ゴロラ（ッ）」が繰り返されて「ゴロラゴロラ」になるもの、「ゴロゴロ」を経由する場合には「ゴロゴロ」に「ラ」が挿入されて「ゴロラゴロラ」になる2つ目のルートとなる。

　「ゴロラ（ッ）」が繰り返される1つ目のルートの場合、(12)のように前部分と後ろ部分との間に若干のポーズが入るか、後ろ部分の頭に強めの発音がかかり、前部分と後ろ部分が完全に1つの語となっているわけではない。これを仮に寒河江市方言のような無型アクセントではなく、有型の共通語アクセントに当てはめてみると、共通語のオノマトペは様態副詞であれば頭高型となるため、前後それぞれの「ゴ」の部分にアクセントが見られるはずである。

(12)　河原サ　デッカイ石　トゴロドゴロサ　<u>ゴロラ、ゴロラテ</u>　アッベ。
　　　（河原にとりわけ大きい石がところどころにあるでしょ）

　このことは、「ゴロラ（ッ）」が繰り返されて「ゴロラゴロラ」という一語化したオノマトペになるルートが想定しにくいことを意味する。したがって、「ゴロラゴロラ」に派生する基本的なルートは、「ゴロゴロ」を経由して、「ゴロゴロ」に「ラ」を付加するものであると考えられる。すなわち、語基→ABAB型→ABラABラ型というルートでの派生である。

　ところで、すべてのABAB型からABラABラ型が派生するわけではないのは、ABッ型からABラッ型への派生にある程度の制限があったのと同様である。ABAB型に「ラ」がつくかどうかは語によって異なっており、話者によっても個人差がある。個人差があるといっても「自分はABラABラは用いないけれども、意味はなんとなくわかる」という回答が得られることが多い。場合によっては、自覚のないまま使用していることもある。

ABラABラ型が人に対する評価を拡大する、不快感を拡大して表現することは前述したが、ABAB型がプラス評価の意味合いを持つ場合、「ラ」は付加しにくい。面接調査では「ニコラニコラ」くらいしか出てこず、「ニコラニコラ」は「ニコラニコラテ　メンコイチャー（笑顔でかわいいねえ）」というプラスの意味で用いられている。これは程度の拡大を表し、マイナス評価の拡大とはとらえられない例である。

　寒河江市方言では、相手に対する揶揄や批難といった表現が頻繁に行われており、特にとりたてて大げさに表現したい場面はマイナス評価的な状況のものが多く、あえてプラス評価に言及したいという状況は少ないように思われる。そのため、プラスの評価の状況においてABラABラ型オノマトペは使われにくい。よって「ラ」が付加される前のABAB型において、すでにマイナス評価の意味合いを持つものが、特に「ラ」が付加されやすいという特徴がある。

　そのため、(13)のようにプラスでもマイナスでもなく、状況によってマイナスの意味の程度が左右される「ポロポロ」などでは、ABラABラ型が使えるかどうかは話者によって異なる。話者によって、「ラ」を使ってまで言う必要はないと感じるようである。ただ、(13)'のような、「ボロボロ」と同じく「こぼす」という動詞を伴うABAB型オノマトペ「ボロボロ」は、濁音によるマイナスイメージが強いため、マイナス評価の状況で使いやすく、ABラABラ型「ボロラボロラ」への派生の許容度が高くなる。

(13)　ソダイ　ポロラポロラテ　コボサネデ　ケ。
　　　（そんなにぽろぽろこぼさないで食べなさい）
(13)'　ソダイ　ボロラボロラテ　コボサネデ　ケ。

　また、(14)のように身体的な不快感を直接表す、マイナス評価の意味を持つABAB型においては、身体感覚の程度の大きさと不快感（マイナス評価）の程度が重なっているためか、ABラABラ型の許容度はより高くなっている。

(14)　シェナガ　ツカラツカラテ　カイチャー。
　　　（背中がとてもちくちくして痒いのよ）

　このように考えてくると、ABAB型に「ラ」が付加される条件は、「ラ」が付加される前のABAB型がマイナスの意味を持ち、それをとりたてて表現したいという動機だけで十分のようにも思われる。しかしABAB型の意味がマイナスの評価を含むものであっても、ABラABラ型を取りにくいものもある。それが(15)である。

(15)　チャカチャカテネデ　チェト　チョドステロ。
　　　（騒いでいないで、少しじっとしてなさい）

　この「チャカチャカ」は子どもが騒ぎ回る様子や、そわそわと落ち着きがない様子について言う、マイナス評価的な意味を持つオノマトペだが、「*チャカラチャカラ」とは言えない。この語基「チャカ」は「ラ」に限らず、ABAB型以外の派生形はとらない。「チャカチャカ」はABAB型での使用が固定されているのである。「チャカチャカ」の一部の音を替えた「チャカポカ」というABCB型の語はあるが、意味用法の固定された語であるからこそ、音遊び的なABCB型が作られやすいということもある。つまり、このようなオノマトペは語のレベルで慣習化しているのである。
　似たようなことは比喩的な用法にも見られる。語基「ゴロ」の意味の1つで、ありふれたものが多く存在する様子を表す(16)の「ゴロゴロ」は比喩的な用法と言え、ABAB型で固定した表現である。

(16)　ソングライノ人ダッケゴンタラ　ゴロゴロド　イダベズ。
　　　（それくらいの才能の人なら、たくさんいるだろう）
　　　*ソングライノ人ダッケゴンタラ　ゴロラゴロラド　イダベズ。

　他には「ガダガダ」（がだがだ）というABAB型オノマトペにも比喩的な用

法がある。「ガダガダ」は第一義的には机などの揺れる音や動きを具体的に描写する。この場合は「ガダラガダラテ　ヤガマスイ（がたがたと音がして喧しい）」というように、ABラABラ型を取ることができる。机などが揺れて使いにくくなった状態についてABAB型で表すこともできるが、「コェズ　ガダラガダラテ　モーワガンネハ（これ、壊れてがたがたいってもう駄目だよ）」とABラABラ型でも表すことができる。しかし(17)のように、身体が疲れてあちこちに不具合がある様子を表し、より用法が特殊化すると「ラ」は付加できなくなる。

(17)　オレ　ツガッジェ　モー　カラダ　ガダガダテ　ワガンネハー。
　　＊オレ　ツガッジェ　モー　カラダ　ガダラガダラテ　ワガンネハー。
　　　（私疲れて、もう身体ががたがたで、だめだ）

したがって、ABAB型に「ラ」を付加したABラABラ型への派生には、ABAB型が特定の用法で固定されたものではないこと、つまり語レベルで慣習化していないことが重要であり、かつ、ABAB型がマイナスの意味を強調して用いられることに対して許容される状況が必要である。つまり、「ラ」の問題というより派生する前の形式の意味用法がABラABラ型への派生を左右するのである。

　また逆に、「ラ」を付加する以前のABAB型が共時的に存在しない場合もある。魚が死にそうになっている様を表す「アフラアフラ」という寒河江市方言などに見られる語や、共通語にも見られる「ウツラウツラ」がこれにあたる。「アフラアフラ」については「＊アフアフ」というABAB型のオノマトペは存在せず、「ウツラウツラ」については、ABAB型では気分がふさぐという意味である「鬱々」の解釈しかできず、「うたたね」の意味を持たなくなってしまう。また「アフラアフラ」や「ウツラウツラ」以外に語基「アフ」「ウツ」からの派生語が存在せず、ABラABラ型で固定され、慣習化した語であると言える。

　ここで「慣習化」とは、語基とオノマトペ辞の組み合わせという分析的で

あったものから分析性が失われるということをさす。特殊化した意味の前で語基＋オノマトペ辞という語型は形骸化し、オノマトペ辞の持つ分析的な意味も曖昧になる。そのような慣習化タイプのABラABラ型には「アフラアフラ」「ウツラウツラ」の他、表1においてABラABラの欄・その他の型の欄ともに「−」を記したものが該当する。そのいくつかを(18)に示してみよう。

(18)　ネピラネピラ(*ネピネピ)：粘つく様子
　　　ゴドラゴドラ(*ゴドゴド)：人が文句を言う様
　　　マジラマジラ(*マジマジ)：眠れず、目を開いている様

　こういった語レベルで慣習化したABラABラ型オノマトペにおいては、派生前形式が存在しないため、「ラ」に程度性あるいはマイナス評価の拡大という機能を認めることができない。よって慣習化した語は、派生力を持つ他のオノマトペとは一線を画すものであると言える。

(3)　**ABラCBラ型の派生**
　最後に、ABラCBラ型への派生について考えていきたい。調査で得られたABラCBラ型オノマトペには(19)のようなものがある。ちなみに、(19)のうち用例がないものは、語形のみの回答で、調査では用例が得られなかったものである。また、☆印があるものは、ABラCBラ型以外に型を持たない語レベル慣習化タイプのオノマトペである。

(19)　アチャラヘチャラ【決断のつかぬ様。ちゃんとしたことを言わないこと】☆
　　　アフラタフラ【①ぶらぶらするさま　②魚が死にそうになってあぎとうさま】
　　　　<u>アフラタフラシテ　カシェガネナヨ。</u>
　　　　（ぶらぶらして稼がないんだよ）

ガガラシャガラ【忙しい様】☆
　チェット　ガガラシャガラテタンダッケ。
　（ちょっと忙しくしていたんだ）
カタラピタラ【靴などが不揃いであること】☆
グズラモズラ【文句・不平を言うさま】☆
　ナイダテ　エズマデモ　グズラモズラテ。
　（いつまでも文句を言ってるんだ）
グナラシャナラ【柔らかく曲がるさま】☆
　エダ　グナラシャナラテ　マガル　ナーレ。
　（枝が柔らかく曲がるね）
スネラクネラ【ぶらぶらして不活発なさま】☆
　スゴドモ　スネデ　スネラクネラテ　ナマケモノダ。
　（仕事もしないでぶらぶらして、怠け者だ）
ズダラバダラ【①騒ぎまわるさま　②物事の進まぬさま】
トタラパタラ【忙しくしている様子】
　コッチバリ　トタラパタラテランナネナヨー。
　（こちらばかり忙しく動いていなければならないのよ）
ドダラバダラ【騒ぎ回ってうるさいさま】
ニチャラクチャラ【ものを噛むさま】
ネツラクツラ【優柔不断ではきはきしないさま】
　エズマデモ　ネツラクツラテヤー。
　（いつまでもはっきりしなくてさ）
モサラカサラ【のろまなこと】
モサラクサラ【のろまなこと】
モタラカタラ【のろまなこと】
　モタラカタラテッガラ　イガンニェグナッタドレハ。
　（もたついているから、行けなくなってしまったじゃないか）

他にも、筆者の内省では、「ニコラカコラ」（笑顔であるさま）、「デゴラガ

ゴラ」(でこぼこしているさま、「ヘララカララ」(よくおしゃべりするさま)、「ピタラカタラ」(粘りけがあってくっつくさま)などがあるはずなのだが、調査や自然談話では収集できなかった。

　このABラCBラ型への派生を考えると、反復形であることから、基礎となるのはABAB型である。ABAB型を起点とした派生は次の(20)のようになり、ABラABラ型の派生と同様、2つのルートが考えられる。ABAB型からABラAラ型に派生してから、後ろの語基音が変化したと考えるルートと、ABAB型からABCB型になり、そのABCB型に「ラ」が付加されたと考えるルートである。

(20)

　しかし、ABラABラ型とABラCBラ型の語を比べると、ABラABラ型が言いづらく、ABラCBラ型のほうがよく用いられる傾向がある。例えば、「ネツラクツラ」と「ネツラネツラ」、「ヘララカララ」と「ヘララヘララ」を比べると、「ネツラネツラ」「ヘララヘララ」は重たい印象があり、使いづらい。つまり、ABラCBラ型へつながるABラABラ型が使いにくい場合があるということである。一方、(19)の☆のついた語以外はすべてABCB型を有している。ということは、ABCB型を経由してABラCBラ型ができあがっていると考えたほうが自然なように感じられる。ただし、「*グズモズ」というABCB型を持たず、ABラABラ型「グズラグズラ」を持つ「グズラモズラ」の例もあるため、すべてがABCB型からのみの派生というわけではない。

　では、なぜABラABラ型よりABラCBラ型のほうが自然な場合があるのだろうか。ABラABラ型よりABラCBラ型のほうが直接的な描写であるというよりも、伝統的・慣習的な表現として、「そういうマイナス評価の語」として定着しているように感じられる。例えば、ABラABラ型「ネツ

ラネツラ」はいつまでも文句を言って態度をはっきりさせない様子を表す。共通語の「ねちっこい」に近い。これが AB ラ CB ラ型「ネツラクツラ」になると、語基音の変化によって描写性が薄れることで「優柔不断な態度」という評価に焦点が当たっているように感じられる。要するに、マイナス評価を持つオノマトペ表現として定着し、慣習化しているのである。その結果、語基の反復＋「ラ」と分析できる AB ラ AB ラ型よりも、AB ラ CB ラ型のほうが非分析的な一語としてあり、一般語に近いものとして使用されやすくなっているのではないかと考えられる。

3.7. まとめと今後の課題

　以上、山形県寒河江市方言におけるオノマトペ辞「ラ」について、その特徴を考察してきた。「ラ」は程度が大きいことを表すという意味機能を有しているが、とりわけマイナスの評価をとりたてて表現したい場合に顕著に見られる。なお、こうした機能を持つ「ラ」に生産性が認められることは、寒河江市方言の言語生活におけるある種の好み・志向性といったものが関係している可能性がありそうに思われる。すなわち、相手を揶揄したりからかったりという表現は、寒河江市方言では特に日常的に行われているものであり、そうした表現面での特性を維持するために、「ラ」を有する型が今でも多く残っているのかもしれない。

　今後は他地域におけるオノマトペ辞「ラ」が同様の機能を持っているのか、あるいは異なる特徴を持っているのかという点、また寒河江市の他の「ラ」を有する型のオノマトペに関しても同じことが言えるのかという点などについて考察を進めることが必要である。

4. 研究の実践（2）
―地理的研究〈グイラ・ボット系オノマトペを例に〉―

　次に、地理的研究を実践してみよう。全国を対象にした地理的研究としては、先に言及した小林隆（2010）などの事例があるが、ここでは特定地域の

地理的研究として、山形県と宮城県にまたがる地域のグロットグラム調査の例を挙げてみたい。取り上げるのは東北地方に見られる「ボット」「ボッポリ」「グイラ」等、「急に」の意を表すオノマトペである。これらは1つの意味に対し多数の語形が存在しているため、「語群」として捉えた調査を行ったものである。ここでは、川越（2011b・2012）の内容を整理し、その後の成果を補足しながら述べていく。

4.1. 調査対象のオノマトペについて

(21)　あの人　ガラリ　亡ぐなたんだど。（あの人、急に亡くなったんだって）
(22)　天気　グラリ　変わた。（天気が急に変わった）

　東北方言には、上の(21)(22)のように「急に」「突然に」「いきなり」「すぐに」などと同じような意味用法を持つオノマトペが存在する。小野編(2007)『擬音語・擬態語4500日本語オノマトペ辞典』には、「びらり」という項目があり、「すばやいさま」という意味で「びらり取る（さっと取る）」〈岩手県〉、「いいど聞いたんで、びらり買いますた」〈宮城県〉という用例が載せられている。「ビラリ」は共通語の「びらびら」（紙や服の裾など薄い物がひるがえる様子）というオノマトペと同じ「びら」という語基を持つが、「びらびら」の描写する「薄い物が翻る」といったイメージから考えると、「びらり買う」という言い方はかなり異質なものに感じられるだろう。
　このような用法を持つオノマトペは、「ガラリ」「グラリ」「ビラリ」のほか、菅原孝雄(2006)『気仙沼方言アラカルト』に、「ボット」「ボッポリ」「グエラ」などの複数のオノマトペが「急に」や「いきなり」「突然」という意味であると説明され、また、「ビラット」「ビラリ」は「すぐに」などとほぼ同じ意味であると解説されている。
　このような語は、(23)のように、語基音ごとの系統に分けると7系統になる。現在のところ山形県・宮城県において31語を収集しており、すべて

動作の取りかかりの早さ、あるいは急激に物事が起こる様子を表している。山形県で多く用いられる「グイラ」と宮城県側での使用が多い「ボット」にこの語群を代表させ、仮にグイラ・ボット系オノマトペと総称することとする。なお、グイラ・ボット系オノマトペについては山形県・宮城県以外での使用もあるが、今回は調査対象とした陸羽東線地域（山形県・宮城県北部県境地域）を念頭に、山形県・宮城県でこれまでに見られたものを挙げる。

(23) ①グイラ系：グイラ(グエラ)、グイラリ、グイット(グエット)、グット、グラリ、グイラギッタリ、グラット
　　　②ボット系：ボット、ボッポリ、ボッポラ、ボッポラボット、ボイット(ボエット)、ボイラ(ボエラ)、ボッコリ、ボッコラ、ボコット、ボックラ、ボックラボット
　　　③ガラリ系：ガラリ、ガラット、ガイラ(ガエラ)、ゲァラ、ゲァリ
　　　④ビラリ系：ビラット、ビラリ
　　　⑤ズイラ系：ズイラ(ズエラ)、ズラリ
　　　⑥ゴイラ系：ゴイラ(ゴエラ)、ゴエット
　　　⑦ドイラ系：ドイラ(ドエラ)、ドエット

4.2. 副詞の種類とオノマトペ

　通常、オノマトペが副詞的に用いられる場合は、様態副詞あるいは結果副詞として用いられる。仁田義雄(2002)では、「〈取り掛かりの早さ〉を中心に動きの早さに関わる」様態副詞として、共通語のオノマトペである「さっと顔色を変える」「パッと瞬間に変わってしまう」の「さっと」「パッと」などを分類している。これらのオノマトペを用いた副詞はあくまで様態副詞であり、「時間関係の副詞」のうち、取り掛かりの早さを表す「急に」「いきなり」などの一般語の副詞とは区別されている。時間関係の副詞は「事態の実現・成立のあり方を限定し特徴づける副詞的成分」であり、時間的早さを表す時間関係の副詞は「動きが占める時間幅」を表す。一方、様態副詞は「動きそのものの展開の時間的早さ」を表しており、動きの展開のあり方を表

す。

　様態副詞と時間関係の副詞、この2種類の副詞を区別する根拠として、仁田は「パッと瞬間に変わってしまう」のように様態副詞と時間関係の副詞が共起する例を挙げている。この基準から見てみると、グイラ・ボット系オノマトペは「急に　グイラ　来た」のように「急に」と共起し、様態副詞的性格を持つはずだが、(24)のように「急に」「突然に」といった時間関係の副詞とは共起できず、時間関係の副詞に近づくことがある。

(24) *あの人　急に　ガラリ　亡ぐなたんだ。
　　 ?天気　突然　グラリ　変わた。

　宮城県北部に位置する栗原郡のオノマトペをまとめた佐藤一男(2003)では、グイラ・ボット系オノマトペに属する「ズイラ」が「時間的表現」に分類されている一方、同じグループの他の語は(25)のように様態副詞的なものとなっている。

(25)　時間的表現：スカスカトやってくる。　棚にチャカット置いた。
　　　　　　　　　ズイラ戻ってきた。　家にトロットやってくる。
　　　　　　　　　　　　　　　　　　　　　　　　（佐藤2003: 130頁）

　仁田の分類に従うと、佐藤のような語は早さを表す様態副詞の中でも「〈質・様〉への言及を含みながらの〈早さ〉」を表す様態副詞に当てはまると思われる。この様態副詞の特徴として、仁田は「より純粋に早さを表す」様態副詞に比べて使用範囲が狭いことを指摘している。より純粋に早さを表す様態副詞「ユックリト」などはさまざまな場面で用いられ使用範囲が広いと言えるが、「スタスタト」などは動きの「〈質・様〉への言及」を含んでいる分、特定の状況との結びつきが強く使用範囲が狭いのである。そして、時間関係の副詞は純粋に早さを表す様態副詞よりもさらに「〈質・様〉への言及」という性格は弱くなっていると考えられる。

多くのオノマトペは、小林隆(2010)でも述べられているように「現場性」が強く、「状況をリアルに映し出す」ものであり、描写対象と非常に密接に結びついている。その点において、「〈質・様〉への言及」という点はオノマトペの特徴と重なる部分であると思われる。「スタスタ」というオノマトペであれば移動に関わる動詞と結びつき、「オイオイ」というオノマトペであれば泣く様と結びついている。すなわち、「〈質・様〉への言及」を含む様態副詞がオノマトペの基本的な性格なのである。

　この「〈質・様〉への言及」があることを筆者は「具体的描写性がある」と言う。具体的描写性が強いほどオノマトペらしく、使用範囲が狭く、共起する動詞の多様さに欠けるということになる。すなわち、グイラ・ボット系オノマトペにおいては、具体的描写性が弱くなればなるほど、オノマトペらしさが弱くなり、使用範囲が広がって、より純粋に早さを表す様態の副詞に近づく。さらに、具体的描写性が一段と弱まれば、動きそのものの展開に関わらなくなる分、時間的な性格が強まり、結果として「急に」などの時間関係の副詞と共起しなくなる。まとめると、具体的描写性とグイラ・ボット系オノマトペのオノマトペらしさの関係は次の表2のように表せるだろう。

表2　具体的描写性の強弱とグイラ・ボット系オノマトペのオノマトペらしさ

具体的描写性の強弱	強い	弱い	ない
副詞の種類	「〈質・様〉への言及」を含む様態副詞	「より純粋に早さを表す」様態副詞	時間関係の副詞
動詞との共起	共起する動詞の種類が少ない	共起する動詞の種類がある程度多い	共起する動詞が多い
オノマトペらしさ	オノマトペらしい	オノマトペらしさが薄れている	オノマトペらしさがあまりない

　このように、グイラ・ボット系オノマトペは具体的描写性を持つ様態副詞から具体的描写性の弱い様態副詞、そして時間関係の副詞という3つの範囲にまたがる語彙であると考えられる。以上を踏まえ、グイラ・ボット系オ

ノマトペの具体的描写性がどのように地域差に関わってくるかという点について、山形県と宮城県におけるグロットグラム調査をもとに考察を加えていきたいと思う。

4.3. 陸羽東線グロットグラムから見た地理的展開

調査は 2010 年 7 月末から 8 月初めにかけて、東北大学文学部国語学研究室が行った陸羽東線グロットグラム調査の一環で、調査地域は山形県最上地方から県境をまたいで宮城県北西部にかけての地域である。調査地点は、山

陸羽東線地図

形県新庄市と宮城県旧小牛田町(現美里町小牛田)をつなぐ陸羽東線 27 駅中 22 駅の地点に設定した。インフォーマントは高年層・中年層・若年層・少年層の 4 世代、原則各 1 名(合計 93 名)に、(26)の場面について、「急に」と置き換えができるかを聞くアンケート調査を行った。回答は選択肢から複数回答可で、記号に○をつけてもらう形とした。

(26) 調査文:予定があるのに、前日になって急に仕事を頼まれたという状況で、「＿＿急に＿＿そんなこと言われても困るよ。」と言うとき、「急に」の部分を何かほかの言葉でいいませんか？
　　　ア．ぽっと　　　イ．ぽっぽり　　ウ．ぽっぽら　　エ．びらっと
　　　オ．びらり　　　カ．ぐいら　　　キ．ぐえら　　　ク．げぁら
　　　ケ．げぁり　　　コ．げらり　　　サ．ずいら　　　シ．その他
　　　ス．どれも使わない

　(26)の調査文は、視覚的な描写を含まない場面である。擬態語は様態を描写するものであるから、視覚的な描写が具体的描写性に結び付いている。しかし、「言う」という動作は視覚的な描写性が弱く、オノマトペが使用されたとしても具体的描写性があまり生かされていないように考えられる。すなわち、「言う」という動作に移るまでの時間が短いことを表し、「言う」ことの様態を直接描写するものとは異なっている。そのため、(26)の場面で使用されるオノマトペはある程度具体的描写性を弱めていると解釈される。
　調査の結果をグロットグラムに描いたものが図 2〜図 4 である。このうち、図 2 には系統別にすべての語を記号化して表した。同系統で 2 語の回答があった場合は、同じ記号を 2 つ並べてある。図 3 はボット系のみを語形ごとに記号化して表したもの、図 4 はグイラ系のみを語形ごとに記号化したものである。
　まず全体の系統別分布(図 2)を見ると、世代差では中年層以上に全体的に多く分布していることが見て取れる。少年層では使用が衰退しているようだが、グイラ系に限っては最上の西側の地域に固まって少年層にも使用が残っ

			高年層 60・70代	中年層 40・50代	若年層 20・30代	少年層 中・高校生
山形県	新庄市	新庄	N	●◇	●	N
山形県	新庄市	南新庄	◇	●◇	−	N
山形県	舟形町	長沢	◇	●●	N	N
山形県	最上町	瀬見温泉	●◇	●	●	◇◇
山形県	最上町	大堀	−	●◇◇	−	◇◇
山形県	最上町	最上	N	◇	N	◇
山形県	最上町	赤倉温泉	●● ◇◇	●◇	N	N
山形県	最上町	堺田	N	●／◇	N	N
宮城県	大崎市	中山平温泉	●●● ◇◇	N	N	●
宮城県	大崎市	鳴子温泉	●◇	N	●	N
宮城県	大崎市	川渡温泉	●◇	●◇	●	N
宮城県	大崎市	池月	●● ●◇	●▽	N	N
宮城県	大崎市	上野目	◇	▽	N	●◇
宮城県	大崎市	岩出山	●◇	●◇	N	N
宮城県	大崎市	西大崎	●◇	●●● ▽▽ ◇◇★	●◇	◇
宮城県	大崎市（旧・古川市）	東大崎	●	N	◇◇	
宮城県	大崎市（旧・古川市）	西古川	◇	N	●●●	N
宮城県	大崎市（旧・古川市）	塚目	▽◇	●▽	●◇	N
宮城県	大崎市（旧・古川市）	古川	●●	●	N	N
宮城県	美里町	陸前谷地	●●	●◇	●●●	N
宮城県	美里町	北浦	●◇	●▽◇	N	−
宮城県	美里町	小牛田	●◇	▽◇●	N	N

図２ グイラ・ボット系オノマトペ（全系統）
（凡例）●：ボット系　◇：グイラ系
▽：ビラリ系　★：ズイラ系
N：オノマトペ表現なし
−：回答なし

			高年層 60・70代	中年層 40・50代	若年層 20・30代	少年層 中・高校生
山形県	新庄市	新庄		⊙	◎	
山形県	新庄市	南新庄		○		
山形県	舟形町	長沢		◎○		
山形県	最上町	瀬見温泉	○	◎	◎	
山形県	最上町	大堀		◎		
山形県	最上町	最上				
山形県	最上町	赤倉温泉	◎⊙	◎		
山形県	最上町	堺田		◆		
宮城県	大崎市	中山平温泉	◎◇◆			◎
宮城県	大崎市	鳴子温泉	◎		◎	
宮城県	大崎市	川渡温泉	◎	◇	□	
宮城県	大崎市	池月	◎◇△	◆		
宮城県	大崎市	上野目				◎
宮城県	大崎市	岩出山	◎	☆		
宮城県	大崎市	西大崎	■	◎◇◆	◎	
宮城県	大崎市（旧・古川市）	東大崎	◇			
宮城県	大崎市（旧・古川市）	西古川			◎◇◆	
宮城県	大崎市（旧・古川市）	塚目		◎	☆	
宮城県	大崎市（旧・古川市）	古川	□▨	★		
宮城県	美里町	陸前谷地	□■	◇	◎□■	
宮城県	美里町	北浦	◎	◆		
宮城県	美里町	小牛田	◎	□		

図３ ボット系オノマトペ
（凡例）◎：ボット　⊙：ボイット　○：ボイラ
◇：ボッポラ　◆：ボッポリ
□：ボッコラ　■：ボッコリ　▨：ボコット
☆：ボックラ　★：ボックラボット

			高年層 60・70代	中年層 40・50代	若年層 20・30代	少年層 中・高校生
山形県	新庄市	新庄		♤		
山形県	新庄市	南新庄	♡	♤		
山形県	舟形町	長沢	♠			
山形県	最上町	瀬見温泉	♤			♤♡
山形県	最上町	大堀		♤♠		♤♡
山形県	最上町	最上		♤		♡
山形県	最上町	赤倉温泉	♤♡	♤		
山形県	最上町	堺田		♤		
宮城県	大崎市	中山平温泉	♤♡			
宮城県	大崎市	鳴子温泉	♤			
宮城県	大崎市	川渡温泉	♤	♤		
宮城県	大崎市	池月	♤			
宮城県	大崎市	上野目	♡／♤			♤
宮城県	大崎市	岩出山	♤	♤		
宮城県	大崎市	西大崎	♡	♤♡	♤	♤
宮城県	大崎市（旧・古川市）	東大崎			♤♡	
宮城県	大崎市（旧・古川市）	西古川				
宮城県	大崎市（旧・古川市）	塚目	♤		♡	
宮城県	大崎市（旧・古川市）	古川				
宮城県	美里町	陸前谷地		♤		
宮城県	美里町	北浦	♡	♤		
宮城県	美里町	小牛田	♤	♤		

図４ グイラ系オノマトペ
（凡例）♤：グイラ　♡：グエラ
♠：グイラリ・グエラリ

ている。宮城県側の少年層でも散発的ではあるが、グイラ系が上野目、西大崎に見られ、また、中山平温泉、上野目でボット系の使用がある。そして、それぞれの東側の地域で若年層にグイラ系とボット系の使用が見られる。

　ボット系は図3から明らかなように、「ボット」の語形を中心に、そのバリエーションと考えられる様々な語形が用いられている。図4のグイラ系と比較すると、グイラ系のほとんどがＡイラの形を取るのに対し、ボット系は選択肢に入っている「ボット」「ボイラ」以外にも「ボックラボット」など様々な語形が回答されている。

　ビラリ系は岩手県と気仙沼市あたりにも見られるものだが、陸羽東線地域においては、図2からわかるように使用の最西端は池月であり、山形県側に入り込んではいない。世代間でも使用は中年層までであり、グイラ系やボット系に比べると、かなり衰退している。また、ズイラ系は西大崎の中年層のみに回答された語形である。

　グイラ系は図4を見ると、高年層において、特に大崎市以西で広く使用されていることがわかる。しかし世代が下るにつれて、東大崎・西大崎の大崎市・古川市の市境地域以外では使用されなくなっている。ただし、最上町の最上・大堀・瀬見温泉の3地点では世代を飛ばして少年層にも使用が見られる。以上から、グイラ系とボット系の使用は山形県・宮城県をまたいで広範囲にわたっているものの、それ以外のズイラ系やビラリ系は宮城県側のみの使用となっていることがわかる。

　グロットグラム調査の結果をまとめると、(26)の「急に言われても困る」という場面において「急に」に相当するグイラ・ボット系オノマトペは、山形県側では中年層を中心に使用が見られ、語形の多様さはない。対して、宮城県側では高年層を中心に多様な語形が使用されている。

　語形の多様さに関しては、世代差に注目すれば、山形県・宮城県の県境域に近い赤倉温泉、中山平温泉、池月の3地点では高年層において語形の数が最も多く、中年層、若年層で語形が少なくなっている。これに対し、山形県側では新庄〜大堀、宮城県側では西大崎、北浦、小牛田において中年層で使用語形が最も多く、西大崎、西古川、陸前谷地は若年層で使用語形が最も

多くなっている。すなわち語形の数が「少→多→少」と世代で変遷しているように見える地点がある。方言語形であるグイラ・ボット系の語形が減っていく一方ではなく、なぜ方言語形が一度増えている地点があるのだろうか。

　具体的描写性を持つオノマトペが動きの〈質・様〉への言及を含み、特定の状況との結びつきが強く使用範囲が狭いということは、場面を特定した場合、オノマトペの選択肢が少なくなるとも考えられる。それにもかかわらず、同じ場面でもオノマトペごとに描写対象として切り取られる部分が異なるケースと、オノマトペに具体的描写性がなくなり類義語的に並び立つケースが考えられる。

　この2つのケースのうち、(26)の場面に当てはまるのは後者のケースであろう。なぜなら、(26)の「急に」と言い換えのできるオノマトペは、通常のオノマトペに比べて具体的描写性が希薄になっていると思われるからである。このとき、語形の数が「少→多→少」と変遷していることをどう説明できるかといえば、まず、「少→多」の部分については、オノマトペの具体的描写性が失われるにしたがって類義語的に複数の語が並び立つ状況が生じ、使用される語数が増えていったと考えられる。次に、「多→少」の部分は、そうした複数の語が並列する状態から世代が下るにつれて使用される語が淘汰されたか、あるいは共通語化によって方言語形が減っていったのではないかと推測される。

5.　調査項目案

5.1.　汎用的調査項目

　オノマトペの調査の困難さは前に述べたが、本書では汎用的調査項目として、できる限り網羅的にオノマトペを調査するための項目を案として提示する。意味を網羅的に示したものとして室山(1976)があるが、そこで示されたオノマトペは感覚や感情を表す分野(擬情語)の一部が抜けているように見える。そのため、方言研究ゼミナール編(1992)で調査された「身体感覚を表すオノマトペ」の項目を補った。さらに方言のオノマトペが多数収録され

ている小野編（2007）『擬音語・擬態語 4500 日本語オノマトペ辞典』、東北方言でよく見られるオノマトペを集めた竹田（2012）、川越（2012）のリストを参考に、できるだけ網羅的な調査項目リストの作成を目指した。しかし、それでも漏れはあるはずなので、調査に際しては適宜補っていただきたい。

　オノマトペは大きく擬音語、擬態語に分けられ、擬態語の中でも感覚や感情を表すものを擬情語と呼ぶことがある。擬態語のうちでも動きを表すものは音を伴うことがあり、擬音語との区別がつかないことがあるが、それでも、様態を表さない純粋に音のみを写し取った擬音語や声を模した擬声語とは異なった特徴を持っているものと考えられる。よって、擬態語を動きを表すオノマトペと動きのない状態を表すオノマトペに二分し、さらに擬情語を感覚と感情に分ける。さらに、4節で扱ったグイラ・ボット系オノマトペのような一般語彙に近づいており、具体的な描写対象があいまいなものを加え、【声を表すオノマトペ】【音を表すオノマトペ】【動きの様態を表すオノマトペ】【動きのない状態を表すオノマトペ】【感覚を表すオノマトペ】【感情を表すオノマトペ】【一般語彙の副詞に近いオノマトペ】の7つに分けて示していく。ただし、複数の分類にまたがっていると考えられる曖昧なものであるため、ある程度の便宜的な仕分けであることを断っておきたい。

　なお、意味からオノマトペの語形を求めた場合、複数の語形を捉えることは難しい。例えば、「ゴロゴロ」と「ゴロラゴロラ」といった類似した語形をすべて拾うには、その語基を有するオノマトペとして、可能性のある語形をすべて確認する必要がある。また、オノマトペに後接する「テ」「ト」といった要素が拾えない場合や、長音や繰り返しなどで誇張した形が出てきてしまう場合があるなど問題がある。それは個別に調査をしたり、調査者の内省で補った上で項目に加えたりするなどの工夫が必要である。

【声を表すオノマトペ】
　〔**人の声**〕
　　笑い声　　大声で笑う声／小さな声で笑う声／楽しそうに笑う声／腹を抱えて大笑いする声／男性の笑い声／女性の笑い声／子供の笑い声／大

勢の人が一斉に笑う声
泣き声　　大声で泣く声／声をひそめて泣く声／赤ちゃんの泣き声
叫び声　　男性の叫び声／女性の叫び声
唸り声　　身体が苦しいときに発する声
話し声　　盛んにおしゃべりする声／内緒話をする声／やかましく話しかける声／何かわけのわからないことをしゃべりまくる声／大勢が騒いでいる声／甲高い声／ちやほやとあやしたり甘えさせる声／催促する声
仕事をするときの声　　力を込めるときの声／重い荷物を持って歩くときの声／山などを軽快に駆け上がるときの声
不平・不満を言う声　　不平をいつまでも言っている声
あくびの声　　大きなあくびの声／小さなあくびの声
くしゃみの声　　大きなくしゃみの声／小さなくしゃみの声
しゃっくりの声　　しゃっくりの声／赤ん坊のしゃっくりの声
咳をする声　　軽く乾いた咳の声／激しい咳の声／咳払いの声
息を吐く声　　ろうそくなどに息を吹きかける声／寒いときなどに手に息を吐きかける声／ため息の声
吐き出す声　　嘔吐するときの声／唾を吐くときの声／痰を吐くときの声

〔動物の声〕
動物の声　　犬／猫／牛／馬／豚／羊　などの声
鳥の声　　鶏／雀／烏／鶯／郭公／ほととぎす／鳶　などの声
虫の声　　蝉／こおろぎ／きりぎりす／鈴虫／松虫／蚊　などの声
蛙の声　　あまがえる／がまがえる　などの声

【音を表すオノマトペ】
〔人が発する音〕
寝息の音　　いびきの音／気持ちよく寝ているときの息の音／赤ちゃんの寝息の音
鼻の音　　鼻をかむ音／鼻水をすする音／鼻づまりで苦しそうに息をする

音／嘲笑して鼻で笑う音
喉から出る音　　苦しそうに息をする音／息苦しそうに喉から出る高い音
キスをする音　　軽くキスをする音／激しくキスをする音
歯の音　　寒さで小刻みに歯が打ち合う音／歯ぎしりする音
騒がしくする音　　戸口などでする騒がしい音／子供が騒ぎたてる音
用を足す音　　小便の音／大便の音
おならの音　　大きなおならの音／小さなおならの音／すかしたおならの音

〔**人以外のものが発する音**〕
（**自然物**）
植物がたてる音　　木が倒れる音／木がきしむ音／笹原などが風に吹かれて鳴る音／葉がたくさん散る音
水の音　　桶などにたくさん水を入れるときの音／大きなものが水の中に落ちる音／小さなものが水の中に落ちる音／池の中に石などを投げ込んだ音／波が打ち寄せる音／大水が流れるときの音／液体が何度も揺すられてたてる重くにぶい音／お湯が沸くときに立てる音
雨の音　　激しい雨の音／弱く降り続く雨の音
風の音　　大風が吹く音／すきま風の音
雪の音　　屋根から雪が落ちる音／水っぽい雪が降る音
雷の音　　遠雷の音／落雷の音
火の音　　火がつく音／激しく炎が燃える音／静かに炎が燃える音／栗などが焼けてはぜる音／髪の毛が燃える音／ご飯が炊ける音
石の音　　石がぶつかり合う音
（**人工物**）
楽器の音　　太鼓の音／三味線の音／笛の音／木魚の音／ラッパの音／風鈴の音／鐘の音／葬式の鳴り物の音
機織りの音　　機織りをする時の音
糸車の音　　糸車が回る音
お金の音　　お金を落とす音／お金がいっぱい入っている音

鉄砲の音　　鉄砲を撃つ音
乗り物の音　　乗用車の音／バスの音／汽車の音／電車の音／新幹線の音／飛行機の音／ヘリコプターの音／自転車の音／三輪車の音／トラクターの音／船の音／バイクの音
戸が立てる音　　戸を開けるときの音／戸を閉めるときの音／戸が倒れるときの音／戸がきしむ音／戸を叩く音

【動きの様態を表すオノマトペ】
〔人に関するもの〕
（足の動きに伴う音・様子）
歩く音・様子　　大急ぎで歩く様子／長い道のりを大急ぎで歩く様子／急ぎ足で地を飛ぶように歩く様子／ゆっくり気をつけて歩く様子／大柄な人がゆっくり歩いていく様子／軽快に歩く様子／気楽な表情で歩いている様子／しょんぼりと歩く様子／することもなくそぞろ歩く様子／落ち着きなく歩き回る様子／幼児がつたなく歩く様子／老人が身体を曲げながら歩く様子／身体の不自由な人がぎこちなく歩く様子／身体を前後左右に動かしながら歩く様子／人が着物をひきずるようにして歩く様子／女性がしなを作って歩く様子／大勢の人が歩いていく様子／大勢の人が一列になって歩く様子／大勢の人が押しかけてくる様子／数人が一緒になってだらしなく歩く様子／雪道を足元危なげに歩く様子／雪をこぎながら歩く様子／足踏みをする時の音
走る音・様子　　大急ぎで走る様子／勢いよく走ってくる様子／小走りに路地などから走り出てくる様子／軽快に走る様子／必死で走る様子／大柄な人が重そうに走る様子／大きな音を立てて走る様子／子供たちが走り回る様子
飛び跳ねる様子　　川などを飛び越そうとする様子／子供たちが飛び跳ねてはしゃいでいる様子
飛び降りる音・様子　　人が少し高い所から飛び降りる様子／かなり高いところから飛び降りる様子／身体の重い人が高いところから飛び降り

て着地する様子／身体の軽い人が高いところから飛び降りて着地する様子

高い所へ上っていく様子　高いところへどんどん上っていく様子／石段などを大急ぎで上っていく様子

高い所から下りてくる様子　階段などを下りる時の様子

集まる様子　大勢の人が集まってくる様子／ものが一度にたくさん集まる様子

足が沈む様子　新雪を歩くときに足が沈む様子／泥に足を入れて沈む様子

(手の動きに伴う音・様子)

手を叩く音・様子　拍手する音／小さな子供が手を叩く音／柏手を打つ音

巻く様子　紙などを巻く様子／縄などを巻き付ける様子

切る音・様子　のこぎりで木を切る音／斧で木を切る音／竹を割る音／大きなはさみで切る音／小さなはさみで切る音／包丁などで物を軽快に刻む音／包丁などでキャベツなどの大きなものを切る音

抜く様子　大根などを抜く様子

回す音・様子　臼を回す音・様子

餅つきの音　餅をつく音／餅を返す音

かきまわす音・様子　湯水をかきまわす音／鍋の中身をかき回す音・様子／すりこぎで豆などをすりつぶす音・様子

引っ張る様子　思い切り力を入れて引っ張る様子／引っ張ってぴんと張る様子

破く様子　紙を破く様子／紙を破き続ける様子

ぶつける様子　固い物をぶつけ合う様子／金属をぶつける様子

(頭・顔の動きに伴う音・様子)

ものを食べる音・様子　固い梅などを噛む音／せんべいなど固く薄いものを噛む音／もちなどの柔らかいものを噛む音／するめなどを食べるときの音／きゅうりなど歯ごたえのあるものを噛む音／漬け物を食べる音／そば・うどんをすする音／熱いものを食べたときの息の音／大きな口を開ける様子／大きなものにかぶりつく様子／大きな口を開け

てどんどん食べる様子／一口でものを食べる様子／ものを舐める様子／ものを噛むときに口を動かす様子／短い時間に残らず食べてしまう様子／固いものをむりやりかみ砕く様子／せわしなく食べる様子

飲む音・様子 日本酒を美味しそうに飲む様子／酒を大量に飲み続ける様子／酒を少しずつ飲む様子／水などを喉を鳴らして飲む様子／水などを一気に飲み込む音・様子／汁物をすする音／思い切って呑み込む様子

見る様子 落ち着きなく周りを見る様子／目をそらさずに見つめる様子／ものに見とれている様子／何度もまばたきをする様子

読む様子 滞りなく本などを読む様子／適当に本などに目を通す様子

泣いている様子 激しく泣いている様子／大粒の涙を流して泣いている様子／声をひそめて泣いている様子／体を震わせて泣いている様子／涙が目からあふれてくる様子／赤ん坊がむずかる様子

話す様子 いいかげんなでたらめを言う様子／差し出がましくよくしゃべる様子／遠慮なく言う様子／しつこく催促する様子／うるさくやかましい様子／口ごもる様子

舐める様子 ものの表面を何度も舐める様子／一瞬大きく舌を出して舐める様子

(全身の動きに伴う音・様子)

居眠りする様子 船をこいでいるように眠る様子／突っ伏して居眠りする様子／浅く短く眠る様子／眠そうにしている様子

横になる様子 布団などに横になる様子／布団などに勢いよく横になる様子

よろける様子 体調が悪くて身体がよろけている様子／身体がよろけて倒れかかる様子

倒れる様子 急に倒れる様子

何かをしている様子 陰に隠れて何かをしている様子

穴などに落ちる様子 人が穴の中に転がり落ちる様子／人が穴にはまる様子

回る様子　　人がその場で回る様子
戸惑う様子　　どうしてよいかわからずに右往左往する様子／驚いてあちこち見ている様子／慌てふためく様子
ものを探している様子　　人がものを探している様子
忙しくしている様子　　忙しくて大騒ぎしている様子／手際よく仕事をこなす様子
成長していく様子　　子供が健康に育っていく様子／稲などが勢いよく生長する様子
仕事をする様子　　忙しく立ち働く様子／一心不乱に仕事をする様子／威勢良く仕事をする様子／仕事を早く片づけていく様子／地道に仕事をする様子／時間をかけて少しずつ気をつけて行う様子／いい加減に仕事をする様子／仕事に身を入れずはかどらない様子
急に動く様子　　物事が急激に進行する様子
動きが緩慢な様子　　動きがゆるやかな様子／慌てずに気長に行う様子／動きが鈍く対応が遅い様子
人が並んでいる様子　　次から次へと並んでいる様子／間隔を開けて並んでいる様子
浪費する様子　　金を浪費する様子
震える様子　　恐れや興奮で身体が小刻みに震える様子／寒さで身体が小刻みに震える様子
泳ぐ音・様子　　しぶきを上げて勢いよく泳ぐ様子／スムーズに泳ぐ様子／水の中に入って遊んでいる様子／おぼれる様子
起き上がる様子　　ゆっくり起き上がる様子／急に起き上がる様子
踏みつける様子　　馬糞などを踏みつける様子／悔しくて地団駄を踏む様子

〔動物に関するもの〕

走る様子　　牛や馬などが走る様子／馬などが小走りに走っていく様子／鼠などが走り回る様子／小さな動物が走り出る様子／大きな動物が走り出る様子

歩く様子　　馬が歩いて行く音／鶏が歩く様子／犬などが草の中を走り回る様子／小さな動物が歩く様子／小さな動物がたくさん動いていく様子／小さな動物が集まってくる様子
飛び跳ねる様子　　鶏などが飛び跳ねるように歩く様子／兎などが跳びはねながら歩く様子／兎や狐などが大きく飛び跳ねる様子／兎などが罠にかかって跳ね回っている様子／動物が飛ぶように歩いていく様子／蛙が池に飛び込む音
這う様子　　犬などが足を引きずるようにして這っている様子／蛇などが体をくねらせながら這っていく様子／蟹が泡を吹きながら横ばいに這っていく様子／虫などが這い回るように動く様子
尾を振る様子　　牛などが尾を左右に動かす様子／動物が尾を小さく振る様子／動物が尾を大きく振る様子
飛び移る様子　　猿などが枝から枝へ飛び移る様子／鳥が枝から枝へ飛び移る様子
ぶら下がる様子　　蜘蛛などが上から垂れ下がる様子
穴などに落ちる様子　　動物が穴の中へ落ち込む様子
突然飛び出してくる様子　　兎などが急に飛び出してくる様子／蛇などが急に這い出してくる様子／大きな動物が突然飛び出してくる様子
飛ぶ様子　　鳥などが一斉に飛び立つ様子／大きな鳥が飛んでいる様子
魚が泳ぐ様子　　魚が泳ぐ様子／魚が水面で暴れる様子／魚が死にそうになっている様子／魚が苦しそうに口を開閉する様子
体をくねらせる様子　　ヘビが体を曲がりくねらせている様子

〔物に関するもの〕
（自然物）
水が流れる様子　　汗が大量に流れる様子／汗が頬を伝う様子／大根・瓜・桃などが水の上を流れ得ていく様子／水がたくさん流れ出てくる様子／深い川や大量の水がゆるやかに流れる様子
沈む様子　　ものが水の中に沈んでいく様子／足が泥に沈んでいく様子

沸く・煮える音・様子　お湯が煮えたぎっている様子／食べ物などが盛んに煮える音／水蒸気が勢いよく吹き出る様子

雨が降る様子　雨が降り出す様子／雨が音もなく降り続ける様子／雨が激しく降る様子／雨だれがしたたる音・様子／雨漏りがする音・様子

雪が降る様子　水っぽい雪が降る様子／粉雪が舞う様子／あられが降る様子／大粒の雪が降り続ける様子／たくさんの雪が次から次へと降ってくる様子／雪が音もなく降る様子／暴風雪が吹き付ける様子

風が吹く様子　微風が吹く様子／大風が吹く様子

火が燃える様子　弱火・中火・強火の様子／火が勢いよく燃えている様子／火が小さく燃えている様子／松葉などをくべて火を焚く様子／炭火が盛んにおこっている様子／火が急に消えてしまう様子／あっけなく炎がものを焼き尽くす様子

岩石が動く様子　岩などが急に揺らぐ様子／石が転がり落ちる様子／大きな岩が転がり落ちる様子

植物の様子　木の枝がたわむ様子／木の枝が折れる様子／竹などが割れる様子／梨の実などが下に落ちる様子／いちょうの実などが一斉に落ちる様子／熟した柿が落ちる様子／栗の実などが落ちる様子／植物が溶けて腐りやわらかくなった様子

泥の様子　泥でぬかるむ様子／泥がはね上がっている様子

（人工物）

テレビの様子　テレビが映らず砂嵐のようになっている様子

明かりの様子　明るく光がともされている様子／明かりが暗くなっている様子／明かりが点滅している様子

皮などが剥がれる様子　皮などが大きく剥ける様子／皮などが次から次へと剥ける様子

布などが翻る様子　布などが垂れて翻る様子／旗などが風に吹かれて翻る様子

揺れる様子　棒や布などが柔らかくしなる様子／机の脚などが平らにならず揺れる様子／ブランコなどが揺れる様子

ものが不安定な様子　　固定せず不用意に動いてしまう様子
交互に動く様子　　シーソーが動く様子
回る様子　　こまなどが回る様子／丸木などが回る様子
膨らむ様子　　餅などが柔らかく頼りなく膨らむ様子
粘つく様子　　粘ついてくっつく様子／納豆などが粘つく様子
潰れる様子　　柔らかいものが潰れる音・様子／果実などが潰れて水分がはねる様子

【動きのない状態を表すオノマトペ】
〔人の容姿・状態に関するもの〕
（容姿・状態）
立っている様子　　人がまっすぐ立っている様子／立ち止まって考え事にふけっている様子
座っている様子　　じっと動かずに座っている様子／重々しく座って動かない様子／子供が行儀良く座っている様子／だらしなく座っている様子
寝ている様子　　横になって寝ている様子／ふてくされて横になっている様子／人が仕事をしないで寝ている様子
動かない様子　　動かずじっとしている様子
ぼんやりしている様子　　ぼんやりしている様子
怠けている様子　　何もしないで遊んでいる様子／態度や行動、動作などがためらいがちで、なかなか仕事をしない様子／無駄でいい加減な様子
だらしない様子　　着物などが着崩れている様子
太っている様子　　体格がよく太っている様子／だらしなく太っている様子／背が低く太っている様子／太っていて動作が鈍く、行動がゆるやかな様子／顔や体つきがふくよかで愛らしい様子／赤ん坊が太ってかわいらしい様子
痩せている様子　　背が高くスマートな様子／背ばかり高くやせこけている様子／病気でやせこけている様子
弱々しい様子　　身体が弱々しく気力のない様子

健康そうな様子　　肉が締まって健康そうな様子／身体がよく動いて締まっている様子
見た目が良い様子　　端正な顔の様子
酔っ払っている様子　　酒に酔って思慮がなくなっている様子／酒に酔ってろれつが回らない様子
腰が曲がっている様子　　老人の腰が曲がっている様子

（表情）
平気でいる様子　　何を言われても平気でいる様子／知らん顔をしている様子
怒っている様子　　人が立腹している様子／腹を立てて横を向いている様子
笑っている様子　　嬉しそうに笑っている表情／嬉しそうに笑みを浮かべて愛嬌を振りまく様子／大金が入るなどして悦に入る様子／意地悪く笑っている表情／だらしなく笑う様子
落ち込んでいる様子　　今にも泣き出しそうに沈んでいる様子／しぼんだように元気がなくなる様子
顔が赤い様子　　恥ずかしくて顔を赤らめる様子／ほおが桃色で健康的にふくらんでいる様子

（性格）
おしゃべりな様子　　差し出がましくしゃべりたてる様子／不平・理屈・へつらいなどをうるさく言う様子／進んでご機嫌取りをする様子／軽率なことを言う様子
性格が明るい様子　　性格が快活で朗らかな様子／よく気が利く様子／言葉などが明確な様子
性格がいい加減な様子　　いい加減なでたらめを言う様子／節操がなくしまりのない様子
性格がつつましい様子　　平穏でつつましい様子
性格がきつい様子　　性格が厳しい様子／威張り散らす様子／容赦がない様子
けちな様子　　物惜しみする様子
不作法な様子　　締まりなく不作法な様子

仲が良い様子　　愛想よく仲良くする様子／男女が仲良くする様子／家族や親友などがまとまって親しみが感じられる様子
動きが軽快な様子　　態度・動作などが引き締まっていて気持ちがいい様子
はっきりしない様子　　態度があいまいではっきりしない様子
無愛想な様子　　無愛想で人付き合いが悪い様子／押し黙っている様子

〔物の状態に関するもの〕
（自然物）
岩石に関するもの　　表面ででこぼこしている様子／たくさんの石が並んでいる様子／砂浜の様子
水に関するもの　　水などが満ちあふれている様子／水などが入れ物からこぼれそうになっている様子／たくさんの水が張られている様子／水などが浅く少ない様子／水にひどく濡れている様子／水などで完全に濡れている様子／カレーなどが水っぽい様子／お湯などが非常に熱い様子／大量に水気をふくんでいる様子／湿って不快な様子
氷に関するもの　　朝などに氷が張って路面が光っている様子／路面が硬く凍っている様子／氷が張って滑りやすい様子／つららが垂れ下がっている様子
雪に関するもの　　雪がたくさん積もっている様子／新雪の表面の様子
紙に関するもの　　紙などが薄い様子／紙などが薄っぺらでたわみやすい様子／紙などの表面が粗い様子／紙などの表面がなめらかな様子
植物に関するもの　　木の枝が長く張り出している様子／つるなどが強く巻き付いている様子／つたが一面に巻き付いている様子／熟れて柔らかくなっている様子／作物などがまばらに生えている様子／植物がしおれている様子／山菜などが粘つく様子／剥いた里芋の様子
天気の様子　　気持ちよく晴れ渡っている様子／重苦しく曇っている様子
空気の様子　　梅雨などで湿気の高い様子／よく晴れて乾燥している様子／冬などで空気が乾いている様子

（人の身体の一部）

歯の様子　　歯が抜けそうになって揺れる様子
髪の毛の様子　　髪の毛が手入れされておらず長くまとまっていない様子／髪の毛が美しく輝いている様子／髪の毛が柔らかい様子／髪の毛がない様子／男の子が丸刈りにしている様子／髪の毛がまばらに生えている様子
盛り上がっている様子　　鼻などが小高い様子
平らで低い様子　　鼻が低い様子
（人工物）
鉛筆などの先端がとがっている様子
衣類の様子　　古びて破けている様子／だらしなく汚れている様子／衣類が大きすぎる様子／泥などに濡れて汚い様子／衣服が短すぎる様子
曲がっている様子　　文字が曲がっている様子／ものが真っすぐでない様子／道が曲がりくねっている様子
新鮮な様子　　魚が新鮮な様子／新人の初々しい様子
光っている様子　　太陽が輝いている様子／月が輝いている様子／星が一つ輝いている様子／満天の星が輝いている様子／深夜に電気が明るくついている様子／電気が暗く光っている様子
華やかな様子　　明るく陽気な様子／明るくいい色をしている様子
乱雑な様子　　ものが散らかって乱雑な様子／統制がとれていない様子／混乱している様子
乾燥している様子　　餅などが乾いて固くなった様子／膿などが乾いて固くなった様子
平らな様子　　つぶれて平らになっている様子
とがっている様子　　鉛筆などの先端がとがっている様子
曲がっている様子　　ものが真っすぐでない様子／文字が曲がっている様子／道が曲がりくねっている様子

【感覚を表すオノマトペ】
〔感覚を表すもの〕

(全身の感覚)
快・不快　汗を風呂で流した後の感覚
寒さ　寒さに震える感覚／肌寒い感覚／悪寒がする感覚／風邪をひいたときに背中が寒くなる感覚
熱さ　熱などで身体が熱い感覚／酒などを飲んで身体が温まる感覚／酒などで身体が熱くなる感覚／ストーブなどで身体がよく温まる感覚
暑さ　猛暑で息苦しいほど暑い感覚
疲労　空腹で疲れている感覚／動けないほど疲れている感覚
(皮膚感覚)
痛み　怪我ややけどなどで痛む感覚／切り傷がひどく痛む感覚／何度も小さく刺されたように痛みを感じる感覚／しもやけが痛む感覚／日焼けで皮膚が痛む感覚／太陽に照らされて皮膚が熱くなる感覚
快・不快　汗などで皮膚が不快な感覚／皮膚が乾燥している感覚／温泉などで皮膚がなめらかになった感覚／背中などに何かが入って違和感のある感覚／粘りけのあるものが触れたときの感覚
腫れ　できものが腫れている感覚／身体の一部が柔らかく腫れる感覚／熱を持って腫れ上がっている感覚
かゆみ　皮膚がかゆい感覚／背中がかゆい感覚
異物感　砂が入って不快な感覚／籾殻などが入って不快な感覚
(頭部の感覚)
◆頭
痛み　頭が割れそうに痛む感覚／頭が叩かれたようにひどく痛む感覚／頭が締め付けられたように痛む感覚／二日酔いで頭が痛む感覚／何となく頭痛がする感覚
ふらつき　熱で頭がはっきりしない感覚／ひどくめまいのする感覚
不快感　寝過ぎなどで頭がはっきりしない感覚
興奮　興奮して頭に血が上る感覚
◆顔面
恥ずかしくて顔が熱くなる感覚

◆目
テレビの見過ぎなどで目が軽く痛む感覚／煙で涙が出そうな感覚／目にゴミが入って違和感のある感覚／目がさえて眠れない感覚／よく見えない感覚／疲れてまぶたが重くなっている感覚

◆耳
大音量を聞いて耳の奥に余韻が残っている感覚／耳の中が腫れて痛む感覚

◆鼻
くしゃみが出そうな感覚／鼻水がたまっている感覚／わさびを食べたときの感覚／芳香や悪臭がする感覚

◆口
納豆などで口がねばつく感覚／梅干しなどで口がすっぱくなる感覚
甘いものを食べて口が甘ったるくなる感覚

◆歯
虫歯がひどく痛む感覚／歯が小さく刺すように痛む感覚

◆舌
辛い物を食べて痛む感覚

◆喉
喉が渇いたときの感覚／あくの強いものを食べたときの感覚／息苦しい感覚／痰が絡んでいるような感覚／喉に何かが詰まって飲み込めない感覚

(胴体の感覚)

◆肩
肩が凝っている感覚

◆胸
緊張や恐怖で鼓動が激しくなる感覚／悲しさに胸が締め付けられる感覚／動悸がして息切れがする感覚／胸や上腹部が脱力、虚脱感のする感覚／胸焼けがする感覚

◆腹
空腹の感覚／満腹の感覚／水を飲み過ぎたときの感覚／腹を下したときの感覚

◆胃
ストレスで胃が痛む感覚／胃が刺されるようにひどく痛む感覚／胃がもたれる感覚
◆尻
居心地が悪い感覚
◆手
手が震える感覚
◆足
歩きすぎて足が震える感覚／足のしびれた感覚
◆関節
寝違えたときの首の感覚／関節がぎこちなく動く感覚

〔味・食感を表すもの〕
味の濃厚なこと／味の淡泊なこと／えがらいこと／ハッカ(薄荷)などの味／納豆などの食感／ふかし芋などの食感／餅などの食感／こんにゃくなどの食感／リンゴなどの食感／ご飯が半煮えになっているのを食べる食感

【感情を表すオノマトペ】
怒り　　大いに立腹していること／ずっと腹が立っていること／怒りや嫉妬などで心が煮えたぎること
驚き　　突然のことに驚くこと／あわやという状況に驚くこと／後ろめたいことを突かれて驚くこと
怖さ　　相手に対しておびえること／お化け屋敷などで怖がること
いらだち　　相手に対していらだつこと／機嫌が悪くとげとげしいこと
落ち着かないこと　　気がかりなことがあって落ち着かないこと／楽しみで落ち着かないこと／動きたくて落ち着かないこと
嫉妬　　やきもちをやくこと
親密さ　　親密な関係であること
心配　　心配していること／あれこれと思い悩むこと

動揺　　気持ちがひどくゆれること
爽快　　気分が晴れやかなこと
軽薄　　酒などを飲んで浮かれること
落胆　　落ち込むこと
疲労　　非常に疲れること
安心　　安心すること／暖かく、くつろいだ気分／何の心配もないこと
うんざり　　同じ状態が続いて限界になること／嫌になること
呆然　　あっけにとられていること
気がめいること　　気がめいること
窮屈　　つらく窮屈な気持ち

【一般語彙の副詞に近いオノマトペ】
〔動作に関するもの〕
動作などの急激なこと；「急に、いきなり」／継続すること；「長く、どこまでも」／動作や行動がすばやいこと；「さっと」／動作や行動が緩慢なこと；「ゆっくり」／勢いがよいこと；「どんどん」／限界まで、無理矢理なこと；「あくまで」「むりやり」／同じ状態が続くこと；「常に、いつも」
〔変化に関するもの〕
漸次；「次第に、ようやく」／徐々に；「少しずつ」／体力や気力が急激に弱まるさま；「めっきり」／それを機に止まったりなくなったりすること；「ばったり」
〔量に関するもの〕
たくさん・量がじゅうぶんなこと；「たっぷり」／量が少ないこと；「少しだけ」「ちょっぴり」／全部；「全部、残らず」「徹底的に、すっかり」
〔物の状態に関するもの〕
ちょうどいいこと、一致すること；「ぴったり」／つじつまが合わないこと、ふぞろいなこと；「ちぐはぐに」／順序、方向、関係、位置などが反対であること；「あべこべに」／凹凸があること；「でこぼこに」／つり合いがとれないこと；「不相応に」／偶然であること；「ばったり」／周囲全

部のこと；「ぐるっと」／隙間がないこと；「一面に」「いつも」「びっしり」／一連のもののすべてに及ぶこと；「一面に」「ひととおり」

5.2. 個別調査項目

　個別調査項目として、実際に行った次の4つの調査を事例として取り上げ、それぞれの調査項目の例を調査票のかたちで提示する。

　　(1)　方言特有のオノマトペの調査項目（意味の調査）
　　(2)　「急に」を表すオノマトペ（グイラ・ボット系オノマトペ）の調査項目
　　(3)　オノマトペの派生形に関する調査
　　(4)　オノマトペに後接する要素の調査項目

　このうち、(1)は特定のオノマトペが担う意味を明らかにするためのものであり、それに対して、(2)はある意味を表すオノマトペの種類を調査するためのものである。また、(3)はオノマトペの派生について、(4)はオノマトペに後接する要素について、それぞれテーマにしている。
　以下、詳しく紹介する。

(1) 方言特有のオノマトペの調査項目（意味の調査）

　まず方言特有のオノマトペの調査の例を挙げる。方言特有の形をしたオノマトペは、方言らしいと感じられているものを調査すれば、様々な項目の調査の導入として利用できる。今回は方言特有のオノマトペの意味の調査の例を挙げる。
　方言オノマトペの意味の調査は、語形を示し、その意味を自由回答で求めるものと、一般語の方言調査のように予備調査によってある程度の意味を把握し、使用が予想される文脈を幾つか用意して、その文脈での使用の可否を問うものが考えられる。今回の調査は後者の例である。
　例として挙げたものは科学研究助成基金事業による「方言オノマトペの意

味特徴と地理的分布との関連性についての調査研究」（課題番号：25770170）で用いたアンケート調査票の一部で、「わらわら」（設問1）と「ちんちん」（設問15）の意味を問うたものである。前者は例文を判定してもらう方式、後者は意味を選択してもらう方式となっている。なお、導入部分も参考のために含めて示してある。

　このアンケートでは、方言のオノマトペ（擬音語・擬態語）についておうかがいしていきます。例えば、「外でガタガタ音がする」「ふんわりした食感」の「ガタガタ」や「ふんわり」などがオノマトペです。方言には特徴的なオノマトペがたくさんありますが、その意味や使い方についてはまだあまりわかっておりません。このアンケートでは、主に意味や使い方についておうかがいいたします。

オノマトペ（擬音語・擬態語）以外の部分は、共通語で書いてありますので、ふだん使用している地元の言葉に置きかえて考えていただき、「言う」「言わない」のどちらかに○をつけてください。

1. 「**わらわら**」という言葉について教えてください。

1–1.　人や生き物がたくさん集まってくるという意味で、次のような言い方をしますか。

　　「こどもらが**わらわら**と集まってきた」　→　**言う**　／　**言わない**

1–2.　炎があっという間に燃え広がっていくさまとして、次のような言い方をしますか。

　　「火が**わらわら**燃えていく」　　　　　→　**言う**　／　**言わない**

1–3. 急いで移動するという意味で、次のような言い方をしますか。

「急に呼ばれて、**わらわら**走ってきた」 → **言う** ／ **言わない**

1–4. 急いだりあわてたりするという意味で、次のような言い方をしますか。

「時間がなくて、**わらわら**準備した」 → **言う** ／ **言わない**

1–5. 忙しく動き回るという意味で、次のような言い方をしますか。

「今日は朝から**わらわら**していた」 → **言う** ／ **言わない**

1–6. 上の言い方のほかに「わらわら」の違った意味や使い方、または「わらわら」と似た使い方をする言葉がありましたら教えてください。

---

15. 「ちんちん」という言葉について教えてください。

15–1. これまで知られているオノマトペ（擬音語・擬態語）としての「ちんちん」の意味 a〜k を載せました。
　ご当地で使われている<u>**「ちんちん」という言葉の意味に近いもの**</u>がありましたら、使われている意味の<u>すべての記号</u>に○をつけてください。

a　やきもちを焼く様子。嫉妬する様子。
b　忙しそうに立ち働いている様子。

c 一生懸命勉強すること。
d ガラスや陶器の破片のこと。
e 米やもみがらなどがよく乾燥している様子。
f 夫婦仲のよいこと。
g やかんなどが熱くなっている様子。
h お湯が沸騰している音。
i 幼児語で火のこと。
j 激怒している様子。
k 少しずつ変わっていく様子。

15–2. 上の意味のほかに「ちんちん」の意味がありましたら教えてください。

（2）「急に」を表すオノマトペ（グイラ・ボット系オノマトペ）の調査項目
　「4. 研究の実践（2）―地理的研究〈グイラ・ボット系オノマトペを例に〉―」で紹介した「急に」という意味を表すグイラ・ボット系オノマトペの調査項目例である。
　ここで調査項目例として示したものは2009年度に行った東北大学国語学研究室で行った調査票の例で、5つの異なる文脈・場面を設定し、それぞれで使用されるグイラ・ボット系オノマトペの語形を確認する調査項目となっている。4節で取り上げた2010年度の陸羽東線グロットグラム調査では、(1)の「予定があるのに、前日になって急に仕事を頼まれたという状況で、『急にそんなこと言われても困るよ』」と言う場合の「急に」を表すグイラ・ボット系オノマトペを問う設問のみをアンケートで調査している。さらに陸

羽東線グロットグラム調査では地域が限られていたため、調査対象として提示している語形が少なめにしているが、ここで調査項目例として示した2009年度調査では、選択肢として挙げた語形が多めになっている。

「急に」「突然に」「いきなり」など、と言いかえのできる言葉について教えてください。
　「急に」など、動きがすばやいことをあらわす言葉と言いかえのできる言葉が、オノマトペ(擬音語・擬態語)にはたくさんあるようです。(1)〜(5)の場面で、「急に」と言いかえができる言葉を、選択肢のなかからすべて選んで、記号に○を付けてください。

(1)　予定があるのに、**前日になって急に仕事を頼まれた**という状況で、「　急に　そんなこと言われても困るよ。」

(2)　用事があったのだが、**突然その用事がなくなってしまった**という状況で、
「今度の日曜、　急に　予定がなくなって、暇になったよ。」

(3)　思い立って**急に遊びにきたので、おみやげを持ってこなかった**という状況で、
「　急に　来たものだから、手ぶらで来てしまったよ。」

(4)　こどもに鍋などを持たせていたら、**突然手を離したので驚いた**という状況で、
「　急に　手を離すな。びっくりするから」

(5)　大雨のあとで、**川の水かさが急激に増えている**という状況で、
「川、水かさが　急に　増えてるから、近づくな」

〔選択肢〕
1. ぽっと　　2. ぽっぽり　　3. ぽっぽら　　4. ぽいっと
5. ぽっぽらぽっと　　6. ぐいら　　7. ぐえら　　8. ぐらり
9. ぐらっと　　10. ぐいっと　　11. がらり　　12. がらっと
13. がいら　　14. びらり　　15. びらっと　　16. べらり
17. べらっと　　18. ごいら　　19. ごえっと　　20. どいら
21. どえっと　　22. ずらり　　23. ずいら　　24. でらり
25. その他＿＿＿＿＿＿＿＿＿＿＿＿　　26. どれも言わない

(3) オノマトペの派生形に関する調査項目

1つの語基に対して、どのような派生形が存在し得るのかを問う調査である。派生形が多いと考えられる語基について、意味や文脈を変えて問うことで、さまざまな派生形を引きだそうと試みている。ここでは、多義的な意味を有する「ゴロ」を用いて、5つの意味ごとにどのような派生形が存在するかを調査する項目となっている。例として示したのは、(2)「急に」を表すオノマトペの調査項目例と同様、東北大学国語学研究室で行った鳴子・鬼首方言調査での調査票である。

語基「ゴロ」からの派生形

同音異義的な性格を持つ「ゴロ」からの派生形を聞くこの項目では、意味と「ゴロ」の派生形のかかわりを見る。

(1) 転がる音と様：「石が<u>ごろごろ</u>と転がる」
　　〈語形に○〉
　　ゴロッ　　ゴロン　　ゴロリッ　　ゴロラッ　　ゴロゴロ(ッ)
　　ゴロッゴロッ　　ゴロンゴロン　　ゴロリゴロリ　　ゴロラゴロラ

(2) 怠ける様（寝転がる様子から）:「**毎日ごろごろしている**」
〈語形に○〉

ゴロッ　　ゴロン　　ゴロリッ　　ゴロラッ　　ゴロゴロ(ッ)
ゴロッゴロッ　　ゴロンゴロン　　ゴロリゴロリ　　ゴロラゴロラ

(3) 比較的大きい物が無造作に存在する様:
「**大根ならそのへんにごろごろと置いてある**」
〈語形に○〉

ゴロッ　　ゴロン　　ゴロリッ　　ゴロラッ　　ゴロゴロ(ッ)
ゴロッゴロッ　　ゴロンゴロン　　ゴロリゴロリ　　ゴロラゴロラ

(4) ありふれている様:
「**それぐらいの人だったら、どこにでもごろごろといる**」
〈語形に○〉

ゴロッ　　ゴロン　　ゴロリッ　　ゴロラッ　　ゴロゴロ(ッ)
ゴロッゴロッ　　ゴロンゴロン　　ゴロリゴロリ　　ゴロラゴロラ

(5) 体格が大きく太っている様:「**あの人、ごろごろと太っている**」
〈語形に○〉

ゴロッ　　ゴロン　　ゴロリッ　　ゴロラッ　　ゴロゴロ(ッ)
ゴロッゴロッ　　ゴロンゴロン　　ゴロリゴロリ　　ゴロラゴロラ

（4）オノマトペに後接する要素の調査項目

　オノマトペに後接する要素には、後接辞「ト」「テ」「ニ」と後接辞が付かないもの、あるいは動詞化接辞、形容詞化接辞に関する調査がある。ここでは、東北地方に見られる「－ズイ」「－ツイ」「－ジー」「ズー」の使用状況を確認する調査項目の例を示した。これも2009年度に東北大学国語学研究室で行った鳴子・鬼首方言調査で使用した調査票の項目である。

> 調査対象：「－ずい」「－つい」「－じー」「－ずー」
>
> 　擬音語・擬態語の後ろに「－ずい」「－つい」「－じー」「－ずー」を付けた形で、次のような言い方をしますか。
>
> （1）　ぎらぎらずい／ぎらぎらっつい／ぎらぎらじー／ぎらぎらずー
> 　　　その他＿＿＿＿＿＿＿＿＿　　　どれも聞いたこともない
>
> （2）　どがどがずい／どがどがっつい／どがどがじー／どがどがずー
> 　　　その他＿＿＿＿＿＿＿＿＿　　　どれも聞いたこともない
>
> （3）　とかとかずい／とかとかっつい／とかとかじー／とかとかずー
> 　　　その他＿＿＿＿＿＿＿＿＿　　　どれも聞いたこともない

文献

浅野鶴子編・金田一春彦解説(1978)『擬音語・擬態語辞典』角川書店
天沼寧編(1974)『擬音語・擬態語辞典』東京堂出版
井上博文(1992)「特集『身体感覚を表すオノマトペ』編集にあたって」方言研究ゼミナール編『方言資料叢刊 Report of Dialectology』2
小野正弘編(2007)『擬音語・擬態語 4500 日本語オノマトペ辞典』小学館
筧壽雄(2001)「"変身"するオノマトペ」『月刊言語』30–9
角岡賢一(2007)『日本語オノマトペ語彙における形態的・音韻的体系性について』くろしお出版
川越めぐみ(2011a)「山形県寒河江市方言における AB ラ AB ラ型オノマトペについての考察」『国語学研究』50
川越めぐみ(2011b)「オノマトペ」小林隆編『宮城県・山形県陸羽東線沿線地域方言の

研究』東北大学国語学研究室
川越めぐみ(2012)『東北方言オノマトペの形態と意味』東北大学博士学位論文
小林隆(2010)「オノマトペの地域差と歴史―「大声で泣く様子」について―」小林隆・篠崎晃一編『方言の発見』ひつじ書房
小林英夫(1932)「象徴の研究と方言学」『國語と國文学』9-2
小林英夫(1935)「第二篇　象徴音の研究」『言語学方法論考』三省堂
近藤清兄(2007)「秋田県男鹿方言のオノマトペ構造」『聖霊女子短期大学紀要』35
齋藤ゆい(2007)「方言オノマトペの共通性と独自性―宮城県旧小牛田町と高知県安芸郡奈半利町との比較―」『高知大国文』38
佐々木隆次(1971)『擬声語・擬態語語彙集：旧青森市方言』私家版
佐藤一男(2003)「十八、方言の擬態語・擬声語がおもしろい」『栗原郷土研究』34
菅原孝雄(2006)『気仙沼方言アラカルト(増補改訂版)』三陸新報社
杉村孝夫(2001)「どんどんどんの森―九州方言のオノマトペ」『月刊言語』30-9
鈴木朗(1816)「雅語音声考」『雅語音聲考並希雅　二巻一冊』東北大学附属図書館狩野文庫所蔵
竹田晃子(2012)『東北方言オノマトペ(擬音語・擬態語)用例集―青森県・岩手県・宮城県・福島県―』国立国語研究所
田守育啓(2002)『〈もっと知りたい！日本語〉オノマトペ　擬音・擬態語をたのしむ』岩波書店
田守育啓・ローレンス　スコウラップ(1999)『オノマトペ―形態と意味―』(柴谷方良・西光義弘・影山太郎編「日英語対照研究シリーズ(6)」)くろしお出版
都竹通年雄(1965)「方言の擬声語・擬態語」『言語生活』171
中谷眞也編著(2010)『盛岡の擬容語(擬態語・擬音語)辞典』自費出版
那須昭夫(1995)「オノマトペの形態に要求される韻律条件」『音声学会会報』209
那須昭夫(2007a)「オノマトペの言語学的特徴―子音の分布と有標性―」『日本語学(特集：オノマトペと日本語教育)』26-7
那須昭夫(2007b)「近畿方言における音調変異をめぐって―自律分節理論 vs. 最適性理論―」西原哲雄，田中伸一，豊島庸二編『現代音韻論の論点』晃学出版
仁田義雄(2002)『副詞的表現の諸相』(新日本語文法選書3)くろしお出版
飛田良文・浅田秀子(2002)『現代擬音語擬態語用法辞典』東京堂出版
日野資純(1984)「10 神奈川県の方言」飯豊毅一・日野資純・佐藤亮一編『講座方言学5 関東地方の方言』国書刊行会
方言研究ゼミナール編(1992)『方言資料叢刊 Report of Dialectology』2

三井はるみ・井上文子(2006)「『全国方言談話データベース』にみる方言のオノマトペ」『方言における文法形式の成立と変化の過程に関する研究』平成 14 年度～平成 17 年度科学研究費補助金(基礎研究 B)研究成果報告書
三井はるみ・井上文子(2007)「第 2 章　方言データベースの作成と利用」小林隆編『シリーズ方言学 4 方言学の技法』岩波書店
室山敏昭(1971)「方言の擬声語・擬態語」『鳥取大学教育学部研究報告　人文・社会科学』22-1
室山敏昭(1976)『方言副詞語彙の基礎的研究』たたら書房
森下喜一(1986)「『雪』のオノマトペの特徴—東北地方を中心に—」『岩手医科大学教養部研究年報』21
山浦玄嗣(2000)『ケセン語大辞典　上』無明舎出版
山形県方言研究会編(1970)『山形県方言辞典』山形県方言辞典刊行会
山口仲美(1973)「中古象徴詞の語音構造—清濁に問題のある語例を中心に—」『国語学』93
山口仲美編(2003)『暮らしのことば　擬音・擬態語辞典』講談社
Waida, Toshiko (1984) "English and Japanese Onomatopoeic Structures"『女子大文学　外国文学篇』36

第 2 章
感動詞の方言学

小林　隆・澤村美幸

1. 研究史と課題

1.1. 感動詞の範囲

　感動詞は品詞論的な位置付けが難しく、その範囲を定めるのが困難であるという認識はこれまでの研究に共通している。佐藤琢三 (2015) が「形式の点でも意味・機能の点でも多様な特徴をもった語を有しており、雑多なカテゴリーであるといえる」と述べるように、多種多様な言葉が、感動詞という範疇の中に押し込められている感はある。

　ただし、そのこと自体が感動詞研究の価値をそこなうものではない。品詞論としてさまざまなものの寄せ集めであることと、それらの個々の言葉の研究を行うこととは別の問題である。また、後で述べるように、一見、雑多に寄せ集められたそれらの形式が、例えば、感動を表す狭義の感動詞と応答詞・挨拶言葉との関係のように、共時的に密接な意味関係を築いていたり、通時的に派生変化の関係にあったりするといったケースが認められる。したがって、「こうした相互交渉の在り方は、品詞的な範疇として「感動詞」という範疇を立てておくことの根拠の一つとなる」(森山卓郎 1996: 60–61 頁) という見方も納得できるのである。

　感動詞の分類にはいくつかの案が示されているが、「感動を表すもの」と「呼びかけ・応答を表すもの」とに二分し、後者をさらに「呼びかけ」「応答」の 2 つに分けて考えるのが一般的である。方言学でこの分野にいち早

く注目した藤原与一も、「よびかけことば」「応答詞」「感動詞」の3つに分類する（藤原1990など）。このように、「感動」「呼びかけ」「応答」の3つが、感動詞の主要な要素であることは間違いないが、さらに、フィラー（繋ぎ詞）や挨拶、かけ声、呪文、合いの手などにまで感動詞の範囲を広げる場合もある。ここで、具体的な形式とともに感動詞の変遷を概観した森田良行（1973）などを参考に、広義の感動詞の範囲を示せば、次のようなものが挙げられる。

感動（狭義の感動詞）：「あっ」「あー」「あれ」「えっ」「えー」「おや」「はー」「へー」「まー」「わっ」「しまった」「ちくしょー」「やれやれ」
呼びかけ：「あのね」「おい」「こら」「ねー」「もしもし」「やー」「よっ」
応答（応答詞）：「いえ」「いーえ」「いや」「うん」「えー」「はい」
フィラー（繋ぎ詞・言い淀み）：「あのー」「うーんと」「えーと」「そのー」
挨拶：「ありがとー」「おはよー」「ごめんください」「さよーなら」
歓声：「きゃーー」「ばんざーい」「やったー」「わーー」
動作のかけ声：「うんとこさ」「えいっ」「えんやこら」「せーの」「そら」「どっこらしょ」「よいしょ」「わっしょい」
遊びのかけ声：「けんけんぱ」「じゃんけんぽん」「だるまさんがころんだ」「たんま」
意志表示：「あっかんべー」「いーだ」「それみろ」「よしよし」
行為指示：「いないいないばー」「しーっ」「しっしっ」「どーどー」「ねんねんころころ」
号令・応援：「きをつけ」「まえーならえ」「まわれーみぎ」「よーいどん」「おーえす」「ふれーふれー」
物売りの声：「きんぎょーえーきんぎょ」「さおやーさおだけー」「しじみーあさりー」
呪文・まじない：「くわばらくわばら」「ちちんぷいぷい」
囃し文句・合いの手：「あらあらあらさ」「ちょいな」「はー」「よー」
表情音：舌打ち、咳払い

生理音：泣き声、笑い声、あくび、くしゃみ、げっぷ、咳

　上から見ていくと、最初の「感動」は狭義の感動詞にあたるものであり、感動詞を代表するグループである。この「感動」と次の「呼びかけ」「応答」を含めて「感動詞」と呼ぶことが多いことは上で述べた。「呼びかけ」「応答」になると対他性が強く、会話の観察が不可欠になるが、その点は「フィラー」の類も同様である。

　そのあたりまでは、音構造が単純で語源も不明確なものが多いが、「挨拶」以下のものでは慣用句が増え、それ自体が明確な意味を持つ形式が目立つ。狭義の感動詞が聞き手への伝達を主たる目的としないものが多いのに比べ、単数・複数の聞き手に伝えることを前提としたものが多いとも言える。また、身振り手振りや顔の表情といったノンバーバルな現象を伴うものも多い。さらに、言語レベルの考察にとどまらず、労働、遊び、習俗といった文化的背景を視野に入れながら検討すべきものもある。

　ただし、最後に挙げた「表情音」「生理音」はプリミティブな形式であるという点で最初の「感動」の類に通じる。「生理音」について言えば、例えば泣き声の描写（音象徴）はオノマトペの問題になるが、実際に口から発せられる泣き声の音は感動詞の領域である。もっとも、そうした記号化の程度が弱い音まで感動詞に含めるべきかという問題は残る。しかし、日本社会において男らしい泣き方・女らしい泣き方といったイメージが浮かぶように、「生理音」の世界にも位相面で習慣化された特徴が存在することは確かである。また、こうした特徴に地域差が現れないとは言い切れないため、観察の対象とすべきであろう。

　いずれにしても、「挨拶」以下のものも含めると、非常に広い意味での「感動詞」ということになる。ここで重要なことは、そうした品詞論的な範疇の問題よりも、これら種々雑多なものがそれぞれ研究対象として設定しうるということである。よって方言学においても、さまざまな感動詞の地理的差異について調査を進めることと、その形成について明らかにすることがテーマとなる。

1.2. 感動詞の先行研究

　前節で述べたように感動詞の範囲はたいへん広いが、特に関心が高いのは「感動」「呼びかけ」「応答」といった分野である。日本語学では、これらの分野を中心に、鈴木一彦 (1973a) に学史的・品詞論的視点からの、森田良行 (1973) に歴史的視点からの、山口堯二 (1984) に全般的な視点からの解説がある。すでに近代の文典の類に「感詞」「感嘆詞」「感動詞」などの名称が与えられていることから、それらを参考にした各地の方言記述 (方言集、市町村史の類) には、簡単ではあるが感動詞についての記載が見られることがある。

　しかし、方言学において特に感動詞に着目した研究として早いものは、柳田国男 (1942) や山口幸洋 (1956) などであろう。また、やや時代は下るが、神鳥武彦 (1973) は広島市方言の感動詞について網羅的な記述を行っている。このように、かなり以前から地域ごとの感動詞を扱った研究はなされていたものの、それらは散発的であり、まとまった研究として蓄積されることはなかった。ましてや、全国的な地域差を俯瞰するような研究や、地点間の比較といった研究に発展することもなかった。

　その後、現代語研究、とりわけ談話研究の立場から感動詞の果たす役割が注目され始め、定延利之・田窪行則 (1995) を皮切りに、田窪行則・金水敏 (1997)、定延利之 (2002)、富樫純一 (2005) などの研究が現れてきた。森山卓郎 (1996) のように、とりわけ狭義の感動詞 (森山は「情動的感動詞」と呼ぶ) の用法を整理しようという試みもなされた。これらの研究の特徴は、感動詞の意味的側面をテーマにし、それを認知論的観点や、情報処理になぞらえた心的操作のプロセスという観点からとらえようとする点にある。会話の中で感動詞を扱う研究であるから、構文的な特徴のほか、共起・呼応する文の種類との関連も視野に入れている。富樫純一 (2012) にはそうした新たな感動詞研究の概観や課題が示されていて参考になる。

　こうした現代語研究の動向が1つの刺激となり、もともとの興味とも相まって、方言学における感動詞の研究も次の段階を迎えることになる。例えば、友定賢治 (2005) のように感動詞の構文的特徴に着目するものや、渋谷

勝己(2002)や琴鍾愛(2005)、苗田敏美(2013)、松田美香(2015)などのように談話標識(フィラー)としての感動詞を扱う研究が現れる。また、友定(2007・2010・2015)、小西いずみ(2015)などのように、「応答」の類を取り上げるものも目立つ。また、舩木礼子(2009)は、現代語研究の知見を取り入れ、方言の記述調査のための枠組みや調査項目の案を提示するとともに、「感動」類について事例的な記述を実演してみせる。小林隆・澤村美幸(2012)も同様に「感動」の類を扱った記述的研究であり、特定の感動詞の形態のバリエーションと意味、そして文タイプとの対応を素描している。

地理的な研究について見ると、『瀬戸内海言語図巻　下』(1974)、『方言文法全国地図4・5・6』(1999・2002・2006)などの広域ないし全国調査の成果が出ている。これらには「感動」「応答」「挨拶」の類を中心に感動詞関係の方言地図が収められているが、項目数は限定されている。一方、方言研究ゼミナール(2006)は調査地点が全国で29地点とかならずしも多くはないものの、統一的な企画で85項目という比較的豊富な項目のデータを載せている。上記の琴(2005)の研究は、東京・大阪・仙台の3地域を比較し、地域差の抽出をテーマとする点で特徴的である。

さらに、東北大学方言研究センターでは2002–2011年に全国規模の分布調査を実施したが、その結果をもとに、澤村美幸(2011)が「失敗の感動詞」「痛みの感動詞」の分析を行っている。この試みによって、狭義の感動詞にも日本国内でかなり明瞭な地域差があること、また、その方言分布が感動詞の歴史を反映している可能性があることなどが明らかになりつつある。小林隆(2015a)も同じ調査の資料に基づくが、こちらは「呼びかけ」に当たる「猫の呼び声」を取り上げ、非言語音の言語化、品詞の転成、待遇性の問題などを地理的視点に立って論じている。しかし、こうした研究も今のところ限られた事例に留まっているのが実情である。

なお、「挨拶」の類は広義の感動詞の中でも、方言学的な研究が比較的進んでいる分野であり、本書第4章「言語行動の方言学」であらためて扱う。

1.3. 感動詞研究の課題と方法

　感動詞の研究が十分に進んでいないのは、それが言語にとって周辺的な要素であるために後回しにされたというだけでなく、そもそも感動詞の分析そのものが難しいという理由もあるようだ。感動詞が担うのは心理的な意味であり、そうした感覚・感情の世界を理論的に分析することの困難さや、形式面でも、場面や感情の変化によって微妙な異なりを見せる形態をどのように把握すべきかという難しさもある。分節音のみでなく、声の質や大きさ、ストレス、イントネーションなどの非分節的要素(音調)が意味・用法の異なりに深くかかわる点も研究を困難にしている。

　ただ、近年の現代語研究の成果は、それらの問題に一定の方向性を示しており、そうした研究の成果を取り込むことで、感動詞の方言学も展望が開ける可能性がある。また、地理的変異は時間的変異を反映することからすれば、特に地理的研究の面では、日本語史に起こった感動詞の通時的変化を参考にすることで、具体的な課題を見出すことができそうである。

　ここではこうした点を踏まえながら、感動詞研究における課題を整理していく。

(1)　感動詞の意味のとらえ方

　感動詞の意味をどうとらえるかという点について、感動詞の分類方法とも絡めながら見てみよう。ここでは、共通語も方言も基本的な部分で変わりはなく、共通語研究の知見がそのまま方言研究にも適用できると考え、現代語研究の方法を紹介する。ここで示す方法論は、方言における感動詞の記述に際し、分類の基準や体系構築の枠組みとして、あるいは、個々の形式の意味分析の観点として利用することができる。代表的な研究として、田窪行則・金水敏(1997)と森山卓郎(1996)を取り上げて紹介していく。

【談話的機能に着目したとらえ方】

　まず、田窪・金水(1997)は感動詞の談話的機能に着目し、「感動詞・応答詞の類は、心的な情報処理の過程が表情として声に現れたもの」(257頁)と

みなす。田窪・金水が「感動詞・応答詞」と呼ぶのは、ほぼ本章の「感動」「応答」「フィラー」に該当するものと見てよい。ここでは詳しく解説されている「感動」「応答」の類を取り上げるが、田窪・金水はこれらの類を10に分類し、その意味・用法を説明している。ここでは要点を簡略にまとめる。

応答1：「はい、ええ」の系列。相手の発話内容に対する肯定的応答、ないし、単に相手の発話を聞きとったことの合図的なもの。「ああ」「はい」「はあ」「ええ」「うん」「ふん」（以上、下降調）など。

応答2：「いいえ、いや」の系列。相手の発話内容に対する否定的応答。「いいえ」「いえ」「いいや」「いや」「いやいや」など。

意外・驚き1：コミュニケーションの部分的失敗が発生したことを示すもの。相手の音声が聞き取れなかった、あるいは、相手がこちらが知らないことを前提として話してきた、といった場合に使用。「は」「はあ」「え」「ええ」「へえ」「ふん」（以上、上昇調）、「えっ」「はっ」「ふんっ」など。

意外・驚き2：その情報が事前に用意された知識データと整合しないことの表明（上昇調）、あるいは、新たに登録した事態に対する評価が下されたことの表示（下降調）。「あれ」「あら」「おや」など。

意外・驚き3：眼前の状況や相手の状況から得られた新規情報を登録した上で、その情報が予測を超えるものであったことを表明するもの。「おお」「わあ」「おっ」「わっ」など。

発見・思い出し：自分で発見した情報を新規に登録することを示すもの。「あ」「あっ」「はっ」など。

気付かせ・思い出させ：話し手にとってはすでに登録済みの情報を聞き手に気付かせたり思い出させたりするもの。「ほら」「そら」「それ」など。

評価中：相手のもたらした情報に対し、何らかの評価を下そうとしている途中であることを示すもの。「ふうん」「へえ」「ほお」（以上、

　　　　緩やかな上昇調または高平調)など。
　迷い：自分に対する課題として与えられた相手の発話を受け入れ、完全に理解した上で、それに対する解答が何らかの理由で即座に出せない状態にあることを示すもの。「ううん」(平坦調または緩やかな下降調)など。
　嘆息：ほとんど生理的発声で、かろうじて言語的な感動詞と呼べるもの。「ああ」「はあ」「おお」「ほお」「ううん」「ふうん」(以上、緩やかな下降調)など。

【感動の性質に注目したとらえ方】

　次に、森山(1996)を取り上げる。森山の研究は感動詞の中でも特に「感動」の類(狭義の感動詞)を対象としたもので、森山自身はそれを「情動的感動詞」と呼んでいる。田窪・金水と同様、情報処理的な見方も取り入れているが、むしろ、感動の性質に注目したとらえ方になっている。

　まず、森山はその意味の中心が話し手の感情的側面にある(対他的でない)か、それとも伝達的側面にある(対他的である)かで感動詞を大きく二分する。

　　　対他的でない　①情動的感動詞：わあ、おお、まあ、げっ、ああ
　　　　　　　　　　②かけ声：よっこらしょっと、どっこいしょ
　　　対他的である　③挨拶・呼びかけ：おはよう、よっ、ねえ、おおい
　　　　　　　　　　④応答詞：はい、へえ、いいえ
　　　　　　　　　　⑤言い淀み感動詞：あああ、ええ、ううん

　対他性の有無・強弱は感動詞全体を分類する観点として重要であり、同時に「感動」の類の内部を見渡す際にも有効な視点となりうる。このような枠組みのもとで森山は「情動的感動詞」(「感動」の類)を取り上げ、それをまず「内発系」と「遭遇系」に二分する。次に、「遭遇系」を「一次系」と「二次系」に分類し、さらに4つの種類を認めている。それらを簡単に整理

してみよう。

　　内発系：内的な情意が心の内から比較的ゆっくりと湧き上がってくるタイプ。「ああ」「ううん」「あああ」など。
　　遭遇系：何かの状況に遭遇したことが直接的なきっかけとなり急激な情意的変化が起こるタイプ。
　　　一次系：「あれ」のように、最初に未知なものと遭遇した反応を示すもの。
　　　　①未知遭遇の驚き：予想や見込みから外れる事態や情報と遭遇したときに、予想外、未知であったという反応を示すもの。「あ」「あれ」「あら」「おや」「え」など。
　　　　②手続き遂行時のハプニングの驚き：予想していた事態の推移からの逸脱をより積極的に示すもの。「おっと」「おっとっと」など。
　　　二次系：「うわあ」のように、一次系に続く情意変動そのものを表示するもの。
　　　　③一定の水準を超えた驚き：要因としての刺激が強い、あるいは、反応の度合いが極めて高いことを表すもの。「うわあ」「わあ」「うわっ」「まあ」「きゃあ」など。
　　　　④平静を保った驚き：情動が強くても、平静さを保てる範囲内であることを示すもの。「おお」「おっ」「ほう」など。

　以上、田窪・金水と森山の研究を簡単に紹介した。このほか、定延利之(2005a)の「あからさまに儀礼的なフィラー」といった視点も興味深い。これは「さー」のように「聞き手のためにわざわざおこなってみせていることがあからさまな検討」の際に発せられるものである。ある種の演出がかったフィラーとも言えるが、こういうものは、聞き手に向けて意識的に発せられるという特徴を持つ。定延利之(2005b)が示す「ジャーン」のような「ショー

アップ語」はまさにそうした演出性が前面に出た形式である。

【方言の記述における枠組みと分析の観点】

　方言を対象にする場合も、さしあたり以上のような枠組みや観点、あるいは説明の方法を参考に感動詞の研究に取りかかるのがよいだろう。もちろん、これらがそのまま各地の方言の記述に適用できるとは限らないが、記述を進める中でそれらの枠組みや観点を修正し、応用していくことは十分に可能である。

　その意味では、こうした現代語研究の成果を吸収するとともに独自の観点を打ち出した舩木礼子（2009）が注目される。そこでは、高知市方言の「オー」「オーノ」「メッタ」「タマールカ」「タマー」「バッサリ」「シモータ」等の「感動」の類が取り上げられ、次の４つの観点から分類がなされている。

　　①予想の範囲外か範囲内か
　　　範囲外：オーノ・タマー・メッタ
　　　範囲内：オー
　　②出来事がプラス評価かマイナス評価か
　　　プラス：タマールカ・タマー・オーノ
　　　マイナス：メッタ
　　③出来事を当事者として把握するか第三者的に把握するか
　　　当事者：メッタ・オーノ
　　　第三者：タマー・タマールカ
　　④期待があっての失敗か、期待とは無関係な失敗か
　　　期待あり：バッサリ
　　　期待無関係：シモータ

このうち、①の観点は先に紹介した現代語研究にも出てきていたが、それ以外の観点は高知市方言の感動詞を分析する中で抽出されたものである。この

ように、共通語だけでなく各地の方言に目を向けることで、感動詞の意味分析の観点を増やしていくことができる。のちほど「研究の実践」として東北、九州・琉球に展開する「アバ」系感動詞を取り上げるが、そこではさらに、「認知的感動(事態の認知に基づく)/反射的感動(生理的な反射による)」といった事態の受け止め方に関する観点を引き出した。また、感動詞が発せられる具体的な場面での落胆、狼狽、あきれ、悲しさ、うれしさ等の具体的な感情を手がかりにすることで、感動の性質(動揺的感動/感慨的感動、曲線的感動/直線的感動)といった観点も分析に有効であることを示している。

　ここで、以上の研究から抽出できる感動詞(特に「感動」の類)の意味分析の観点を列挙しておこう。

a. 聞き手の有無
　・対他的(聞き手を想定する)/非対他的(聞き手を想定しない)
　・演出的(意識的な使用)/非演出的(無意識的な使用)

b. 原因のありか
　・話し手の心中/外界からの刺激

c. 事態の受け止め方
　・認知的(事態の認知に基づく)/反射的(生理的な反射による)
　・当事者として把握/第三者的に把握
　・プラス評価(肯定的で前向き)/マイナス評価(否定的で後ろ向き)

d. 知識・予想などとの関係
　・話し手の知識に存在しない情報の受容(受容の失敗を含む)
　・話し手の知識と整合しない情報の受容
　・予想の範囲外にある情報の受容(意外性)/予想の範囲内にある情報の受容(非意外性)
　・期待があっての失敗/期待とは無関係な失敗

e. 感動の種類
　［性質］
　○現場の具体的な感覚・感情:

・落胆、狼狽、恐怖、恐縮、不審、困惑、あきれ、意外、嫌悪、不満、悔しさ、悲しさ、うれしさ、期待、満足、痛み、暑さ、熱さ、寒さ、冷たさ、塩辛さ、辛さ、甘さ、など
○抽象的なレベルの感情・感覚：
・内から湧き上がる感動
・急激に変化する感動
・動揺的（表層的でばたばたした）感動／感慨的（深層的でずしんとくる）感動
・曲線的（不安定でぶれるような）感動／直線的（確固としたまっすぐな）感動
［強弱］
・一定の水準を超えているか／平静を保てる範囲か

　これらの項目は十分整理しきれたものではないが、各地の感動詞を記述する際の簡単なチェックリストとなりうるのではなかろうか。

(2)　感動詞の用法の広がり
【感動詞内での用法の拡張（感動・呼びかけ・応答等の関係）】
　ある形式が、「感動」だけでなく「呼びかけ」「応答」などにも使用されることがある。例えば、「ああ、おもしろい」（感動）とも言うし、「ああ、知っていますよ」（応答）とも言う。あるいは、「やあ、まったく知らなかった」（感動）のようにも言い、「やあ、佐藤君」（呼びかけ）のようにも言う。このように、感動詞として各形式がどのような用法の幅を持つかを明らかにすることも感動詞研究の課題の１つである。
　こうした課題は、そもそも歴史的研究の側で意識されてきた。森田良行（1973）はこの点について次のように述べている。

　　感動詞を史的に眺めていくと、感嘆詞・応答詞・あいさつ語・はやし文句・掛け声・表情音……といった縦割りで画然と区切りきれない横のつ

ながり、一通時的に生ずる、意味や機能の拡大変遷が招く横の関係―が認められる。感動詞の概念規定や所属さすべき語彙の取捨は、感動詞を歴史的に眺めることなしには行ない得ないであろう。　　　　（182頁）

そして、例えば「あ」は、上代では「感動」の意味を表していたものが、中世に至ると過渡的な用法を経て「応答」の用法が固定してくることを指摘している（185頁）。また、山口堯二（1984）も「語類と意味の広がり」の見出しの下に、感動詞内部の関連性に注目したかたちで歴史的な語例を整理している（143–156頁）。

ここで注目すべきは、上記の森田の説明に「意味や機能の拡大変遷が招く横の関係」と指摘されているように、ある形式が「感動」「呼びかけ」「応答」など複数の用法を持つのは歴史的な変化によるもので、それらの用法は派生関係にあると考えられることである。このとき、上の「あ」の例が示すように、「後世呼びかけ・応答を表わすものの中には、はじめ詠嘆や驚愕を表わしていた語が少なくない」（森田：183頁）と推定される。つまり、「感動」の類が先で、そこから「呼びかけ」や「応答」の類が派生していったという関係である。

こうした見方は日本語史の中で慎重に吟味される必要があるが、同時に、方言学的にも興味深い課題となる。なぜならば、そのような通時的展開は、日本列島上に地理的展開となって出現する可能性があるからである。感動詞のような、言語の恣意性が強く働かない、ある種原始的な言葉の方言形成と他の一般的な言語現象の方言形成を同列に論じられるか否かという問題には注意が必要であるが、他の品詞同様、歴史的な変化が方言分布の上に投影される可能性は十分予測できる。

例えば、方言において、「アイ」「アーイ」といった感動詞を『日本方言大辞典』で調べてみると、「感動」の類が青森、八丈島、新潟、島根、沖縄・石垣といった日本列島の周辺部に偏る一方、「応答（肯定）」の類は全国に広がっている（「応答（否定）」は琉球と隠岐島に限定）。そして、「挨拶（入店）」の類が山形から報告されている。こうした地域差が、「アイ」「アーイ」の通

時的な派生関係を反映して形成された可能性はありうる。感動詞内の用法の派生関係は、日本語史の中だけにとどまらず、方言の側からもアプローチすべき課題である。

【感動詞と他品詞との交流】
○他品詞から感動詞への転成（感動詞化）

　感動詞内での用法の拡張については今述べてきたとおりであるが、今度は、感動詞と他の品詞との関係について見てみよう。従来、感動詞に関わる品詞の転成の様相は、やはり日本語史研究の分野で注目されてきた。

　この点について森田良行(1973)の発言を引用してみる。

> これら言語的に未分化な表現形態たる声的感動詞（ああ・おい・ええ、等）とは別個に、概念語からの転化も後世（特に中世において）活発に行なわれる。「それ・どれ・もし・はて・よし」等、本来は代名詞や副詞や形容詞など他品詞であったものの流入、これら語的類型の感動詞のほか、「しまった・でかした・どっこいしょ」など句的類型のもの、さらにあいさつ語のような慣用表現を含めて、戸籍や出生を異にする多くのよそ者的感動詞や感動詞的語句が、本来の声的感動詞の仲間に加わって（中古以降、特に中世に多い）、感動詞の数や種類を増す。　　　　（183頁）

　山口堯二(1984: 134頁)もまた、こうした問題について、次のような事例を示している―名詞からの転成（「南無三宝」「畜生」）、代名詞からの転成（「あれあれ」「それ」「これはこれは」）、副詞からの転成（「なんと」「なかなか」「なるほど」）、発語的な接続詞からの転成（「さてさて」）、疑問詞・疑問成分からの転成（「いかに」「何と」「どうじゃ」「どうぞ」「どうも」など）。

　こうした感動詞化の現象は、当然、方言の世界でも観察される。澤村美幸(2011)は全国の「失敗の感動詞」を取り上げる中で、各地の感動詞には、「アヤ」「アチャ」「サーサ」「ヤイヤイ」のような本来的に「感動」の類と思われるもののほかに、「シマッタ」「シクジッタ」「マイッタ」「ヨワッタ」（動

詞タ形から)、「アイタ」(形容詞語幹から)、「チクショウ」(名詞から)、「アリャ」(代名詞から)など、他の品詞(を中核とした形式)から転成して成立したものが多く見られることを述べる。これは、方言においても品詞の転成による感動詞化といった現象が重要なテーマになりうることを示唆するものである。

そもそも複数の品詞にわたる用法が共存する様は、一地域の共時態の中にも観察される。小西いずみ(2015)は富山市方言の「ナーン」という形式を取り上げ、これが副詞と感動詞(応答詞・フィラー)の両方の用法を持つことを記述する。そうした一地域の内的な関係を手がかりに、これらの用法の通時的関係と地理的展開の関連性を明らかにすることは今後の課題として興味深い。

また、他の品詞から転成した感動詞は、もともとの語彙的意味をどの程度失い機能語化しているか、また、それにともなって形態の変化もいかに進んでいるか、という「文法化」の観点からとらえることもできる。前節で言及した舩木礼子(2009)は、高知市方言の感動詞「メッタ」(「滅入った・まいった」から)や「タマールカ」「タマー」(反語表現「たまるか」から)について、そうした観点からの分析の可能性を指摘する。

感動詞化というテーマは、近年、日本語史の分野でも研究が活発化してきており、それらの成果を方言学に吸収することも必要である。例えば、「呼びかけ」の類について、深津周太(2010)では指示詞「これ」から感動詞「これ」への転成が、深津(2013)では動詞「申す」から感動詞「もうし」への転成が論じられている。それらの変化が、方言の上ではどのような姿となって現れてくるのか、文献上の変遷と方言形成の様子を対比してみるのもおもしろい。また、深津の論では、「これ」の場合には「これφ+見よ」、「もうし」の場合には「いかに申し候」といった慣用的な言い回しが感動詞としての成立に深く関わっていることが指摘されており、感動詞化の要因として、単に新旧の意味の関連のみでなく、構文的な側面も深く関与することが明らかにされている。こうした観点も、方言上の感動詞化の考察に生かすことが期待される。

○感動詞から他品詞への転成

　以上は、他の品詞から感動詞への転成の場合であるが、逆に、感動詞から他の品詞への転成もありうる。例えば、山口堯二（1984: 135頁）が取り上げる、感動詞「あはれ」から、形容動詞「あはれなり」、動詞「あはれむ」「あはれがる」への派生などはその典型であろう。

　「呼びかけ」の類では次のような事例もある。小林隆（2015a）で取り上げる「猫の呼び声」の形式は、最初、舌打ちの音が先にあり、それが言語化されることで成立した「チャッチャッ」「チャーチャー」といった形式がもとになっている（ここまでは「表情音」から「呼びかけ」へという広義の感動詞内における交流）。それがその後、図に示すように、名詞への転成（①）や派生（②）、さらには、あらためて感動詞への転成（③）が起こるといった複雑な変化をたどることになる。感動詞から他の品詞への変化、あるいはその逆の変化にはどのようなパターンがあるのか、事例を集めての類型化も課題となりうる。

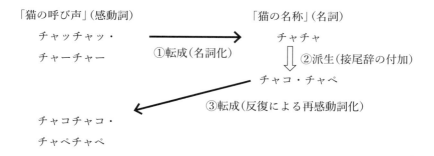

（3）　感動詞の形態・音調・語形成

　感動詞の意味に劣らず、形態についての考察も重要であることは言うまでもない。感動詞の意味と形態とは、他の品詞に比べて言語の恣意性が弱い分、より密接な関係を有すると考えられる。また、語形成のとらえ方も、他の品詞と同様でよいか、感動詞独自の検討が必要である。

【感動詞の単位認定と語形成】

　まず、感動詞の語としての単位をどう認定するかという問題がある。例えば、『日本国語大辞典』には「あ」「ああ」「ああ－あ」「ああ－ああ」「はあ」「はああ」といった感動詞が見出しとして載るが、これらはみな別語として扱うべきか、それとも何か別のとらえ方をすべきかという問題である。

　これについては、田窪行則・金水敏（1997）がオノマトペの語形成をヒントに、1つの見方を提示する。

> 実際には、感動詞、応答詞はそれぞれが単語として単独に存在するわけではない。擬音語・擬態語の類は「ふわり、ふわふわ、ふんわり」、「ぱたり、ぱたぱた、ぱったり、ばたり、ばたばた、ばったり」のように、基本形態に「り」を付けたり、「ん」、「っ」、「有声化」のようなオノマトペ標識という形式によるモジュレーションにより系列的な体系をなす。（中略）同じように、感動詞、応答詞もある種の子音母音の組み合わせから成るメタ形態として存在し、音調、特殊拍などが組合わさって具体的な単位となり、特定の心的処理状態に対応しているとみることができる。例えば、「え、えっ、ええ、えええ、へ、へっ、へえ、へええ」は、基本的には1つの応答詞の形を変えた別の現れとして扱うことも可能である。つまり「え」という基本的な音形式に「始まり部分の母音の無声化―H化」、「母音の引き延ばし―長音化」、「単語の終わりでの声門閉鎖―促音化」、「上がり調子、下がり調子などの音調の変化―音調」などのモジュレーションをつけたものと考えることができる。たとえば次のようなプロセスが考えられる。
> (4) a.　え×○っ（促音化）＝えっ（さらに音調が加わる。以下同様）
> 　　 b.　え×○－（長音化）＝ええ
> 　　 c.　え×H化＝へ
> 　　 d.　え×H化×○－＝へええ
>
> これらの「H化、長音化、促音化、音調変化」はそれぞれ独立した心的機能に対応し、感動詞標識とでもいえる役割を果たす。（262–263頁）

形態上の類似性が強く、かつ、意味的に何らかの共通性を有する感動詞の場合には、ここで示されているような単位の認定方法や語形成の理解のしかたが有効であろう。

のちほど気仙沼市方言のアバ系感動詞を取り上げ記述の実践を行うが、その際採用した方法は、こうした考え方を語形成のシステムとしてより体系化したものである。そこでは、形態面において、単一で抽象的な「基本形」とさまざまなバリエーションを持つ具体的な「実現形」とを分け、それと意味面で対応するものとして「基本義」と「実現義」を設けている。また、基本形・基本義から実現形・実現義が生成される操作を「語形化」「語義化」と名付け、語形化には「形態的操作」と「音調的操作」の2つを認め、それらの操作によって基本形が実現形に生成されると同時に、語義化によって場面に即した実現義が生み出されると考えた（詳しくは「3.2.「バ」の形態」参照）。

【形態的操作と音調的操作】

ここで語形成を担う「形態的操作」と「音調的操作」の手法についてまとめてみよう。

田窪・金水が示す長音化、促音化、H化、上がり調子、下がり調子などを含めて舩木礼子（2009）が整理したものがあるので、それにさらにいくつかの操作を追加し改編したリストを掲げる。ただし、このリストも未だ十分な整理がし尽されたものとは言いきれず、語例や解説も必要に応じて簡単に付したにすぎないが、各地方言の記述を行う際の手がかりにはなるだろう。

A. 形態的操作
 ・長音化（ア→アー）
 ・声門閉鎖（エ→ッエ：声も出ないくらい激しく驚くときなど、語頭で声を詰まらせる）
 ・促音化（ア→アッ）
 ・無声化（ア→ア̥：軽く驚くときなど、声帯を震わさない）

- 摩擦化（エー→エ͡ーー：抗議の気持ちを込めて驚くときなど、母音に硬口蓋から声門にかけての摩擦を加える）
- h音付加（アー→ハー、ウン→フン）
- 鼻音化（アー→アーン：疑いや軽蔑の気持ちを込めて驚くときなど、語末に鼻音を響かせたり、全体を鼻母音化させたりする）
- w音付加（アー→ワー、エッ→ウェッ）
- j音付加（アー→ヤー、アレ→ヤレ）
- 畳語化（アラ→アラアラ、オヤ→オヤオヤ：全体を反復する）
- 重音化（アラ→アラララ：一部を反復する）

B. 音調的操作
- イントネーション（平板、上昇、下降、上昇下降、下降上昇、うねりなど）
- ストレス（有り・無し）
- 速度（速い・遅い）
- 声の大きさ（大きい・小さい）
- 声の高さ（高い・低い）
- 声の質（硬い・軟らかい、太い・細い、緊張・弛緩、切羽詰まった声、慌てふためいた声、金切り声、…）

　さらに、これらの操作が語形のどの位置で（語頭・語末・全体など）、どのように（長さ・回数・程度など）行われるのか、また、それらの組み合わせ方はどうなのか、といった観点からの観察が必要となる。

　以上のようなとらえ方で語形成を把握できるのは、上でも指摘したように互いに形態・意味の類似性が高い感動詞のグループである。そのようなグループにおいては、基本形・基本義の認定とともに、そこにいかなる形態的操作と音調的操作が加わり、実現形・実現義が生み出されるのかを記述することになる。

　もっとも、田窪・金水が「感動詞標識」という呼び方をしているように、これらの形態的操作と音調的操作が担う意味は個々の感動詞によって異なる

のではなく、一応どの感動詞にも共通するものと理解するのが妥当であろう。例えば、母音性の感動詞「ア」「オ」「ウ」「エ」は基本形・基本義のレベルで別語と判断されるが、それが「アー」「オー」「ウー」「エー」のように長音化したり、「アッ」「オッ」「ウッ」「エッ」のように促音化したりする際には、長音化形式、促音化形式のそれぞれに意味の共通性が認められると考えられる。

例えば、森山卓郎(1996: 55頁)は共通語の感動詞について、内から湧き上がる感情・感覚を未分化に表す「内発系感動詞」は、「ああ」「ううん」「あああ」など2モーラ以上の拍数を持つという見込みを述べている。あるいは、神鳥武彦(1973: 18–19頁)は広島市方言について、喜びの表現には高音部から発声してさらに上昇するものが多く、失望の表現には低く発音され始めて最も低い発音で終末するものが多いという観察を行っている。このように、形式間の共通性をもとに、各操作の持つ意味を抽出する作業が重要になってくるだろう。一旦、各操作の意味が抽出されれば、あとは個々の感動詞(基本形・基本義レベル)への適用というかたちで語形成を説明することが可能となる。

【複合や接辞の付加による派生】

このほか、感動詞の語形成には、他の語との複合や接辞の付加による派生といった一般的なシステムも観察される。例えば、澤村美幸(2011)は、失敗の感動詞の「チョッシモタ」「アイタシモタ」が、それぞれ「チョッ」「アイタ」と「シモタ」との複合によるものであると述べる。したがって、地域ごとにどのような複合や派生のパターンがあるのか、また、それらのパターンにいかなる地域差があるのか考察することが課題となりうる。さらに、上記の「アイタシモタ」の場合には、その成立が「アイタ」と「シモタ」の地理的接触によると考えられ、新たな感動詞の生成を同一地域内のシステムからだけでなく、地理的な関係の視点から考察することも重要である。

また、日本語史研究の立場からも、こうした感動詞の生成は注目すべき課題であった。森田良行(1973)にはその点についての指摘や歴史的な見通し

が述べられている。

> 従来からある感動詞が、畳語形式を作ったり、また、感動助詞や他の自立語・接辞などを伴いとり込んで一語化し、多くの派生語を生み出していく（この現象は各時代に見られるが、特に中世・近世に多い）。また、種々の音転現象—子音の脱落・母音交替・促音化・長呼形・省略形・音訛など—も行なわれ（これも中世・近世、特に近世に多い）、感動詞の数は爆発的に増大する。　　　　　　　　　　　　（183–184頁）

　こうした中央語史上の変遷と方言上の地域差・分布形成との関連も興味深い課題となるだろう。

（4）　感動詞と文の類型との対応
　感動詞は構文的には独立性が高い品詞であると言われるものの、後続の文との関係に一定の型が認められる場合がある。そうした感動詞と文の類型との対応についても考察する必要がある。
　例えば、田窪行則・金水敏（1997: 267–268頁）は、「あれ」「あら」「おや」に関して、イントネーションの違いを考慮に入れながら次のような傾向を指摘している。

> 上昇調：後続文として、眼前の状況を述べるいわゆる現象文が来る可能性がある。また、眼前の状況が成立するための原因・理由・根拠を問う疑問・質問文、不審な状況が成立することに対する評価を述べる文などが現れやすい。
> 下降調：後ろに現象文のほか、「うれしい」「すてき」「かわいい」「ひどい」等の評価語が現れたり、「驚いた」「びっくりした」等の、話し手自身の状態を表す表現が現れたりする。

　こうした感動詞と文類型との関係は、日本語史の研究でも注目されてき

た。例えば、山口堯二(1984: 132 頁)は、古代語の「あな」が、「あなおもしろ」のような「形容詞語幹」や、「あなさがなや」のような「形容詞語幹＋や」、また、「あなかひなのわざや」のような「形容詞語幹＋の＋体言＋や」などといった喚体的な成分と呼応する傾向がきわめて強いと指摘する。

　方言の世界でも、このような対応現象に注目する研究が現れ始めた。友定賢治(2005)は岡山県新見市坂本方言について、例えば、「サリャサリャ(さてさて)」とくれば「ソノコトジャテヤ。(そのことなのよ)」と結び、「ヤレ(まあ)」とくれば「キョートヤノー。(怖いことよねえ)」と結ぶ、そうした構文上の定型性が認められる感動詞を「立ち上げ詞」と名付けて指摘した。のちほど「研究の実践」で扱う気仙沼市方言のアバ系感動詞についても、感動詞と文類型との関係に注目してみることにしたい。

(5)　待遇性、位相性の問題

　以上のほか、感動詞の待遇的性質や位相的性質も重要な観点である。特に「呼びかけ」「応答」の類は、相手との上下関係や親密度によって使い分けられることがあり、そのバリエーションの豊かさは日本語の特徴として、現代語のみならず日本語史上でも確認されるところである。

　もちろん、方言においても感動詞の待遇的性質・位相的性質への配慮はなされており、例えば、『方言文法全国地図6』(2006)は待遇表現の項目の中で、応答の「はい」を3段階に分けて地図化している。また、神鳥武彦(1973)の広島市方言についての研究では、世代差・男女差を視野に入れた記述がなされていて参考になる。小林隆(2015a)は動物への「呼びかけ」を扱った研究だが、人への呼びかけを動物(犬、猫、鶏等)へのそれと対比しながら相対化して考えてみることもおもしろい。

(6)　地理的視点からの課題

　ここまで挙げてきたのは感動詞研究の基本的な課題であり、主に記述的な立場を念頭に置いたものであるが、地域間の比較や分布論的考察の可能性についても随所で指摘してきた。ここでは、あらためて地理的な立場から見た

感動詞研究の課題についてまとめておく。

【意味的な側面についての課題】

　まず、意味的な側面については、上記の「(1) 感動詞の意味のとらえ方」の末尾に載せたような分析の観点を指標として用いながら、地域間の比較を行うことが考えられる。感動という心的現象をどのような観点で切り分け言語化しているか、地域ごとのシステムの違いを明らかにすることが課題となる。また、いかなる意味的方向へ感動詞の分化が進み、その結果、どんな種類の感動詞が発達しているのか、そうした面での地域差を明らかにすることも重要である。そのような作業を通して、各地の感動詞の意味上の特徴をつかみ、地理的な傾向を明らかにすることが求められる。また、そうした空間的な分布と時間軸との関連を明らかにし、感動詞の歴史的展開を方言形成の視点から論じることができればさらに興味深い。

【用法の派生・感動詞化の課題】

　次に、感動詞内部における用法の派生や、感動詞と他品詞との交流といった問題も地理的に見ていくことができる。これについてはすでにある程度詳しく「(2) 感動詞の用法の広がり」で述べたが、このテーマでは現象の種類・パターンとその地域的な違いを明らかにすることが課題になる。その際、共時的な地域差の問題にとどめず、通時的な変化の問題として考察することも重要である。例えば、文献上指摘されている「感動から呼びかけ・応答へ」という方向性が地理的分布にも投影されているか、あるいは、他品詞からの転成（感動詞化）によって感動詞の種類が増加したという歴史は方言分布上にどのように反映されているか、などといった論点がありうる。感動詞を語基とした他品詞への派生も、共通語よりも方言で活発に起こりうるように思われるが、そこにも地域による違いが予想される。以上のように変化の問題としてこれらの現象をとらえる場合には、これもすでに指摘したとおり、文法化という視点の導入や構文的な側面への配慮なども必要である。

　今述べた品詞の転成の問題に関して言えば、どのような性格の言葉が感動

詞の素材として採用されているかという論点も興味深い。澤村美幸（2011）は「失敗の感動詞」を扱う中で、形式を動詞・形容詞・名詞など概念的な言葉に由来する「概念系」と、指示語やオノマトペ・生理的な音声など非概念的な要素に由来する「非概念系」とに分け、前者が西日本に後者が東日本に多いことを指摘する。また、感動詞の発達段階として「非概念系」から「概念系」へという流れを想定し、そこから感動詞に関する東西日本の新古関係を推定する。同時に、この地域差は感動詞の分化の問題とも関わり、「概念系」が優勢な西日本は、「非概念系」が主流の東日本に比較して感動詞の分化（場面に特化した感動詞の生成）を推進した地域と解釈している。事例を蓄積した上での検証が必要であるものの、このように、感動詞の発達をその素材の変化や分化の問題としてとらえ、それらがどのような地理的傾向となって出現するかを明らかにすることも興味深い。さらに、澤村（2011）では「痛みの感動詞（感動表現）」の事例も取り上げているが、そこでは西日本で「アイタ」（感動形式＝感動詞）と「イタイ」（叙述形式）を区別することに注目し、語彙的な分化のみでなく、文法的なカテゴリーとしての分化も西日本で進んでいる可能性を示唆する。

【語形成についての課題】

　感動詞の形態面や語形成の側面についても地理的な検討が必要である。その際、形態上の特徴、例えば、子音・母音等の選択・組み合わせや長さといった観点から、地域的な差異を見ていくということがありうる。また、「(3) 感動詞の形態・音調・語形成」で取り上げたような語形成の立場から地理的傾向を眺めていくのもおもしろい。すなわち、感動詞の語形成には、他の語との複合や接辞の付加による派生など他の一般的な語と同様のシステムと、感動詞（やオノマトペ）に特有の形態的操作・音調的操作によるシステムとがあるが、そのどちらに依存する傾向が強いか、また、具体的なシステムのあり方はどうか、といったことが課題となりうる。形態的操作と音調的操作については、上記(3)に示した操作のリストをもとに、各地でどのような操作が感動詞の語形成に働いているのかを見極める必要がある。

さらに、これもすでに指摘したところではあるが、日本語史研究において
も感動詞の語形成に関する指摘があり、そうした通時的傾向が方言分布上に
どのように映し出されているか、両者の関係を検討するのも興味深い。ま
た、方言においては、地理的な接触による形態の変化や複合の現象にも注目
すべきであり、そこに作用する類形牽引や民間語源といった要因にも視野を
広げる必要がある。

【定型性に関する課題】
　感動詞の定型性についてはほとんど触れて来なかったので、ここで取り上
げてみよう。地理的に感動詞を扱う際には、この定型性ということが特に注
目すべきテーマとなりうる。
　「定型性」といった場合いくつかの見方があるが、まず、特定の感動詞の
形態が1つに固定しているか、それとも不安的なゆれを持っているかといっ
た観点がある。また、場面ごとに専用の感動詞が決まっているか、それとも
複数の感動詞が使用可能かといった観点もある。さらに、同一の感動詞が広
い地域で共通に使用されているか、それとも地点ごとにばらばらであるかと
いう地理的な安定感も定型性の問題であり、以上を相互に関連付けて検討す
ることも必要である。
　このうち、最初の形態の安定性の問題は、先に取り上げた語形成システム
の性質とも関わる。すなわち、形態的操作によってその場でさまざまな形が
生産されうるような感動詞のあり方は、見方によっては形態が十分定まって
いないとも言える。その意味で、形態的操作による語形成システムが優勢な
地域は、複合や派生といった一般的な語形成システムを持つ地域に比べて形
態の安定感に劣る可能性がある。
　以上のような定型性の問題を、地理的な展開の中で検討したものに澤村美
幸(2011)がある。澤村は先に指摘した「概念系」「非概念系」の違いが定型
性の問題とも関わっており、西日本では「概念系」の感動詞を積極的に採用
することで定型化を推し進めたという見通しを述べている。なぜ、「概念
系」が定型化に有利かという点については、「概念系感動詞は動詞や形容

詞・名詞など意味のある言葉を素材にしているため、指示語やオノマトペ・生理的な音声に基づく非概念系感動詞に比べて意識に上りやすく、音調的な変形も受けにくいのではないか」(110頁)という見通しを述べている。

なお、定型性の地域差という点は、広義の感動詞の「挨拶」の類においてこれまで積極的に論じられてきたものである。地理的に見た場合、定型性・非定型性の違いは中心と周辺(西日本と東日本)という地域差と対応することが指摘されているが、同様の傾向は狭義の感動詞にも当てはまる可能性がある。広義の感動詞に視野を広げて見たとき、同様の傾向が浮かび上がるのかどうか、そうした角度からの考察も興味深い(「挨拶」の類については、「4. 言語行動の方言学」も参照のこと)。

【発想法としての感動詞の課題】

感動詞は言語にとって周辺的な要素であると言われる。言語の本質的な機能が思考の伝達にあると考えるかぎり、感動詞はそうした機能が弱く、必要不可欠とは言い難い要素とみなされるからであろう。仮にそうした性格を感動詞が持つとすれば、感動詞の使用はかならずしも必然的なものではなく、それを使うか否かは、言葉遣いに対する話者の志向や好みに左右されやすいとも言える。つまり、言葉に対する使用者の発想法が、実際の言語運用のレベルで感動詞の使用を促進したり、逆に抑制したりするということが考えられる。そしてそれは個人差のレベルにとどまる場合もあるが、そこを超えて地域的な特性となっても現れてくる可能性がありうる。以上のことを考慮に入れると、感動詞の地理的研究は、ここまで述べてきたような言語の構造面だけでなく、運用的な側面をも対象とすることが必要となってくる。

そのような観点から感動詞を見たときに、言語行動や表現法の問題として感動詞を扱うという課題が浮かび上がる。どのような場面で、どんな感動詞を、どのように、どのくらい使用するのか。感動詞を使うことは、コミュニケーション上、いかなる効果をもたらすのか。それは無意識で非意図的なものなのか、それとも意図的で演出的なものなのか。そういった問題を論じることで感動詞に対する地域ごとの志向性を把握し、全国的な地理的傾向を明

らかにすることが課題となる。そうした研究の必要性は小林隆・澤村美幸(2014)が説いており、同書では、「朝の他家への訪問」や「お金借りの依頼」などの場面の観察から、狭義の感動詞への志向性は東北方言に強いのではないかという見通しを述べている。この見通しは、本書第3章「談話の方言学」で取り上げた不祝儀談話の分析(4.4節)においても確認されるところである。

　また、このような感動詞使用の発想法について掘り下げるには、オノマトペなど表現機構の点で感動詞と何らかの共通性を持つと思われるものも合わせて考察の対象とするのが適切であろう。感動詞とオノマトペに共通するのは、表現と現場との密着性を備えていたり、身体と不可分の存在であったりすることである。そうした共通性のために、東北方言は感動詞のみでなく、オノマトペへの志向も非常に強いと考えられる(小林隆 2015b)。このように、感動詞を現実の言語運用の中でとらえるとともに、オノマトペなど他の言語要素との関連にも注意し、その背後に潜む発想法レベルの地域差を明らかにしていくことはこれからの1つの課題である。

【その他の課題】

　感動詞を地理的な視点から見たとき、以上のほかにもいくつか掘り下げてみたい課題が存在する。例えば、澤村美幸(2011)が指摘する伝播速度の問題などはその1つであろう。澤村は他の品詞に比べて、感動詞の伝わるスピードが非常に速いことを指摘するが、同様の傾向は小林隆(2014)などが示すように「挨拶」の類にも当てはまることから、これは広義の感動詞の範囲で詳しく考えてみたい問題である。

　また、感動詞の方言形成が中央などからの伝播によってなされるのか、それとも地域ごとの独自発生によるものなのか、といった課題もある。プリミティブな感動詞の場合には、伝播論より自律発生論の比重が高まると思われるものの、例えば、買物時の入店の挨拶で、「ハーイ」とか「ヘー」「ヘッアー」などのようなかけ声的な発声が全国的に周圏分布を形成するという事実もある(小林 2014)。感動詞の方言形成が他の言語要素とどのように違い、

どのように同じなのか、今後十分に追究していく必要がある。

2. 資料と方法

　分析の方法に関することがらは、すでに「1.3. 感動詞研究の課題と方法」の中で課題にからめて述べてきた。その点はそちらを参照していただくことにし、この節では、資料と調査方法について取り上げることにする。

2.1. 感動詞の資料

　感動詞の方言資料としては、「1.2. 感動詞の先行研究」でも触れたように、各地の方言集や市町村史の類に簡単な記載が見られる。全国を俯瞰するには、このような資料も丹念に集めれば有益な情報として利用することができる。方言集の情報はかなりのものが『日本方言大辞典』に集約されているので、この辞典から必要な情報を得ることも可能である。歴史的な方言集も、『物類称呼』が「他の呼に答る語」(巻5)として各地の様子を載せるように、方言の情報が得られる場合があるため参考になる。

　方言地図の類では、『方言文法全国地図』に次のような地図が載る。

　　「応答」の類　第4集　第163図「うん、無いよ」、第165図「いや、有るよ」
　　　　　　　　　第6集　307・309・311図「はい、行きます(待遇的観点による3場面」)
　　「挨拶」の類　第5集　第267・268・269・270図「ありがとう(形式の長短による詳細図・総合図)」
　　　　　　　　　第6集　第349図「おはようございます」、第350図「こんばんは」

　小林隆・白沢宏枝(2002)は2000年ごろまでに刊行された全国各地の方言地図の項目を整理し一覧にしたものであるが、2つ以上の方言地図に載る項

目として、各種の挨拶のほか、「しめた！」「いいえ(否定応答)」「そうです」「あいづちのことば」「じゃんけんのかけ声」「じゃんけんのあいこのかけ声」「たんま(タンマ)」といったものがある。

　以上の資料は断片的なものであったり、調査地域が広域や全国的であっても、調査項目が少なかったりする。それに対して、方言研究ゼミナールが2006年に方言資料叢刊9として公表した『日本語方言立ち上げ詞の研究』は、85項目もの調査内容を設定し、全国29地点を統一的な調査票で調査した資料として貴重である。「立ち上げ詞」というのは文や会話を立ち上げるといった意味であり、この名称からも明らかなように、感動詞の構文的な特徴や呼応する文の類型との関係がわかるような調査文が用意されている。調査項目を以下に掲げてみよう。

　Ⅰ．自己の自発的な行動を立ち上げるために、自己に向かって発信する「立ち上げ詞」
　(1)「どっこいしょ。一休みしよう。」／(2)「どうれ。出かけることにしよう。」／(3)「よいこらしょ。とうとう山の天辺に着いた。」／(4)「しまった。もうちょっとで落ちるところだった！」／(5)「くわばらくわばら。恐ろしかった！」／(6)「しめた！今度の魚は大きいぞ。」／(7)「ままよ。飛び越えるしかない。」／(8)「なにくそ！　負けてなるものか。」／(9)「しめしめ！　誰も気がついていない。」／(10)「ちぇっ。つまらないなあ。」／(11)「ちくしょう！　仕返しをしてやる。」／(12)「くそっ！　覚えていろ！」／(13)「おやおや、いったいどうしたの。」／(14)「えへん、えへん。吾輩は村一番の力持ちじゃ。」／(15)「はてな、ここはどこだろう？」
　Ⅱ．他者の発話に呼応して、応答の発話を立ち上げる「立ち上げ詞」
　(16)「はい、承知いたしました。」／(17)「はい。宜しゅうございます。」／(18)「ええ、ここに居ます。」／(19)「んだ。私の傘です。」／(20)「さよう、さよう。あなたの言う通り。」／(21)「ほいきた。おやすいご用です。」／(22)「よっしゃ。やりましょう。」／(23)「よしきた。お引き

受けいたしましょう。」／(24)「がってんだ。一緒に行きましょう。」／(25)「かっぱのへだ。簡単だ。」／(26)「いえいえ、とんでもございません。」／(27)「なんの、たいしたことではございません。」／(28)「なあに、擦り傷ぐらい、すぐ治るさ。」／(29)「なにさ、いつも調子の良いことばかり言って！」／(30)「いやはや、とんだ目に遭(あ)いました。」／(31)「へん、勝手にしやがれ。」／(32)「なめるんじゃねぇよ。こいつ！」／(33)「冗談じゃない。口から出任せを言って！」／(34)「だまらっしゃい。出鱈目ばかり言って！」／(35)「そうは問屋がおろさねえ。黙っていられねえ。」／(36)「うそもヘチマもありゃしねえ。我慢できねえ。」／(37)「寝言は寝ていえ。このやろう。」／(38)「あたりきしゃりきのけつのあな。当たり前だ！」／(39)「きみょうきてれつだ。それは変だ」／(40)「ほほう、それは親孝行なお子さんですね。」／(41)「まいったまいった。しかたがない。」

Ⅲ. 他者との関係を立ち上げるために、他者との言語情報を結節する「立ち上げ詞」

(42)「もしもし、すみません。役場はどこにありますか。」／(43)「のうのう、旅の人。お立ち寄り下さい。」／(44)「ほら、ご覧なさい。向こうに公園があります。」／(45)「やいやい。こんなに朝早くからどこへ行くんだ？」／(46)「よう、兄弟。これから何をするつもりだい？」／(47)「いざ、さらば。」／(48)「ささ、ご遠慮無く、召し上がって下さい。」／(49)「さて、そろそろ一服しませんか。」／(50)「これこれ、ちょっと静かにしなさい。」／(51)「おい、こら。万引きをしてはいけない。」／(52)「おどりゃあ。いい加減にしないか！」／(53)「おのれ、裏切りやがったな。」／(54)「どっこい。その手には乗らない。」／(55)「どうだ、参ったか？」／(56)「せいの、よいしょ！」／(57)「ようい、どん！」／(58)「いっせいの、で！」／(59)「よいしょ、よいしょ、もう一息だ！」／(60)「うんとこしょ、どっこいしょ。もう少しだ。」／(61)「わっしょい、わっしょい、祭りだ、わっしょい。」／(62)「はじめはぐう、じゃんけん、ぽん！　あいこでしょ。」／(63)「きをつけえ、

まえへならえ、なおれ。」／(64)「きりつ、れい、ちゃくせき。」(65)「ばんざい、ばんざい。やった、やった！」／(66)「えいえいおう。頑張るぞ。」／(67)「中村君の誕生日を祝して、かんぱい。おめでとう。」／(68)「やっほう、やっほう。」／(69)「ふれえ、ふれえ、白組。」／(70)「おにはそと、ふくはうち。」／(71)「べらぼうめ、とんでも無い子だ。」／(72)「それみたことか、わんぱく坊主。」／(73)「ざまあ、みろ。いい気味だ。」／(74)「ちくしょうめ、ひどいことを言いやがる。」／(75)「このやろう。どうしてくれようか。」／(76)「たわけ、ふざけた事を言うんじゃない。」／(77)「ばかやろう、いい加減なことを言うな。」／(78)「あなかま、静かにしなさい。」／(79)「しいいっ、静かにして！」／(80)「ちちんぷぷい、蛙、蛙、生き返れ。」／(81)「あっかんべい、鬼さん、こちら。」／(82)「あっぱれ、お見事。立派です。」／(83)「でかした、でかした。日本一。」／(84)「しっけい！　すみません。」／(85)「あばよ、達者でな。」

　以上、全体が3部に分けられているのがわかる。大まかに言って、Ⅰが「感動」などの類、Ⅱが「応答」や「意志表示」などの類、Ⅲが「呼びかけ」「かけ声」「号令」「呪文・まじない」などの類となっているが、かならずしもそれに収まりきるものではない。解説によれば「古典文学大系の中から、日本語の立ち上げ詞を抜き出し、それを機能別に整理して、三分類し、自然な会話になるように設問文を整えた」(4頁)ということであり、慣用句的・文語的な表現が目立つのは、歴史的・文学的な資料をもとにしているからであることがわかる。本書には29地点分の調査結果が収められており、一地域の記述データとしてのみでなく、地域間の比較のための資料としても有益である。
　その後、東北大学方言研究センターでは、方言研究ゼミナールの項目も参考に全国2000地点に調査票を配布した分布調査を行っている。調査項目は約200項目、「感動」「呼びかけ」「応答」のほか、広義の感動詞の範囲を広くカバーするものとなっている(小林隆 2013)。調査結果はまだ公開されて

いないが、今後の調査の参考となるように調査内容を「5.調査項目案」に示すことにする。

2.2. 感動詞の調査方法

既存の資料を調査して感動詞の用例を収集するには、談話資料を利用するという方法があり、「感動」「呼びかけ」「応答」「フィラー」「挨拶」などは、ある程度用例を拾える可能性がある。ただ、談話資料でも一般的な雑談風の自由会話では、「フィラー」を除き目指す感動詞がかならずしも得られるわけではない点に注意すべきであろう。感動詞が出やすい日常場面を設定した談話資料の作成が必要であり、その点については「3.談話の方言学」を参照してほしい。

また、談話資料に近いものでは、昔話の資料なども利用価値がある。竹田晃子（2013）は岩手県の「ジェ」「ジャ」といった感動詞についての研究であるが、方言集や地方市史のほか昔話の資料からも豊富に用例を集めている。

方言話者から情報を得るいわゆる調査型の調査では、まず、何を目的として調査するかが問題となる。1地点を対象とした記述的研究なのか、面的な広がりを持つ地理的研究なのか、あるいは、特定の感動詞を取り上げるのか、感動詞の体系を描こうとするのか、といったようなことである。それによって調査方法も変わってくるが、基本的なところについて述べておこう。

【内省型調査】

まず、感動詞という対象の性格を考えたとき、質問法より内省法、つまり、自分の使用について内省する方が調査法として適しているように思われる。感動詞が担う感覚・感情の世界は複雑で意識化しにくく、話者から情報を引き出すことが他の分野の調査に比べて難しいのではないかと考えられるからである。ただし、後で「研究の実践」で扱うアバ系感動詞の調査では、地元の出身でない筆者でも話者からかなりの情報を引き出すことができた。そうした経験からは、かならずしも感動詞に質問法の調査が向かないというわけではない。もっとも、その感動詞が今なお実際に使用されていて現実味

があること、また、話者が優れた内省力を持つこと、などといった条件がそろう必要はあろう。

【面接型調査法】
　質問法の調査のうち、面接型の調査について見てみよう。面接型調査法は方言調査において一般的な調査法である。この場合、特定の話者から多くの情報をじっくり聞き出す調査と、大勢の話者からポイントを絞った内容を一斉に聞き取る調査とがある。前者は質的な調査であり、記述などに向く。後者は量的な調査であり、記述調査の検証や位相差の把握などに向く。一般的には前者の調査を踏まえて後者の調査を実施するのが普通であるが、「研究の実践」で扱うアバ系感動詞の調査では諸事情から順序が逆になった。多人数調査から少人数調査へと進んだことになるが、この場合は多人数調査で簡単に概略をつかみ、その結果をもとに少人数で詳細な内容を把握したことになる。

　面接型の調査は感動詞の実際の用法、すなわち、どんな音調を伴って発音されるのか、あるいは、どんな文と一緒に発話されるのか、といった点を観察できることが強みと言える。記述に役立てるために、実際の発音を聞き取り、豊富な用例を収集することが重要である。調査の進度にもよるが、対象とする感動詞の用法がまだうまくつかめない段階では、あらかじめ用意した調査文や質問だけでなく、話者との自由なやりとりの中からその感動詞の特徴をつかんでいかなければならない。話者がときどき口にする内省にも注意を払い、それを突破口に調査を深めることも必要である。その意味では、最初のうちは試行錯誤の連続であるが、ある程度状況が把握できる段階に至ると、今度は仮説を明確に立て、その仮説が妥当かどうかの確認を行っていくことになる。

【アンケート型調査】
　次に、アンケート型の調査について述べる。これは話者が自ら記入する自記式調査票を使用しての調査であり、1地点の調査でも多人数が相手の場合

や、地理的な調査で広い範囲から情報を得る場合に使用される。他の分野の調査同様、面接型の調査に比べて二次的な方法であることに注意しつつ利用しなければならない。特に、アンケート型の調査では、その場での話者との自由なやりとりができず、こちらが用意した質問にしか話者は回答してくれない。したがって、調査内容をどのように構築するかという点に十分意を注ぐ必要がある。また、回答は文字表記によって行われることから、音調的な側面について情報を得ることは一般的に見て難しい。話者の回答が、意味的・位相的にこちらが求めるところと合致しているかどうかの判断も、アンケート調査では特に重要になる。「研究の実践」で扱うアバ系感動詞の調査では、通信法による全国の調査を行っているので、そこで具体的に問題にしてみよう。

2.3. 場面および調査項目の設定

　面接調査にせよアンケート調査にせよ、感動詞の調査では現場的な感覚が要求される。つまり、話者(回答者)が具体的な場面に身を置いている実感が生まれて初めて適切な情報が得られると思われる。したがって、調査に当たっては、なるべく具体的な場面を提示し、それを話者に想起させながら回答してもらうのがよい。この点に関して、有元光彦(2015)では、「ビデオ質問調査票」という方式を提案している。これは、感動詞が出現することが期待される場面の映像を見ながら話者に回答してもらう方式である。また、東北大学方言研究センター(2016)は日常生活のさまざまな場面の会話を収録したものであるが、「猫を追い払う」場面のように、調査員が猫の模型を動かしながら話者に演技をしてもらうことで、あたかもその現場にいるかのような状況を作り出す工夫を行っている(動画をWebサイトで公開しているのでご覧いただきたい)。今後もこうしたリアリティを追及するための試行錯誤を続けていく必要があるだろう。

　ただし、具体的な場面というのは数限りなく存在するものであり、対象としている感動詞にどのような場面がうまく対応するかはなかなかわからないものである。しかも、全国的な調査ともなると、地域によって当該の感動詞

と場面との対応にずれが生じ、ある地域では用意した場面にうまくヒットしたにもかかわらず、別の地域ではそうでもなかったということが起こって来る。しかし、そうかといってやみくもに場面設定を細かくしても話者（回答者）への負担が大きくなるだけで、調査が円滑に進まない恐れがある。結局、調査の最初の段階では常識的な線で概略的な調査内容を用意し、その感動詞にとって何が重要かわかり始めた段階で調査内容の精密化を図っていくというのが理想ということになる。もっとも、この点は、感動詞の調査にかかわらず他の分野に共通して言えることではあろう。

　なお、今、なるべく具体的な場面を提示するのがよいと述べたが、それは一般論であり、実は検討の余地がある。例えば、澤村美幸（2011）が用いた全国アンケート調査では、対象の「失敗の感動詞」について「それでは、失敗したときに、思わず口にする言葉は何ですか」というように、極めて抽象的な尋ね方をしている。失敗の重大さや責任のありか、あるいは冷静に受け止められるか慌てふためくか等々、現実に問題となるさまざまな条件によって具体的な場面を描いているわけではない。それにもかかわらず、結果としてはかなり明瞭な全国分布が浮かび上がっている。これは、失敗という抽象的な概念のレベルでそれと対応する感動詞が定まっており、それより細かな具体的・現実的レベルで感動詞を調査する必要がない場合もあるという可能性を意味する。もちろん、だからといって常に大まかな設定のみでよいということにはならないが、調査の効率化との関係からも、感動詞の種類によっては詳細な場面設定をあえて行わないということもありうる。

　最後に、調査項目の設計にあたっては、先行研究や方言辞典・方言集の情報のほか、上で取り上げた方言研究ゼミナールの『日本語方言立ち上げ詞の研究』や末尾に掲げる東北大学方言研究センターの調査項目などが参考になるだろう。歴史との関係で感動詞を調査してみたい場合には、鈴木一彦（1973b: 254–275頁）の「古今感動詞一覧」（A感動詞用例集、B感動詞一覧表）も手がかりになるにちがいない。

3. 研究の実践（1）—記述的研究〈アバ系感動詞を例に〉—

ここでは、アバ系感動詞のうち、宮城県気仙沼市方言で使用されている感動詞「バ」を取り上げ、記述的研究を実践してみよう。気仙沼市で実施した「バ」に関する調査は、次の2種類である。

調査A：4世代、74名の話者に対する調査
調査B：高年層2名の話者に対する調査

調査Aは「バ」の形態と意味について概略を把握するとともに、使用の世代差を知ることを目的とした調査である。調査Bは調査Aでつかんだ「バ」の形態・意味の特徴について、さらに踏み込んで明らかにしようとしたものである。このうち、調査Aの結果は、すでに小林隆・澤村美幸（2012）に詳しく報告している。そこで、ここではその報告に基づいて「バ」の概略を記述した上で、新たに調査Bの調査結果を加えながら考察を深めることにする。

3.1. 「バ」の意味

まず、調査Aで使用した調査文を掲げる（本章と直接関わらない部分は省略）。ここでは、「驚き」「狼狽」「落胆」という3つの場面について質問を行っている（「狼狽」は小林・澤村2012では「慌て」と称していた）。多人数に及ぶ調査であるため、項目数を絞り、かつ、効率的に質問する必要のあることから、準備的な調査によって得られた知見をもとにこの3場面を設定し、予想される形態も提示した。

質問1. ぼんやりと歩いていたら、誰かに急に背中を押されました。そのとき、驚いて何と声を上げますか。例えば、「バッ」とは言いませんか。【驚き】
質問2. 驚いた拍子に、手に持っていた花瓶を床に落としてしまいまし

た。花瓶は割れませんでしたが、水がこぼれてみるみる床の上に広がっていきます。そのとき、慌てふためいた感じで、何と声を上げますか。例えば、「ババババ」とは言いませんか。【狼狽】

質問3. それでは、花瓶が割れてしまった場合はどうでしょう。大事にしていた花瓶です。割れた花瓶を見て、がっかりした気持ちで、何と声を上げますか。例えば、「ババー」とか、「バーバー」とか言いませんか。【落胆】

　いずれの場合も話者が「バ」を使用すると答えたときは、さらに「実際にどのように言うか、実演してみてください」と指示し、実際の発音や用例を確認した。その際、「バ」の使用条件について、話者の内省を豊富に収集することができたが、それらは、「バ」の用法について考える上で重要な示唆を与えてくれた。以下では、そうした話者の回答内容を引用しながら検討を進めていくことにする。なお、調査Aの調査結果からは、「バ」の使用に関して特に世代差は認められなかった。ここでは、世代差などの位相的な側面については考慮に入れないことにする。

(1) 事態の認知に関わる特徴

　まず、全体を概観すると、質問2・3では「バ」が回答されやすいが、質問1はそうではないという傾向が現れた。質問1で「バ」を使用しないと答えた話者は、調査した74名のうち60名にものぼる。そして、興味深いことに、そうした話者の内省には、かなり明確な意識が読み取れる。代表的な内省を見てみよう。

・後で誰だかわかったときには、バー、と言うが、押された時には使わない。
・回り込んでみて知っている人だったときに、バッ　ナンダベ、と言う。突然びっくりしたときには言わない。
・バは瞬間的なびっくりを表すのではなく、何かを見ていての反応だ。

驚かされて、ワッ、という感じではない。
・こういうときは使わない。ウオッ、とびっくりして振り向いて、相手を見た瞬間に、バッ、と言う。

　これらの内省に共通するのは、背中を押されたその瞬間には「バ」は使えず、振り返って自分を押した相手を見た上で「バ」と言うという点である。すなわち、「バ」は反射的な反応ではなく、相手を目視してから発する声だということになる。
　この場面で「バ」を使用すると答えた14名の話者の中にも、その使用例を点検すると、次のように相手の目視を伴う状況で発せられていることが明らかなものが見つかる。14名の話者たちも、実際には咄嗟の使用ではなく、振り返ってから発する状況を頭に描いていた可能性が高い。

・ババババ　ナンダベヤ　アンダダッタノスカ。（なんだろう、あんただったのですか。※以下、例文は「バ」の部分は共通語訳しない）
・バッ　ナン　オメガ。（なんだ、おまえか。）

　以上見てきたように、「バ」は反射的な反応ではなく、自分を驚かせた相手を目視した上で発するものと言える。このことは、「バ」の使用には事態の観察という条件が必須であることを意味する。質問1に比べて質問2・3で使用するという回答者が多かったのは、それらが、床の上に広がる水の様子（質問2）や、割れた花瓶（質問3）を目視するという、何らかの観察を伴う場面設定であったからであろう。質問2・3の回答の中にも、その点を指摘した話者の内省が現れている。

・まず、こう水をこぼした段階で、アッと、言うだろうね。アッはやってしまったことに対する驚きのアッだ。一呼吸おいて、バッ　ナゾスッペ、という感じだ。状況を見た状態で発する。ひっかけて倒したときにアッ。そして、そいつを片づけなければというときに、バッ

ナゾスッペ、と言う。
・落っことしちゃったときには瞬間的に、アッ、と言うけど、状況を見たときは、バーバー、と言ったりね。

　ところで、今、「バ」は何かを見たときに上げる声であり、「観察」という要素が使用条件に入ることを指摘した。しかし、そのように言ってしまうと、話者の次のような内省が引っかかってくる。

・話をしていて、予想以上のことを話された時に、バッ、と言う。
・普通の会話をしていて、なんか、こうびっくりすること、初めて聞いたこととか言われると、バーー、とか言う。

　これらの回答は、いずれも会話の相手から聞いたことがらに対して「バ」を使用することを述べている。すなわち、「バ」はかならずしも「見る」という行為によってのみ発せられるものではなく、「聞く」という行為によっても使用可能であることを物語る。そうなると、「バ」の使用条件として「観察」というまとめ方は適切ではない。ここでは、見ること、聞くことの両方を含めて、「認知」という用語を使っておきたい。何らかの事態を目や耳を通じて把握すること、すなわち、認知することが「バ」の使用条件になると考えられるのである。

(2) 事態と想定との関係についての特徴

　以上のように、「バ」は何らかの事態を認知したときに発せられる。しかし、「バ」の意味を説明するにはそれだけでは不十分である。事態の認知は、いついかなるときも行われるものであり、いわば人間にとって当たり前の行為だからである。それでは、「バ」を発する際の事態の認知とはどのようなものであるのか。この点を考えるときに、そもそも、「バ」は驚きの感動詞であることを前提に検討しなければならない。つまり、どのような状況下で驚くことが、「バ」の使用につながるのかということである。

このことを考えるヒントは、やはり話者の内省の中にある。先ほどの用例で、話者は「予想以上のこと」「初めてのこと」を聞いたときに「バ」を使うと述べていた。このことは、事態のあり方が「バ」の使用に関わっており、その事態は予想していなかったこと、思いもしなかったことであることを示唆する。すなわち、想定外の事態を認知したときの驚きが「バ」で表現されていると考えられるのである。

こうした「バ」の使用条件に言及する回答は、ほかにもある。それらにも耳を傾けてみよう。

- バは、自分がこうだろうなと思っていたのが全然違ったときに使う。「えー」という感じで、バーと言う。例えば、待ち合わせをしていて、友達から電話が来て、車が壊れて行けなくなったというときに、バッと言う。
- 「えー、そんなことするの」というときに、バーーー、と言う。バーーー　フツー　ソーイウコト　シナイネー。バーーー　ナンカチガウンジャナイ、というとき。何かやって違うものが出たとき、自分の意図と違う、意図に反することが起きたときに、バ、と言う。
- 畑でいつも草が生えていないところに、取らないでいたら草が生えていたとき、ナント　バーバーバー　ソコサ　クサ　イッパイ　オガッテ。いつもと違う様子を見て、アレ　バーバーバー　ナンダイ　コノクサ　トンナイデ、と言う。
- 意外な人、久しぶりに会った人、本当はそこにいないような人がいたときに、バッ、と言う。

このように、「バ」は、「こうだろうなと思っていたのが違った」「自分の意図に反することが起きた」、あるいは、「いつもと違う様子を見た」「意外な人に出会った」といった場合に使用するのであり、予想や想像と異なる事態に驚くことで発するものであることがわかる。話者が、感覚的に「えー、そんなことするの」という感じであるというのも、「バ」の使用状況をよく

物語っている。

　これらの内省からは、「バ」が想定を超えた事態を認知したときの驚きを表すものであることがよく理解される。想定の範囲内に収まる、十分予測可能な事態に対しては「バ」は使うことができない。遭遇した事態が想定の範囲外であり、それを意外なものとして認知することが「バ」の使用条件と言える。

(3)　まとめ―「バ」の意味―

　ここまで検討してきたことをまとめてみよう。「バ」の意味に関する重要なポイントは次の2つである。

　　①「バ」は反射的な反応によるものではなく、事態を認知した上で発する言葉である。
　　②そこで認知される事態とは、話者が想定する範囲を超えた意外な事態のことである。

　「バ」は感動詞であるから、何らかの驚きを表すものであることは言うまでもない。ただし、その意味を理解するためには、上記①②のような条件を合わせて考える必要がある。結局、「バ」という感動詞は、意外な事態を認知した際の驚きを表現するものであるといえる。わかりやすく言えば、「今、見聞きしたことがらがあまりにも意外だったので私は驚いている」というのが「バ」の意味であるということになる。

　なお、富樫純一(2005)は共通語の「あっ」と「わっ」を比較し、後者に「意外性」という条件が重要であることを指摘する。共通語の「わっ」はこの点で気仙沼市方言の「バ」と近いとも言え、両者の対照的な検討も興味深い課題である。

3.2. 「バ」の形態―調査 A による―
(1) 基本形と実現形
　すでに示した用例からわかるように、「バ」のバリエーションは非常に豊富である。形態の種類の豊富さは、この感動詞について語るときに、まず、注目しておかなければいけない点である。そこで、それらの形態をどのように整理すべきかということが問題になる。この点について、次のように考えてみよう。

　まず、この感動詞の基本的な形態として「バ」を認める。そして、バババババやバーー、バーバーなどのさまざまな形態は、この「バ」がそのときどきの感情に応じて形を整え、実際の姿を現したものとみなす。この、基本的な形態という概念を「基本形」と呼んでおく。「基本形」は、いわば人間の脳裏に蓄積された抽象的な姿である。それに対して、実際に表出された姿を「実現形」と名付ける。実現形は、現実に音声として発話された具体的な形態のことであり、語形と言ってもよい。そして、基本形から実現形（語形）を導き出す操作を「語形化」と呼ぶことにする。

　一方、意味の面については、前節で「バ」を「意外な事態を認知したときの驚き」を表すと結論づけた。この意外性の驚きという点はすべての実現形に共通するものであり、これを基本形に対応させて「基本義」と呼んでおく。この基本義に新たに何らかの意味的なものが加わって実際の語の意味が生み出される。この実際の意味を「実現形」にそろえて「実現義（語義）」と呼び、それが生成される操作を「語形化」になぞらえて「語義化」と言っておく。

　以上の関係を図示すれば、次のようになる。

$$
\begin{array}{ccc}
\text{基本形} & \text{語形化} & \text{実現形（語形）} \\
\text{「バ」} & \rightarrow & \text{バババババ、バーー、バーバーなど} \\
\parallel & \parallel & \parallel \\
\langle x \rangle & \rightarrow & x+\alpha \text{、} x+\beta \text{、} x+\gamma \text{など} \\
\text{基本義} & \text{語義化} & \text{実現義（語義）}
\end{array}
$$

xは「バ」の基本義「意外な事態を認知したときの驚き」であり、α・β・γはその基本義に加わる何らかの意味を表す。

さて、ここで明らかにすべき課題は、語形化・語義化の内実ということになる。語形化と語義化は、上の図でもイコールで対応させたように、ある一定の形式的な操作が、ある一定の意味を基本義に加えるという関係になる。そこに働く規則を探り出すことが、語形化・語義化のシステムを解明するためには必要である。

ところで、先に、「バ」という基本形がそのときどきの感情に応じて語形化され、ババババ、バー、バーバーなどの実現形となって現れる、と述べた。すなわち、実現形のバリエーションの違いは場面に依存した発話者の感情の異なりを表すということである。このことは、基本義が実現義に語義化される際に加わるのは「場面に依存した発話者の感情」であることを意味する。そのような「場面に依存した発話者の感情」を、ここでは「感情的意味」と称しておく。

なお、語形化の操作は形態のバリエーションの生成によって行われるのが基本である。しかし、イントネーション、ストレス、声の質などの音調的特徴も同時に利用されると考えられる。ここでは、形態面の操作を「形態的操作」、音調面の操作を「音調的操作」と呼ぶことにする。

(2) **実現形のバラエティ**

最初に、実現形のバリエーションをひととおり見渡しておきたい。音調的側面はひとまず置いておき、特に、形態的側面から実現形を概観する。

まず、基本形がそのまま実現形になったようなバ単独の語形が認められる。ただし、末尾に声門閉鎖音 (glottal stop) を伴うので、これを、バッと表示する。このバッを「基本形形式」とする。一方、バを連呼したり、母音を引き伸ばしたりする語形も多く、その連呼の数や引き伸ばしの位置・長さの違いで実現形の種類が豊富に生産されていることがわかる。この連呼するという形態的操作を「重音化」、引き伸ばすという操作を「長音化」と名付ける。

以上のような観点から、回答された実現形のすべてを整理すると次のようになる。

a. 基本形形式
　　バッ
b. 重音化単独形式（長音化なし）
　　ババ、ババハ、ババババ、バハバババ、ババババババ、バババババババ
c. 長音化単独形式（重音化なし）
　　バー、バーー、バーーー、バーーーー、バーーーーー
d. 重音化＋長音化（語頭）形式
　　バーバ、バーババ、バーバババ、バーーババハ、バーババババ
e. 重音化＋長音化（語尾）形式
　　バババー、バババー、ババババー、バババババー
f. 重音化＋長音化（語中・語尾）形式
　　バーバー、バーバーバ、バーバーバー、バーバーバーー、バーバーバーバー、バーバーバーババ、バーバーバーバーバー、バーバーバーバーバー、バーバーバーバーバーバーバー

(3) 感情的意味と語形化

　どのような語形化の操作がどのような感情的意味の付与に対応するか考えてみよう。この調査では、あらかじめ質問に「驚き」「狼狽」「落胆」という3つの感情が表出される発話場面を設定し、そのような感情の違いによる実現形の異なりを見ようとした。したがって、それらの質問によって得られた語形は、それぞれ、「驚き」「狼狽」「落胆」という感情的意味に対応する形式が回答されたものとみなされる。

　ただし、質問1は「驚き」の感情としたが、「驚き」という要素自体は「バ」の基本義、すなわち、「意外な事態を認知したときの驚き」の中に含まれている。したがって、質問1の場面は、特に感情的意味が付与されず、

基本義がストレートに実現義(語義)となる場合とみなしてよい。この関係を図示すれば、次のとおりである。

　　質問１：基本義＋感情的意味「φ」の場合
　　質問２：基本義＋感情的意味「狼狽」の場合
　　質問３：基本義＋感情的意味「落胆」の場合

　以下、この３つのケースごとに見てみよう。形態的操作と音調的操作の特徴を記述する。

(3-1)　基本義がそのまま実現義になる場合
　質問１で得られた回答は、自分の背中を押した相手が意外な人物であったことに驚くものである。そこには「狼狽」や「落胆」といった特別な感情は込められていない。したがって、質問１の回答からは、基本義＋感情的意味「φ」のケースについて観察することができる。

　形態的操作：回答を見ると、次の例のように、バッという形式が圧倒的に多く現れている。
　　・<u>バッ</u>　ナンダベ。オラ　タマゲタヤ。(なんだろう。私は驚いたよ。)
　　・<u>バッ</u>　オッカネコト。(恐ろしいこと。)
　　・<u>バッ</u>　コノヒト　ナニスンダベァ。(この人は何をするんだろうね。)
　このことから、特に感情的意味が加わらず、基本義がそのまま実現義になる場合には、「バ」はバ１音として語形化され、末尾に声門閉鎖音を伴ったバッという実現形となって発せられることがわかる。
　音調的操作：バッの音調的特徴を観察すると、その発音にはストレスが付与され、力みを伴って実現されることが多い。また、語頭子音は強い呼気とともに発音される $[b^h]$ であることがあり、ときに、ふるえ音気味の摩擦音 $[ß]$ として実現することもある。音声記号では、$[b^ha\text{ʔ}]$ ないし $[ßa\text{ʔ}]$ とでも表記するのが適当である。

(3-2) 感情的意味「狼狽」が加わる場合

次に、質問2の場面、すなわち、落とした花瓶の水がこぼれて慌てふためく場面について見てみよう。基本義＋感情的意味「狼狽」のケースである。

形態的操作：回答を見ると、ほとんどすべてにバを連呼する重音化が起こっていることがわかる。中でも、次の例のような長音の入らない重音化単独形式が主流であり、これらが慌てふためく場面での一般的な「バ」の実現形であると考えられる。

・ババババ　フカナクテ。（拭かなければいけない。）
・バババババ　ナゾシタライェーベ。（どうしたらいいだろう。）
・ババババババ　コボシテシマッタヤ。（こぼしてしまったよ。）

おそらく、バを引き伸ばさず、短く連ねる重音化の操作が、「狼狽」という感情的意味の表出を担っているのであろう。その点は「バは連続する」「2つ3つつなげて言う」「4・5回くらいは言う」などといった話者の内省からもうかがえる。

話者の内省にさらに注目すると、バを連呼する回数の多さが事態の重大さや驚きの度合いと関わるという意識が聞かれた。「たいへんであればバを余計に言う」「繰り返しの回数が多いほど、被害の程度が大きい」「その驚き度によっても違う。バの数が多いほど、たいへんな感じが強い」といった内省がそれである。表現はさまざまであるが、これらはいずれも、バを連呼する回数が狼狽の感情の強さと比例することを指摘している。以上から、感情的意味「狼狽」はバの重音化によって表され、かつ、その感情の度合いは重音の数によって示されると考えることができる。

音調的操作：重音化単独形式の音調面の特徴にも言及しよう。バの発音に力み（ストレス）があり、子音に強い呼気が加わることがある点は、前節で見た基本形形式の場合と同様である。ただし、この場合には、語頭のバに特にこの傾向が著しく、語末に向けて次第に弱まりを見せる。イン

トネーションは平板調か下降調であるが、下降調がとられることの方が多い。語頭を強く高く発音し、語末に向けて弱く低くしていくといった音調が最も自然のようである。また、何人かの話者が指摘するように、重音化単独形式の発音はスピードが速い。まるで早口言葉のようであり、いかにも慌てふためいているといった雰囲気が生成される。

(3–3) 感情的意味「落胆」が加わる場合

続けて、質問3の場面、すなわち、大事にしていた花瓶が割れてがっかりする場面について見る。基本義＋感情的意味「落胆」のケースである。

形態的操作：回答を見ると、ほぼすべての形式に長音化が生じているのがわかる。このことは、長音化という操作が、「落胆」という感情的意味を表現していることを示す。中でも、重音化が加わらない長音化単独形式が中心であり、次の例のように、バを意図的に引き伸ばすことで落胆の感情を表しているようである。

・バー　ナントシタベヤ。（なんとしたことだろうね。）
・バーー　ドースッペ。（どうしよう。）

バを単独で長音化させるという操作は、「バーーーー、と1つだけ言う」、あるいは、「バーーー、と伸ばす。1回ですね」といった内省からもうかがえるように、話者自身も意識している。なお、どの程度伸ばすかは1～4拍程度の場合が多いようである。長音化の程度は落胆の度合いと比例していると考えられる。

こうした長音化単独形式の次に多く回答されたのは、次のような重音化＋長音化(語中・語尾)形式である。

・バーバー　イタマスィーゴトシタヤ。（惜しいことをしたなあ。）
・バーバーバーバー　コレ　エライコトシテシマッタナー。（これはたいへんなことをしてしまったなあ。）

この場合は、バーの繰り返しの回数が多ければ多いほど、落胆の度合いも強いものと思われる。回答された形式では、2～4回の繰り返しが

見られた。

音調的操作：これらの形式の音調面の特徴を見てみよう。まず、長音化単独形式について述べると、先に取り上げた基本形形式や重音化単独形式と異なり、ストレスや呼気はそれほど強くない。逆に、声に力がなく、いかにもがっかりしているという雰囲気を漂わせた発音になっている。イントネーションは、バー、バーーには平板調・上昇調の両方が見られるが、バーーー以上の長さになると上昇調に限られてくる。長音化単独形式の基本は上昇調だと考えてよい。ただ、緩やかな上昇もあれば、明確な上昇も見られる。

　バーバーなどの重音化＋長音化（語中・語尾）形式も、長音化単独形式と同様にイントネーションは上昇調をとる。ただし、語頭から語末にかけて徐々に上昇するというパターンのみでなく、例えば、バーバーバーーの最初のバーバーは平板で最後のバーーのみ高くなるといったパターンも観察される。その他、力のないがっかりした発声を行う点は長音化単独形式と同様である。

3.3. 「バ」の形態―調査Bによる―
（1）「狼狽」「落胆」以外の感情的意味について

　調査Aの検討から、「狼狽」は重音化単独形式によって、「落胆」は長音化単独形式ないし重音化＋長音化（語中・語尾）形式によって表されることが明らかになった。しかし、この結論を逆にして、重音化単独形式は「狼狽」を、長音化単独形式および重音化＋長音化（語中・語尾）形式は「落胆」を表すということは単純には言えない。なぜならば、これらの形式は「狼狽」と「落胆」意外の感情的意味をも担っている可能性があり、さまざまな感情的意味について全体的に観察した上でないと、各形式の真の機能は把握できないからである。

　ここで、冒頭に紹介したもう1つの調査、すなわち、高年層2名の話者に対して行った調査Bについて見ることにしよう。この調査では、「狼狽」「落胆」のほか、さまざまな感情的意味について取り上げている。調査Aの

ように、質問場面を限定するのではなく、話者との比較的自由なやりとりの中から、いろいろな感情が吐露される場面を引き出すような方法をとった。そのため、話者を高年層の2名（1927年生まれ・女性、1943年生まれ・男性）に絞り、ある程度時間をかけて聞き取りを行った。その結果について検討していこう。

まず、ここまでの分析で得た「狼狽」と「落胆」についての結論は、調査Bの話者にもあてはまる。すなわち、「狼狽」では「ババババ」「ババババ」といった重音化単独形式が、「落胆」では「バー」「バーーー」といった長音化単独形式が回答されており、それに加わるイントネーションや力み・呼気といった音調的操作も調査Aの結果と同一の傾向にある。ただ、女性話者には、「落胆」で「バーーバ」という重音化＋長音化（語頭）形式が現れており、それがこの話者の特徴となっている。

それでは、「狼狽」「落胆」以外の感情的意味について確認してみる。感情ごとに得られた用例を示そう。各用例の［　］内は場面の解説であり、話者の説明をもとに記した。

【心外】
・［相手に自分の行動を非難されて心外に感じる場面］<u>バー</u>　オレ　ソンナコト　カンゲタコトモ　ナイノニ。ソンナコト　イワレルナンテ　<u>バー</u>。（私、そんなことは考えたこともないのに。そんなことを言われるなんて。）

【疑念】
・［今回の試験はよくできたと思ったのに結果が0点だった。白紙で出したわけではなく、一所懸命書いて出したはずなのに、どうもおかしい、という場面］<u>バーー</u>　コエツ　レーテンテ　ホントダベカ。マツゲァデネァーベカーー。（こいつが0点で、本当だろうか。間違いではないだろうか。）

【後悔】
・［自分の失敗に気付き、ほぞをかむ気持ちの場面］<u>バーー</u>　オレ　ナ

ンデ　アンナゴト　シタンダベナー。（私、なんであんなことをしたんだろうなあ。）

【憤慨】

- ［後ろから押されて花瓶を落としてしまい、相手を非難する場面］
  <u>バー</u>　ナンダベ　アンダ　オレッサ　ブツガッテ。ホラ　ミライン。コノテツノツボ　オトシテシマッタカラ。（なんだろう、あんた、私にぶつかって。ほら、見なさい。この鉄の壺、落としてしまったから。）

- ［落とした花瓶から水がこぼれて畳や絨毯を汚してしまい憤る場面］
  <u>バーバ</u>　ナンダベ　キツケナエデ。（なんだろう、気をつけないで。）

【恐縮】

- ［調査に訪れた調査員に対して挨拶する場面］<u>バーバ</u>　ナント　トーホクダイガクノ　キョージュサマ　オイデナサッテクダサッタッケ、アリガ°トモサシテ　ゴザリス　<u>バー</u>。ドージュー　トークテテーヘンデゴザリシタベネス。（なんと東北大学の教授様がおいでくださったって、ありがとう申し上げてございます。道中遠くてたいへんでございましたでしょうね。）

【困惑】

- ［花瓶を落としてしまい、困ってうろたえる場面］　<u>バーバーバーバー</u>　オトシテシマッタ。<u>バーーー</u>。（落としてしまった）

- ［思いがけずテストで0点を取ってしまい、困惑する場面］　オレ　エママデ　レーテンダナンカ　トッタコト　ネーノニ、ナンツゴッタベ　コノシカケ、<u>バーババ</u>。（私、今まで0点なんかとったことないのに、どうしたことだろう、この結果。）

【感激】

- ［今回の試験はできなかったと思っていたところ、思いがけず100点をとり、感激する場面］　<u>バーー</u>　オレ　ヒャクテンダ　コレ。（私、100点だ、これ。）

- ［思いがけず久し振りに知人に出会い喜ぶ場面］　<u>バーバ</u>　ゲンチデイ

テ　イガッタコトー。オタッシャダネス。（元気でいてよかったこと。お達者ですね。）

【悲嘆】
- ［若くして亡くなった男性の連れ合いに対して弔いを述べる場面］<u>バーバ</u>　コノタビワ　ダンナサンガ°　ナクサレタソーデ、<u>バーバ</u>　ナント　エタマスィーネス、マダ　オワカク　アラハンノニ。（このたびはだんなさんを亡くされたそうで、なんとも残念ですね、まだお若くていらっしゃるのに。）
- ［赤ちゃんを残して知り合いのおばさんが亡くなったということを知り、悲しむ場面］<u>バーバー</u>　ナント　イトシーコト。ツィーセー　チノミコ　ノコシテ　ナクナッタツケ、アノ　オバッツァンガ°。（なんとかわいそうだこと。小さい乳飲み子を残して亡くなったって、あのおばさんが。）

【賞賛】
- ［孫が珍しくテストで100点を取ってきたので、びっくりして褒める場面］<u>ババババ</u>　ス°ケ°ナー。オメァ　アダンコ　イーナー。（すごいなあ。おまえは頭がいいなあ。）
- ［オリンピックの体操選手がたいへん素晴らしい演技を見せ、着地がぴたっと決まったので、驚嘆する場面］<u>バーバーバーバーバーバー</u>　ス°ゴ°　イナーー。（すごいなあ。）
- ［同上］<u>バッパッパッパ</u>　エレコト　エレコト。（すごいこと、すごいこと。）

(2) 感情的意味と形式との対応

　これらの感情的意味については、上に挙げた例文以外の形式も回答された場合があるので、それらの形式も合わせて整理すると、表1のようになる。（　）はその形式のイントネーションであり、それぞれ、上：上昇調、平：平板調、下：下降調、である。

　この表では、類似の出現の様相を示す感情的意味を近くに配置した。ただ

表1　感情的意味別の回答形式

意味＼形式	重音化単独形式	長音化単独形式	重音化＋長音化(語頭)形式	重音化＋長音化(語中・語尾)形式	重音化＋促音化(語中・語尾)形式
狼狽	パパパ(平) パパパパ(平・下) パパパパパ(平) パパパパパパ(下) パパパパパパパ(平)				
心外		パー(上)			
疑念		パーー(平)			
後悔		パーー(上)			
憤慨		パー(上)	パーパ(平)		
恐縮		パー(上)	パーパ(上)		
落胆		パー(上) パーーー(上)	パーーパ(上)		
困惑		パー(上) パーー(上)	パーパ(上) パーパパパ(上)	パーパーパーパー(平)	
感激		パー(平) パーー(平)	パーパ(上・平)		
悲嘆			パー(上)	パーパー(上・平) パーパーパーパー(上)	
賞賛	パパパパ(平) パパパパパパ(平)	パー(上)		パーパーパーパー(平) パーパーパーパーパー(平)	パッパッパ(上) パッパッパッパ(上)

し、この調査では、感情的意味によって回答の量に差があり、多くの用例の得られた意味がある一方、1つの用例しか得られなかった意味もある。また、形式の種類を基準にして、その形式が表しうる意味をひとつひとつ確認したわけでもない。つまり、空欄部分にも、今後の調査によって該当する形式が得られる可能性が十分あるということになる。

　そうした制約からすると、この表の出現傾向から感情的意味と形式の関係を読みとることは慎重でなければならない。それでも、調査Aの結果と比較して、次の2つの点は指摘しておいてよいのではないかと思われる。

(1) 調査 A では、「狼狽」は重音化単独形式によって表されるとしたが、調査 B の結果を見ると、重音化単独形式はたしかに「狼狽」との結びつきが強く、他の感情的意味では「賞賛」に現れたのみである。
(2) 調査 A では、「落胆」は長音化単独形式、ないし、重音化＋長音化(語中・語尾)形式で表されるとしたが、調査 B の結果を見ると、これらの形式は「落胆」以外にもさまざまな感情的意味で使われている。

(2–1)　**重音化単独形式の意味**

まず、(1)の点からは、重音化単独形式は「狼狽」に特化して用いられるという可能性が指摘できる。しかし、「賞賛」にもこの形式は用いられており、これをどう説明するかが問題となる。あらためて「賞賛」の用例を見てみよう(後者の例は重音化＋促音化(語中・語尾)形式であるが、重音化単独形式(ババババ)の一種の変形とみなしておく)。

・[孫が珍しくテストで 100 点を取ってきたので、びっくりして褒める場面]　ババババ　スゲナー。オメァ　アダンコ　イーナー。(すごいなあ。おまえ、頭いいなあ。)
・[オリンピックの体操選手がたいへん素晴らしい演技を見せ、着地がぴたっと決まったので、驚嘆する場面]　バッパッパッパ　エレコト　エレコト。(すごいこと、すごいこと。)

これらの用例からは、話者の気持ちが浮き立ち、活性化している様子がうかがえる。感情の表面がばたばたと揺れ動いているようだ、と言ってもよい。この感覚は、「狼狽」にも通じるものである。「狼狽」の「落とした花瓶の水がこぼれて慌てふためく場面」がマイナスの状況であるのに対し、こちらの「賞賛」の場面は上の用例のようにプラスの状況であるという違いはある。しかし、そこには気持ちが浮き立ち活発に揺れ動くという共通する性質が読みとれる。そうした「表層的でばたばたした感情」を、ここでは〈動揺

的感動〉と呼んでおこう。すると、重音化単独形式は、「狼狽」や「賞賛」といった具体的な感情的意味より一段抽象化されたレベルにおいて、〈動揺的感動〉を表す形式であると理解することができる。

（2-2）　長音化単独形式の意味

　次に、(2)の点について見る。長音化単独形式や重音化＋長音化（語中・語尾）形式が「落胆」以外の感情的意味にも現れるということは、これらの形式は「落胆」専用ではなく、もっと汎用性の高い形式であることを意味する。

　最初に、長音化単独形式について考えてみる。この形式は表1のように多くの感情的意味に現れるが、この形式らしい2拍以上の長さのものになると、「疑念」「後悔」「落胆」「困惑」といった沈み込んだ感情に使用されている。重音化単独形式のように感情の表面が浮き立つのではなく、感覚的には、感情の深いところでずしんとくるような印象を与える形式と言える。もちろん、長音化単独形式は沈み込んだ感情だけでなく、「感激」や「感嘆」などにも用いられている。ただ、その場合でも、感情の深さや重さといったものが感じられる。もう一度、上に挙げた例を見てみよう。

　　・［オリンピックの体操選手がたいへん素晴らしい演技を見せ、着地がぴたっと決まったので、驚嘆する場面］<u>バッパッパッパ</u>　エレコトエレコト。（すごいこと、すごいこと。）

これと同じ場面で、次の用例も得られている。

　　・<u>バー</u>　イガッタナー。（よかったなあ）

　この2つを比べると、前者が演技を目にした直後の瞬間的な感情の表出であるのに対して、後者は少し間をおいて喜びの感情を吐露しているように見える。上で述べたように、前者が「表層的でばたばたした感情」であると

すれば、後者は「深層的でずしんとくる感情」と言ってもよい。そうした「深層的でずしんとくる感情」を、ここでは〈感慨的感動〉と呼ぶことにしよう。すると、長音化単独形式は、より抽象的には〈感慨的感動〉を表す形式であると認めることができる。

(2-3) 重音化＋長音化形式の意味

以上のように、重音化単独形式は〈動揺的感動（＝表層的でばたばたした感情）〉を表す形式であり、長音化単独形式は〈感慨的感動（＝深層的でずしんとくる感情）〉を表す形式である。そうすると、両方の要素を併せ持った重音化＋長音化形式は、〈動揺的感動〉と〈感慨的感動〉の両方を合わせて表す形式であると考えるのが妥当であろう。

例えば、次の例を見てみよう。

・［オリンピックの体操選手がたいへん素晴らしい演技を見せ、着地がぴたっと決まったので、驚嘆する場面］
(a)バババババ　スゲーー。
(b)バーバーバーバーバーバー　スゴイナーー。

これらは、一人の話者が同じ場面で2つの異なる用例を回答したものである。まず、(a)の文は「スゲー」という形容詞の言い切りの形、しかも、末尾連母音に融合(ai＞e)を起こした瞬発力のある形で言い放っており、それが「バババババ」という重音化単独形式と呼応して〈動揺的感動〉を前面に押し出しているように見える。それに対して、(b)の文は「スゴイナー」という形容詞の原形に感嘆の終助詞「ナ」を加えたやや落ち付きのある述べ方をしており、それが「バーバーバーバーバーバー」という〈感慨的感動〉をも合わせて表す重音化＋長音化形式と対応していると解釈される。

もう1つ、重音化＋長音化形式と長音化単独形式の2種類が一続きの発話で観察される次の例も見てみよう。

・[花瓶を落としてしまい、困ってうろたえる場面]
　バーバーバーバー(c)　オトシテシマッタ。バーーー(d)。

　この例では、発話の時間軸に沿ってまず(c)の重音化＋長音化形式が出現し、続いて末尾に(d)の長音化単独形式が現れるという順番になっている。発話の終了部では気持ちが落ち付き〈感慨的感動〉が中心となったために長音化単独形式が採用されたが、発話の冒頭部ではまだそのような落ち付きには至らず〈動揺的感動〉を抑え切れていないために重音化＋長音化形式が使用されていると解釈することができる。

　このように見てくると、重音化＋長音化形式は〈動揺的感動〉と〈感慨的感動〉の両方を合わせて表現する形式だとみなしてよいことになる。

(3)　まとめ―「バ」の形態が持つ意味―

　以上、述べて来たことを整理すると、次のようになる。

> 重音化単独形式は〈動揺的感動(＝表層的でばたばたした感情)〉を表し、長音化単独形式は〈感慨的感動(＝深層的でずしんとくる感情)〉を表す。その複合形式である重音化＋長音化形式は〈動揺的感動〉と〈感慨的感動〉の両方を合わせた感情を表出する。

　この結論は、各形式ごとに、それらが表す感情的意味をまとめたものである。最後に、この結論をもう一歩進め、重音化および長音化という形態的操作の持つ意味として記述し直してみよう。重音化・長音化の度合い(バの繰り返し数・長音の伸ばし具合)についても記しておく。

形態的操作の意味
　①重音化は〈動揺的感動〉を、長音化は〈感慨的感動〉を表す。重音化と長音化が同時に行われる場合は、それら2つの感動を合わせて表す。
　②重音化・長音化の度合いは、〈動揺的感動〉〈感慨的感動〉の程度を表

す。感動の程度が大きいほど重音化・長音化の度合いも大きくなる。

　さて、形態的操作と感情的意味との関係については一定の結論を得たが、課題も残されている。例えば、重音化＋長音化形式には長音化の起こる位置（語頭、語尾、語中・語尾）により3種類のパターンがあることを上で指摘したが、それらの区別が感情的意味とどう関わるかは未検討である。
　また、音調的操作については、調査Aをもとに「狼狽」と「落胆」の音調を記述したものの全体的な分析には至らなかった。今、表1に記した音調を見てみると、そこには各形式との対応において、一定の傾向があるように見える。すなわち、次のようなものである。

　　平板調：形式の制限がなく、どの形式にも現れる。
　　上昇調：長音化単独形式、および、重音化＋長音化形式に現れる。
　　下降調：重音化単独形式のみに現れる。

　このような分布の偏りから、平板調は「バ」にとって無標の音調であることや、上昇調が〈感慨的感動〉と、下降調が〈動揺的感動〉と、それぞれ結びつきやすいことを読みとることができるかもしれない。ただ、下降調は激しい動揺によって1音目のバに発音のパワーが集中した結果、そのあとのバのパワーが相対的に弱まり、自然下降を起こしているようにも見える。そうなると、下降調のイントネーションは何か意味のある積極的な操作ではないことになる。一方、上昇調はわざわざ語尾に向けて高さを上げるという労力を伴う発音であるから、そこには積極的な意味が込められていると考えるべきであろう。印象的には、心の深いところから湧きあがる感情、あるいは、対他性の強い感情、といったものが上昇調と関わっていそうであるが、なお検討が必要である。
　力み（ストレス）や声の質などといった側面も同様に今後の課題である。

3.4. 「バ」と文の種類・文型

　最後に、「バ」が使用される文の種類と文型について見る。ここでは調査Aで得られた例文を整理しながら検討してみたい。なお、文の中での「バ」の出現位置は、多くの場合文頭に集中する。文の冒頭で、バッ、ババババなどと声を発してから、次の語句を続けていくというパターンである。

　今回得られた「バ」の例文には、主に文の内容から見て次のような種類のものがある。

　　(1)状況描写文
　　　a. 事態描写文
　　　b. 心情描写文
　　(2)評価表明文
　　(3)非難表明文
　　　a. 状況描写文・評価表明文＋疑問詞
　　　b. 疑問詞文
　　(4)困惑表明文

以下、この分類にしたがって見ていく。

（1）　状況描写文

　状況描写文には、認知した事態をそのまま描写するものと、それに伴って生じた心情を描写するものとがある。

a. 事態描写文

　まず、事態を描写する文とは次のようなものである。「バ」に続けて、眼前で起こったできごと、例えば、水をこぼしたことや花瓶を壊したことなどを描写している。

　　・ババババ　ミズ　コボシテシマッタヤ。（水、こぼしてしまったよ）
　　・ババババ　コワシテシマッタヤ。（(花瓶、)壊してしまったよ）

・バーバー　ヤッテシマッタ。（失敗してしまった）

b. 心情描写文

　次に、心情を描写する文とは次のようなものである。目の前で生起した事態そのものではなく、その事態のために驚いたことや残念に思ったことなどを描写している。

・バー　タﾞマゲﾟダ。（驚いた）
・バーバー　イタマスィーゴトシタヤ。（惜しいことをしたよ）
・バーバーバーバー　コレ　エライコトシテシマッタナー。（これ、たいへんなことをしてしまったなあ）

　以上の状況描写文を概観すると、多くの場合、次のような文型がとられていることがわかる。

　「バ」＋〜シタ・シテシマッタ（＋ヤ）。

　文末に位置する終助詞の「ヤ」は、ある種のマイナスの心情を訴えかける形式のようであり、「バ」と「ヤ」の組み合わせで、驚きを伴った感嘆表現を作り上げていると考えられる。

（2）　評価表明文

　続いて、何らかの評価を表明する文も観察される。以下のように「バ」と驚いた後で、恐ろしい、危ない、もったいないといった評価の判断が示されている。

・バッ　オッカネコト。（恐ろしいこと）
・バッ　アブネコト。（危ないこと）
・バーバババ　ナント　モッテーネーコト。（なんともったいないこと）

これらの評価表明文に特徴的なのは、次の文型である。

「バ」（＋ナント）＋〜コト。

東北に多い「コト」止めの感嘆表現はこの地域でも使用されており、その冒頭に驚きの「バ」が配置されることで、驚きの感嘆表現が形成されている。

（3）非難表明文

非難表明文には、上で見た状況描写文や評価表明文に疑問詞が加わったものと、疑問詞文のものとがある。

a. 状況描写文・評価表明文＋疑問詞

状況描写文や評価表明文に疑問詞が加わったものというのは、次に挙げるような文である。疑問詞といっても、具体的には「ナンダベ」が多く、ほかに「ナンダイ」「ナントヤ」などが回答されている。これらは疑問詞が感動詞的に使用されたものであり、相手への非難や呆れの気持ちが表されている。

- <u>バー</u>　ナンダベ　ヒト　バガニスィタ。（なんだろう、人をばかにした(こと)）
- <u>ババー</u>　ナンダベ　コワレテシマッタヤー。（なんだろう、壊れてしまったよ）
- <u>ババババ</u>　ナンダベー　アブネゴド。（なんだろう、危ないこと）
- <u>バーバー</u>　ナントヤー　ソンナコト　カタッテ。（なんとまあ、そんなことを言って）
- アレ　<u>バーバーバー</u>　ナンダイ　コノクサ　トンナイデ。（なんだい、この草、採らないで）

これらの文型は次のようにまとめられる。

「バ」＋ナンダベ＋〜シタ・シテシマッタ（＋ヤ）。
「バ」＋ナンダベ＋〜コト。
「バ」＋ナンダベ＋〜シテ。

すでに上で見た「〜シタ・シテシマッタ（＋ヤ）」「〜コト」のタイプのほか、「テ」止めの文型も特徴的である。

b. 疑問詞文

非難表明文には、疑問詞を中核として文を構成する疑問詞文もある。いわゆる疑問文の体裁をとるが、実質、相手への非難表明として機能する。この例はかなりの数が得られた。対応する共通語で4つに分けて示す。

- <u>バババ</u>　ツァッ　ナンダベ。（（舌打ち）なんだよ）
- <u>バー</u>　ナンダベ。（なんだよ）
- <u>バッ</u>　ナニスンダベ。（なにをするんだ）
- <u>バババ</u>　ナンツコト　スンダベ。（なんということをするんだ）
- <u>バババ</u>　ナニシタベ。（どうした）
- <u>バー</u>　ナントシタベヤ。（どうした）

これらの文型を、代表的な疑問形式を選んで表示すれば、次のようになる。

「バ」＋ ｛ナンダベ／ナニスンダベ／ナントシタベ｝。

すなわち、冒頭で「バ」と驚き、すぐさま疑問形式で相手への非難を表明するパターンである。

(4) 困惑表明文

困惑した気持ちを表現するものである。これも疑問詞文である。具体的には「どうしよう」にあたる「ドースッペ」「ナゾスッペ」などが使用される。

- <u>バー</u>　ドースッペ。（どうしよう）
- <u>バー</u>　ナゾスッペヤ。（どうしようか）
- <u>バーバーバ</u>　コイズ　ナゾシタライーベナ。（こいつ、どうしたらよいかな）

この文型を、ナゾスッペを例として示せば次のようになる。

「バ」＋ナゾスッペ。

これは、「バ」と驚いたあと、すぐに困惑を表現するパターンと言える。

(5) まとめ―感動詞「バ」と文の種類・文型―

以上、今回の調査結果をもとに、「バ」が用いられる文の特徴について述べた。まとめの意味で、文の種類と代表的な文型を掲げれば次のとおりである。

(1) 状況描写文 (a. 事態描写文・b. 心情描写文)
　　　　　　→「バ」＋～シタ・シテシマッタ（＋ヤ）。
(2) 評価表明文　　→「バ」（＋ナント）＋～コト。
(3) 非難表明文
　a. 状況描写文・評価表明文＋疑問詞
　　　　　　→「バ」＋ナンダベ＋～シタ・シテシマッタ（＋ヤ）。
　　　　　　　「バ」＋ナンダベ＋～コト。
　　　　　　　「バ」＋ナンダベ＋～シテ。
　b. 疑問詞文　　→「バ」＋｛ナンダベ／ナニスンダベ／ナントシタベ｝。
(4) 困惑表明文　　→「バ」＋ナゾスッペ。

以上は、今回の調査Ａに基づく整理であり、さらに例文の収集を行えば、文型の種類が増える可能性はある。ただ、「バ」という驚きの感動詞が導く

文であるだけに、全体に感情表出を主体としたものが中心となることはまちがいない。なお、調査Ｂの話者の例文では、「バ」が文頭のみでなく、文中や文末に出現する場合も認められる。そうした点も含めて、実際の会話の中で「バ」がどのようなふるまいを見せるか観察していくことも重要である。

4. 研究の実践（2）―地理的研究〈アバ系感動詞を例に〉―

アバ系感動詞のうち、前節では気仙沼市方言の「バ」を対象に記述を試みた。この節では視野を全国に広げ、アバ系感動詞の地理的展開について見ていくことにしよう。

4.1. アバ系感動詞の範囲

最初に、アバ系感動詞の範囲を決めておかなければいけない。ここまで、漠然とアバ系感動詞と称してきたが、厳密にその範囲を指定することはしなかった。しかし、全国を見渡すときにはそうした前提なくして作業を進めることはできない。そこで、どういった種類のものをアバ系感動詞の仲間に入れるか、ここで検討しておくことにしたい。

全国的な方言資料であたりをつけてみよう。『日本方言大辞典』から「アバ」や「バ」と関連がありそうな感動詞を抜き出すと、次のようなものが上がって来る。辞典の記述をほぼそのまま引用する。

　　あばー　①驚いた時に思わず発する語。おやまあ。おやおや。
　　　アバー　石川県珠洲郡
　　　アバヤ　山形県庄内・置賜
　　　アバヨ・アバアバ・ヤバーヤバーケ　鹿児島県種子島
　　　アッパ・アッパヨ　長崎県五島
　　あっぱー　ばかな目を見た時に発する語。
　　　アッパー　島根県石見
　　　アッパッパー　広島県高田郡

あてば　驚いた時に発する語。(あてや)とも。
　　アテバ　新潟県西蒲原郡
あばへんき(「老女の疝気(せんき)」の意から、あり得ないものとして笑い飛ばすまじないの語か)女性が身の危険に際して上げる叫び声。
　　アパヘンキ　青森県上北郡
あべ　意外なことにあって驚いた時に発する語。おや。(あびゃー)とも。
　　アベ　沖縄県石垣島
いび　意外なことに驚いた時に発する語。おや。(いべ)とも。
　　イビ　沖縄県石垣島
ばー　①驚いたり、あきれたりした時に発する語。まあ。おや。
　　バー　岩手県気仙郡、東京都八丈島、静岡県「ばーむごいこと」、島根県出雲、長崎県五島、熊本県天草郡
　　バ　熊本県天草郡
　　バオ　長崎県五島
ばーいさぎ(「いさぎ」は大変だの意)ひどく驚いた時に発する語。
　　バーイサギ　熊本県
はら　あら。あらまあ。
　　バラー　島根県隠岐島
べー　①感激した時に発する語。ほう。
　　ベー　沖縄県石垣島
ぼー　①非常に驚いたり感心したりする時に発する語。ああ。
　　ボー　石川県河北郡、三重県志摩郡
ほーばい　驚いて発する語。
　　ホーバイ　熊本県玉名郡「ほーばい、万年筆持っとらす」

　これらは、次のような基準で抜き出したものである。
　まず、意味については、「アバ」や「バ」と同様、何らかの驚きを表す形式を対象にした。解説に「驚いた時に思わず発する語」や「意外なことに

あって驚いた時に発する語」などのように「驚き」と説明されているもののほか、「感激した時に発する語」や「ばかな目を見た時に発する語」「身の危険に際して上げる叫び声」など、広い意味での驚きの範疇に入りそうなものも含めた。同じ系統の感動詞でも、地域によって中心的な意味にずれが生じ、用法のバリエーションが生み出される可能性があると考えたからである。

次に、形態については、「アバ」や「バ」が「(母音＋)b＋母音」の構造を持つことから、それを基本に、気仙沼市方言で観察された重音化や長音化等の加わった形式も取り上げた。bの後ろの母音の種類はa以外のものにも範囲を広げ、「アベ」「イビ」「ボー」などの形式を取り上げた。これは、例えばアバ＋エ・イ・ヤ＞アベ、バ＋オ・ヨ＞ボーなどのように、「アバ」や「バ」の後ろに母音性の間投助詞や感動詞の類がくっ付き、それと融合を起こすことで、末尾の母音の種類が変わる場合がありうると判断したためである（「イビ」のように語頭の母音がア以外になるものについては別途説明が必要であり今は保留）。さらに、語中の子音の種類はbのほか、「アパ」「アッパ」のようなp(pp)の場合も対象にした。bの呼気を強めることでp(pp)への変化が起こりうると推測したからである（上記のリストに具体例はないが、逆に、bの音の弱化によりwへ変化する可能性も考えられる）。

このように記すと、アバ系感動詞の認定基準は共時的な立場に立つだけでなく、通時的な視点も取り入れたものであることがわかる。通時的な変化も想定した上で、関連性のありそうな形式は広く取り上げたということになる。

もう1点、ここではアバ系感動詞に、間投助詞や別の感動詞など他の要素が加わったと考えられるものも対象に含めたことを断っておく（上では間投助詞や別の感動詞などがアバ系感動詞の語末に融合し、末尾の母音の種類を変えてしまう可能性について指摘した）。上記の『日本方言大辞典』の例で言えば、「アバヤ」「アバヨ」などは「アバ」に間投助詞的な「ヤ」「ヨ」が付いたものと考えられる。また、「アテバ」(＜アテ＋バ)、「ホーバイ」(＜ホー＋バイ)はそれぞれ「アテ」「ホー」という別の感動詞が語頭に複合した

ものと推定される。「バラー」（＜バ＋アラー）は指示詞由来の感動詞「アラ」が語尾に複合した形であろう。その他、「バーイサギ」「アパヘンキ」は、「イサギ」「ヘンキ」（『日本方言大辞典』には上記のように一応の解説はあるもののその正体は今のところ不明）が「バー」や「アパ」の後ろに付いたものであると思われる。

　以上、「アバ系感動詞」をどう認定するか、その方針・範囲について述べた。ここで、あらためて『日本方言大辞典』から拾い上げたアバ系感動詞のリストに戻り、その地理的特徴を見てみよう。すると、アバ系感動詞は各地から報告されているものの、特に東北地方（青森・岩手・山形）と九州・琉球地方（長崎・熊本・鹿児島・沖縄）といった日本の両端部に分布の比重があり、周圏分布の様相を呈していることがわかる。新潟・石川・静岡・三重は東西方言の境界に位置する地域であり、東北、九州・琉球にそれらの中部日本の分布を加えるといわゆる三辺境分布としての理解が可能になる。八丈島および山陰（島根）も日本列島の周辺的地域とみなすことができる。

　このように、アバ系感動詞の分布は日本列島の周辺的な位置に偏っている。これを周圏論的に解釈すれば、アバ系感動詞は日本語の古態を示す感動詞であり、歴史的中央語の古い段階と対応するものである可能性が浮上してくる。もちろん、孤立変遷論的に各地で独自に発生したとみなす解釈もできないわけではないが、それでは「（母音＋）b＋母音」のように形態に共通性を持つ感動詞が地理的分布上、周辺的・周圏的な特徴を示す事実がうまく説明できない。今、こうした歴史的な問題に深入りすることはできないが、例えば、

　　浜千鳥飛びゆくかぎりありければ雲立つ山を<u>あは</u>とこそ見れ（大和物語）
　　法皇、<u>あは</u>、これらが内々（ないない）はかりし事のもれにけるよ
　　　　　　　　　　　　　　　　　　　　　　（平家物語・二・西光被斬）

のような、文献に登場する「あは」と表記された感動詞と、方言に見られるアバ系感動詞との関連性は注目してみなければなるまい。さらに言えば、

「あはれ」「あっぱれ」といった古典文学でなじみの深い語との関係も視野に入れる必要がある。1つの見通しとしては、「あはれ」「あっぱれ」などの語を生み出した基盤としてこの感動詞を位置付けることが可能ではないかと思われるが、そうしたアバ系感動詞の歴史的展開については、またあらためて論じることにしたい。

4.2. 全国分布調査によるアバ系感動詞の収集
(1) 感動詞の全国分布調査の実施

3.1節では、『日本方言大辞典』の情報をもとにアバ系感動詞の分布を把握した。しかし、『日本方言大辞典』は各地の方言集から情報を集めたものであるため、それらの情報はどうしても断片的にならざるをえない。また、意味の説明も十分なものとは言えない。詳しい分析のためには、統一的な方法により、意味の面にも注意しながら、全国を網羅的に調査した資料が必要である。

そのような資料として、以下では東北大学方言研究センターが2009年に実施した「感動詞の全国分布調査」によるデータを用いることにする。この調査は、感動詞に関する114項目について全国2000地点の高年層を対象に通信法で実施したものである。ここでは、調査票が回収された927地点のうち、その土地出身の話者が回答した843地点分のデータを使用する。

この調査では、基本的にある場面を提示し、その場面に合った表現を自由記述方式で記入してもらう方法をとっている。その際、回答の手助けとするために、全国のどこかで使用の可能性があると思われる語形を参考として示している。例として調査項目1～3を挙げてみよう（参考語形は省略する。なお、参考語形を含めた調査項目の全体像は、末尾の「5. 調査項目案」の方へ掲載した）。

> 1. 友人の家で、お茶をもらって話し込んでいたとします。長居をしたつもりはないのですが、時計を見るともう夕方の5時になっていました。そのとき、驚いて思わず何と声を上げますか。

> 2. 次に、失敗したときのことを想像してください。例えば、病院に行ったとします。ところが、受付で診察券を忘れたことに気がつきました。そのとき、思わず何と声を上げますか。
> 3. やはり失敗した場合ですが、手に持っていた花びんを、うっかりして落としてしまったときはどうでしょう。そのとき、思わず何と声を上げますか。

　調査項目1は一般的で単純な驚きの場面として設定したものである。それに対して、調査項目2・3は、特に失敗したときの驚きの場面として用意した。調査項目1と2はいずれも気付きによる驚きであり、かつ、両者ともマイナスの事態を設定したものであるが、特に2は失敗であることが明白な場面として提示した。2と3の違いは、前者が失敗という事態を受け止める多少の余裕がある場合(反省的)、後者はとっさのことでそうした余裕のまったくない場合(瞬間的)という違いがある。この調査では、このようにさまざまな場面を設定し、感動詞を網羅的にとらえようとした。

　この方法で、アバ系感動詞の回答が得られた項目は次の34項目である(項目名はその項目のねらいがわかりやすいように与えた。数字は調査票の項目番号(1–1は第1調査票の1番目の項目の意)であり、具体的な調査文(場面)は、「5. 調査項目案」に掲げたリストに示してある)。

　　1–1. 気付き、1–2. 失敗(反省的)、1–3. 失敗(瞬間的)、1–4. 狼狽、1–5. 落胆(程度大)、1–6. あきれ、1–7. うれしさ、1–8. 悲嘆、1–9. 落胆(程度小)、1–10. 期待、1–11. 恐怖、1–12. 意外(マイナス)、1–13. 意外(プラス)、1–14. 不審、1–15. 安堵、1–16. 感嘆(自然)、1–17. 感嘆(美人)、1–18. 賞賛、1–19. 満足、1–20. 悔しさ、1–21. 非難、1–22. 嫌悪、1–23. 不満、1–24. 恐縮、1–25. 憤慨、1–26. 困惑、1–27. 諦め、1–28. 苛立ち、1–29. 思い出し、1–30. 暑さ、1–31. 熱さ、1–32. 痛さ、1–33. 辛さ、1–34. 汚さ

以上の質問のしかた(「場面設定質問法」と呼ぶ)がこの調査の一般的な方式であるが、アバ系感動詞については、これとは別の質問方法も併用した。すなわち、アバ系感動詞の使用の有無、および、使用する場合の具体的な形態を確認し、さらにその意味を尋ねる方式(「形式指定質問法」と呼ぶ)である。今回、その結果を詳しく分析することはしないが、3.3節で各地のアバ系感動詞の存在と形態について確認する際には結果を利用する。

(2)　回答の採用について
【形容詞の語幹用法との区別】
　調査によって集まった回答をデータとして採用するかどうか検討する際、アバ系感動詞特有の問題として注意しなければいけないことがある。それは、一部の地域で使われる「アバイ」「アッパイ」といった形容詞(「美しい」ないし「汚い」の意)との関係である。
　これらの形容詞は、歴史的にはアバ系感動詞を語基として派生したものと推定されるが、実際の使用にあたっては、アバ系感動詞そのものとの区別が付きにくい場合が生じる。すなわち、西日本では一般に形容詞語幹による感嘆用法が行われており、これらの形容詞がそのように使用される場合、「アバ」「アッパ」という形態をとるが、これは、結果として感動詞の「アバ」「アッパ」と同形に実現されていることになる。あるいは、形容詞「アバイ」「アッパイ」が驚きの表出の際、連母音の融合を起こし「アベー」「アッペー」のような形になった場合、やはりそれらと類似の形のアバ系感動詞、例えば、「アベ」「アッペ」などとの見分けがつきにくくなる。
　この問題については、次のように処理することとした。まず、これらの形容詞は意味的に「美しい」ないし「汚い」という意味で使用されることが知られている。したがって、調査において、それらの意味と密接にかかわる項目、すなわち、「16.感嘆(自然＝すばらしい紅葉を見て)」「17.感嘆(美人＝着飾った美しい女性を見て)」ないし「22.嫌悪(散乱しているごみを見て)」の項目に偏って「アバ」「アッパ」「アベ」「アッペ」などの回答が見られるならば、それらはアバ系感動詞ではなく、「アバイ」や「アッパイ」などの

形容詞の感嘆用法が回答されたものである可能性が出てくる。しかも、それらの回答地点に形容詞の「アバイ」「アッパイ」が存在することが確認されれば、なおのこと、それらの回答は形容詞の感嘆用法である可能性が高まる。幸いこの調査では、形容詞の方言的バリエーションを尋ねる項目の中に、「59. 美しい」「56. 汚い」の2項目を用意しており、その結果との対比が可能である。また、『日本方言大辞典』における「アバイ」「アッパイ」などの形容詞の登録情報も手がかりになる。

　ここでは、以上のように、一見、アバ系感動詞に見える形式が「美しいこと」や「汚いこと」に驚く調査項目に限定的に回答されていないか、また、同じ地点で「美しい」や「汚い」という意味の「アバイ」「アッパイ」などの形容詞が使用されていないか、という2点を総合することで、形容詞の語幹用法に当たる回答を排除することにした。

【その他個別の問題】

　個別の問題としては、まず、高知県を中心に見られる「バッタリ」「バッサリ」といった形式がある。これらは、今回の調査では、「2. 失敗(反省的)」「3. 失敗(瞬間的)」「5. 落胆(程度大)」「9. 落胆(程度小)」「12. 意外(マイナス)」「23. 不満」「28. 苛立ち」といった項目を中心に回答されている。単独で使用されるだけでなく、「バッタリイタ(行った)」「バッタリシモータ(しまった)」のように副詞的に使われたり、「バッタリジャッタ」のように形容動詞的に用いられたりもしている。その点からすれば、オノマトペ由来の形式のようにも見えるが、もともとアバ系感動詞に何らかの要素が付加されて成立した形式である可能性もある。こうした問題についてなお検討が必要であるので、今回、「バッタリ」「バッサリ」などの形式はひとまず分析の対象から外すことにした。

　もう1つ、「アッパレ」といった独特の形式が「18. 賞賛」を中心に「13. 意外(プラス)」「19. 満足」などの項目で回答されている。この「アッパレ」が日常の話し言葉として使用されているものなのか、逆に言えば、文語的な言い回しが回答されてしまった可能性はないのか、現時点で判断が難しい。

ここでは後者の可能性があると考え、「アッパレ」は今回の分析の対象からは一旦除いておくことにした。そうすると、「18. 賞賛」の項目はアバ系感動詞のほぼすべての回答が「アッパレ」であることから、項目自体を取り上げないことになる。

4.3. アバ系感動詞の回答一覧

回答の採用に関する以上の検討を踏まえ、この調査で得られたアバ系感動詞を以下にリストアップする。形式を先に挙げ、その形式の回答地点を列挙していく。

分類は次のようにした。まず、b音の前の母音(語頭の母音)の有無と種類によって分類した。次に、b音の後の母音(語中・語尾の母音)の種類によって分類した。さらに、b音かp音かで分類した。以上によって分類されたグループを、「アバ類」「アパ類」「アビ類」などと呼ぶことにする。続いて、その形式がアバ系感動詞単独であるか、それとも別の間投助詞や感動詞の類が末尾に付いているかで分類した。前者を「単独型」、後者を「複合型」と呼んでおく(「単独型」の中にも通時的に見れば他の形式が語尾に融合したものが含まれる)。最後に、それらの中を細かな形態の差によって分類した。

アバ類
単独型
 アバ：秋田県由利本荘市岩城内道川字馬道、石川県鳳珠郡能登町布浦、静岡県賀茂郡西伊豆町仁科、鳥取県鳥取市青谷町桑原、長崎県長崎市野母町、鹿児島県西之表市西之表、鹿児島県西之表市西町、沖縄県宮古島市平良字下里・沖縄県宮古島市伊良部字長浜
 アバッ：秋田県秋田市四ツ小屋字小阿地、富山県下新川郡朝日町笹川、静岡県賀茂郡西伊豆町仁科
 アババ：岩手県東磐井郡藤沢町黄海字京ノ沢、秋田県山本郡藤里町藤琴
 アバババ：秋田県山本郡藤里町藤琴
 アババババ：富山県下新川郡朝日町笹川

アバアバ：秋田県秋田市四ツ小屋字小阿地、島根県浜田市錦町
アバー：岩手県陸前高田市気仙町字町、石川県鳳珠郡能登町布浦、熊本県八代市泉町柿迫、鹿児島県熊毛郡南種子町茎永
アバーッ：秋田県大仙市神宮寺字神宮寺、福井県大野市朝日
アッバー：福島県耶麻郡猪苗代町蚕養字村中、福岡県糟屋郡篠栗町篠栗

複合型

アバヤ：鹿児島県西之表市西之表、鹿児島県熊毛郡南種子町茎永
アバヤー：鹿児島県熊毛郡南種子町茎永
アバヤアバヤ：鹿児島県西之表市西之表
アバエ：秋田県山本郡藤里町藤琴、秋田県山本郡八峰町八森字浜田、鹿児島県西之表市西之表
アバエー：秋田県山本郡藤里町藤琴、鹿児島県西之表市西之表
アバェ：秋田県山本郡八峰町八森字浜田
アバヨー：長崎県長崎市野母町
アバヨシ：長崎県長崎市野母町
アバナ：千葉県野田市三ツ堀
アバコラ：富山県下新川郡朝日町笹川、長崎県長崎市野母町
アバサンケ：秋田県大館市早口字上野
アイバ：佐賀県藤津郡太良町多良
アイバイ：福岡県鞍手郡小竹町南良津

※「アイバ」「アイバイ」はアとバの間にイの音が入り込んだ構造になっている。これは、「アバ」に「アイ」などの別の感動詞が複合を起こした形式ではないかと考えここに分類したが、他の解釈もありうるだろう。

アパ類

単独型

アパー：静岡県賀茂郡西伊豆町仁科
アッパ：福島県東白川郡矢祭町東舘字山野井
アッパー：北海道苫前郡羽幌町南町、岩手県岩手郡滝沢村大釜字風林、

岩手県下閉伊郡岩泉町鼠入字中山、福島県東白川郡矢祭町東舘字山野井、福島県石川郡玉川村小高字西屋敷、富山県下新川郡朝日町笹川、長野県上伊那郡南箕輪村、岐阜県不破郡垂井町大石、香川県小豆郡小豆島町福田、愛媛県大洲市河辺町河都、長崎県五島市富江町黒瀬、長崎県西海市大瀬戸町松島内郷

　アーパー：長野県下伊那郡阿南町富草
複合型
　アッパヤ：鹿児島県熊毛郡南種子町茎永
　アッパヤー：鹿児島県熊毛郡南種子町茎永
　アッパヨー：鹿児島県熊毛郡南種子町茎永
　アッパイヤ：鹿児島県西之表市西之表
　アッパリシャー：愛知県海部郡大治町堀之内字郷中
　アッパコラヨ：長崎県西海市大瀬戸町松島内郷

アビ類
　単独型
　　アビ：鹿児島県枕崎市中町
　　アッビッ：鹿児島県枕崎市中町
　　アビー：富山県下新川郡朝日町笹川、福井県南条郡南越前町社谷
　複合型
　　アビヤー：鳥取県鳥取市青谷町桑原、鹿児島県枕崎市中町
　　アッビャー：鹿児島県枕崎市中町
　　アビヨー：沖縄県中頭郡読谷村座喜味
　　アビサ：鹿児島県枕崎市中町
　　アビシャー：鹿児島県枕崎市中町

アピ類
　複合型
　　アピャー：岩手県東磐井郡藤沢町黄海字京ノ沢、栃木県足利市五十部町、奈良県宇陀市室生区上笠間

アブ類
　単独型
　　アブッー：鹿児島県大島郡大和村思勝
　複合型
　　アブェ：鹿児島県大島郡大和村思勝
　　アブェー：鹿児島県大島郡大和村思勝
　　アッブェー：鹿児島県大島郡大和村思勝
　　アブェブェブェー：鹿児島県大島郡大和村思勝
　　ハーブェー：鹿児島県大島郡大和村思勝
　　アブジィー：鹿児島県大島郡大和村思勝
　　アブジィジィジィ：鹿児島県大島郡大和村思勝
　　ハブジィー：鹿児島県大島郡大和村思勝
アプェ類
　複合型
　　アップェー：鹿児島県大島郡大和村思勝
　　ハップェー：鹿児島県大島郡大和村思勝
アベ類
　単独型
　　アベ：岩手県遠野市附馬牛町下附馬牛、鹿児島県南九州市頴娃町牧之内、沖縄県うるま市与那城平安座
　　アベッ：福島県双葉郡大熊町夫沢字中央台、富山県下新川郡朝日町笹川、愛知県海部郡大治町堀之内字郷中、熊本県八代市泉町柿迫
　　アベー：秋田県由利本荘市鳥海町上笹子字下ノ宮、福島県白河市南真舟、富山県下新川郡朝日町笹川、岐阜県不破郡垂井町大石、福岡県前原市王丸、熊本県八代市泉町柿迫、鹿児島県肝属郡錦江町田代麓、鹿児島県大島郡和泊町国頭、沖縄県中頭郡読谷村座喜味、沖縄県中頭郡北中城村屋宜原
　複合型
　　アベーイ：沖縄県うるま市与那城平安座

アベーナアー：長野県上伊那郡南箕輪村
　　アベヒャー：沖縄県中頭郡北中城村屋宜原
　　アベーヒャー：沖縄県中頭郡北中城村屋宜原
　　アヤベ：沖縄県うるま市与那城平安座
　　アヤベー：沖縄県うるま市与那城平安座
　　※「アヤベ」「アヤベー」はアとベの間にヤの音が入り込んだ構造になっている。これは、「アベ」「アベー」に「アヤ」などの別の感動詞が複合を起こした形式ではないかと考えたが、他の解釈もありうるだろう。

アポ類
　複合型
　　アッポリャー：長崎県壱岐市郷ノ浦町本村触
　　アッポリケ：高知県室戸市室津

イビ類
　複合型
　　イビヤー：広島県廿日市市津田

ンバ類
　単独型
　　ンバ：長崎県長崎市野母町
　　ンバー：秋田県山本郡藤里町藤琴

バ類
　単独型
　　バ：岩手県陸前高田市横田町舞出、岩手県大船渡市三陸町綾里字宮野、宮城県気仙沼市常楽、秋田県大仙市刈和野、静岡県賀茂郡松崎町岩科南側、佐賀県唐津市呼子町呼子
　　バッ：岩手県陸前高田市横田町舞出、宮城県気仙沼市常楽、秋田県横手市雄物川町今宿字高花、福島県福島市三河南町、熊本県鹿本郡植木町木留、熊本県阿蘇郡西原村河原、熊本県上益城郡嘉島町上六嘉

ババ：青森県むつ市大畑町正津川平、宮城県気仙沼市常楽

ババババ：青森県むつ市大畑町正津川平、岩手県陸前高田市横田町舞出、岩手県大船渡市三陸町綾里字宮野、宮城県気仙沼市常楽、宮城県気仙沼市唐桑町神の倉、秋田県大館市早口字上野、秋田県山本郡藤里町粕毛字春日野

バババババ：岩手県陸前高田市横田町舞出

バババババ：宮城県気仙沼市常楽

バー：岩手県上閉伊郡大槌町吉里吉里、岩手県陸前高田市横田町舞出、宮城県気仙沼市常楽、秋田県山本郡藤里町藤琴、秋田県大仙市刈和野、茨城県東茨城郡城里村粟、静岡県賀茂郡西伊豆町仁科、静岡県浜名郡新居町新居、鳥取県岩美郡岩美町大谷、佐賀県唐津市呼子町呼子、熊本県阿蘇郡西原村河原、熊本県上益城郡嘉島町上六嘉

バーッ：岩手県陸前高田市横田町舞出、茨城県東茨城郡城里村粟

バーバー：岩手県気仙郡住田町上有住字天嶽、宮城県登米市登米町寺池上町、宮城県気仙沼市常楽、宮城県気仙沼市宿浦

複合型

バヤバヤ：宮城県気仙沼市宿浦

バラ：鹿児島県指宿市十二町

バーラ：岩手県上閉伊郡大槌町吉里吉里、佐賀県唐津市呼子町呼子

オーバラヤ：新潟県阿賀野市山崎

バラナ：石川県能美市寺井町タ

バッコラ：岩手県上閉伊郡大槌町吉里吉里

バーコラ：熊本県上益城郡御船町御船

バッコラショー：熊本県八代市泉町柿迫

ワッラ：鹿児島県枕崎市中町

パ類

複合型

アチャパー：福島県石川郡玉川村小高字西屋敷

アジャパー：神奈川県横浜市戸塚区平戸

ピ類
 複合型
　ピーヤー：長野県上伊那郡南箕輪村

プ類
 複合型
　プァナー：福井県小浜市田烏
　プアナ：福井県小浜市田烏
　プアーナ：福井県小浜市田烏

ベ類
 単独型
　ベー：島根県隠岐郡知夫村、熊本県阿蘇郡西原村河原
　ベーッ：大分県中津市大塚字屋敷
 複合型
　アチャベー：沖縄県うるま市与那城平安座

ボ類
 単独型
　ボー：新潟県糸魚川市能生、長崎県長崎市野母町
 複合型
　ボロ：鹿児島県枕崎市中町
　ボッロ：鹿児島県枕崎市中町
　ボーロ：鹿児島県枕崎市中町
　ボーロアラ：鹿児島県枕崎市中町
　オーロッ：鹿児島県枕崎市中町

4.4. アバ系感動詞の形式上の特徴とその分布

　上記のようにアバ系感動詞の種類は多岐にわたる。これらを1枚の地図に示しても煩雑になってしまうので、ここではいくつかの注目点に分けて分布を見ていくことにする。

(1) 「アバ」か「バ」か—語頭の母音の有無—

　図1は「アバ」のように母音を語頭に持つ形式と、「バ」のようにそれを持たない形式の分布を示したものである。語頭の母音は、唯一、広島県廿日市市津田で回答された「イビヤー」がiであるのみで、他の回答はすべて「アバ」「アビ」「アベ」などのaである。アバ系感動詞の原型における語頭の母音はaであったと考えてよい。

　この地図で、まずアバ系感動詞全体の分布状況を確認しておくと、この種類の感動詞は全国に見られるものの、東北地方と九州・琉球地方に回答地点が集中していることがわかる。分布の中心は日本の両端部にあり、周辺的な様相を示すと言ってよい。また、東西方言境界線付近の中部日本にもある程度まとまった分布が見られ、それを含めると三辺境的な分布と解釈することもできる。これらの特徴は、先に『日本方言大辞典』の情報によって把握し

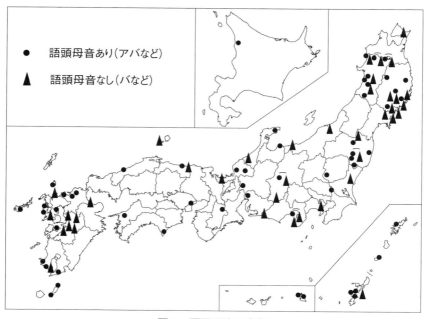

図1　語頭母音の有無

たものとほぼ同じであり、統一的な調査によってもアバ系感動詞の周辺的な分布傾向を確認できたことになる。

　それでは、語頭の母音の有無についてはどうだろうか。大まかに見れば、「アバ」のような語頭に母音を持つ形式も、「バ」のようなそれを持たない形式も、ともに全国的に分布している。しかし、詳しく見ると、「アバ」のような形式の回答はやや西日本に優勢であるのに対して、「バ」のような形式の分布は逆に東日本に比重があることがわかる。

　両者の関係については、形態的に見て「アバ」から「バ」への変化、すなわち、「アバ」のような形式の語頭の母音が脱落することで「バ」が成立したと考えるのが自然であろう。3.1節で指摘したように、「アバ」を写した可能性がある「あは」という表記が中央語文献に見つかることもこの推論の参考になる。このように、「アバ」の方が本来の姿で、「バ」はそこから変化した形であるとすると、両者の分布の様子から見て、西日本よりも東日本の方が変化した新しい形を使用する傾向が強いと言えそうである。

(2) 「アバ」か「アベ」か、あるいは「アバヤ」か―語尾の母音の種類、単独型・複合型―

　図2をご覧いただきたい。今度は語尾の母音の種類で地図を描いてみた。ここで仮に「語尾」と言うのは、b(p)音の直後の母音のことを指す。例えば、「アバ」ならa、「アベ」ならeということになる。回答地点の限られるアッビャー・アピャーはiに、アブェはuに分類してある。

　まず、全国的に多く回答されているのは、「アバ」や「バ」など、語尾の母音がaであるものである。aの形式がアバ系感動詞の主流であると言える。続けて「アベ」などのeが多く、さらに「アビ」などのi、「アブー」などのu、「アッポリャー」などのoの順番になっている。aの形式が多いのは、これがアバ系感動詞の本来的な姿であるからであろう。他の形式は、すでに3.1節で述べたように、何かほかの母音性の間投助詞や感動詞の類が末尾に付き、融合を起こすことでaから他の母音に変わったものではないかと思われる。

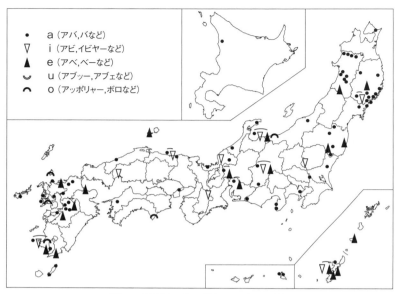

図2　語尾（b音の後）の母音の種類

　分布的には、東日本、特に東北地方はaの形式が主流で他の母音の形式は少ない。一方、西日本もaの形式が多い点は変わらないが、東日本に比べて他の母音の形式が増えている。とりわけ九州・琉球地方はeの形が目立つ。このことは、西日本の方が東日本より他の感動的要素（間投助詞や感動詞の類）との結合による変化が盛んであることを思わせる。

　そのこととの関連で図3を用意した。この図は、単独型と複合型の分布を示したものである。あらためて説明すると、「複合型」は外から見て他の感動的要素が末尾に付加していることが明らかな形式であり、「単独型」はそうした要素が付かないか、一見それがわからない形式である。具体的には、複合型は「アバヤ」（＜アバ＋ヤ）、「アバヨー」（＜アバ＋ヨー）、「アバコラ」（＜アバ＋コラ）などの形式がそれに該当する。単独型は、「アバ」は他の要素が付かないまさに単独形式であるが、例えば、「アベ」などは、複合型の「アバヤ」「アバエ」のような形式の末尾が融合を起こし、アバヤ・

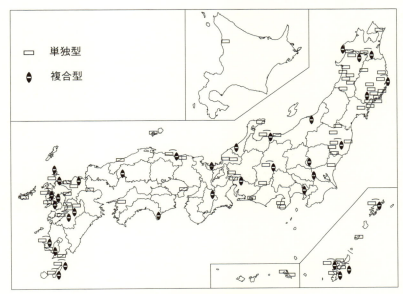

図3　単独型と複合型

アバエ＞アベの変化によって成立したと推定される。

　さて、図3を見ると、単独型と複合型の分布にある程度はっきりとした傾向が浮かび上がっている。すなわち、中部地方以西は単独型と複合型ともに分布し、九州・琉球地方では複合型がかなり回答されている。両者が同時に回答された地点も多い。一方、東北地方では複合型も見られるものの、圧倒的に単独型の分布が優勢となっている。西日本に目立つa以外の語尾の単独型が、複合型の変化(語末の融合)によると推定されることも併せて考えると、このことは、他の感動的要素(間投助詞や感動詞の類)との結合が、東日本では消極的であるのに対して、西日本では積極的であることを意味するものと言える。

　さらに、4.4.(1)節で見た語頭の母音のあり方も合わせて考えると、アバ系感動詞の形式上の特徴として次のような傾向が浮かび上がってくる。すなわち、東日本(特に東北)では語頭の母音を落とす変化、すなわち、「アバ」

から「バ」への短縮化が他の地域に比して盛んであり、かつ、語尾に何かを加えるような変化は抑えられている。一方、西日本(特に九州・沖縄)では語頭の母音を保持するとともに、語尾に他の要素を結合させる変化が活発である。やや極端に言えば、総じて東日本は形式の単純化を押し進める傾向にあり、西日本は形式の保持ないし複雑化に向かう傾向にある、ということになる。

（3）「アバ」か「アバババ」か—重音化形式—

第2節で気仙沼市方言の「バ」を取り上げた際、それが、「ババ」「ババババ」「バババババ」と音を重ねて実現される場合があることを指摘し、それを「重音化」と呼んだ。こうした特徴的な形式は、全国的にはどのように現れるだろうか。

3.3節の「アバ系感動詞の回答一覧」からもわかるように、こうした形態

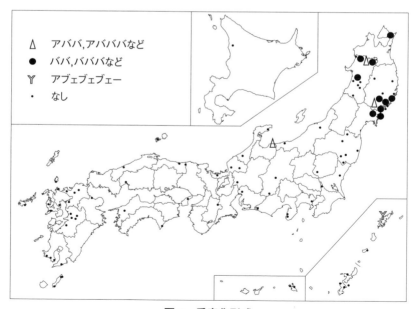

図4　重音化形式

的操作が行われるのはほぼ「アバ」類（アババ、アババババなど）と「バ」類（ババ、ババババなど）とに限られ、他では「アブェブェブェー」（奄美）が挙げられるのみである。「バ」類については、「バーバー」という重音化と長音化が組み合わさった形式を回答する地点もあったが、それもここでは重音化形式に含めておく。

　図4はそうした重音化形式が回答された地点を示したものである。一見して明らかなように、その分布は東北地方に偏る。重音化という形態的操作は、東北に顕著な現象であることがわかる。しかも、東北の記号を見てわかるとおり、「アバ」類の重音化形式が現れた地点は少なく、ほとんどが「バ」類の重音化形式となっている。これは、「アバ」の「ア」を脱落させ「バ」という短小形になることで、いわば形態的操作のフットワークが軽快になり、重音化形式を作りやすくなったことが1つの原因と考えられる。

　第2節では気仙沼市方言の「バ」について取り上げたが、そこで観察された形態のバリエーションの豊富さには目を見張るものがあった。そうしたアバ系感動詞の活性化した状態は、その形式が「アバ」から「バ」へと変化することによってもたらされたと言える。まさに驚きの現場において、「バ」という基本形をもとに、重音化や長音化などの形態的操作によって縦横無尽にその場に適した形態（実現形）を生成していく。気仙沼市方言の「バ」に見られた語形生成システムのあり方は、その基本形式が「バ」という最小の形態であるからこそ成立しえたと考えることができるかもしれない。

　ところで、4.4.(2)節では、他の感動的要素（間投助詞や感動詞の類）との結合が、九州・琉球地方では盛んであるのに対して、東北地方では不活発であることを指摘した。このことと、今見た重音化の地域差を関連付けると、東北地方は他の感動的要素との結合が弱い分、それを重音化といった形態的操作で補っていると考えることができそうである。重音化や長音化といった形態的操作を多用する東日本（特に東北）と、他の感動的要素との結合で形式のバリエーションを作り出す西日本との違いは、現象面を超えた語形生成システムの東西差に関わる問題と言える。この点は、今後さらに掘り下げて考えてみる必要があるだろう。

表2 アバ系感動詞の意味

意味的条件:
- a. 認知的(○)/反射的(×)
- b. 意外性(○)/非意外性(×)
- c. 直線的(直)/曲線的(曲)
- d. プラス(+)/マイナス(-)

a	b	c	d	調査項目	沖縄県宮古島市平良字下里	沖縄県うるま市与那城平安座	沖縄県中頭郡北中城村屋宜原	沖縄県中頭郡読谷村座喜味	沖縄県国頭郡今帰仁村謝名	沖縄県国頭郡国頭	鹿児島県大島郡大和村思勝	鹿児島県大島郡和泊町国頭	鹿児島県熊毛郡南種子町茎永	鹿児島県西之表市西之表	鹿児島県枕崎市中町	鹿児島県南九州市頴娃町牧之内	鹿児島県指宿市十二町	大分県中津市大塚	熊本県八代市泉町柿迫	熊本県阿蘇郡西原村河原	熊本県鹿本郡植木町米留	長崎県壱岐市郷ノ浦町本村触	長崎県長崎市野母町	佐賀県唐津市呼子町呼子	佐賀県藤津郡太良町多良	福岡県三潴郡大木町横溝	福岡県前原市王丸	福岡県鞍手郡小竹町南良津	香川県小豆郡小豆島町福田	島根県隠岐郡知夫村	島根県浜田市錦町	愛知県海部郡大治町堀之内
○	○	曲	-	1. 気付き	-	●	-	-	-	-	●	●	●	-	-	-	●	-	-	●	-	-	-	●	-	-	-	-	-	-	-	-
○	○	曲	-	2. 思い出し	-	-	-	-	●	●	●	-	-	-	-	●	-	-	-	●	-	-	-	●	-	-	-	-	-	-	-	-
○	○	曲	-	3. 失敗(反省)	●	●	-	-	-	●	-	-	-	-	-	-	-	-	-	-	-	-	-	-	●	-	-	-	-	-	-	-
○	○	曲	-	4. 失敗(瞬間)	-	-	-	-	-	-	-	-	-	-	-	-	-	-	-	-	-	-	-	-	-	-	-	-	-	-	-	-
○	○	曲	-	5. 落胆(大)	-	-	-	-	-	-	-	-	-	-	-	-	-	-	-	-	-	-	-	-	-	-	-	-	-	-	-	-
○	○	曲	-	6. 落胆(小)	-	-	-	-	-	-	-	-	-	-	-	-	-	-	-	-	-	-	-	-	-	-	-	-	-	-	-	-
○	○	曲	-	7. 狼狽	-	-	-	-	-	-	-	-	-	-	-	-	-	-	-	-	-	-	-	-	-	-	-	-	-	-	-	-
○	○	曲	-	8. 恐怖	-	-	-	-	-	-	-	-	-	-	-	-	-	-	-	-	-	-	-	-	-	-	-	-	-	-	-	-
○	○	曲	-	9. 恐縮	-	-	-	●	-	-	-	-	-	-	-	-	-	-	-	-	-	-	-	-	-	-	-	-	-	-	-	-
○	○	曲	-	10. 不審	-	-	-	-	-	-	-	-	-	-	-	-	-	-	-	-	-	-	-	-	-	-	-	-	-	-	-	-
○	○	曲	-	11. 困惑	-	-	-	-	-	-	-	-	-	-	-	-	-	-	-	-	-	-	-	-	-	-	-	-	-	-	-	-
○	○	曲	-	12. 呆れ	-	-	-	-	-	-	-	-	-	-	-	-	-	-	-	●	-	●	-	-	-	-	-	-	-	-	-	-
○	○	直	-	13. 暑さ	-	-	-	-	-	-	-	-	-	-	-	-	-	●	-	-	-	-	-	-	-	-	-	-	-	-	-	-
○	○	直	-	14. 辛さ	-	-	-	-	-	-	-	-	-	-	-	-	-	-	-	-	-	-	-	-	-	-	-	-	-	-	-	●
○	○	直	-	15. 汚さ	-	●	●	-	-	-	-	-	-	●	-	-	-	-	-	-	-	-	-	-	-	-	-	-	-	-	-	-
○	○	直	-	16. 嫌悪	-	-	-	-	-	-	-	-	-	-	-	●	-	-	-	-	-	-	-	-	-	-	-	-	-	-	-	-
○	○	直	-	17. 意外(-)	-	-	-	-	-	-	-	-	-	-	-	-	-	-	-	-	-	-	-	-	-	-	-	-	-	-	-	-
○	○	直	-	18. 不満	-	-	-	-	-	●	-	-	-	-	-	-	-	-	-	-	-	-	-	-	-	-	-	-	-	-	-	-
○	○	直	-	19. 非難	-	-	-	-	-	-	-	-	-	-	-	-	-	-	-	-	-	-	-	-	-	-	-	-	-	-	-	-
○	○	直	-	20. 悔しさ	-	-	-	-	●	-	-	-	-	-	-	-	-	-	-	-	-	-	-	-	-	-	-	-	-	-	-	-
○	○	直	-	21. 悲嘆	-	-	-	-	-	-	-	●	-	-	-	-	-	-	-	-	-	-	-	-	-	-	-	-	-	-	-	-
○	○	直	+	22. うれしさ	-	-	-	-	-	-	-	-	-	-	-	-	-	-	-	-	-	-	-	-	-	-	-	-	-	-	-	-
○	○	直	+	23. 感嘆(美人)	-	-	-	-	-	-	-	-	-	-	-	-	-	-	-	●	-	-	-	●	-	-	-	●	-	-	-	-
○	○	直	+	24. 感嘆(自然)	-	-	-	-	-	-	-	-	-	-	-	-	-	-	-	-	-	-	-	-	-	-	-	-	-	-	-	-
○	○	直	+	25. 意外(+)	-	-	-	-	-	-	-	-	-	-	-	-	-	-	-	-	-	●	-	-	-	-	-	-	-	-	-	-
○	○	直	+	26. 期待	-	-	-	-	-	-	●	-	-	-	-	-	-	●	-	●	-	-	-	-	-	-	-	-	-	-	-	-
○	○	直	+	27. 満足	-	-	-	-	-	-	●	-	-	-	-	-	-	-	-	-	-	-	-	-	-	-	-	-	-	-	-	-
○	×	/	/	28. 安堵	-	-	-	-	-	-	-	-	-	-	-	-	-	-	-	-	-	-	-	-	-	-	-	-	-	-	-	-
○	×	/	/	29. 諦め	-	-	-	-	-	-	-	-	-	-	-	-	-	-	-	-	-	-	-	-	●	-	-	-	-	-	-	-
○	×	/	/	30. 苛立ち	-	-	-	-	-	-	-	-	-	-	-	-	-	-	-	-	-	-	-	-	-	-	-	-	-	-	-	-
○	×	/	/	31. 憤慨	-	-	-	-	-	-	-	-	-	-	-	-	-	-	●	-	-	-	-	-	-	-	-	-	-	-	-	-
×	○	/	/	32. 熱さ	-	-	-	-	-	-	-	-	-	-	-	-	-	-	-	-	-	-	-	-	-	-	-	-	-	-	-	-
×	○	/	/	33. 痛さ	-	-	-	-	-	-	-	-	-	-	-	-	-	-	-	-	-	-	-	-	-	-	-	-	-	-	-	-

回答地点																																			
静岡県浜名郡新居町新居	静岡県賀茂郡西伊豆町仁科	岐阜県不破郡垂井町大石	長野県上伊那郡南箕輪村	福井県小浜市田鳥	福井県南条郡南越前町社谷	福井県大野市朝日	石川県能美市寺井町タ	石川県鳳珠郡能登町布浦	富山県下新川郡朝日町笹川	新潟県糸魚川市能生	新潟県阿賀野市山崎	神奈川県横浜市戸塚区平戸	千葉県野田市三ツ堀	茨城県東茨城郡城里村粟	福島県双葉郡大熊町夫沢	福島県東白川郡矢祭町東舘	福島県石川郡玉川村小高	福島県耶麻郡猪苗代町蚕養	福島県福島市三河南町	秋田県由利本荘市鳥海町上笹子	秋田県横手市雄物川町今宿	秋田県大仙市神宮寺字神宮寺	秋田県秋田市四ツ小屋小阿地	秋田県山本郡八峰町八森	秋田県山本郡藤里町藤琴	秋田県大館市早口	宮城県登米市寺池上町	宮城県気仙沼市宿浦	宮城県気仙沼市常楽	岩手県陸前高田市横田町	岩手県気仙郡住田町上有住	岩手県遠野市附馬牛町	岩手県岩手郡滝沢村大釜	青森県むつ市大畑町正津川平	北海道苫前郡羽幌町南町
-	-	-	-	-	-	-	-	-	-	-	-	-	●	-	-	-	-	-	-	-	-	-	-	●	-	-	-	-	●	-	-	●	-	-	-
-	-	-	-	-	-	-	●	●	●	-	-	-	-	-	-	-	-	-	-	-	-	-	-	-	-	-	-	-	-	●	-	-	-	-	-
-	-	-	-	-	-	-	-	●	-	-	-	-	-	-	-	-	-	-	-	-	-	-	-	-	-	-	-	●	●	-	-	-	-	-	-
-	-	-	●	-	-	-	-	-	-	-	-	-	-	-	-	-	-	-	-	-	-	-	-	-	●	●	-	-	-	●	-	-	-	-	-
-	-	●	-	-	-	-	-	-	●	-	-	-	-	-	-	-	-	-	-	-	-	-	-	-	●	-	-	●	●	-	-	-	-	-	-
-	●	●	-	●	-	-	-	●	●	-	-	-	-	-	-	-	-	-	-	-	-	-	-	-	●	-	-	-	●	-	-	-	-	-	-
-	-	-	-	-	-	-	-	-	●	-	-	-	-	-	-	-	-	-	-	-	-	-	●	-	●	●	-	-	●	●	●	-	-	-	-
-	-	-	-	-	-	●	-	-	-	-	-	-	-	-	-	-	●	-	-	-	-	●	●	-	-	-	-	-	-	-	-	-	-	-	-
-	●	-	-	-	-	-	-	●	-	-	-	-	-	-	-	-	-	-	-	-	-	-	-	-	-	-	-	●	-	●	-	-	-	-	-
-	-	-	-	-	-	-	-	●	●	-	-	-	-	-	-	-	-	-	-	-	-	-	-	-	●	-	-	-	●	●	-	-	-	-	-
-	●	-	-	-	-	-	-	-	●	-	-	-	-	-	-	●	-	●	-	-	-	-	-	-	●	-	-	-	-	-	-	-	-	-	-
-	-	-	●	●	-	-	-	●	-	●	-	-	-	●	-	-	-	-	-	-	-	-	-	-	●	-	-	-	-	-	-	-	●	-	-
-	-	-	-	-	-	-	-	-	●	-	-	-	-	-	-	-	-	-	-	-	-	-	-	-	-	-	-	-	-	-	-	-	-	-	-
-	-	-	-	-	-	-	-	-	●	-	-	-	-	-	●	-	-	-	-	-	-	-	-	-	-	-	-	-	-	-	-	-	-	-	-
●	●	-	-	-	-	-	-	-	-	-	-	-	-	-	-	-	-	-	-	-	-	-	-	-	-	-	-	-	-	-	-	-	-	-	-
-	-	●	●	-	●	-	-	-	●	-	●	-	-	-	-	-	-	-	-	-	-	-	-	-	-	-	●	-	-	-	-	-	-	-	-
-	-	-	-	-	-	-	-	-	-	-	-	●	-	-	-	-	-	-	-	-	-	-	-	●	-	-	-	-	-	-	-	-	-	-	-
-	●	-	-	●	-	-	-	●	●	-	-	-	-	-	-	-	-	-	-	-	-	-	-	-	-	-	-	-	-	●	-	-	-	-	-
-	-	-	-	-	-	-	-	●	-	-	-	-	-	-	-	-	-	-	-	-	-	-	-	-	-	-	-	-	-	-	-	-	-	-	-
-	-	-	-	-	-	-	-	-	-	-	-	-	-	-	-	-	-	-	-	-	-	-	-	-	-	-	-	-	-	-	-	-	-	-	-
-	-	-	-	-	-	-	-	-	-	-	-	-	-	-	-	-	-	-	-	-	-	-	-	-	-	-	-	-	-	-	-	-	-	-	-
-	-	-	-	-	-	-	-	-	-	-	-	-	-	-	-	-	-	-	-	-	-	-	-	-	●	-	-	-	-	-	-	-	-	-	-
-	-	-	-	-	-	-	-	-	●	-	-	-	-	-	-	-	-	-	-	-	-	-	-	-	●	-	-	-	-	-	-	-	-	-	-
-	-	-	-	-	-	-	-	-	●	-	-	-	-	-	-	-	-	-	-	-	-	-	-	-	-	-	-	-	-	-	-	-	-	-	-
-	-	-	-	-	-	-	-	-	●	-	-	-	-	-	-	-	-	-	-	-	-	-	-	-	-	-	-	-	-	-	-	-	-	-	-
-	-	-	-	-	-	-	-	-	-	-	-	-	-	-	-	-	-	-	-	-	-	-	-	-	-	-	-	-	-	●	-	-	-	-	-
-	-	-	-	-	-	-	-	-	●	-	-	-	-	-	-	-	-	-	-	-	-	-	-	-	-	-	-	-	-	-	-	-	-	-	●
-	-	-	-	-	-	-	-	●	-	-	-	-	-	-	-	-	-	-	-	-	-	-	-	-	-	-	-	-	-	-	-	-	-	-	-
-	●	-	-	-	-	-	-	-	-	-	-	-	-	-	-	-	-	-	-	-	-	-	-	-	-	-	-	-	-	●	-	-	-	-	-
-	-	-	-	●	-	-	-	-	-	-	-	-	-	-	-	-	-	-	-	●	-	-	-	-	-	-	●	-	-	-	-	-	-	-	-
-	-	-	-	-	-	-	-	-	-	-	-	-	-	●	-	-	-	-	●	-	●	-	-	-	-	-	-	-	-	-	-	-	-	-	-
-	-	-	-	-	-	-	-	-	-	-	-	-	-	-	-	-	-	-	-	-	-	-	-	-	-	-	-	-	-	-	-	-	-	●	-
-	-	-	-	-	-	-	-	-	-	-	-	-	-	-	-	●	-	-	-	-	-	-	-	-	-	-	-	-	-	-	-	-	-	-	-

4.5. アバ系感動詞の意味上の特徴とその分布

次に、アバ系感動詞の意味について見ていこう。調査結果を表2に整理した。ここでは、形式の違いによる細かな意味の違いに踏み込むことができないので、アバ系感動詞を一括して考察する。そのため、表には具体的な形式は示さず、アバ系感動詞の回答が得られたことのみを該当の欄に丸印の記号で表した。

(1) 調査結果の概観

表2の横軸には、調査票の番号順に回答地点を北から南へ並べてある。縦軸には質問項目を配置した。この質問項目の配置はかならずしも実際の質問順ではなく、ここに提示するにあたりある程度並べ替えを行っている。すなわち、調査票における項目の配列を活かしつつも、回答結果の現れ方、具体的には丸印の付き方で似た傾向を示す項目を近くにまとめるという方法をとった。

こうした原理を理解した上で表2を見ていただこう。一見すると回答の現れ方がばらばらで統一感に欠けた印象がある。この調査方法の限界やそもそもの感動詞調査の難しさを示す結果と言えよう。しかし、大局的に見れば、丸印の付き方にはある程度のまとまりが浮かび上がっている。つまり、丸印は表の上段に多く分布し、下段には少ない傾向が読み取れる。全国的に見て、アバ系感動詞は上段の質問項目では使われやすく、下段の質問項目では使われにくいと言える。また、表の左右で見ると、丸印は表の右側では上段に偏っているのに対して、まん中あたりは中段にまで進出し、さらに左側では下段の領域へとかなり張り出している。表の右側は主として東北地方、まん中あたりは中部地方、左側は九州・琉球地方であるから、この調査の質問項目の範囲で見るかぎり、アバ系感動詞の使用場面は東北地方が一番狭く、中部地方は中間的で、九州・琉球地方が最も広いということになる（北海道、関東、中四国の回答地点もあるが少ないので、以下、代表的な東北地方、中部地方、九州・琉球地方について取り上げる)。

もう少し詳しくアバ系感動詞の意味について見てみよう。アバ系感動詞が

使用されやすい項目と使用されにくい項目があること、および、それには地域差も伴うことを上で見てきたが、これらの点をさらに掘り下げて考えてみる。

(2) 気仙沼市方言の意味特徴との関連

　表の一番左の部分に注目してほしい。そこには、次の4つの観点から質問項目の意味的特徴を分類してある。

　　a. 認知的感動／反射的感動
　　b. 意外性の感動／非意外性の感動
　　c. 曲線的な感動／直線的な感動
　　d. プラスの感動／マイナスの感動

　まず、〈認知的感動／反射的感動〉〈意外性の感動／非意外性の感動〉という2つの観点について取り上げる。この2つの観点を用意したのは、3.1.(3)節で気仙沼市方言の「バ」について考察した際、この地域の「バ」の基本的な意味を次のように記述できたことによる。

　　①「バ」は反射的な反応によるものではなく、事態を認知した上で発する言葉である。
　　②そこで認知される事態とは、話者が想定する範囲を超えた意外な事態のことである。

　①が〈認知的感動／反射的感動〉の観点に、②が〈意外性の感動／非意外性の感動〉の観点に対応する。こうした意味的条件が、全国のアバ系感動詞にも当てはまるか否か、確認してみよう。

【認知的感動／反射的感動】

　まず、〈認知的感動／反射的感動〉の観点から質問項目を分類すると、32「熱さ」、33「痛さ」の2項目のみが〈反射的感動〉の場面であり、他の質問項目はすべて〈認知的感動〉の場面であると言える。この「熱さ」「痛さ」の質問項目というのは、具体的には次のようなものである（具体的な調査文(場面)は、「5. 調査項目案」に掲げたリストを参照してほしい）。

　　熱さ：うっかり煮立ったお湯の入ったヤカンに触ってしまったときの反応
　　痛さ：うっかりタンスの角に足の指をぶつけてしまったときの反応

　これらは、そこで生起している事態を認知し理解する以前の段階で、反射的に起こる人体の反応を想定したものである。アバ系感動詞がこれらの項目で回答されるならば、上記①の意味的条件は効いていないことになるが、結果は表2のとおり、下端に置いたこの2項目の欄には全体に丸印が付かない。上記①の意味的条件、すなわち、事態の認知が使用の前提となることは、気仙沼市方言だけでなく全国のアバ系感動詞に共通する性質と言える。
　なお、「熱さ」「痛さ」と同様に人間の五感に関わる質問項目に、13「暑さ」、14「辛さ」、15「汚さ」の3つがある。これらは次のような場面を設定した。

　　暑さ：夏にクーラーの効いた部屋から屋外に出たときの反応
　　辛さ：わさびの効いた寿司を口に入れたときの反応
　　汚さ：うっかり汚いものに触ってしまったときの反応

　表2ではこれらの項目は中段に位置しているが、結果は東北地方では丸印がほとんど付かないものの、中部地方と九州・琉球地方には回答が得られている。これは、「熱さ」「痛さ」とは異なる結果である。おそらく、「暑さ」「辛さ」「汚さ」の場合には感動詞を発する際にその場の状況を認知し理解するいくらかの間合いがあり、その点で、ヤカンに触れた「熱さ」やタン

スにぶつかった「痛さ」のような瞬間的な反射とは異なることが理由であろう。この場合の「熱さ」「痛さ」が単に生理的な反応であるのに対して、「暑さ」「辛さ」「汚さ」は生理面に留まらず、その場の状況の認知が人間の心理面を稼働させることでアバ系感動詞が発せられるものと考えられる。同じく生理的な原因に由来するにしても、そのまま生理面のレベルで生じる反射的な反応と、生理面から心理面に至って生起する認知的な反応とがある。アバ系感動詞は後者の場合には使用できるが、前者の場合には使用できないということになる。

【意外性の感動／非意外性の感動】
　次に、〈意外性の感動／非意外性の感動〉の観点について見てみる。この観点で質問項目を分類すると、28「安堵」、29「諦め」、30「苛立ち」、31「憤慨」の４項目の場面が〈非意外性の感動〉に当たり、それ以外の項目の場面が〈意外性の感動〉に該当する。〈非意外性の感動〉の４項目は次のような場面である。

　　安堵：迷子になった孫がやっと見つかったときの反応
　　諦め：何度も試したが、結局、エンジンがかからなかったときの反応
　　苛立ち：道が渋滞でいっこうに進まないときの反応
　　憤慨：息子が自分の忠告をきかず、大失敗したときの反応

　このうち、「安堵」の場面が〈非意外性の感動〉に当たることは異論がなかろう。「諦め」と「苛立ち」は、エンジンがかからない、車が進まないという状況が一定時間継続した上での反応であるから、そうした事態が生起した直後なら感じられる意外性は、これらの場面ではすでに薄れている。「憤慨」の場面は忠告の無視による失敗の恐れが事前にある程度予期できた可能性があり、やはり、意外性はそれほど強くないと思われる。
　結果は表２のとおりである。表の下端近くにこれらの４項目は配置されている。東北地方にある程度丸印が付いているものの、全体として回答が少

ない様子がうかがえる。このことは、気仙沼市方言にとどまらず全国的に眺めても、アバ系感動詞の使用にとって上記②の意味的条件、すなわち〈意外性の感動〉が重要であることを示している。

(3) 東北、中部、九州・琉球を分ける特徴

　ここまで見てきたように、気仙沼市方言のアバ系感動詞に見られた〈認知的感動〉〈意外性の感動〉という2つの特徴は、全国のアバ系感動詞に当てはまるものである。ひとことで言えば、「意外なことを認知したときの感動」がアバ系感動詞の基本的な意味であると考えられる。しかし、それだけの把握の仕方では、表2の回答状況が東北、中部、九州・琉球の3地域で異なることを説明できない。地域差の背景には、〈認知的感動〉と〈意外性の感動〉に加えてさらに別の意味的条件が存在し、それが地域ごとに異なっていることが示唆される。東北、中部、九州・琉球で、それぞれどのような意味的条件が関与しているか、さらに考えてみる必要がある。

　そこで用意したのが残った2つの観点、すなわち、〈直線的感動／曲線的感動〉と〈プラスの感動／マイナスの感動〉の観点である。

【直線的感動／曲線的感動】

　あらためて表2を見てみよう。〈認知的感動〉と〈意外性の感動〉の2つの意味的条件を備える1番〜27番の項目の中で、東北に丸印が多く付くのは非常に大まかに見て12番の項目までである。13番以降の項目では丸印の付き方が弱くなる。東北では、どうやらこのあたりにアバ系感動詞の使用の可否を分けるポイントがありそうである。

　それでは、1番〜12番の項目と、13番〜27番の項目とで、何が違うのだろうか。ここでは、〈直線的な感動／曲線的な感動〉という概念で説明を試みてみる。この〈直線的な感動〉と〈曲線的な感動〉は、感動の性格に関わる概念である。ひとくちに感動と言っても、穏やかな感動や激しい感動、表面的な感動や深い感動など、いくつかのタイプに分類できそうである。ここで設定した〈直線的な感動〉と〈曲線的な感動〉はそうした感動の種類分け

の一つであり、次のような性格を帯びる。

 曲線的な感動＝不安定でぶれるような感動
 直線的な感動＝確固としたまっすぐな感動

　これを調査項目と対応させると、1番〜12番の項目が〈曲線的な感動〉、13番〜27番の項目が〈直線的な感動〉に当たる。もちろん、この分類は迷うところが多く、判定は容易ではない。それぞれの項目で設定された場面を話者がどう理解するかという問題もある。しかし、大まかにはそのような分類が可能であろう。
　具体的に見てみると、まず〈曲線的な感動〉に分類した12項目は次のものである。

 気付き：茶飲み話に夢中で気が付いたら夕方の5時になっていたときの反応
 思い出し：手紙を出すのを忘れていたことをふと思い出したときの反応
 失敗（反省的）：病院の受付で診察券を忘れたことに気がついたときの反応
 失敗（瞬間的）：手に持っていた花びんをうっかり落としてしまったときの反応
 落胆（程度大）：大事にしていた花びんを落として割ってしまったときの反応
 落胆（程度小）：乗る予定のバスが目の前で発車してしまったときの反応
 狼狽：落とした花びんの水がみるみるうちに床の上に広がっていくときの反応
 恐怖：夜、お墓を歩いているとお化けが出たときの反応
 恐縮：たいした怪我でもないのに知り合いが遠方から見舞いに来てくれたときの反応
 不審：テレビを見ようと思いスイッチを押したがどういうわけか映らな

　　　　いときの反応
　　困惑：急用ができて出かけようとしたのに自動車のエンジンがかからな
　　　　いときの反応
　　呆れ：探していたメガネが自分の頭にかけてあったことに気が付いたと
　　　　きの反応

　このうち「失敗」「落胆」「狼狽」「恐怖」「不審」「困惑」の各項目を〈曲線的な感動〉に分類することにはそれほど異論はなかろう。いずれも、起こってほしくない事態の出現にあたり、気持ちが安定せずふら付く感じの場面である。「気付き」「思い出し」の項目も、場面的には失敗に準じるものであり、「えっ、もう！参ったな。」「あっ、忘れていた！まずいな。」といった不安定な感情が想定される。「恐縮」の項目は、この場面をどう受け取るかにもよるが、怪我の軽さと見舞いの手厚さとのギャップからくるある種の不安定さ、すなわち、「この程度の怪我で見舞いに来られてしまって、いやどうしよう。」といった気持の揺らぎを読み取ることができる。以上に比べて最後の「呆れ」は説明が難しいが、何かに気付くという点では最初の「気付き」の項目に通じる場面であり、メガネが本来きちんと把握できていなければいけない自分の体の一部で発見されたという、そのうかつさや愚かさに対するなんらかの心理的なぶれが想像されたのかもしれない。
　一方、〈直線的な感動〉に分類した15項目は次のものである。

　　暑さ：クーラーの効いた部屋から暑い屋外に出たときの反応
　　辛さ：わさびの効いた寿司を口に入れたときの反応
　　汚さ：うっかりして汚いものに触ってしまったときの反応
　　嫌悪：ゴミが散乱してきたない状態になったゴミ捨て場を見たときの反応
　　意外（マイナス）：オリンピックで優勝候補の日本が一回戦で負けたこと
　　　　を聞いたときの反応
　　不満：楽しみにしているテレビの連続ドラマが臨時に休みだと知ったと
　　　　きの反応

非難：回収日でない日に堂々とゴミを捨てにきた人を見たときの反応
悔しさ：知り合いにお金を持ち逃げされてしまったことがわかったときの反応
悲嘆：昨日まで元気だった友人が急に亡くなったことを聞いたときの反応
うれしさ：長年会わなかった親しい友人に道でひょっこり出会ったときの反応
感嘆(美人)：着飾った美しい女性を見たときの反応
感嘆(自然)：これまで見たことのないくらいすばらしい紅葉を見たときの反応
意外(プラス)：一回戦で負けるだろうと思っていた日本が金メダルを取ったと聞いたときの反応
期待：道を歩いていたらたまたま500円玉が落ちているのを見つけたときの反応
満足：応援しているプロ野球チームが9回裏に逆転サヨナラ勝ちをしたときの反応

　ここにはさまざまな項目が含まれているが、先の〈曲線的な感動〉とは明らかに性格が異なっている。これらを全体的にまとめて共通する意味特徴を抽出することは容易ではないが、〈曲線的な感動〉が「不安定でぶれるような感動」であるとすれば、それと対比させて、これらの項目が共有する〈直線的な感動〉は「確固としてまっすぐな感動」であると言うことができる。感覚的に表現すれば、不安や迷いのないまっすぐな感情がグーッと突き上げてくるような印象の感動と言ってもよい（森山卓郎(1996)の「内発系」に近いか）。もっとも、上記の項目で、「暑さ」から「悲嘆」に至る9つの項目が担う「負」の感情を「確固としてまっすぐな感動」と称してよいかどうかは疑問もあろう。しかし、ここではそうしたプラス・マイナスの方向性はさしあたり無視しておくことにする。どちらの方向であっても、まっすぐに込み上げてくる感情はすべて〈直線的な感動〉に含めることにしたい。また、最初の3つの項目、すなわち「暑さ」「辛さ」「汚さ」は生理的な感覚が原

因となるものであり、最初から心理的なレベルで感動が起こる「嫌悪」以下の項目とは性格が異なる(「嫌悪」もやや生理的な面がある)。〈直線的な感動〉という分類においては、そうした原因面の違いも特に考慮に入れないことにする。

さて、以上のように考えたときに、東北のアバ系感動詞の特徴は、〈曲線的な感動〉では使用できるが〈直線的な感動〉では使いにくいということである。表2で東北を見たときに、1番～12番の項目と、13番～27番の項目とで丸印の付き方が違うことがそれを物語っている。東北では前者の〈曲線的な感動〉に丸印が集中しており、この意味的条件がアバ系感動詞の使用にとって重要であることがわかる。

【プラスの感動／マイナスの感動】

次に表のまん中あたりの中部地方を中心とした地域について見てみよう。先に指摘したとおり、この地域では丸印の付き方が東北よりやや下方に張り出している。その点、東北よりアバ系感動詞の使用範囲が広いと言える。〈曲線的な感動〉とは異なった意味的条件がそこには働いていると考えられる。中部地方のアバ系感動詞に働く意味的条件は何だろうか。

この問題を分析するために有効と考えられるのが〈プラスの感動〉〈マイナスの感動〉という観点である。これも感動の性格に関わる概念であり、それぞれ次のような感動の種類を表す。

　　プラスの感動　＝肯定的で前向きな感動
　　マイナスの感動＝否定的で後ろ向きな感動

〈プラスの感動〉とは「肯定的で前向きな感動」であるから、例えば、うれしかったり、楽しかったり、好ましかったりといった感動が該当する。〈マイナスの感動〉は「否定的で後ろ向きな感動」であるから、悲しかったり、嫌だったり、困ったりといった感動が当てはまる。

このプラス・マイナスの観点で調査項目を分類すると表2の左端ように

なる。表の1番〜21番の項目が〈マイナスの感動〉に、22番〜27番の項目が〈プラスの感動〉に分類される。具体的には次のとおりである。

○〈マイナスの感動〉に分類される項目
　気付き、思い出し、失敗(反省的)、失敗(瞬間的)、落胆(程度大)、落胆(程度小)、狼狽、恐怖、恐縮、不審、困惑、あきれ、暑さ、辛さ、汚さ、嫌悪、意外(マイナス)、不満、非難、悔しさ、悲嘆
○〈プラスの感動〉に分類される項目
　うれしさ、感嘆(美人)、感嘆(自然)、意外(プラス)、期待、満足

　さて、こうした観点であらためて表2を見ると、中部地方で丸印が付くのは大体〈マイナスの感動〉の項目であり、〈プラスの感動〉の項目にはほとんど回答されていないことがわかる。富山県下新川郡朝日町のように〈プラスの感動〉にも丸印が並ぶ地点もあるが、例外的な存在であると見てよい。そうすると、中部地方のアバ系感動詞には、〈マイナスの感動〉限定で使用され、〈プラスの感動〉には適用できないという意味的条件が働いていると考えられる。肯定的で前向きな感動は表さず、否定的で後ろ向きな感動を表出するのが中部地方のアバ系感動詞であるということになる。
　もっとも、表2をよく見ると、20「悔しさ」、21「悲嘆」の2項目は〈マイナスの感動〉でありながら丸印がまったく付いていない。19「非難」の回答も1地点のみである。したがって、中部地方のアバ系感動詞は〈マイナスの感動〉に使用されるという結論は、なお検討が必要である。同じく〈マイナスの感動〉でありながら、他に使えて「悔しさ」「悲嘆」「非難」に使えない理由は何であろうか。1つは他の項目の感動が内にこもる感じの感動であるのに対して、「悔しさ」「悲嘆」「非難」の項目(場面)は外に放出される印象の感動であることが関係しているかもしれない。この点は今は保留とし、いずれあらためて検討し直すことにしたい。

(4) まとめ

　ここまで、アバ系感動詞の意味的な地域差を見てきた。まず、気仙沼市方言から抽出された〈認知的感動〉〈意外性の感動〉という使用条件は全国のアバ系感動詞に適用されることがわかった。この点は、アバ系感動詞の基本的な意味と言えよう。これに加えて各地でさらに独自の使用条件が課せられており、東北方言では〈曲線的な感動〉という条件が、中部方言では〈マイナスの感動〉という条件が働くことが明らかになった。一方、九州・琉球方言はそれらの〈曲線的な感動〉や〈マイナスの感動〉という意味的条件からは解放されており、〈認知的感動〉〈意外性の感動〉という基本条件が揃えばどのような感動でも広く使用が可能であるということになる。

　以上をあらためて整理して示してみよう。

　　九州・琉球方言：〈認知的感動〉〈意外性の感動〉という条件をクリアすれば、どんな感動にも使用可能である。「意外なことを認知したときの感動一般」を表すのがこの地域のアバ系感動詞である。
　　中部方言：〈認知的感動〉〈意外性の感動〉という条件のほかに、〈マイナスの感動〉という条件が加わる。「意外なことを認知したときの否定的で後ろ向きな感動」を表すのがこの地域のアバ系感動詞である。
　　東北方言：〈認知的感動〉〈意外性の感動〉という条件のほかに、〈曲線的な感動〉という条件が加わる。「意外なことを認知したときの不安定でぶれるような感動」を表すのがこの地域のアバ系感動詞である。

　ところで、〈曲線的な感動〉はプラス・マイナスの観点から見れば〈マイナスの感動〉に含まれる。したがって、中部地方のアバ系感動詞は東北地方のものより意味的な使用範囲が広いことになる。つまり、〈曲線的な感動〉〈直線的な感動〉の区別なく〈マイナスの感動〉全般に使用されるのが中部

地方のアバ系感動詞であるということになる。この点はすでに表2からも明らかであるが、簡単に表3としてまとめておく。

表3　アバ系感動詞の地域別意味条件

意味的条件 地域	マイナスの感動		プラスの感動
	曲線的感動	直線的感動	
九州・琉球方言	○	○	○
中部方言	○	○	×
東北方言	○	×	×

さて、これらの通時的関係はどのように理解すべきであろうか。想定されうる案は次の3つであろう。

　　A案：九州・琉球方言　＞　中部方言　＞　東北方言
　　B案：九州・琉球方言　＜　中部方言　＜　東北方言
　　C案：九州・琉球方言　＜　中部方言　＞　東北方言

　A案は汎用性の高い九州・琉球方言から中部方言、東北方言へと、しだいに意味的制限が加わっていくという変化であり、逆にB案は制限の厳しい東北方言から徐々にその制限が緩み、中部方言、九州・琉球方言へと変わっていくという変化である。C案は、中間的な中部方言をもとに、使用制限の強化と弛緩が東西で異なった方向に作用したと考える。
　これらの3つの案のうち、アバ系感動詞の地理的・歴史的展開のルートとしてどれが妥当であろうか。アバ＞バという形態変化との対応を考慮すればA案がよいようにも思われるが、考え合わせるべき点はほかにもありそうである。今、この点を詳述する十分な準備はないので、文献上の手がかりなどとも付き合わせながら、機会を改めて検討することにしたい。

4.6. 地域差の詳細、および、記述的研究との関わり

　ここまで、東北、中部、九州・琉球といった大きな括りで結果を分析してきた。しかし、詳細に観察すると、それぞれの地域の内部でまた異なった傾向が読みとれる場合がある。

　あらためて表2を見ると、例えば、東北地方として括った地域の中でも、特に福島県には丸印があまり付いていない。これはこの地域のアバ系感動詞が全体として衰退しているか、あるいは使用されていても他の地域とは用法が異なることを意味するのかもしれない。九州・琉球地方として一括した地域の中で、福岡・大分、そして鹿児島の一部にやはり丸印が少ないのも同様の可能性がある。また、奄美を除く琉球地方では、〈プラスの感動〉に当たる項目での丸印の付き方が弱く、中部地方にやや似た回答状況になっている。これも、九州・琉球としてまとめた地域の内部を再検討する必要性を物語っている。

　そうした課題に応えるためには、以上のような全国的な視点に立つ大局的な調査だけでなく、地域ごとに細かな密度で地点を設けた調査を実施する必要がある。同時に、各地の記述調査を行い、アバ系感動詞の形態と用法を詳細に把握することも試みなければいけない。それらの結果をもとに、あらためて全国的な地理的調査との関係を論じるのが適当と考えられる。

　なお、この記述的調査と地理的調査との関連という点では、先に第2節で分析した結果と、今第3節で論じた結果とはどう関わるのであろうか。第2節では気仙沼市方言のアバ系感動詞を取り上げ記述を行った。第3節の全国的な調査でも気仙沼市は調査地点として含まれていた。

　結論的には、2つの調査の気仙沼市方言の結果はかなり一致を見せるものの、かならずしもそうでない点も見られたということになる。最も目立つ相違点は、意味的な面において、第3節の全国的調査では気仙沼市も東北地方の他の地点と同様の傾向を示したのに対して、第2節の記述調査ではむしろ九州・琉球と似た傾向を見せたという点である。すなわち、全国調査では気仙沼市のアバ系感動詞は〈認知的感動〉〈意外性の感動〉のほかに〈曲線的な感動〉という条件が加わったものであったが、記述的調査ではこの

〈曲線的な感動〉という条件は特に注目しなかった。それは、気仙沼市の記述調査では、「心外」「後悔」「悲嘆」(以上マイナス)や「感激」「賞賛」(以上プラス)といった〈直線的な感動〉に分類できそうな感情的意味でのアバ系感動詞の使用を確認していたからであり、その使用が〈曲線的な感動〉に偏っていなかったからである。

　この相違をどのように解釈すべきか、今の段階では名案がない。しかし、これを単に個人差や調査法の違いとして片付けてしまうのは早計であろう。話者4名の世代は2つの調査でほぼ同じであるが、出身地は同じ気仙沼市でもそれぞれ異なっている。そうすると、気仙沼市の中でも、九州・琉球地方に通じるような意味のアバ系感動詞を使う地域と、東北地方全般に共通するようなアバ系感動詞を用いる地域とが存在する可能性がある。あるいは、その両者の関係は通時的にもとらえらえるもので、気仙沼市の中に古い段階のアバ系感動詞と新しい段階のアバ系感動詞が共存しており、それらが地域的な差異(場合によっては個人的な差異)となって現れている可能性もありうるかもしれない。この場合、九州・琉球的な状態と東北的な状態のどちらを「古」ととらえ、どちらを「新」とみなすかは大きな問題であり、ここであらためて全国のアバ系感動詞の知見や文献上のアバ系感動詞の情報との対比が必要になってくる。この点は、ここで詳しく論じることができないので、またあらためて取り上げることにしたい。

5. 調査項目案

　感動詞関係の調査項目案として、東北大学方言研究センターが過去2回に分けて行った調査の項目・調査文を掲げる。これらは高年層を対象に自記式調査票を通信調査法により配布・回収するかたちで実施したものである。いずれも感動詞の全国分布を明らかにすることを目的にした地理的視点に立つ調査であるが、調査項目が約200項目と多いため、各地点の感動詞の概略を把握するための簡単な記述的調査にも利用できる。

▼第 1 回調査（2009 年実施）→感動詞調査項目案（1）

①第1・第2調査票の2冊を使用した。内容は「感動」の類を中心としながらも、「歓声」「動作のかけ声」「遊びのかけ声」「意志表示」「行為指示」「号令・応援」「呪文・まじない」「生理音」といった広義の感動詞をカバーする調査内容となっている。

②調査項目や調査文を「感動詞調査項目案（1）」として示した。調査票のかたちそのままではなく、表の形式に整理した。分類欄には「感動」「歓声」「動作のかけ声」等のグループ名を表示した（一応の分類である）。続いて、項目名、調査文、参考語形、項目番号を示した。

③調査文を見るとわかるように、これらの調査票ではさまざまな場面を設定し、その場面に応じた言い方を記入してもらう方式をとった。

④参考語形とは、回答者が自身の感動詞について思い出すための手がかりとして提示したものであり、先行研究（主として辞典の類）をもとに、各地で使用されていると思われる語形や、歴史的に使用されたと考えられる語形を掲げた。

⑤項目番号は、4冊の調査票内でのその項目の位置を示したものであり、例えば「1-1」であれば、「第1調査票の1番目の調査項目」であることを意味する。

⑥感動詞との関係を見るために設定した他品詞の項目や、「挨拶」類の項目はここでは割愛した。「挨拶」については本書「第4章　言語行動の方言学」を参照してほしい。

▼第 2 回調査（2011 年実施）→感動詞調査項目案（2）

①第3・第4調査票の2冊を使用した。内容は主に「応答」と「呼びかけ」の類であり、わずかに「フィラー」などの類を含んでいる。

②調査項目や調査文を「感動詞調査項目案（2）」として整理した。分類欄には「応答」「呼びかけ」等のグループ名を表示した。続いて、項目名、調査文、項目番号を示した。

③調査文を見るとわかるように、これらの調査票では場面設定とともに

対応する共通語文を提示し、それを手がかりに回答を記入してもらう方式をとった。

④これらの調査票では、参考語形は調査項目ごとに提示することはせず、すべての項目に共通するかたちで一括して掲載した。ここではそれを表の末尾に載せてある。

⑤項目番号の意味は「感動詞調査項目案(1)」と同じである。

感動詞調査項目案(1)

分類	項目名	調査文	参考語形	項目番号
感動	気付き	友人の家で、お茶をもらって話し込んでいたとします。長居をしたつもりはないのですが、時計を見るともう夕方の5時になっていました。そのとき、驚いて思わず何と声を上げますか。	アッパー、アナ、アハ、アバ、アバコラ、アバリ、アビー、アベー、アヤ、アリャ、アレマ、アワ、イエ、イビー、オヤマ、ジャ、シャー、タイヤ、タイライ、チイートヤ、ナエーダ、ナーム、ナンダケナ、バー、バーラ、ハイライライ、ハカヤイレ、バッコラ、ハヤ、ハラモ、バリー、ハレ、ハンツ、ヒニャー、ヒヤーッチャ、ヒンヤ、フガマーレー、ヘタ、ホイ、ボヤー、ホレー、マーヨー、マーリャ、マズ、マズマズ、マヤ、マンツハー、マンツリ、ヤ、ヤーヤ、ヤイヤ、ヤチ、ヤラ、ヤレ、ヤレサテ、ヤレハヤ、ヤレナ、ヨイヨ、ヨーレー、レ、ワイサキ、ワーシャ、ワイ、ワイハ、ワイライナ、ワッチャ、ワッテー	1-1
感動	失敗(反省的)	次に、失敗したときのことを想像してください。例えば、病院に行ったとします。ところが、受付で診察券を忘れたことに気がつきました。そのとき、思わず何と声を上げますか。	アイタ、アガーイ、アガヤー、アキサミヨー、アクショー、アター、アチャー、アッパ、アナ、アハ、アバ、アバコラ、アバリ、アビー、アベー、アヤー、アリャー、アワ、イシタ、イッショコイ、イビー、エサッサ、オイタ、オロロー、ガエタ、ゴックリ、サーサ、サイ、サシッタリ、サッポ、シクジッタ、シケタ、シタリ、シビッタ、シマッタ、シモータ、ジャ、シャー、ダー、チクショー、チェッ、ドス、ナイヨ、ナムサン、ハーイ、バーラ、バッ、バッコラ、バッサリ、バリー、ハレ、ホーホー、ホホホイ、ペショリ、マイッタ、ヤ、ヤーウ、ヤーシカ、ヤーハイ、ヤーマー、ヤーレ、ヤーヤ、ヤイヤ、ヤッター、ヤラ、ヨワッタ	1-2

分類	項目名	調査文	参考語形	項目番号
感動	失敗(瞬間的)	やはり失敗した場合ですが、手に持っていた花びんを、うっかりして落としてしまったときはどうでしょう。そのとき、思わず何と声を上げますか。	上の2番の質問と同じ。	1-3
感動	狼狽	それでは、花びんは割れませんでしたが、水がこぼれて、みるみるうちに床の上に広がっていきます。そのとき、あわてふためいた感じで、何と声を上げますか。	アバアバ、アババババ、アラララ、アワヤ、アワワワワ、ジャジャジャ、タイヘンタイヘン、バババババ、ハリャッコ、ハリャッコソリャッコ	1-4
感動	落胆(大)	それでは、花びんが割れてしまった場合はどうでしょう。大事にしていた花びんです。割れた花びんを見て、がっかりした気持ちで、何と声を上げますか。	アーア、アッパー、アハ、アバー、アバコラ、アバリ、アビー、アベー、アラショーヤ、アワ、イビー、シャント、チャント、タイライライ、ハイライライ、バー、バーラ、バッコラ、ババー、バリー、ヤリナー、ヤンヤ、ヤンヤヤンヤ、ヤンヤノー	1-5
感動	あきれ	メガネをどこかへやってしまい、探していたとします。そのメガネが、自分の頭の上にかけてあったことに気がついたときはどうでしょう。自分に対してあきれた気持ちで、何と声を上げますか。	アッパー、アナ、アハ、アバ、アバコラ、アバリー、アビー、アベー、アヤ、アリャ、アレマ、アワ、イビー、イヤハヤ、エレエレ、ジャ、シャー、タイライライ、チィートヤ、ナーム、バー、バーラ、ハイライライ、ハカヤイレ、バッコラ、ハヤ、ハラモ、バリー、ハレ、ハンツ、ヒニャー、ヒヤーッチャ、ヒンヤ、フガマーレー、ヘタ、ホイ、ボヤー、ホレー、マーヨー、マーリャ、マズ、マズマズ、マヤ、マンツハー、ヤーヤ、ヤイヤ、ヤチ、ヤラ、ヤレ、ヤレサテ、ヤレハヤ、ヤレナ、ヤンヤ、ヨイヨ、ヨーレー、レ、ワイサキ、ワーシャ、ワイ、ワイハ、ワイライナ、ワッチャ、ワッテー	1-6
感動	うれしさ	道を歩いていると、長年会わなかった親しい友人に、ひょっこり出会いました。そのとき、うれしい気持ちで、思わず何と声をあげますか。	アッパー、アッパレ、アナ、アハ、アバ、アバコラ、アバリ、アビー、アベー、アヤ、アリャ、アレマ、アワ、アワレ、イエ、イヤー、イビー、オヤマー、ジャ、シャー、タイヤ、タイライライ、チィートヤ、ナエーダ、ナーム、バー、バーラ、ハイライライ、ハカヤイレ、バッコラ、ハラモ、バリー、ハレ、ハンツ、ヒニャー、ヒヤーッチャ、ヒンヤ、フガマーレー、ヘタ、ホイ、ボヤー、ホレー、マーヨー、マーリャ、マズ、マズマズ、マナマナ、マヤ、マンツハー、ミシナーク、ヤーヤ、ヤイヤ、ヤチ、ヤラ、ヤレ、ヤレナ、ヨイヨ、ヨーレー、レ、ワーシャ、ワイサキ、ワイ、ワイハ、ワイライナ、ワッチャ、ワッテー、ワラワラ	1-7

第 2 章　感動詞の方言学　189

分類	項目名	調査文	参考語形	項目番号
感動	悲嘆	縁起でもない話で恐縮ですが、昨日まで元気だった友人が急に亡くなったとします。それを聞いて、悲しい気持で、思わず何と声を上げますか。	上の 7 番の質問と同じ。	1-8
感動	落胆(小)	バス停に向かっていると、乗る予定のバスが、ちょうど目の前で発車してしまいました。その時、残念な気持ちで、思わずなんと声を上げますか。	アーア、アッパー、アナ、アハ、アバ、アバコラ、アバリ、アビー、アベー、アヤ、アワ、イビー、ジャ、シャー、タイライライ、チャント、バー、バーラ、ハイライライ、バッコラ、バリーヤナー、ヤイヤ、ヤラ、ヤリナー、ヤレノー、ヤンナ、ヤンヤ、ヤンヤノー	1-9
感動	期待	道を歩いていたら、たまたま 500 円玉が落ちているのを見つけました。その時、喜んで、思わず何と声を上げますか。	アッパー、アナ、アハ、アバ、アバコラ、アバリ、アビー、アベー、アヤ、アレヨ、アワ、イエ、イビー、キューシタリ、コーシタイ、シタイ、シタイヒャー、シタリ、シトシト、シメタ、チョンマイ、デッキ、バー、バーラ、バッコラ、バリー、マンキー、ヤラ	1-10
感動	恐怖	夜、お墓を歩いていると、お化けが出ました。そのとき、あまりの恐ろしさに、思わず何と声を上げますか。	アッパ、アナ、アナヤ、アハ、アバコラ、アバッ、アバリ、アビー、アベー、アヤ、アワ、イビー、キャー、キョータヨー、キョッチャ、バッ、ハギ、ハギノー、ハギヨー、バーラ、バッコラ、ハッチャ、バリー、ヒャー、ヤ、ヤーウ、ヤイヤ、ヤラ、ワー	1-11
感動	意外(マイナス)	オリンピックのことを友人から聞きました。優勝候補の日本が一回戦で負けたと言います。とても本当とは思えません。信じられない気持ちで、何と声を上げますか。	アガヤー、アッパー、アッパレ、アナ、アハ、アバ、アバコラ、アバリ、アビー、アベー、アヤ、アレヨ、アワ、アワレ、イエ、イカナ、イビー、エー、ジャ、シャー、ナナエー、ナナヨシ、ナンダケナ、バー、バーラ、バッコラ、バリー、ハレ、ホント、ヤラ、ヤレコレ、ヤレサテ、ヤレハヤ	1-12
感動	意外(プラス)	それでは、逆に、一回戦で負けるだろうと思っていた日本が、なんと金メダルを取ったと聞いた場合はどうですか。そのとき、信じられない気持ちで、何と声を上げますか。	上の 12 番の質問と同じ。	1-13
感動	不審	テレビを見ようと思い、スイッチを押しましたが、どういうわけかつきません。その時、不審に思って、思わず何と声を上げますか。	アッパー、アナ、アハ、アバ、アバコラ、アバリ、アビー、アベー、アヤ、アレ、アワ、イカナ、イビー、オノ、オヤ、バー、バーラ、ハーレ、バッコラ、バリー、ヤ	1-14

分類	項目名	調査文	参考語形	項目番号
感動	安堵	デパートに連れて行った孫が迷子になってしまいました。さんざん探し回ったところ、やっと見つけることができました。そのとき、ほっとした気持ちで、思わずなんと声を上げますか。	アッパー、アナ、アハ、アバー、アバコラ、アバリ、アビー、アベー、アワ、イビー、ハーッ、バー、バーラ、バッコラ、バリー、ハレヤレ、ホッ、ヤットコサ、ヤレヤレ、ヤレモヤレモ	1-15
感動	感嘆(自然)	これまで見たことのないくらい、すばらしい紅葉を見ました。言葉にならないその美しさに、思わず何と声を上げますか。	アガイ、アッパリシャー、アッパリシャン、アッパー、アッパレ、アナ、アハ、アバ、アバコラ、アバリ、アビー、アファリシャン、アベー、アヤ、アワ、アワレ、イビー、オゴバー、キー、ハー、バー、バーラ、バッコラ、バリー、ハレ、ベー、ボー、ホーシタリ、ホーバイ、ホーヤ、ホソ、ホソケレ、ホリヤー、ホレー、ヤラヤラ、ヤラン	1-16
感動	感嘆(美人)	それでは、紅葉ではなく、着飾った美しい女性を見た場合はどうですか。	上の16番の質問と同じ。	1-17
感動	賞賛	フィギュアスケートの演技を見ています。ある選手が1回もミスをせず、すばらしい演技をしました。その選手をほめたたえるような気持ちで、何と声を上げますか。	アガイ、アッパリシャー、アッパリシャン、アッパー、アッパレ、アナ、アハ、アバ、アバコラ、アバリ、アビー、アベー、アヤ、アワ、アワレ、イビー、キー、シタリ、シタイ、シタイヒャー、シッタリシッタリ、シトシト、シトリシトリ、ハー、バー、バーラ、バッコラ、バリー、ハレ、ベー、ボー、ホーシタリ、ホーバイ、ホーヤ、ホソ、ホソケレ、ホリヤー、ホレー、ヤラヤラ、ヤラン	1-18
感動	満足	応援しているプロ野球チームが、9回裏に逆転サヨナラ勝ちをしました。その瞬間、感極まって思わず何と声を上げますか。	アガイ、アッパー、アッパレ、アナ、アハ、アバ、アバコラ、アバリ、アビー、アベー、アヤ、アワ、アワレ、イエ、イビー、キー、シタリ、シタイ、シタイヒャー、シッタリシッタリ、シトシト、シトリシトリ、チョンマイ、デッキ、ハー、バー、バーラ、バッコラ、バリー、ハレ、ボー、ホーシタリ、ホーバイ、ホーヤ、ホソ、ホソケレ、ホリヤー、ホレー、ヤッタ、ヤッチャ、ヤラ、ヤレコレ、ヨシ	1-19
感動	悔しさ	知り合いにお金を貸しましたが、なんと持ち逃げされてしまいました。だまされたとわかった瞬間、悔しさのあまり、思わず何と声を上げますか。	アッパ、アナ、アノヤロー、アハ、アバっ、アバコラ、アバリ、アビっ、アベっ、アヤ、アヤニク、アラニク、アワ、アワレ、イビッ、エーイ、オノレ、オンドレ、カー、キャ、クソー、チクショー、ドス、ドース、バッ、バーラ、バッコラ、バリ、フトガッテ、ヤ	1-20

分類	項目名	調査文	参考語形	項目番号
感動	非難	ゴミの回収日でない日に、堂々とゴミを捨ててきた人を見ました。その時、あきれるとともに、非難するような気持ちで、思わず何と声を上げますか。	アッパー、アナ、アハ、アバ、アバコラ、アバリ、アビー、アベー、アワ、イビー、イヤハヤ、ウーウ、エー、エレエレ、コリャマー、タイライライ、ナニー、ナンダケナ、バー、バーラ、ハイライライ、バッコラ、ハヤ、バリーミシナーク、ミシナターク、ミシナタラーク、ヤ、ヤイヤ、ヤレコレ、ヤレサテ、ヤレハヤ	1-21
感動	嫌悪	ゴミ捨て場の前を通りかかると、あちこちにゴミが散乱し、きたない状態になっています。それを見て、いやな気持ちで、思わず何と声を上げますか。	アッパー、アナ、アハ、アバ、アバコラ、アバリ、アビー、アベー、アヤ、アワ、イビー、ウー、ウーウ、ウタテヤ、エズ、ゲー、ネャラグ、バー、バーラ、バッコラ、バリー	1-22
感動	不満	テレビの連続ドラマを楽しみにしています。ところが、今日は、臨時放送のため、ドラマはお休みだと言います。それを知ったとき、おもしろくない気持ちで、思わずなんと声を上げますか。	アッパー、アナ、アハ、アバ、アバコラ、アバリ、アビー、アベー、アヤ、アワ、イビー、チェッ、チョッ、ツー、トツ、トン、ナーンダ、ナンダケナ、バー、バーラ、バッコラ、バリー	1-23
感動	恐縮	たいした怪我でもないのですが、念のため入院したところ、知り合いがわざわざ遠くから見舞いに来てくれました。そのとき、恐縮した気持で、何と声を上げますか。	アッパー、アナ、アハ、アバ、アバコラ、アバリ、アビー、アベー、アワ、イビー、コレワコレワ、ナンダケナ、ナントナント、バー、バーラ、バッコラ、ハヤ、バリー	1-24
感動	憤慨	息子が自分の忠告をきかず、大失敗したとします。その様子を目の当たりにして頭に血がのぼり、興奮した気持で、何と怒鳴りますか。	アッパ、アナ、アハ、アバッ、アバコラ、アバリ、アビー、アベー、アワ、イビー、アホー、バカヤロ、コノヤロー、バッ、バーラ、バッコラ、バリー	1-25
感動	困惑	急用ができて急いで出かけようとしたところ、自動車のエンジンがかかりません。そのとき、大事なときなのに困ったなという気持で、思わず何と声を上げますか。	アッパー、アナ、アハ、アバ、アバコラ、アバリ、アビー、アベー、アワ、イビー、イヤマイッタナ、バー、バーラ、バッコラ、ハヤ、バリー、ハーヨワッタナ、ハテハテナ、ヤ、ヤリナー、ヤンヤ、ヤンヤヤンヤ、ヤンヤノー	1-26
感動	諦め	それでは、上のような状況で、何度も試してみましたが、結局エンジンはかかりませんでした。そのとき、あきらめた気持で、思わず何と声を上げますか。	アッパー、アナ、アハ、アバー、アバコラ、アバリ、アビー、アベー、アラショーヤ、アワ、イビー、コリャアカンワ、コリャダメダ、バー、バーラ、バッコラ、バリー、ワザクレ	1-27
感動	苛立ち	急いで行かなければいけないのに、道が渋滞でいっこうに進みません。いらいらした気持で、思わず何と声を上げますか。	アッパー、アナ、アハ、アバッ、アバコラ、アバリ、アビー、アベー、アワ、イビー、イーッカイ、エイクソー、エータチ、ケチドーバイバイ、コーッタリ、バッ、バーラ、バッコラ、バリー、ワザクレ	1-28

分類	項目名	調査文	参考語形	項目番号
感動	思い出し	手紙を出すのを忘れていたことに、ふと気がつきました。そのとき、思わず何と声を上げますか。	アッパー、アナ、アハ、アバ、アバコラ、アバリ、アビー、アベー、アヤ、アワ、イビー、オイ、オイヤー、オット、バー、バーラ、バッコラ、バリー	1-29
感動	暑さ	夏にクーラーの効いた部屋から屋外に出ました。その瞬間、あまりの暑さに思わず何と声を上げますか。	アタアタ、アッパ、アナ、アハ、アバッ、アバコラ、アバリ、アビッ、アペッ、アワ、イビッ、アツー、バッ、バーラ、バッコラ、バリー	1-30
感動	熱さ	うっかりして、煮立ったお湯の入ったヤカンに触ってしまいました。その瞬間、あまりの熱さに思わず何と声を上げますか。	アタアタ、アチチ、アチッ、アツツ、アッパ、アナ、アハ、アバッ、アバコラ、アバリ、アビッ、アペッ、イビッ、バッ、バーラ、バッコラ、バリー	1-31
感動	痛さ	うっかりして、タンスの角に足の指をぶつけてしまいました。その瞬間、あまりの痛さに思わず何と声を上げますか。	アイタ、アガッ、アッパ、アナ、アハ、アバッ、アバコラ、アバリ、アビッ、アペッ、アワ、イテッ、イビッ、バッ、バーラ、バッコラ、バリー	1-32
感動	辛さ	寿司を口に入れましたが、思いのほかわさびが効いていました。その時、あまりの辛さに思わず何と声を上げますか。	アッパ、アナ、アハ、アバッ、アバコラ、アバリ、アビッ、アペッ、アワ、イビッ、ウーカラ、オーカラ、バッ、バーラ、バッコラ、バリー	1-33
感動	汚さ	うっかりして、汚いものに触ってしまいました。その時、思わず何と声を上げますか。	アッパ、アナ、アハ、アバッ、アバコラ、アバリ、アビッ、アペッ、アワ、イビッ、ウー、ウエッ、キタナ、バッチ、バッ、バーラ、バッコラ、バリー	1-34
感動	弛緩	重い荷物を抱えて、やっと家までたどり着きました。荷物を下ろし、体の力をゆるめたその瞬間、思わず何と声を上げますか。	ハー、ハレヤレ、フー、ホッ、ヤットコサ、ヤットコナ、ヤレヤレ	1-43
感動	快感	雨にぬれて、体が冷え切ってしまいました。家に着いて湯船に体をひたした瞬間、その気持ちのよさに、思わず何と声を上げますか。	ジョンノビジョンノビ、ハー、ハレヤレ、フー、ホッ、ヤットコサ、ヤレヤレ	1-44
感動	満腹	ご飯をお腹いっぱい食べました。満足した気持で思わず何と声を上げますか。	ハラクチハラクチ	1-45
感動	驚いたときの言い方	それでは最後に、驚いたときの言い方について教えてください。ご当地では、驚いたときに、次にあげるような言い方（どれかひとつでも）をすることはありませんか。	アッパー、アッパー、アッパレ、アッパリシャン、アッパリシャン、アバ、アバアバ、アバコラ、アババ、アバリ、アバリバー、アビー、アビヤー、アビャー、アベー、アワ、アワレ、イビー、バ、バー、バーラ、バッコラ、ババ、バラー、バリー、バリバー	2-55
歓声	万歳する	お祝いのときの「万歳」にあたる言葉は何ですか。	バンザイ、ヤンヤー、ヤンヨー	2-33

第 2 章　感動詞の方言学

分類	項目名	調査文	参考語形	項目番号
動作のかけ声	勢いつけ（荷物）	重い荷物を肩にかつごうと、勢いをつけて持ち上げます。そのとき、どんな声を出しますか。	イートゥ、ウントコサ、エイサ、エヤマカショ、コリャサ、ドッコトナ、ヒャー、ヘンコラショ、ヘントコショー、ホイ、ヤットコサ、ヤットマカセ、ヨイショ、ヨイトコサ、ヨッ、ヨッコラショ	1-35
動作のかけ声	車引き	重い荷車を、力を入れて引くとき、どんな声を出しますか。	ウントコサ、エイサ、エイサラ、エイトモエイトモ、エイヤ、エイヤラヤ、エーサイヨーサイ、エサマサ、エヤサノサヨサノサ、エンサカホイ、エンヤラ、チョーサ、チョーサヨーサ、ヘンコラショ、ヘントコ、ヘントコショー、ヤサ、ヤッサモッサ、ヤンザ、ヤンサモノサ、ヤンサヤンサ、ヤンサラワンサラ、ヨイサ、ヨイヤ、ヨイヤサ、ヨンヤラマカセロサ	1-36
動作のかけ声	船こぎ	舟をこぐとき、どんな声を出しますか。	イメーヌカージ、ヤンエヤンエ、ヨッシンコイコイ	1-37
動作のかけ声	息合わせ	重いものを何人かで持ち上げようとするとき、タイミングを合わせるために、何とかけ声をかけますか。	セーノ、セーノコイ、ヨッショイ	1-38
動作のかけ声	御輿担ぎ	御輿（みこし）を担ぐとき、どんなかけ声をかけますか。	サーサー、チョーサ、チョーサイ、チョーサマンコ、チョーサヤ、チョーサヤヨーサヤ、チョーヤッサ、マーマンド、ヤンサヤンサ、ヨーサヤチョーサヤ、ワッショイ	1-39
動作のかけ声	攻撃	相手めがけて木刀を振り下ろします。そのとき、何と声を出しますか。	エイ、エイサ、エイトー、エイヤ、ヒャー、ヤー、ヤットー	1-40
動作のかけ声	勢いつけ（体勢）	長く座っていた状態から勢いをつけて立ち上がろうとします。そのとき、何と声を出しますか。	エイトコナ、ドッコイショ、ドッコイナ、ドッコトナ、ヨイショ、ヨッコラショ	1-41
動作のかけ声	バランスとり	段差につまづいて、危うく転びそうになりました。そのとき、体のバランスを保とうとして、思わず何と声を上げますか。	オット、オットット	1-42
動作のかけ声	渡す	品物を相手に手渡すとき、品物を差し出しながら何と声をかけますか。	ウリ、オイショ、コー、ジュー、ソイ、ソー、ソラ、ハイット、ハエットー	2-23
動作のかけ声	飛びかかる	けんかの際、相手に飛びかかるときに、どんな言葉を発しますか。	ドーネ、トッサ、トーヒャー	2-32
動作のかけ声	数を数える	数をかぞえる際、何かリズムをつけて歌のように数えることがありますが、そのとき、何と言いますか。	ヒーフーミーヨー	2-40
遊びのかけ声	じゃんけんをする	じゃんけんをするときのかけ声はどうですか。	ジャンケンポン、ハノハッセ	2-37

分類	項目名	調査文	参考語形	項目番号
遊びのかけ声	あいこのとき	それでは、あいこになった場合、もう一度、じゃんけんをやりなおすときのかけ声は何ですか。	アイコデショ	2-38
遊びのかけ声	勝負から抜ける	遊んでいる最中に、一時、勝負から抜けるときに言う言葉は何ですか。	タン、タンコ、タンチ、タンマ	2-39
意志表示	叱る	人を叱るとき、何と言って叱りますか。相手が大人の場合について、まず教えてください。	アホ、ケ、コラッ、シッタター、ドゥカシレー、バカ、ヤッヤ	2-1
意志表示	叱る(幼児)	それでは、叱る相手が幼児だったらどうですか。何と言って叱りますか。	アップ、スソッ、メッ、メッカ	2-2
意志表示	褒める	子どもをほめるとき、何と言ってほめますか。	アビー、ウナ、エチャ、シタイ、シタイヒャー、シタリ、シッタリシッタリ、シトシト、シトリシトリ、ナリ、ヨーヨ、ヨシヨシ	2-5
意志表示	可愛がる	子どもを可愛がって頭をなでるときに、何と言いますか。	イーコイーコ、オモオモ、オリコオリコ、ヨシヨシ	2-6
意志表示	非難する	こちらが前もって忠告したにもかかわらず、相手が無理に何かをして失敗した場合、何と言って非難しますか。	ウネ、ウンデー、オレソー、ゴッギャー、シタイヒャー、シタリ、ソラショ、ソリャコソ、ソレミタコトカ、ソレミロ、ツー、ホレソ、ヨイヤ、ヨーソ	2-10
意志表示	からかう	後輩が、普段かぶったことのないようなおしゃれな帽子をかぶって来ました。それを見て、からかう場合、何と言ってからかいますか。	アガヤー、アハーイ、アバ、イヨ、ウッシ、エー、エーエー、エヘエヘ、エレー、オリョー、ガヤー、シャー、ジャー、バー、バーイヤ、バイバイ、ホーイ、ボーイ、ヤーセ、ヤーヤ、ヤハイ、ヤハイデ、ヤハイノ、ヤハエ、ヤンヨ、ヨイヤ、ヨーソ、ヨーヨ	2-12
意志表示	反発する	主に子供がすることですが、相手に反発したときに、舌を出したり、顔をゆがめたりしながら声を発することがありますが、そのとき何と言いますか。	アッカンベー、イー、イーダ、イーン、エーロ、ベー	2-13
意志表示	拒絶する	「いやだ」という意味で、相手を拒絶するとき、どんな言い方をしますか。	イヤベー、エータ、ザーマヤ、ダーラ、ダン、バジャ	2-14
意志表示	降参する	子供と遊びで勝負をしていて、わざと降参してみせるときには何と言いますか。	コーサンコーサン、マイッタマイッタ	2-15
意志表示	引き取る	友達が説明書を見ていますが、字が小さくてよく読めないようです。自分が代わりに読んでやろうと、説明書を引き取るとき、何と言いますか。	カー、ダー、ツァム、ドー、ドレ、ムダ	2-21
意志表示	引き受ける	たいへんな仕事を誰も引き受けないので、一大決心をして自分が引き受けることにしました。そのとき、何と言って引き受けますか。	オイキタ、オットマカセ、マッカセ、ヨシキタ、ヨッシャ	2-22

第 2 章　感動詞の方言学　195

分類	項目名	調査文	参考語形	項目番号
行為指示	制止する	人が何かをしようとするのを制止するとき、何と声をかけますか。相手が大人の場合です。	シー、シーシー、トートー、ヤヤ、ヤレコレ、ヤレヤレ、ヤーレヤレ	2-3
行為指示	制止する（幼児）	それでは、制止する相手が幼児だったらどうですか。危険な物や大切な物などに手を出そうとするのを止めるとき、何と声をかけますか。	アガー、アガーヨ、ウチ、ウチウチ、オジョオジョ、オジョジョ、オゾオゾ、トートー、ボイボイ、ヤヤ、ヤレコレ、ヤレヤレ、ヤーレヤレ	2-4
行為指示	あやす	赤ちゃんをあやすとき、何と言ってあやしますか。	ジャー、ダーサエダーサエ、チャー、ヤー	2-7
行為指示	いないいないばあ	赤ちゃんをあやすとき、自分の顔を両手で隠し、そのあと手をパッと開いて赤ちゃんを驚かせますが、そのとき、どんな声を出しますか。	アバ、アッパー、イナイイナイバー、ジャー、チャー、バー	2-8
行為指示	寝かす	赤ちゃんを寝かせつけるとき、何と言って寝かせますか。	オロロンオロロン、ネンコロロン、ネンネンコロコロ	2-9
行為指示	静かにさせる	ラジオを聴いていますが、まわりで人が騒いでいてよく聞こえません。静かにするように、まわりの人たちに注意するとき、何と声をかけますか。	アナカマ、シーッ	2-11
行為指示	促す	夕方になったので、友達にもう帰ろうと促すときにはどのように言いますか。	アテ、アヨー、アヨダア、イーヒー、イザ、イザワ、イザヤ、イソウレ、イッパ、イデ、イデン、ウーフー、オーホー、サエサエ、セー、ゾー、ダー、デ、デー、デーワ、デイ、ディーディー、ディカディカ、デーナ、デーノ、デヤ、ドー、ドレ、マーマー、ヤレ	2-20
行為指示	鶏を呼ぶ	ここからは、動物を呼ぶときの言い方などを教えてください。まず、にわとりを呼ぶとき、何と言って呼びますか。	コートコトコト、コトコト、コロコロ、ツツ、トイトイ、トゥイトゥイトゥイ、トートー、トトトト、トト、ユーイユーイ	2-42
行為指示	鶏を追う	それでは、にわとりを追うときは、何と言って追いますか。	キー、キキ、キーキー、キーシキーシ、キーシャ、キシキ、ソートー、ホ、ホー、ホーッ、ホーホー、ホーシホーシ、ホッツラホーエ、ホッツラホーホ、ホヤーホヤー、ホヤーエ、ホヤレホー	2-43
行為指示	雀や鳩を追う	にわとりではなく、雀や鳩だったら何と言って追いますか。	上の 43 番の質問と同じ。	2-44
行為指示	猫を呼ぶ	猫を呼ぶとき、何と言って呼びますか。	カイカイ、クス、クスクス、コーネコネ、タコ、チャーチャー、チャコ、チャペチャペ、チョーチョー、チョコ、チョマ、チョマヤチョマヤ、トートー、トトト、トトー、トトトト、ビービー、ベーベー	2-45

分類	項目名	調査文	参考語形	項目番号
行為指示	犬を呼ぶ	犬を呼ぶとき、何と言って呼びますか。	オシオシ、カーカー、カーカカ、カカカカ、カーコサッサ、クレクレ、ケーケー、コーコ、コーコー、サートー、サートトト、トートー、トートトト、トト、ハイコ	2-46
行為指示	犬を追う	犬を追うとき、何と言って追いますか。	キー、キーキー、キキ、ソ	2-47
行為指示	犬をけしかける	犬をけしかけるとき、何と言ってけしかけますか。	エシキエシキ、オイレオイレ、オシオシ、オシャオシャ、オスオス、ショイショイ、ハシハシ、ハッショハッショ、ヘシヘシ、ヘス、ホイシキホイシキ、ホエシホエシ、ホーキ、ホーキシホーキシ、ホキホキ、ホシホシ、ホシッホシッ、ホッシホッシ、ホシュホシュ、ホスホス、ホラホラ、ヨキヨキ、ヨクシ、ヨクショクシ、ヨシキ	2-48
行為指示	馬を呼ぶ	馬を呼ぶとき、何と言って呼びますか。	アーホアーホ、アオアオ、アホ、オーホオーホ、オロオロ、ダーダ、ポイポイ、ボーボー、ワラ	2-49
行為指示	馬を追う	馬を追うとき、何と言って追いますか。	シー、シーチャチャ、シーチョイ、シートイ、ソ、ダーダッ、チャッツ	2-50
行為指示	牛を呼ぶ	牛を呼ぶとき、何と言って呼びますか。	チョーチョー、ベーベー、ベーゴベーゴ、ベラベラ、ボーボー、ボーヤ、ボーヤボー、メー	2-51
行為指示	牛を追う	牛を追うとき、何と言って追いますか。	アバ、シー、シーチャチャ、シーチョイ、シートイ、ソ、チャッツ、バー、バーバー、バーパー	2-52
行為指示	牛を進ませる	牛を前に進ませるとき、何と声をかけますか。	キッ、キューキュー、シューシュー、セー、チョーチョー、チョロイチョロイ、トイトイ、ドー、ハイシー、ハシ、ハチー、ハチハチ、ハッセハッセ、ホイ、ホイー、ホイホイ、ホイセ、ホーセ、ホー、ボーボー、ホラー、ホンホン	2-53
行為指示	牛を止まらせる	牛を止まらせるとき、何と声をかけますか。	アバ、ドー、バー、バ、バッ、バーバ、バーバー、バーマー、バイ、ベアーベアー、ベー、ボ、ボー、ボーボー、ボボ、マーマー、モー、ワー、ワーワー、ワワ	2-54
号令・応援	応援する	運動会で、仲間を応援するときのかけ声はどうですか。	チェスト、テスト、フレーフレー	2-34
号令・応援	綱を引く	綱引きで、綱を引くときのかけ声はどうですか。	イヤゾーイヤゾー、オーエスオーエス、ハーイヤ、ヨッシンエーエー	2-35
号令・応援	スタートを切る	徒競走で、スタートを切るときのかけ声はどうですか。	ヨーイドン	2-36

第2章 感動詞の方言学

分類	項目名	調査文	参考語形	項目番号
呪文・まじない	厄除けする	雷や地震など、危険な目にあったとき、厄除けのために何と唱えますか。	クワバラクワバラ、マジャラク、マゼラク、マンジャイラク、マンジャラク、ヨナオシ	2-30
呪文・まじない	祈る	神や仏に祈るときの言い方はどうですか。	アートートー、アナトート	2-31
呪文・まじない	豆を撒く	節分の豆まきのときのかけ声はどう言いますか。	オニワーソト、フクワーウチ、フリワーチ	2-41
生理音	せき	風邪を引くとせきが出ます。せきは、どんなふうにしますか。	ゲホゲホ、ゴホンゴホン、コンコン	1-46
生理音	せきばらい	それでは、せきばらいは、どんなふうにしますか。	エヘンエヘン、オホン、ノホン、ヘヘン	1-47
生理音	くしゃみ	くしゃみは、どんなふうにしますか。	アクショ、アクセン、クッサメ、ハクシャン、ハクショ、ハックサメ、ハックション	1-48
生理音	しゃっくり	しゃっくりは、どんなふうにしますか。	ヒックヒック	1-49
生理音	痰吐き	汚い話ですみませんが、痰(たん)を吐くときは、どんなふうにしますか。	ペッ	1-50
生理音	げっぷ	げっぷは、どんなふうにしますか。	ゲップ	1-51
生理音	いびき	いびきは、どんなふうにしますか。	ガーゴー、グーグー、グースカ	1-52
生理音	あくび	あくびは、どんなふうにしますか。	フアー	1-53

感動詞調査項目案(2)

分類	項目名	調査文	項目番号
応答類	肯定応答・対友人	友人があなたに、「今日は、町内の運動会だったかな?」と尋ねました。たしかに、今日は運動会の日です。そこで、「うん、そうだよ。」と答えるとき、どのように言いますか。	1-1
応答類	肯定応答・対目上	それでは、目上の人から尋ねられた場合は、どのように答えますか。「はい、そうです。」にあたる言い方です。	1-2
応答類	否定応答・対友人	それでは、今日は運動会の日ではなかったとします。友人に対して、「いや、違うよ。」と答えるとき、どのように言いますか。	1-3
応答類	否定応答・対目上	それでは、相手が目上の人の場合は、どのように答えますか。「いえ、違います。」にあたる言い方です。	1-4
応答類	承諾・対友人	友人が仕事を手伝ってほしいと頼んでいます。頼みに応じて、「よし、わかった。」と答えるとき、どのように言いますか。	1-5
応答類	承諾・対目上	やはり仕事を頼まれた場合ですが、目上の人から頼まれたときは、どのように答えますか。「はい、わかりました。」にあたる言い方です。	1-6
応答類	拒否・対友人	それでは、頼みを断わる場合はどうですか。友人に対して「いや、だめだ。」と答えるとき、どのように言いますか。	1-7
応答類	拒否・対目上	それでは、相手が目上の人の場合は、どのように断わりますか。「いえ、できません。」にあたる言い方です。	1-8

分類	項目名	調査文	項目番号
応答類	決意的承諾	相手が手伝ってほしいと頼んでいますが、なかなかたいへんそうな仕事です。覚悟を決めて、いさぎよく、「よっしゃ、わかった。」と引き受けるとき、どのように言いますか。	1-9
応答類	歓迎的承諾	相手から仕事を頼まれましたが、それはむしろ自分が待ち望んでいた仕事です。勇んで引き受けようとするとき、どのように言いますか。「ほいきた。おやすいご用だ。」にあたる言い方です。	1-10
応答類	降参的承諾	だめだと言うのに、相手はしつこく、何度も何度もあきらめずに頼んできます。根負けして「うーんもう、わかったわかった。」と引き受けるとき、どのように言いますか。	1-11
応答類	期待的承諾	今日は酒を飲みたいと思っていたところ、相手から、「一杯飲んで行かないか。」と誘われました。期待通りの誘いに対して、「そうこなくっちゃ。」と答えるとき、どのように言いますか。	1-12
応答類	強い拒否	大好物をひとりで食べようと思っていたところ、相手から、「みんなに分けてやれよ。」と言われました。それに対して、「いやだ、誰にもやるもんか。」と拒否するとき、どのように言いますか。	1-13
応答類	同意	相手が、「明日は雨が降りそうだな。」と言いました。それに同意して、「うん、そうだな。」と答えるとき、どのように言いますか。	1-14
応答類	弱い不同意	前の質問と同じく、相手が、「明日は雨が降りそうだな。」と言った場合ですが、軽く否定するように、「いや、降らないだろう。」と答えるときは、どのように言いますか。	1-15
応答類	強い不同意	それでは、同じような状況で、強く否定する場合、例えば、「いいや、降るはずないよ。」と答えるとき、どのように言いますか。	1-16
応答類	迷いの不同意	それでは、同じような状況で、迷いながらも否定する場合、例えば、「いやあー、降らないんじゃないかなあ。」と答えるとき、どのように言いますか。	1-17
応答類	疑い	それでは、同じような状況で、相手に疑問をさしはさむ場合、例えば、「うーん、降るかなあ。」と言うとき、どのように言いますか。	1-18
応答類	迷い	相手から旅行に誘われましたが、迷っているとします。「うーん、どうしようかな。」と答えるとき、どのように言いますか。	1-19
応答類	反発的否定	あなたがやったわけではないのに、相手から、「お前がやったんじゃないか。」と、あらぬ疑いをかけられたとします。それに対して、反発するように、「とんでもない、おれじゃないよ。」などと答えるとすれば、どのように言いますか。	1-20
応答類	開き直り的肯定	相手から、「お前がやったんじゃないか。」と、本当のことを見破られたとします。そこで、開き直って、「おう、おれがやったんだよ。」などと答えるとすれば、どのように言いますか。	1-21
応答類	熟慮的否定	相手から、「○○さんがやったんじゃないかなあ。」と尋ねられたとします。じっくり考えながら、「いやいや、そんなはずはないよ。」などと答えるとすれば、どのように言いますか。	1-22
応答類	恐縮的否定	相手からお礼を言われました。返って恐縮しながらそれに応じるとき、どのように言いますか。「いやいや、とんでもない。」にあたる言い方です。	1-23
応答類	忍耐的否定	相撲をとっていて、あなたは投げ飛ばされてしまったとします。相手から、「どうだ、参ったか。」と聞かれて、「なんのこれしき。」と答えるとき、どのように言いますか。	1-24

第2章 感動詞の方言学

分類	項目名	調査文	項目番号
応答類	放任的否定	それでは、投げ飛ばされた拍子に、あなたは足をすりむいてしまったとします。相手が心配して「大丈夫か。」と聞きました。それに対して、「なーに、たいしたことないさ。」と答えるとき、どのように言いますか。	1-25
応答類	許可	仕事が終わったので、相手が「もう帰っていいか」と聞きました。それに対して、「うん、いいよ。」と答えるとき、どのように言いますか。	1-26
応答類	不許可	それでは、まだ他の仕事もあるので、「いや、だめだ。」と答えるときは、どのように言いますか。	1-27
応答類	強い不許可	まだ仕事がほとんど片付いていないのに、相手が「もう帰っていいか」と聞きました。無責任な態度に対して、きっぱりと、「そうは問屋がおろさんぞ。」と答えるとき、どのように言いますか。	1-28
応答類	憤慨的反発	相手があなたのことを馬鹿にするような発言をしたとします。それに反発して、「なにをー、このやろう。」とか、「なめんなよ、このー。」などと言うとき、どのように言いますか。	1-29
応答類	威圧的反発	自分が提案したことに対して、相手が何かぶつぶつと文句を言っています。それに対して、頭に来た感じで、「なんだよ、文句あっか。」と言うとすれば、どのように言いますか。	1-30
応答類	憤慨的非難	相手が言ったことを非難するように、「何言ってやがる。」とか、「ばか言ってんじゃないよ。」などと言うとき、どのように言いますか。	1-31
応答類	あきれ	相手が言ったことにあきれて、「よく言うよ。」と言い返すとき、どのように言いますか。	1-32
応答類	あきれ的反発	相手が言ったことにあきれると同時に憤慨し、「よくもそんなことが言えるな。」と言うとき、どんな言い方をしますか。	1-33
応答類	あきれ的抗議	相手が言った冗談に対して、軽く抗議するような感じで、「またそんなことを言う。」とか、「ほんとにもう。」などと言うとき、どんな言い方をしますか。	1-34
応答類	あきれ的降参	相手が言ったことにあきれると同時に困惑し、「いやはや、参ったな。」と言うとき、どんな言い方をしますか。	1-35
応答類	困惑的あきらめ	相手がこちらの言うことをちっともわかってくれません。業を煮やし、「うーん、もういいよ。」と言うとき、どのように言いますか。	1-36
応答類	憤慨的放任	相手がこちらの言うことを無視し、自分勝手に作業を進めると言っています。それに対して、憤慨すると同時にあきれてしまい、「へん、勝手にしやがれ。」と言うとき、どのように言いますか。	1-37
応答類	憤慨的突き離し	相手がこちらの言うことを無視し、自分勝手に作業を進めた結果、失敗してしまいました。それにもかかわらず、何とか助けてくれと泣きついてきました。それに対して、憤慨しながら突き離す感じで、「冗談じゃないよ。」と言うとき、どのように言いますか。	1-38
応答類	記憶検索	相手から質問をされましたが、そのことについてなかなか思い出せません。記憶を呼び起こしながら、「うーんと、どうだったかなあ。」とか、「えーと、なんだっけなあ。」などと答えるとしたら、どのように言いますか。	1-39
応答類	思案	解決の難しい問題を相手と一緒に考えていますが、なかなか結論が出ません。考え込みながら、「さて、どーしたもんかなあ。」と言うとき、どのように言いますか。	1-40
応答類	曖昧判断	相手から、ある所へ行くべきかどうか意見を求められましたが、判断が難しく非常に迷うところです。そのようなとき、曖昧な感じで、「まあ、行ってみたらどうだ。」と返事をするとすれば、どのように言いますか。	1-41

分類	項目名	調査文	項目番号
応答類	単純納得	相手の言ったことに対して、納得する場合の返事について教えてください。まず、軽く納得するときはどんなふうに言いますか。「ほう、そうか。」にあたる言い方です。	1-42
応答類	感心納得	それでは、少し感心する気持ちが入るときはどうですか。「ふーん、そうか。」にあたる言い方です。	1-43
応答類	予想外納得	それでは、知らなかったなあ、とか、驚いたなあ、という気持ちが入るときはどうですか。「へー、そうか。」にあたる言い方です。	1-44
応答類	深い感心納得	それでは、「はー、なるほどなあ。」と深く納得するときは、どのように言いますか。	1-45
応答類	得心納得	真実を告げられて、「そうか、そうだったのか。」と得心して答えるとき、どのように言いますか。	1-46
応答類	的中表明	自分の関心を持っている話題を、相手が先に切り出したとします。それを受けて、自分の意見を述べようとするとき、どんな言い方をしますか。例えば、「なんと、火山が噴火したんだってねえ。」と言われて、「そうそう、そのことだよ。」と受けるような言い方です。	2-31
応答類	感激同意	相手が、こちらの言いたかったことを、まさに代弁してくれるような発言をしました。それに対して、「そう、そのとおりだ。」とか、「まったくだよ。」などと同意するとき、どのように言いますか。	2-32
応答類	当然同意	相手が仕事をサボってなかなか取り掛かろうとしません。見かねて手伝ってやろうと申し出ると、まるで他人事のように、「おれもやらなければいけないか？」などと無責任なことを言っています。それに対して、ちょっと頭にきた感じで、「当たり前だ！」「知れたことよ！」などと言うとすれば、どのように言いますか。	2-33
応答類	単純情報受容表示	相手の話すことに対して、あいづちを打つとき、どんなふうにしますか。例えば、次の会話では、Aさんの言うことに対してBさんが「うん」とあいづちを打っていますが、この「うん」にあたる軽い感じのあいづちとして、ご当地ではどんな言い方を使うか教えてください。 (例) A「今日、町に行ったらさ」 　　　B「うん」 　　　A「太郎にばったり会ってさ」 　　　B「うん」 　　　A「久し振りだから少し立ち話をしたらさ」 　　　B「うん」	2-34
応答類	同意的情報受容表示	同じあいづちでも、軽い感じではなく、なるほどそうだ、という強い気持ちを込めて言う場合はどんな言い方になりますか。例えば、次の会話で、Bさんが使っているような「そう」「そうそう」にあたる言い方です。 (例) A「医者に止められていても、酒、飲みたくなるときあるよなあ」 　　　B「そう」 　　　A「でも、飲むと体に悪いしなあ」 　　　B「そうそう」 　　　A「だけど、あんまり我慢しすぎるのもよくないしなあ」 　　　B「そうそう」	2-35
応答類	確認	相手の言ったことを確認するとき、どのように言いますか。例えば、相手が「今日はおごってやるぞ。」と言うのに対して、「ほんと？」と確認するような言い方です。	2-36
応答類	聞き返し	相手が何と言ったかわからなくて、聞き返すとしたら、どのように言いますか。「えっ、何て言った？」とか、「えっ、何だって？」などにあたる言い方です。	2-37

分類	項目名	調査文	項目番号
応答類	呆然的聞き返し	あれほど約束していたのに、相手が急に行けなくなったと言います。それに対して、あっけにとられた感じで、「えっ、どうして？」と言うとすれば、どのように言いますか。	2-38
応答類	落胆的反発	相手の言ったことが、あなたの期待に反して残念な内容であるとき、どんな言葉を返しますか。例えば、「今日はおごってやろうと思ったんだけど、財布を忘れちゃったよ。」と言われたとき、「えっ、そんなあ。」と答えるような言い方です。	2-39
応答類	感激的受容	相手の言ったことが、あなたにとって予想もしなかったうれしい内容であるとき、どんな言葉を返しますか。例えば、「今日は給料日だから、おれがおごってやるよ。」と言われたとき、「おっ、やったあ。」と答えるような言い方です。	2-40
応答類	話の催促	相手の話に引き込まれて、続きを催促するようなとき、どんなふうな言い方をしますか。「ほう、それで。」にあたる言い方です。	2-41
呼びかけ類	声かけ〈注意喚起・対友人〉	自分の目の前にいる人が、ハンカチを落としたとします。そのとき、何と声をかけますか。まず、相手が親しい友人の場合はどうですか。「おい、落としたよ。」にあたる言い方です。	2-1
呼びかけ類	声かけ〈注意喚起・対妻〉	それでは、ハンカチを落としたのが自分の妻の場合はどうですか。「おい、落としたぞ。」にあたる言い方です。	2-2
呼びかけ類	声かけ〈注意喚起・対夫〉	それでは、相手が自分の夫の場合はどうですか。「ねえ、落としたわよ。」にあたる言い方です。	2-3
呼びかけ類	声かけ〈注意喚起・対目上〉	それでは、相手が知り合いで、自分より目上の人の場合はどうですか。「もしもし、落としましたよ。」にあたる言い方です。	2-4
呼びかけ類	声かけ〈注意喚起・対見知らぬ人〉	それでは、ハンカチを落としたのが知らない人の場合はどうですか。「もしもし、落としましたよ。」にあたる言い方です。	2-5
呼びかけ類	声かけ〈呼び寄せ・近距離〉	自分の比較的近くにいる相手に対して、「おい、ちょっと来てくれ。」と声をかけるとき、どのように言いますか。	2-6
呼びかけ類	応答〈近距離〉	それでは、そのように、比較的近くにいる相手から声をかけられたとき、あなたなら、何と返事をしますか。	2-7
呼びかけ類	声かけ〈呼び寄せ・遠距離〉	それでは、かなり離れたところにいる相手に対して、声を張り上げて「おーい、ちょっと来てくれー。」と呼ぶとき、どのように言いますか。	2-8
呼びかけ類	応答〈遠距離〉	それでは、そのように、かなり離れたところにいる相手から声をかけられたとき、あなたなら、何と返事をしますか。	2-9
呼びかけ類	声かけ〈呼び止め・近距離〉	帰ろうとする相手を呼び止めて、「おい、ちょっと待ってくれ。」と声をかけるとき、どのように言いますか。	2-10
呼びかけ類	声かけ〈呼び止め・遠距離〉	それでは、かなり遠くに行ってしまった相手を呼び止めて、「おーい、待ってくれー。」と声を張り上げるとき、どのように言いますか。	2-11
呼びかけ類	声かけ〈制止〉	相手に対して、「おい、やめろよ。」と制止するとき、どのように言いますか。	2-12
呼びかけ類	声かけ〈制止・対目下〉	それでは、制止する相手が目下の場合はどうですか。「これこれ、やめなさい。」にあたる言い方です。	2-13
呼びかけ類	遠慮的声かけ	言いにくいことを切り出すときに何と言いますか。例えば、「あのー、ちょっとお願いがあるんだけど。」などと言うときの「あのー」にあたる言い方です。	2-14
呼びかけ類	思い出し的声かけ	話の途中で、あることを思いつきました。そんなとき、どんな言い方をしますか。例えば、「そうそう、そういえば、さっき鈴木さんが来たよ。」の「そうそう、そういえば」にあたる言い方です。	2-15
呼びかけ類	促し	相手に対して、「さあ、帰ろう。」と声をかけるとき、どのように言いますか。	2-16

分類	項目名	調査文	項目番号
呼びかけ類	強い促し	それでは、なかなか腰を上げない相手に対して、強く促すように「さあさあ、帰ろう帰ろう。」と声をかけるとき、どのように言いますか。	2-17
呼びかけ類	開始	仕事の休憩をしていましたが、時間が来たので再開しようと思います。仲間に向かって、「さて、始めようか。」とか、「どれ、始めるか。」などと言うとき、どんな言い方をしますか。	2-18
呼びかけ類	懇願	いやがる相手に対して、せがむように、「なあ、頼むよ。」と声をかけるとき、どのように言いますか。	2-19
呼びかけ類	同意要求	相手に対して同意を求めるとき、例えば、「おれが悪いわけじゃないよ。なあ、そうだろ。」と言うときの、「なあ、そうだろ。」の部分をどのように言いますか。	2-20
呼びかけ類	念押し的同意要求	あなたの言うことを疑っていた友人が、本当の話だということを知って、「おまえの言ったとおりだよ。」と言います。それに対して、やっとわかってもらえたという気持ちで、「なっ、そうだろ。」と答えるとき、どのように言いますか。	2-21
呼びかけ類	念押し	相手に対して念を押すとき、例えば、「頼むからちゃんとやってくれよ。なっ。」と言うときの、「なっ。」の部分をどのように言いますか。	2-22
呼びかけ類	引き取り	新聞の字が小さすぎて読めないという相手に対して、「どれ、見せてみろ。」と声をかけるとき、どのように言いますか。	2-23
呼びかけ類	記憶喚起	昔の友人のことを思い出せない相手に対して、「ほら、あいつだよ。」と言うとき、どのように言いますか。	2-24
呼びかけ類	的中非難	やめておいた方がいいと言ったのに、忠告を聞かず、あげくのはてに失敗した相手に対して非難する気持ちで、「そら、見てみろ。」とか、「ほら、言わんこっちゃない。」などと言うとき、どのように言いますか。	2-25
呼びかけ類	切り上げ	相手と道で立ち話をしていましたが、話を切り上げようと思います。そのようなとき、どんな言い方をしますか。「では、また。」にあたる言い方です。	2-26
呼びかけ類	切り上げ〈依頼〉	相手に何かを頼んで話を切り上げるときは、最後にどのように言いますか。例えば、「そんなら、よろしく。」にあたる言い方です。	2-27
呼びかけ類	声かけ〈電話〉	電話をかけるとき、相手に対して最初に何と言いますか。「もしもし」にあたる言い方です。なお、このとき、「もしもし、佐藤さんですか。鈴木ですが。」のように、相手を確認したり、自分の名前を名乗ったりすることがあれば、その言い方もご記入ください。	2-28
呼びかけ類	応答〈電話〉	それでは、電話を受けるとき、相手に対して最初に何と言いますか。「はい、佐藤です。」にあたる言い方です。自分の名前を名乗らない場合には、その部分のご記入は不要です。	2-29
呼びかけ類	切り上げ〈電話〉	それでは、電話でのやりとりが終わって話を切り上げるとき、受話器を置く前に、何と言いますか。	2-30
その他	言い直し	言い間違えたとき、言い直すにはどんな言い方をしますか。例えば、「きのう、いや、おとといのことだけど、」と言うときの、「いや」にあたる言い方です。	2-42
その他	失念	話の途中で、言いたいことを度忘れしてしまいました。そんなとき、とっさにどんな言葉を発しますか。「今日のお昼に食べたのは……、あれ、なんだっけ？」の「あれ、なんだっけ」にあたる言い方です。	2-43
その他	言葉検索	自分の言いたいことがまとまらなかったり、すぐに言葉が思いつかないときに、ちょっとさしはさむ言葉としてどんなものを使いますか。「えーと、あのー」にあたる言い方です。	2-44

分類	項目名	調査文	項目番号
〈参考語形〉			
ア行	:	アエ、アエナンヤ、アゲアゲ、アテマー、アテヤレ、アノー、アノソロ、アノナイ、アノミ、アヨナー、アリバ、イー、イカサマ、イン、インアー、インガー、ウナー、エーット、エーットコーット、エナ、エハラ、オイ、オー	
カ行	:	カンダラ、カンダリヤ、クワレ、コー、コーツト、コート、コラ、コライナ、コレ、コレコレ、コンネ	
サ行	:	サーラ、サーリャ、サーレ、サラサラ、サラヨノ、シー、ジエ、ジャー、ジャジャ、ジャージャー、ジャガジャガ、ジャット、ジャライ、ジャロジャロ、ソー、ソーハカ、ソーハッタイ、ソーハッチャ、ソガンソガン、ソゲソゲ、ソレ、ソレーネ、ソレソレ	
タ行	:	ダ、ダー、ダーサ、ダーリャ、ダーレー、タイ、ダエロ、ダガフン、ダガホン、ダダ、タリ、ディーディー、ドー、トートー、ツァム	
ナ行	:	ナー、ナームシ、ナーモシ、ナーヤ、ナヨ、ナーヨー、ナーレ、ナイ、ナイヤ、ナカナカ、ナサイ、ナド、ナム、ナムシ、ナムホイ、ナモ、ナモシ、ナンシ、ナンヤ、ネヤ、ノイ、ノイラヤ、ノー、ノーイ、ノーエ、ノーコラ、ノーシ、ノシヤ、ノシライノー、ノーテヤ、ノーヤ、ノンホイ	
ハ行	:	ハーイン、ハーイハーイ、ハーエ、バーヤレ、ハイ、ハイハイ、ハエミシト、ハチャ、ハチャー、ハテサテ、ハヤ、ヒーエ、フガマーヤー、フンナー、ヘー、ヘーイヤ、ヘーヤヘーヤー、ベサー、ベジロ、ヘンヤー、ヘンヨー、ホイ、ホーイ、ホイホイ、ポイ、ホイナ、ホラホラ	
マ行	:	マーアリー、マーマー、マーヌ、マグーニ、マコト、ムサ、ムシヤ、ムダ、モーシ、モシ、モシモシ、モシエ、モシヤ、モサ、モノ、モノー、モン、モンダ、モンナ	
ヤ行	:	ヤ、ヤー、ヤーイサーイ、ヤートロ、ヤーハイ、ヤーヤ、ヤーヤー、ヤーレ、ヤイ、ヤイヤ、ヤイヤイ、ヤイホイ、ヤエ、ヤサ、ヤッ、ヤヤ、ヤン、ヨイ、ヨー、ヨーイ、ヨーイヨーイ、ヨイヨイ、ヨイショ、ヨーエ、ヨージャ、ヨーノ、ヨーマー、ヨシヤ、ヨッシャ	
ン行	:	ンジ、ンディ	

文献

有元光彦(2015)「感動詞類調査のための「ビデオ質問調査票」の開発について」友定賢治編『感動詞の言語学』ひつじ書房

神鳥武彦(1973)「一語形式文としての感動詞—広島市方言の場合—」『広島女子大学文学部紀要』8

国立国語研究所(1999・2002・2006)『方言文法全国地図4・5・6』財務省印刷局

佐藤琢三(2015)「感嘆詞」佐藤武義・前田富祺編『日本語大事典』朝倉書店

琴鍾愛(2005)「日本語方言における談話標識の出現傾向—東京方言、大阪方言、仙台方言の比較—」『日本語の研究』1–2

小西いずみ(2015)「富山市方言の「ナーン」—否定の陳述副詞・応答詞およびフィラーとしての意味・機能」友定賢治編『感動詞の言語学』ひつじ書房

小林隆(2013)「大規模方言分布データの構築に向けて—東北大学方言研究センターの全国分布調査—」熊谷康雄編『大規模方言データの多角的分析成果報告書—言語地図と談話資料—』(国立国語研究所共同研究報告 12–05)国立国語研究所

小林隆(2014)「あいさつ表現の発想法と方言形成—入店のあいさつを例に—」小林隆編『柳田方言学の現代的意義—あいさつ表現と方言形成論—』ひつじ書房

小林隆(2015a)「猫の呼び声の地理的研究—動物に対する感動詞—」友定賢治編『感動

詞の言語学』ひつじ書房
小林隆(2015b)「東北方言の特質―言語的発想法の視点から―」益岡隆志編『日本語研究とその可能性』開拓社
小林隆・澤村美幸(2012)「驚きの感動詞「バ」」小林隆編『宮城県・岩手県三陸地方南部地域方言の研究』東北大学大学院文学研究科国語学研究室
小林隆・澤村美幸(2014)『ものの言いかた東西』岩波書店
小林隆・白沢宏枝(2002)「方言地図項目一覧―主要語彙項目―」馬瀬良雄監修『方言地理学の課題』明治書院
定延利之(2002)『「うん」と「そう」の言語学』ひつじ書房
定延利之(2005a)『ささやく恋人、りきむレポーター―口の中の文化―』岩波書店
定延利之(2005b)「「表す」感動詞から「する」感動詞へ」『月刊言語』34–11
定延利之・田窪行則(1995)「談話における心的操作モニター機構―心的操作標識「えーと」「あのー」」『言語研究』108
佐藤琢三(2015)「感嘆詞」佐藤武義・前田富祺ほか編『日本語大事典』朝倉書店
澤村美幸(2011)『日本語方言形成論の視点』岩波書店
澤村美幸・小林隆(2005)「しまった！に地域差はあるか？」『月刊言語』34–11
渋谷勝己(2002)「山形市方言の談話マーカ「ホレ・ホリャ；アレ・アリャ」」『阪大社会言語学研究ノート』4
尚学図書編(1989)『日本方言大辞典』小学館
鈴木一彦(1973a)「感動詞とは何か」鈴木一彦・林巨樹編『品詞別日本文法講座6 接続詞・感動詞』明治書院
鈴木一彦(1973b)「古今感動詞一覧」鈴木一彦・林巨樹編『品詞別日本文法講座6 接続詞・感動詞』明治書院
田窪行則・金水敏(1997)「応答詞・感動詞の談話的機能」音声文法研究会編『文法と音声』くろしお出版
竹田晃子(2013)「リレー連載：おくにことばの底力5 東北北部の方言よりジェジェジェ！ジャジャジャ！驚くほどに繰り返す感動詞の世界」(http://www.taishukan.co.jp/kokugo/webkoku/relay002_02.html)
東北大学方言研究センター(2016)『生活を伝える被災地方言会話集3―宮城県気仙沼市・名取市の100場面会話―』東北大学国語学研究室(http://www.sinsaihougen.jp/センターの取り組み／生活を伝える被災地方言会話集3/)
富樫純一(2005)「驚きを伝えるということ―感動詞「あっ」と「わっ」の分析を通して―」串田秀也・定延利之・伝康晴『シリーズ文と発話1 活動としての文と発

話』ひつじ書房
富樫純一(2012)「感動詞とコンテクスト」澤田治美編『ひつじ意味論講座6 意味とコンテクスト』ひつじ書房
友定賢治(2005)「感動詞への方言学的アプローチ—「立ち上げ詞」の提唱—」『月刊言語』34–11
友定賢治(2007)「否定応答詞の方言間対照」定延利之・中川正之編『シリーズ言語対照1 音声文法の対照』くろしお出版
友定賢治(2010)「応答詞の地域差」小林隆・篠崎晃一編『方言の発見—知られざる地域差を知る—』ひつじ書房
友定賢治(2015)「否定応答詞の考察—「うんにゃ」を中心に—」同編『感動詞の言語学』ひつじ書房
友定賢治編(2015)『感動詞の言語学』ひつじ書房
苗田敏美(2013)「富山方言談話における「アンタ」の機能—自然談話における使用実態より—」『日本語教育論集(姫路獨協大学大学院)』22
日本国語大辞典第二版編集委員会・小学館国語辞典編集部(2000・2001)『日本国語大辞典 第2版 1・10』小学館
深津周太(2010)「近世初期における指示詞「これ」の感動詞化」『日本語の研究』6-2
深津周太(2013)「動詞「申す」から感動詞「モウシ」へ」『国語国文』82–4
藤原与一(1990)『文末詞の言語学』三弥井書店
藤原与一・広島方言研究所(1974)『瀬戸内海言語図巻 下』東京大学出版会
舩木礼子(2009)「感動詞—詠嘆表現2—」国立国語研究所全国方言調査委員会編『方言文法調査ガイドブック3』国立国語研究所
方言研究ゼミナール(2006)『方言資料叢刊9 日本語方言立ち上げ詞の研究』方言研究ゼミナール
松田美香(2015)「大分と首都圏の依頼談話—大分方言の「アンタ」「オマエ」のフィラー的使用ついて—」『別府大学紀要』56
森田良行(1973)「感動詞の変遷」鈴木一彦・林巨樹編『品詞別日本文法講座6 接続詞・感動詞』明治書院
森山卓郎(1996)「情動的感動詞考」『語文』65
柳田国男(1942)「感動詞のこと」『方言覚書』(『定本柳田國男集』18、筑摩書房所収)
山口堯二(1984)「感動詞・間投詞・応答詞」鈴木一彦・林巨樹編『研究資料日本文法4 修飾句・独立句編』明治書院
山口幸洋(1956)「感動詞に関する浜名郡新居方言」『土のいろ』88

第3章
談話の方言学

椎名渉子・小林　隆

1. 研究史と課題

1.1. 方言学における談話研究

　「談話」とは発話のまとまりのことである。『日本語大辞典』の「談話」の項(甲田直美執筆)が「一つ以上の文や発話が連続して意味的関連性に支えられたときの言語単位」(1316頁)と解説するように、普通、何らかの意味的なつながりをもつ一連の発話が「談話」と呼ばれる。

　こうした談話の特徴は、さまざまな要因によって規定される。何を話題にするか、話の組み立てをどうするか、どのような表現を使って話を運ぶか等々、発話の言語的側面に関わる要因がまずある。また、発話が行われる環境に関する要因も考えられる。独話形式か対話形式か、後者の場合、参加者は2人かそれ以上か、といった談話形態の要因がありうる。公的な場での議論か、私的な場での雑談かといった位相的な要因も談話の特徴を左右する。こうした要因をすべて視野に入れた上で、総合的な研究を展開するのが理想である。しかし、現在の研究レベルは、日本語一般を扱うものも含めてそこまでは達していない。なんらかの側面や要因に着目して研究を行うのが普通である。

　これまで、方言学ではどのような研究が行われてきたのか。そこには大きく2つの行き方があるようである。

(1) 談話の組み立て方についての研究

　1つは、話の組み立て方を内容面から明らかにしようというものである。例えば、沖裕子 (2006) や熊谷智子・篠崎晃一 (2006) では、発話を構成する個々の要素の役割に着目して研究を行っている。このうち沖は祝言の挨拶を対象とし、談話を構成する要素を意味的な立場から規定した上で、その種類の出現状況やそれらの組み合わせの様相（「談話型」と呼ぶ）から地域差を見出そうとしている。また、熊谷・篠崎は依頼場面における相手への働きかけ方の地域差を問題にするが、やはり意味的な観点から働きかけの機能を担う単位を「機能的要素」と称し、その種類や組み合わせの状況によって地域差を見ようとしている。いずれの研究においても、使用される具体的な形式を超えたところにある、発話の役割や意図が問題にされている。ただ、これらの研究は、談話を構成する一発話を分析するものであり、談話展開を扱う研究の基礎固めという位置を占める。杉村孝夫 (2013) ほか同氏の一連の研究はこうした方向性を談話レベルに適用しようと試みたものである。

(2) 談話標識等の出現傾向に基づく研究

　方言学における談話研究のもう1つの行き方は、特定の要素の出現傾向から談話の特徴をつかみとろうとするものである。例えば、久木田恵 (1990) や琴鍾愛 (2005) では、談話の性格を計るものさしとして、「ダカラ」「ホラ」「デショウ？」「ネ」といった談話標識に着目し、それらの種類と現れ方の量的違いを観察する。談話標識は、話の内容に直接関わるものではなく、話を効果的に進めるために用いられる要素であり、それに注目することは、話の運び方の特徴を明らかにすることにつながる。琴はそうした談話標識から見た談話の特徴を、「他者説得型」「自己納得型」のようなタイプに分類し地域差を論じている。また、あいづちの打ち方に関する黒崎良昭 (1987) や舩木礼子 (2016) の論もあり、これらも特定要素の出現傾向に注目した研究と言えよう。

(3) 話者の発話態度を探る研究

この他、以上とは大きく方向性の異なる3つ目の研究として、談話における話者の発話態度を探ろうというものもある。例えば、陣内正敬(2010)や尾崎喜光編(2011)では、「会話中の沈黙を嫌うか」「ボケ・ツッコミが好きか」「失敗談の披露がよくあるか」などといった調査項目で、会話のあり方に対する話者の志向性について検討を加えている。このタイプの研究では、特に会話を効果的に進行させるために意識的に選択される方策、つまり「話術」について研究対象とすることが多い。

以上のような研究によって、談話の地域差が次第に明らかになりつつある。小林隆・澤村美幸(2014)が全国を概観するように、東北方言と近畿方言とが極端な違いを見せ、他の方言は両者の中間に位置するような特徴を示すと言えそうである。もっともこれは非常に大雑把な把握であり、むしろ、談話の方言学はこれからと言ってよい。

1.2. 談話研究の課題

今後、談話の方言学を進めるためにいろいろ考えておかなければならないことがある。まず、当然のことながら、音韻や語彙、文法といった他の分野と同様に、談話も地域ごとに一定のしくみを持つという点である。このことから、談話においても地域ごとの記述的研究を行う必要が出てくる。同時に、上にも述べたように談話の地域差も存在する。このことは、談話においても他の分野と同じように地理的研究が成立しうることを意味する。

もっとも、談話の記述的研究や地理的研究において、他の分野と同様の成果が期待できるかというと、それは難しそうである。談話という研究対象はさまざまな要素から成り立つ総合体であり、その全体像に一気に迫ることはできない。その点、まず談話を構成する何らかの側面に的を絞って切り込む必要が出てくる。発話の機能面に注目するのか、談話標識の使用を取り上げるのか、そういった選択的なアプローチを行わなければならない。ゆくゆくは談話の全体像を総合的に記述することを目指すとしても、さしあたりは特

定の視点を選んだり、あるいは、談話の一部分を対象に据えたりしながら進めていくのが現実的である。

　また、地理的に見た場合、音韻や語彙、文法などの分野でとらえられた明瞭な地域差を談話の分野に期待することはできない。これは、談話が一定の構造を持ちながらも、他の分野に比べて強固なものではなく、運用面において大幅なゆれを生じうるからである。場面に影響されやすく、個人差が大きいと言ってもよい。このような性格を持つ以上、他の分野に見られる東西方言境界線のような明確な地域差は現れにくい。もちろん、クリアな対立が見出せる場合もあるかもしれないが、多くの場合、「A 地域は B 地域に比べて○○の傾向が強い」「△△の特徴は C 地域よりも D 地域に現れやすい」といった、いわば程度の問題に留まる可能性が高い。それでも、そうした傾向性が見出せる以上、その把握を目標とすべきであることは言うまでもない。談話という言語分野の性格を踏まえた上で、大局的な地理的特徴をつかみ取ることが重要である。

　さて、そうした研究を展開するためには、資料や方法の面での準備が必要である。方言談話の収集は、「2.1. 方言の談話資料」で紹介するように、これまでも行われてはきたが、資料の蓄積という点ではいまだ不十分である。特に、その地域の言語生活を総合的にとらえるような資料や、全国的な地域差を見るための統一的な資料などは、今後の作成にかかっている。この点については、「2.2. 今後のための資料の方法論」で詳しく取り上げよう。

　また、方言談話の分析に必要な方法論もあらためて整理が必要である。言語学や日本語学の世界では、談話研究についてすでに一定の蓄積がある。さしあたり、そこで試みられている方法論を、方言の談話にも適用していくことが近道であろう。方言学とはこれまで疎遠だった「会話分析」の立場からも、最近では太田有紀 (2015) のように地域差の抽出を目指す研究が現れており、今後の展開が期待される。こうした面については、「2.3. 分析の対象と観点」「2.4. 分析のための単位」で検討したい。

2. 資料と方法

2.1. 方言の談話資料
（1） 全国規模の代表的な資料

　方言の談話研究にはどのような資料が利用できるであろうか。この点については、井上文子（1999）や三井はるみ・井上文子（2007）が詳しく解説している。詳細はそちらに譲るとし、そこで紹介されている全国規模の代表的な資料を示せば次のものがある。

① 日本放送協会編（1999）『全国方言資料（CD-ROM 版）』全 12 巻、日本放送出版協会
　※収録は 1952–1968 年、初版はソノシート付きで 1966–1972 年発行。全国 141 地域の高年層話者の会話を収める。

② 国立国語研究所編（1965–1973）『方言録音資料シリーズ』全 15 巻
　※収録もほぼ同時期と考えられる。14 地点の会話を収める。市販はされていないが、音声と文字化資料は国立国語研究所のホームページからダウンロードすることが可能である。(http://www.ninjal.ac.jp/publication/catalogue/hogenrokuon_siryo/)

③ 国立国語研究所編（1978–1987）『方言談話資料（国立国語研究所資料集 10）』全 10 巻、秀英出版
　※収録は 1975–1981 年。全国 20 地点の高年層話者の会話（場面設定会話は 15 地点、また、一部に高年層と若年層の組み合わせを含む）を収める。音声と文字化データは国立国語研究所のホームページからダウンロードすることができる。(http://www.ninjal.ac.jp/publication/catalogue/hogendanwa_siryo/)

④ 国立国語研究所編（2001–2008）『全国方言談話データベース　日本のふるさとことば集成（国立国語研究所資料集 13）』全 20 巻、国書刊行会
　※収録は 1977–1985 年。全国 48 地点の高年層話者の会話を収める。

これらの資料の収録地点と話題・場面の詳細は、5.1節において一覧表と地図で示すこととする。それらを見てわかるとおり、全国ほぼまんべんなく会話の収録が行われている。したがって、資料の等質性の問題に注意すれば、これらを利用した地理的な研究への可能性が開けていると言える。

　また、いわゆる談話資料ではないが、昔話や民話の資料もそれに準じたものとして扱うことができる。昔話や民話の資料にどのようなものがあるかは三井・井上（2007）に詳しいのでそちらを参照してほしい。

(2) **自由会話と場面設定会話**

　ところで、談話の形態としては、話者たちが何らかの話題について自由に語り合う「自由会話」と、特定の場面における会話を話者同士の演技によって行う「場面設定会話」との2種類がある。さらにそれぞれ、話題やシナリオ（談話展開の筋書き）をどうするかによって次のように合計4種類に分類される。

　　a. 自由会話
　　　a-1. 話題自由型：話題は自由とし、その場の話者の選択に任せる方式
　　　a-2. 話題指定型：話題を指定し、話者にはその話題について語り合ってもらう方式
　　b. 場面設定会話
　　　b-1. 展開自由型：シナリオは指定せず、話の展開を話者の自由に任せる方式
　　　b-2. 展開指定型：シナリオを指定し、話の展開に制限を加える方式

　このうち「場面設定会話」では話者の役割、例えば不祝儀の会話における弔問者と遺族といった役割が指定されるのが普通であり、その点で「ロールプレイ会話」とも呼ばれることがある。ただし、「ロールプレイ会話」では、話者は立場上の役割（弔問者か遺族か）だけでなく、話の筋書き上の役割（どの段階で何を言うか）も指定されることがある。そのように筋書き（シナ

リオ)を指定した会話(＝展開指定型)と指定しない会話(＝展開自由型)とは質的に大きな違いある。したがって、その両者を単純に「ロールプレイ会話」という用語で一括してしまうのは適切ではない。

さて、このような談話収録の形態から先に挙げた4つの談話資料を見ると、次のようになる。

①日本放送協会編『全国方言資料』

　自由会話と場面設定会話の両方を収録する。この自由会話は、進行役が会話の進行に合わせて話題を適宜投入しながら進める方式をとっており、その点では上記の「話題指定型」の性格を持つ。しかし、各地点で話題が統一されているわけではなく、あくまでも進行役の裁量に任されているところからすれば「話題自由型」と言ってよいものである。

　一方、場面設定会話は挨拶関係の8場面を取り上げている。

　ア　朝、ひとの家をたずねたとき
　イ　夕方、ひとの家を辞するとき
　ウ　道で知人にあったとき
　エ　買物のとき
　オ　夫の出かけるのを送るとき
　カ　夫の帰りを迎えるとき
　キ　不祝儀
　ク　祝儀

これらの会話は、実際に収録されたものを見るかぎり地域ごとに話の展開が異なっており、シナリオを指定しない「展開自由型」の方式が基本であったと思われる。ただし、解説によれば、多少演出を加え、一応話者と話す内容を決めてから録音に入った(「まえがき－収録した会話の種類」)ということなので、「展開指定型」の性格も併せ持っていることになる。収録者と話者とが合議の上で話の流れを組み立てているとすれば、収録者の押しつけではない、その土地の会話に

ふさわしい実演がなされているとみなすことができるであろう。

②国立国語研究所編『方言録音資料シリーズ』

　一部に場面設定会話風のものや昔話などを含むが、ほぼ自由会話主体の談話資料と言ってよい。自由会話の話題は各地点不統一であり、「話題自由型」の収録が行われたと考えられる。

③国立国語研究所編『方言談話資料』

　自由会話と場面設定会話の両方を収録する。自由会話は異なる世代や性別の話者を組み合わせている。話題を指定したかどうかは解説にないが、各地点さまざまな話題が選ばれていることからすれば「話題自由型」の談話資料とみなしてよい。

　場面設定会話は、次の8場面を設けており、言語行動の種類の面でバラエティを持たせている。

　　ア　品物を借りる
　　イ　旅行に誘う
　　ウ　けんかをする
　　エ　新築の祝いを述べる
　　オ　隣家の主人の所在をたずねる
　　カ　道で知人に会う
　　キ　道で目上の知人に会う
　　ク　うわさ話をする

　解説(「まえがき－場面設定の対話について」)によれば、場面の設定に当たっては標準語テキストの方言訳という形式を避けたものの、参考となる「あらすじ」を示しているので、「展開自由型」と「展開指定型」の両方の性格を持っていることになる。

④国立国語研究所編『日本のふるさとことば集成』

　自由会話のみを収録する。自由会話の方式の詳細は示されていない。

2.2. 今後のための資料の方法論

　それでは、今後の方言談話研究のためには、資料面の課題としてどのようなことに取り組めばよいだろうか。これについては、当然のことながら資料の充実が求められる。談話資料は上で紹介した全国規模のもののほか各地でも収録が行われてきている。しかし、談話という、そもそも視野の広い研究領域に資するためには、より長時間に及ぶ録音が必要になる。特に、地域ごとの記述的研究のためには資料は多ければ多い方がよい。1地域における談話資料の絶対量を増やすことがまず重要である。

（1）　言語行動の枠組みに基づく場面設定

　また、前節で見た自由会話と場面設定会話という談話形態の面でいえば、場面設定会話の収録に力を入れることが必要である。従来の理解として、談話資料は自由会話が主役であり、場面設定会話は脇役のように考えられてきた。そのため、先に見た全国規模の談話資料においても、すべての資料が場面設定会話を載せるわけではなく、また、載せたとしても場面の数は非常に少ない。しかし、考えてみると、自由会話といういわば座談会風の雑談だけで、その地域の談話の全体像を把握することは無理があると言わざるを得ない。音韻やアクセント、文法の一部は観察可能であっても、対人性の強い文法現象や表現法、そして、談話展開のバリエーションは自由会話のみでは到底つかみ切ることができない。私たちは日常、雑談だけでなく、さまざまな目的を持った行動の中で会話を行っている。言語生活の中で繰り広げられる会話にまで対象を拡大してこそ、その地域の談話を包括的にとらえることができるはずである。これは、上記の『全国方言資料』や『方言談話資料』における場面設定会話の試みを、徹底的に追求することにほかならない。

　こうした課題に応えるために、東北大学方言研究センター（2014・2015・2016）『生活を伝える被災地方言会話集1～3』では、言語生活の全般を網羅するような場面設定を考案し、日常生活の一コマ一コマを再現するような談話資料の作成を進めている。そして、具体的な場面設定の指針とするために、言語行動の目的を分類・網羅する次のような試案を提示している。

【目的別言語行動の枠組み】
　1．要求表明系（＝要求を述べる）
　　頼む、従わせる、指示する、促す、誘う、同意を求める、許可を求める、許しを請う、申し入れる、禁止する、やめさせる、注意する…
　2．要求反応系（＝要求に答える）
　　受け入れる、従う、同意する、許可する、許す、断る、しぶる、保留する…
　3．恩恵表明系（＝恩恵を与える）
　　申し出る、勧める、忠告する…
　4．恩恵反応系（＝恩恵に答える）
　　受け入れる、断る、遠慮する、保留する…
　5．疑問表明系（＝疑問を述べる）
　　尋ねる、確認する、不審がる…
　6．疑問反応系（＝疑問に答える）
　　答える、肯定する、否定する、教える、保留する…
　7．感情表明系（＝感情を伝える）
　　謝る、詫びる、感謝する、恐縮する、褒める、けなす、叱る、励ます、応援する、なぐさめる、なだめる、気遣う、ねぎらう、心配する、非難する、不満を言う、愚痴を言う、擁護する、歎く、後悔する、あきらめる、反発する、ふてくされる、自慢する、謙遜する、強がる、痛がる、暑がる、寒がる、迷う、疑う、驚く、喜ぶ、怒る、困る、困惑する、がっかりする、うらやむ、呆れる、おもしろがる、からかう、祝う、弔う…
　8．主張表明系（＝主張を述べる）
　　説明する、報告する、主張する、言い張る、同調する、賛成する、反対する、反論する、言い訳する、共感する、納得する、打ち消す、修正する、追及する、打ち明ける、相談する、教える、伝える…
　9．関係構築系（＝関係を結ぶ）
　　呼ぶ、呼びかける、呼び止める、声をかける、答える、挨拶する、名

乗る、自己紹介する、人を紹介する、交誼を結ぶ…

　こうした枠組みに沿って設定された場面の数は、現在100場面を越えている。その具体的な場面は、この章の最後の「5. 調査項目案」に掲げた。今のところ、『生活を伝える被災地方言会話集』が対象とする地域は宮城県気仙沼市と名取市の2地点のみであるが、今後、この場面設定が1つのモデルとなり、これを利用して全国各地で場面設定会話の収録が進むことが期待される。

　ところで、言語生活を包括的にとらえるような場面設定会話は、一地域の記述的研究にとって重要なだけでなく、地理的研究にとっても有効である。すなわち、談話の地域差を見出していくためには地域間の比較を行わなければならないが、そうした地理的研究に耐えうる資料として、こうした場面設定会話が力を発揮するのではないかということである。もちろん、自由会話の比較によっても地域差を明らかにすることはできる。しかし、話題の異なる談話同士を単純に比較することは、研究テーマによっては資料の等質性の面で慎重さが求められる。また、自由会話はかなりの長さに及ぶため、その全体を視野に入れようとすると扱いに手を焼くという面もある。その点、場面設定会話は資料の等質性が確保されており、コンパクトに完結するため扱いやすいという利点がある。これらの利点は、複数地域の比較を前提とする地理的研究にとって有利に作用すると考えられる。

(2)　展開自由型と展開指定型

　さて、この地理的研究のための談話資料という観点から見た場合、地域間の比較のためには漠然とした場面の設定ではなく、ある程度詳細に状況を指定することで比較の条件を揃えておく必要がある。『生活を伝える被災地方言会話集』では、例えば次のような場面の設け方をしている。

朝、起きない夫を起こす
　AとBは夫婦です。朝、出勤の時間が近づいても、Bが起きてきません。そこで、AはBを起こします。そのときのやりとりを実演してみてください。
①起きない理由が納得できる場合：Bは、仕事が忙しく、帰宅が遅い日が続いています。最近、たいへん疲れているようです。
②起きない理由が納得できない場合：Bは、いつも遅くまで飲み歩いており、午前様になることもしばしばです。昨夜は特に遅かったようです。
　　　　　　　　　　（『生活を伝える被災地方言会話集2』19頁）

　この場面は、〈促す〉ための言語行動を見ようとしたものであり、〈呼びかける〉〈気遣う〉〈非難する〉といった付随的な言語行動も併せて観察することをねらったものである。①②のように、その場の前提となる理由や経緯にまで踏み込んで細かな指定を行っている。こうした指定は、地域間の比較のための条件の統一というだけではなく、話者にその場面の状況を詳しく理解してもらい、現実味のある自然な発話を実演してもらうためにも有効である。
　この『生活を伝える被災地方言会話集』の方式は以上のように場面設定を詳細に行うものの、話の進行にはほとんど制限を加えない「展開自由型」の方式である。これに対して、『方言談話資料』は、すでに述べたように「展開指定型」の性格も備えている。すなわち、「まえがき－場面設定の対話について」によれば、「品物を借りる」という場面では、あくまでも参考とはしながらも、

　　(1)AがBの家にやって来る。ここで，家に入る時のあいさつ。
　　(2)Bが出て来る。AはBに道具を貸してほしいと言う。
　　(3)BはAに道具を何に使うのかたずねる。
　　(4)Aは答える。
　　(5)Bは道具を貸すことにして，Aを道具のある所へ案内する。

という「あらすじ」を提示している。さらに、場面のねらいを定め（この場面では、「「〜してくれないか」「〜してほしい」などにあたる気軽なごく普通の依頼表現を得ることが目的」）、もし「「ねらい」に合致した表現が得られない場合には、インフォーマントに暗示を与えるなりして、それが出るように配慮」する旨の指示が与えられている。

こうした「展開指定型」の要素を取り込んだ場面設定会話の方式は、井上文子編 (2014) でも試みられている。例えば、「文句を言う」という場面は次のように指示されている（この方式では電話という媒体を使用する）。

〈高年層〉場面 1 [A → B] 文句を言う
【A への指示内容】自治会（職場・親睦グループ等）の集まりがあり、メンバーが集合場所に集まっています。ところが、集合時間を 30 分過ぎても B さんが来ません。B さんに電話をかけて文句を言ってください。B さんの言い分を聞いた上で、来るように促してください。
【B への指示内容】自治会（職場・親睦グループ等）の集まりに出席する予定だったのですが、集合時間を 30 分過ぎてしまいました。すでに集合場所にいる A さんから電話がかかってくるので、言い訳をしてください。A さんに来るように促されたら了解してください。

（井上編 2014: 2–3 頁）

これを見ると、「文句を言う−言い分を聞く−促す」、あるいは、「言い訳をする−了解する」というようにシナリオの概略が指定されているのがわかる。話の筋を揃えることで、〈文句を言う〉〈言い訳をする〉〈了解する〉といった言語行動がどう表現上の肉付けをされながら談話を構築していくのかを観察することができるようになっている。

以上のような方式は、地域間の比較において、資料の条件の統一という点に意を払った試みと言える。会話が予期せぬ方向に流れてしまうことを避けるためにも、こうした方式は効果があると考えられる。しかし、このように筋書きまで指定してしまうと、表現法的な研究には向いているものの、談話

研究にとって重要な部分が見落とされてしまう恐れがある。すなわち、この方式では、会話の進め方のバリエーション、言い換えれば談話展開における地域的な違いが見えにくくなってしまうのではないかという懸念である。場面設定会話において、「展開指定型」の性格をどこまで強く打ち出すかはその意味で慎重に考えていく必要があろう。

(3) 会話の自然性の確保

このほか、場面設定会話の場合には、自由会話の場合にも増して会話の自然性の確保に努めなければいけない。例えば、話者にスムーズにその役柄や状況に入ってもらうための小道具やセット作りも大切である。セットといっても大がかりなものではなく、その会話をするのにふさわしい空間を用意し、話者が会話に即して自然に動いたり反応できたりするように、机や椅子を少し移動させるだけでもだいぶ変わってくるはずだ。この点については、小林隆ほか(2015)や東北大学方言研究センター(2016)に、『生活を伝える被災地方言会話集』での試みを紹介しているのでご覧いただきたい。

なお、そうした収録空間の工夫はその談話に付加される非言語要素の観察をも可能にする。そうしたことも含め、今後望まれるのは、談話を収録する際に音声だけでなく映像(動画データ)をも収録することである。話者間の間合いや話者の動作・表情など、実際の会話はさまざまな非言語行動を伴うのが普通である。そして、そこにもこれまで知られていない地域差が存在することが考えられる。ノンバーバルな要素も観察対象とできるような動画の収録は、方言の談話研究に新しい世界を開く可能性がある。

このほか、談話資料の公開・共有の問題があるが、これについては田窪行則(2011)の試みなどが参考になるであろう。

2.3. 分析の対象と観点
(1) 談話の成立要因についての分析

談話を分析する際、どのように対象を定め、いかなる角度からアプローチしたらよいだろうか。これについては、談話が総合的な言語単位である以

上、その分析の対象や観点も多岐にわたると言える。まず、談話を談話として成り立たせる要因に注目すれば、次のような観点がありうるだろう。

  誰が   ＝談話の参加者(話し手・聞き手、独話・対話・語り、…)
  いつ   ＝談話の時(年月日、季節、時期、機会、…)
  どこで   ＝談話の場(物理的な場所、公的な場・私的な場、…)
  なにを   ＝談話の話題
  なぜ   ＝談話の目的(用件、雑談、講演、授業、発表、…)
  どのように＝談話の媒体(直接、電話、テレビ電話、伝言…)

　これらの観点から多くの談話を量的に扱えば、談話のある種の地域的特徴を見出せる可能性がある。例えば、ある地域では、近所の人同士が、夕方、道端で、その日のできごとを話題に、雑談を、直接相手とすることが習慣になっている、といったことがわかるかもしれない。ただし、これは地域の言語生活に関わる問題であり、談話にとってはそれを取り巻く外的な環境を明らかにすることにほかならない。談話の内実についての考察、すなわち、談話が言語的にどういう特徴をもっているかを扱うものではない。これらは談話の方言学にとって重要な観点であるが今後の課題としておき、ここでは、談話の内的側面について見ていくことにしよう。

(2)　談話の内的側面についての分析

　さて、談話の内面についての研究は、談話のどのレベルについて扱い、何を対象とするかによって、次のような分析の観点がありうる。

  レベル：談話レベルか発話レベルか
  対象：構成か要素か

　まず、談話レベルと発話レベルとを分けたのは、本来、談話研究である以上、談話レベルを対象にすべきであるものの、実際には、談話を構成する一

つ1つの発話に注目し、そのレベルで特徴を見出そうとする研究が行われているからである。そうした発話レベルの研究も、ここでは守備範囲に入れておきたい。また、対象が構成か要素かというのは、談話ないし発話の構成のされ方（内部構造）を見るのか、それとも、何らかの要素に着目し、その出現状況から談話や発話の特徴をつかむのか、という違いである。

　実際には、これらのレベルと対象を組み合わせて分析を進めることになる。具体的に次の談話例に基づいて説明してみよう。

　　例．お金を借りる場面
　　　甲1：①わっ！②財布を忘れた。③あーー、④困ったなー。
　　　乙1：①どうしたの？
　　　甲2：①弁当を買おうと思ったんだけど、財布を忘れたんだ。②すまないけど、③500円貸してくれない？④あとで返すからさ。
　　　乙2：①うん、いいよ。②はい、どうぞ。
　　　甲3：①やー、②助かった、助かった。
　　　乙3：①お互い様だから、そんなに気にしなくていいよ。

[1]　**談話レベルの分析**
　[1-1]　**談話の構成を対象にする**
　　談話を構成する発話の性格（特に意味的性格）に注目し、その連鎖の様相から談話の特徴、とりわけ談話展開のあり方について明らかにする。いかなる性格の発話が、どのような順番・組み合わせで出現し、相互に関係を持ちながら談話を構成しているかを見ていく。

　　談話全体の構成を対象にするのが理想であるが、資料の量的規模が大きい場合や特に注目すべき現象を確認したい場合は、談話の一部を切り取ってその構成を対象にすることもありうる。

　　［1-1a］　**全体構成**
　　　例：「お金を借りる場面」全体を構成する発話連鎖のあり方
　　　　→談話の全体、すなわち、甲1－乙1－甲2－乙2－甲3－乙3の一連

の構成を分析の対象にする。

［1–1b］　部分構成

例：「お金を借りる場面」のうち、中核的位置にある「借りる（依頼）－貸す（受託）」に当たる部分の発話連鎖のあり方

　　→談話の一部、すなわち、甲2－乙2の部分の構成を分析の対象にする。

［1–2］　談話の要素を対象にする

談話中に出現するさまざまな要素のうち特定の要素に注目し、その現れ方から談話の特徴を明らかにする。例えば、配慮的な要素や感情的な要素の頻度・配置に注目したり、談話標識の出現やあいづちの打ち方について見たりする。会話分析でテーマとなっている話者交替も、談話の特定箇所に着目するという点では要素的な見方である。

例：「お金を借りる場面」における配慮的な要素の出現状況

　　→甲2②「すまないけど」という恐縮表明、甲2④「あとで返すからさ」という保障提示、乙3①「お互い様だから、そんなに気にしなくていいよ」という謙譲表明などの現れ方を分析の対象にする。

［2］　発話レベルの分析

［2–1］　発話の構成を対象にする

1つの発話を構成する要素の性格（特に意味的性格）に注目し、その連鎖の様相から発話の特徴について明らかにする。すでに指摘したとおり、これは狭義の談話研究ではないが、談話を構成する基礎的要素の分析として研究の対象に含める。

例：「お金を借りる場面」における依頼発話の構成

　　→甲2の発話が依頼発話に当たる。ここには、①理由説明（弁当を買おうと思ったんだけど、財布を忘れたんだ）、②恐縮表明（すまないけど）、③依頼提示（500円貸してくれない？）、④保障説明（あとで返すからさ）といった発話意図の要素が認められるが、それらの構

成を分析対象とする。

［2-2］　発話の要素を対象にする

　1つの発話の中に出現する要素のうち特にその発話を特徴づけると思われる要素に注目し、その出現状況から発話の特徴、とりわけ表現法的な性質について明らかにする。

　　例：「お金を借りる場面」の依頼発話における恐縮表明の出現状況
　　　→甲2の依頼発話のうち、恐縮表明に該当する②「すまないけど」の現れ方（他に「申し訳ないが」「ごめん」「悪いんだけど」といった表現、および、それらをいずれも使用しないという選択肢がある）を分析対象にする。

　以上、大きく4つに分けて分析の対象や観点を説明した。ただし、これらはそれぞれが独立的なものではなく、相互に関連し合っていると言った方がよい。発話の積み重ねが談話を形成し、要素の結合が全体の構成につながることを考えれば当然であろう。

　なお、記述的研究と地理的研究とを比べた場合、記述的研究においては談話の全体構成を対象とすることが地理的研究よりはやりやすいと思われる。一方、地理的研究においては、複数あるいは多数の地点の談話を扱うことから、それにかかる労力や地点間の比較の技術を考えた場合、さしあたり談話の部分構成や要素を対象にするのが現実的と思われる。

　さて、ここまで、談話の構造に沿って分析の対象や観点を整理してきた。このほか、言語行動の研究について提案されたものであるが、熊谷智子（2000）の案も参考になる。この案では、研究の対象と観点とを融合させた整理がなされている。

　　○全体的な構成
　　　・長さと複雑さ
　　　・はたらきかけの組み合わせ方
　　　・表現類型の組み合わせ方

・「核」となる部分のあり方
　○はたらきかけを実現する表現のし方
　　・言語表現（表現類型、主張の強さ、明確性、スピーチレベル、など）
　　・伝達手段（言語・パラ言語・非言語の使い分け、および組み合わせ）
　○行動上の指向性
　　・目的達成指向／対人配慮指向の現れ方

　さらに、談話も含めた言語全般に適用可能な視点として小林・澤村（2014）、小林隆（2015）で提案された次のような7つの「言語的発想」も参考になる。

　①発言性：口に出して言う、言葉で何かを伝えるという発想法。
　②定型性：場面に応じて、一定の決まった言い方をするという発想法。
　③分析性：場面を細分化し、専用の形式を用意するという発想法。
　④加工性：直接的な言い方を避け、手を加えた表現を使うという発想法。
　⑤客観性：主観的に話さず、感情を抑制して客観的に話すという発想法。
　⑥配慮性：相手への気遣いを言葉によって表現するという発想法。
　⑦演出性：話の進行に気を配り、会話を演出しようという発想法。

　これらの発想法は、その現れ方の強弱を通して当該地域の談話の特徴を説明するのに有効であり、また、地域間の比較を行う際には一種の物差しとしての役割を果たすことになる。
　以上の熊谷および小林・澤村の研究の詳細は、個々の文献に任せることにしたい。

2.4. 分析のための単位
(1) 談話・話段・発話・発話要素

　談話を分析する際の単位について考えてみよう。方言が持つ言語的性質は、基本的に日本語一般に通じるものである。したがって、方言談話分析のための単位も、さしあたり共通語を対象としたこれまでの談話研究の単位と同じでよいと考えられる。

　それでは、従来の談話研究がどのような単位を設定してきたかといえば、まず、最初に挙げるべきは「発話」という単位であろう。これはある話者が別の話者に交替するまでのひと固まりの発言を指す。この発話の連続が談話を構成するのであり、その点で発話は談話の基本的単位と言ってもよい。

　「発話」という単位を基本に考えた場合、それより大きな単位として「話段」を、逆に、それより小さな単位として「発話要素」を設定することができる。「話段」は話題による発話のまとまりのことであり、多くの場合、複数の発話が1つの話段を構成する。一方、「発話要素」は発話の内部を意味的なまとまりで分割したものであり、1つの発話は1つないしそれ以上の発話要素から構成される。これらの単位は、「談話」＞「話段」＞「発話」＞「発話要素」のような階層関係となる。

　さらに、発話を構成する個々の言語形式、つまり、文法的要素（文の種類や接続詞、指示詞など）や語彙的要素（談話標識など）も談話研究の単位となり得る。それらは、談話の構成面に関わるだけでなく、談話の表現論的性格を左右するものともなる。また、狭義の言語だけでなく、パラ言語（狭義のイントネーションのほか、声の質、高さ・強さ、速度、ポーズ等の音調）や非言語（動作・身振りや話者同士の間合い等のノンバーバルな現象）といった要素も重要である。本論では、そうした要素は扱わないものの、言語的要素とパラ言語・非言語的要素との関係、あるいは、それらの要素へのコミュニケーション上の依存度は方言間で大きく異なる可能性がある。

(2) 発話機能について

　以上のような大小さまざまな単位が織り成す談話の構成や特徴を明らかに

することが談話研究の目的となるが、以下では、このうちの「発話要素」について少し詳しく見ていこう。談話を意味的な観点から分析するためにはこの発話要素のレベルで見ていくのが有効であり、これまでの研究においては、この単位が利用されることが多かった。

　ここで「発話要素」というのは、従来、「質問や依頼などの発話機能を担う最小部分と考えられる単位」（熊谷2000: 97頁）のように説明されてきたものである。「発話機能」とは、中村明ほか編（2011）の「発話」の項で「発話の目的や聞き手への働きかけ」（ポリー・ザトラウスキー執筆）と解説されるものであり、言い換えれば発話の意図のことである。そうした機能を有することから、発話要素のことを「機能的要素」（熊谷・篠崎2006: 22頁）と名付けることもある。本章では、「発話要素」「発話機能」という用語を使うことにし、「発話機能」という意味的単位と対応する形態的単位を「発話要素」と呼ぶことにする。

　さて、発話機能として具体的にどのようなものを認めるかは難しいところがある。研究者によって認定や分類が異なっているのが現状である。例えば、2.2節で示した「目的別言語行動の枠組み」なども、発話機能の一覧としてとらえ直すことができそうである。ここでは、中村ほか編（2011）の「発話」の項に挙げられた「発話機能」の種類を紹介しよう。

①注目要求：呼びかける発話。
②談話表示：談話の展開そのものに言及する「接続表現」「メタ言語的発話」。
③情報提供：実質的な内容を伝える発話で、客観的事実に関する質問に対する応答も含む。
④意志表示：話し手の感情や意志等を示す発話。
⑤同意要求：相手の同意を求める発話。
⑥情報要求：情報の提供を求める発話で、「質問」の類が多い。
⑦共同行為要求：「勧誘」などのように、話し手の参加する行為に参加を求める発話。

⑧単独行為要求:聞き手の単独の行為を求める発話(「依頼」「勧誘」「命令」など)。
⑨言い直し要求:相手の発話が聞き取れなかった際に問い返す発話。
⑩言い直し:「言い直し要求」に先行する発話をそのままか、多少言い換えて繰り返す発話。
⑪関係作り・儀礼:よい人間関係を作り上げる発話(「感謝」「陳謝」「挨拶」など)。
⑫注目表示:相手の発話を認識する発話で、同意要求に対する応答も含む。

こうした発話機能を担う発話要素の連鎖を見ていくことで、談話の意味的な構造をつかむことが可能になると考えられる。ただ、上でも指摘したように、具体的にどのような発話機能を認めるか、その種類の設定のしかたには議論の余地がある。この①〜⑫の発話機能についても、このような分類でよいのかさらに吟味しなければならない。統合や細分化などの見直しを経て全体の構造化が求められる。

また、発話機能と対応する発話要素を具体的にどの言語形式のレベルで認定するかという点についても検討が必要である。基本的には、文単位で発話機能を認める方式、つまり、1つの文を発話要素とし、それに対して1つの発話機能を対応させる方式だと考えやすいが、そうした原則から外れる場合もある。例えば、

「すみませんが、家に財布を忘れてしまってお金がないので、少し貸してくれませんか。」

という発話は全体で1つの文であるが、上記の発話機能のリストに対応させてみると、次のように3つの発話要素に分けて考えることになる。

「すみませんが」=　⑪関係作り・儀礼(ないし①注目要求)

「家に財布を忘れてしまってお金がないので」＝　③情報提供
「少し貸してくれませんか」＝　⑧単独行為要求

　逆に、次の発話は2つの文でできているが、発話機能としてはこれ全体で③情報提供である。すなわち、2文から成る発話要素ということになる。

「昨日は家にいました。医者に行ったらインフルエンザだそうで、しばらく学校に出ちゃだめだと言われたんです。」

　このように、発話機能と対応する発話要素は、文の内部における句のレベルで認定する場合もあれば、複数の文が連続したレベルで認定する場合もある。言語形式のレベルにとらわれず、該当の発話機能を担う範囲を切り出して発話要素とするということになる。

　以上、本節では、談話を分析するための単位の問題についてみてきた。最後に、本章で使用する単位について、簡単にまとめておく。

発話：話者交替が起こるまでのひと固まりの話者の発言を指す。いわゆる「ターン」にあたるものである。
話段：談話を構成する部分であり、話題による「発話」のまとまりのことである。
発話要素：「発話」を分割したものであり、「発話機能」と対応する形態的単位を指す。先に説明したように、句にあたる場合や、2文以上の連続の場合もある。
発話機能：「発話要素」と対応する意味的単位であり、「発話要素」が担う発話の意図を指す。

　以上、前節と本節では、分析のための観点や対象、単位の問題について概説してきた。より具体的な方法論は次節以降の実践の中で述べていきたい。

3. 研究の実践（1）―記述的研究〈不祝儀の挨拶の談話を例に〉―

　ここでは研究の実践を行ってみよう。まず、本節で記述的研究を、次節で地理的研究を試みる。

　さて、小林・澤村（2014）は日本放送協会編（1981）『全国方言資料』の不祝儀の挨拶の談話を取り上げ、近畿と東北の談話を比較する中で次のように指摘する（31–36頁）。大阪の談話は「一見して丁寧なやりとり」がなされており、「感情を露わにせず」、「型にはまった挨拶らしさ」を持つ。一方、秋田の談話は「全体にいちいちの発言が単純で持って回ったところがなく」、また、「型らしさがない」。

　このような指摘はあるものの、それらをより実際の資料に照らし合わせながら見るとどうだろうか。本節においては、これらの指摘をもとに、近畿と東北の談話を分析的・実証的に考察していきたい。資料は、小林・澤村が用いた『全国方言資料』の不祝儀の挨拶の談話を、ここでも取り上げる（以下、単に「不祝儀談話」と呼ぶ）。この資料は、全国から会話が収集されており、記述的研究だけでなく地理的研究にも向いている。また、不祝儀談話という場面設定会話はすべての地点で収録されており、地域間の比較が可能である。しかも、その会話は基本的にシナリオを指定しない展開自由型の会話と考えられ、談話展開のし方（談話の構成）についても考察することが可能である。

3.1. 要素の抽出・分類

　不祝儀の挨拶における談話を分析するにあたり、まず、単位の認定作業から行う。ここでは、不祝儀談話の構成を明らかにすることを1つの目的とするので、談話を形作る個々の発話が担う機能に注目することにする。

　そこで、2.4節に掲げた①〜⑫の「発話機能」の分類を参考に該当の談話を観察した結果、不祝儀談話では、③情報提示、④意志表示、⑪関係作り・儀礼の3種類の機能を持つ発話要素が出現していることがわかった。ただし、④意志表示は、不祝儀談話においてはさらに「心情表明」と「行為表

明」の2つに分けて扱うのが適当と思われる。また、⑪関係作り・儀礼は不祝儀談話では儀礼的な要素が多く現れるので、名称を「儀礼対応」としておく。したがって、ここでは、「情報提示」「心情表明」「行為表明」「儀礼対応」の4つを発話機能の分類として用い、それぞれ、「情報」「心情」「行動」「儀礼」という略称で呼ぶことにする。

〈情報提示(情報)〉：人や事態に関する情報を伝え、説明する発話機能。
〈心情表明(心情)〉：人や事態に対して感想や意見を述べる発話機能。
〈行為表明(行為)〉：行為の宣言とその受託を示す発話機能。
〈儀礼対応(儀礼)〉：さまざまなことがらに対する礼や恐縮を示す発話機能。

さて、今、4つの発話機能を認定したが、このレベルのみで実際の談話を分析していくのは大まか過ぎるように思われる。場合によっては、それより細かなレベルで地域差が現れることも予想される。特に、4つの発話機能は、不祝儀談話にかぎらず、さまざまな談話に適用できる汎用性の高いものである。したがって、不祝儀のやりとりという内容面に即して見た場合、さらに細かな分類ができそうである。そこで、これらの発話機能をさらに下位区分することを試み、結果として43個の要素を抽出した。これを「発話意図」と名付けることにしよう。「発話機能」が汎用性の高い抽象的な機能であるのに対して、「発話意図」はその談話の性格に即した具体的な機能であると理解してもらえればよい。

以下に、その一覧を掲げる。A〜Dが発話機能、1〜43が発話意図である。それぞれ、『全国方言資料』の談話から抜き出した具体例も示してある（例文の引用は基本的にもとの資料のままとした）。

A.〈情報提示(情報)〉
　1. 死去の確認：死去の情報を確認する発話。
　　(例) マー　オマエン　ホニャナー　ムスコジョン　ノーナラシタッテチ

マー(まあ あなたの うちではねえ、むすこさんが なくなられたそうで、まあ。)佐賀県東松浦郡有浦村

2. 死去の確認への返事：死去の確認に対して返事をする発話。

(例)(1の発話に続いて)アイサーリー(はい。)佐賀県東松浦郡有浦村

3. 弔問の経緯の説明：弔問に至る死去の情報の入手について述べる発話。

(例)タダイマ ホンケカラ ウケタマワリマシタラー(ただいま 本家から 承りましたら、)京都府京都市

4. 弔問の状況の説明：弔問に訪れるまでの状況を説明する発話。

(例)トンデキタンサノー(急いで来たんだよ。)三重県北牟婁郡海山町

5. 死去についての質問：死去の状況や経緯を質問する発話。

(例)ドヤンフーデ ノーナラシタツカイ マー(どんなふうで なくなられたんですか まあ。)佐賀県東松浦郡有浦村

6. 死去についての説明：死去の状況や経緯を説明する発話。

(例)ハラッコア ワルクテラッタ イッシューカンバカリ ヤンデ(腹が 悪かったんです。1週間ばかり 病んで。)青森県三戸郡五戸町

7. 故人についての質問：故人に関することがらを質問する発話。

(例)オバーサンワ イクツデ オシタイナシ(おばあさんは いくつでいらっしゃいましたか。)滋賀県犬上郡多賀町

8. 故人についての説明：故人に関することがらを説明する発話。

(例)(7の発話に続いて)シチジューゴニー ナラレタンスガ(75歳になりましたよ。)滋賀県犬上郡多賀町

9. 看病についての説明：故人に対する看病について説明する発話。

(例)ホントネ イッショケンメネ カンビョノ テアデ シタケンドモネシア(ほんとうに いっしょうけんめいに 看病(の 手当て)をしたけれどもねえ。)青森県南津軽郡黒石町

10. 葬儀に関する質問：葬儀に関して質問する発話。

(例)バ バンニ トギスルンカイノー(晩に お通夜するのかね。)和歌山県東牟婁郡古座町

11. 葬儀に関する説明：葬儀に関して説明する発話。
（例）(10の発話に続いて)ハイ　バンニー　トギシテモラウ　オモテヨー（はい、晩にねえ　お通夜してもらおうと　思ってね。）和歌山県東牟婁郡古座町

B.〈心情表明（心情）〉

12. 弔意の表明：弔意を表明する発話。
（例）マー　オグヤミモーセンス（まあ　おくやみを申し上げます。）岩手県宮古市
（例）マコトニ　オチカラオトシデ　ゴザイマショー（まことに　お力落としで　ございましょう。）滋賀県犬上郡多賀町

13. 死去についての感想：死去についての感想を述べる発話。
（例）ハー　ホントネ　イダワシコト　シシタネァ（はあ、ほんとうに惜しいことを　しましたよ。）青森県南津軽郡黒石町

14. 故人についての感想：故人についての感想を述べる発話。
（例）ドーシタンダガサ　アノ　コドモワ　マタ　ミョーニ　サカシフテ　アッタンダシ（どういうものか、あの　こどもは　まあ　妙にりこうで　あったんですよ。）青森県南津軽郡黒石町

15. 看病に対するねぎらい：故人への看病に対して遺族にねぎらいを述べる発話。
（例）ミナサンモ　サダメテ　ゴカンゴデ　オツカレデ　ゴザーッシャロデー（みなさんも　さだめし　ご看護で　お疲れで　ございましょうから……）京都府京都市

16. 遺族への励まし：遺族への励ましを述べる発話。
（例）ソヤケドノー　コドモラ　オーゼー　アルンジャサカイニ　オレ　オマヤ　シッカリシトラナノー　アカンニャサカイ　カナラズ　チカラ　オトスナエ（そうだけどねえ、（小さい）子どもたちが　おおぜい　あるのだから、そら、おまえは　しっかりしていなければねいけないのだから、必ず　力を　落とすなよ。）三重県北牟婁郡海

山町
17. **遺族への励ましの受託**：遺族への励ましを受託する発話。
(例)(16 の発話に続いて)ハー(はい。)三重県北牟婁郡海山町

C. 〈行為表明(行為)〉
18. **供物の申し出**：供物の申し出を表明する発話。
(例)コレ　ワズカダドー　アカシコ　アカシコ　アカシテクワンセデヤー(これ　わずかですけれども　お燈明を　お燈明を　つけてください。)秋田県南秋田郡富津内村
19. **供物の申し出の受託**：供物の申し出を受託する発話。
(例)(18 の発話に続いて)ンダケァ(そうですか。)秋田県南秋田郡富津内村
20. **お参りの申し出**：お参りの申し出を表明する発話。
(例)オレ　マツ　ミツコ　エツペァ　アゲテユクハ(わたしは　まあ　水を1杯　あげていきます。)秋田県南秋田郡富津内村
21. **お参りの申し出の受託**：お参りの申し出を受託する発話。
(例)(20 の発話に続いて)ハェ　マツ　ンダラ　アゲテクナシェー(はい、まあ　それなら　あげてください。)秋田県南秋田郡富津内村
22. **お参りの申し出の受託への返事**：お参りの申し出の受託に対して返事をする発話。
(例)(21 の発話に続いて)ハェ(はい。)秋田県南秋田郡富津内村
23. **今後の交誼の申し出**：今後の交誼の申し出を表明する発話。
(例)マタ　セワシテモワワナ　ドンナランワサエー(また　世話していただかないと　どうにもなりませんのでねえ。)奈良県山辺郡都祁村
24. **今後の交誼の申し出の受託**：今後の交誼の申し出を受託する発話。
(例)(23 の発話に続いて)ア　マー　オタガエヤ(まあ、お互いさまだよ。)奈良県山辺郡都祁村

D. 〈儀礼対応（儀礼）〉

25. 訪問の挨拶：他家を訪問する時の挨拶の発話。

（例）ゴメンナ（ごめんください。）／ヘー　オイデナハレ（はい、いらっしゃいませ。）兵庫県神埼郡神崎町　※ただし、この要素は分析対象には含めない。

26. 辞去の挨拶：他家を辞去する時の挨拶の発話。

（例）マ　ゴメンナ　サエナラ（では　ごめんください。さようなら。）／サイナラ　アッ（さようなら。）兵庫県神埼郡神崎町　※ただし、この要素は分析対象には含めない。

27. 弔問者へのもてなし：弔問者へのもてなしを述べる発話。

（例）ヘヘー　ユックラト　シトッテ　オクレナヘー（ええ、ゆっくりとしていて　ください。）長崎県南高来郡有家町

28. 弔問者へのもてなしに対する礼：弔問者へのもてなしに対して礼を述べる発話。

（例）（27の発話に続いて）ヘヘー　アルガト　ゴアヒ（ええ、ありがとうございます。）長崎県南高来郡有家町

29. 弔問の遅れについての詫び：弔問が遅れたことについて詫びを述べる発話。

（例）モ　チットモ　アータ　シランダッタモンダケン　ホンーニ　スマンコッデ　ゴザルマシタ（もう　少しも　あなた　知らなかったものだから、ほんとに　すまないことで　ございました。）熊本県熊本市

30. 無沙汰の詫び：日ごろの無沙汰について詫びを述べる発話。

（例）マー　コネーダ　マズ　スバラク　ドッテ　マズ　アマリ　ドーモ　ゴブサダ　ステテ　マー　モースワケナカッタガ（まあ　このごろは　しばらくぶり　で　ほんとに　あまり　どうも　ごぶさたしていて　まあ　申し訳ありませんでしたが）宮城県宮城郡根白石村

31. 心配をかけた詫び：弔問者に心配をかけたことについて詫びを述べ

る発話。

(例)マー　エライ　イロイロトー　シンパイニ　アズ　アズカッタケドノー(まあ　たいそう　いろいろと　ご心配に　あずかったけれどねえ)三重県志摩郡浜島町

32. 弔意に対する礼：弔問者が弔いを述べたことに対して礼を返す発話。

(例)(12の1番目の発話に続いて)ハ　ドーモ　アリガドゴゼンスタ(は、どうも　ありがとうございました。)岩手県宮古市

(例)(12の2番目の発話に続いて)ゴテーネーニ　アリガトー(ごていねいに　ありがとう。)滋賀県犬上郡多賀町

33. 弔問に対する礼：弔問に対して礼を述べる発話。

(例)マタ　キョーワー　イソガシ　トキニ　ドーモ　ゴクロハンデ(また　きょうは　忙しい　ときに　どうも　ご苦労さまで(した)。滋賀県高島郡朽木村

34. 弔問に対する礼への恐縮：弔問に対する礼に恐縮を表す発話。

(例)(33の発話に続いて)オーキニ　スンマシェナンダ(ありがとう。すみませんでした。)滋賀県高島郡朽木村

35. 存命中の世話に対する礼：故人が存命中に世話になったことに対して礼を述べる発話。

(例)ホンニ　ンー　マー　オシェワバッカリ　ナットイテ(ほんとに　まあ　お世話にばかり　なっていまして。)熊本県熊本市

36. 存命中の世話に対する礼への恐縮：存命中の世話に対する礼に恐縮を表す発話。

(例)(35の発話に続いて)イーエー　モ　ホンーニ(いいえ、もう　ほんとに。)熊本県熊本市

37. 供物に対する礼：供物に対して礼を述べる発話。

(例)エー　バンキリ　マズ　ドーモ(まあ　いつもいつも　まあ　どうも。)宮城県宮城郡根白石村

38. 供物に対する礼への恐縮：供物に対する礼に恐縮を表す発話。

(例)（37の発話に続いて）イヤイヤ（いいえ　いいえ。）宮城県宮城郡根白石村

39. 供物についての謙遜：供物について謙遜を表す発話。

(例)ホンノ　オスルスバカンデス（ほんの　おしるしばかりです。）宮城県宮城郡根白石村

40. お参りの辞退：お参りを辞退することを述べる発話。

(例)マイッテクト　エーケド　モー　コッカラ　ワカレサシテ　モラウデ（おまいりしていくと　いいのだけれど、もう　ここで　失礼させて　もらいますから。）三重県一志郡美杉村

41. お参りの申し出に対する礼：お参りの申し出に対して礼を述べる発話。

(例)ハー　オソレイリマスデ　ゴザリマス（恐縮で　ございます。）大阪府大阪市

42. 看病に対するねぎらいへの礼：看病に対するねぎらいに礼を述べる発話。

(例)（15の発話に続いて）ハー　アリガトー　ゴザイマス（はあ、ありがとう　ございます。）京都府京都市

43. 遺族への励ましに対する礼：遺族への励ましに対して礼を述べる発話。

(例)ハー　オーキニ（はあ、ありがとう。）奈良県山辺郡都祁村

　これらの要素の認定と分類の方法について、3点補足しよう。

　まず、ここで採った方式は、発話の形式面ではなく内容面を優先したものである。例えば、B.〈心情表明〉の12.「弔意の表明」には例に挙げたような「マコトニ　オチカラオトシデ　ゴザイマショー（まことに　お力落としで　ございましょう。）」のような相手の気持ちを確認する形式も含めた。これは2.4節の①〜⑫の分類ならば、⑤同意要求ないし⑥情報要求に入るものであろう。しかし、このような発話は、文の機能としては同意要求や質問であっても、弔問者が遺族の気持ちを推し量り、遺族と一体となって悔やむ気

持ちを表明するためのものと言える。つまり、発話の機能としては話し手の心情を述べる役割を果たしていると考えられる。そこで、この種の発話はB.〈心情表明〉に分類することにした。

　内容面重視という点について、もう1つ例を上げてみよう。D.〈儀礼対応〉の27.「弔問者へのもてなし」のところに例示した「ヘヘー　ユックラト　シトッテ　オクレナヘー（ええ、ゆっくりと　していて　ください。）」という発話は、形式的には2.4節のリストでは⑧単独行為要求にあたると思われる。しかし、この発話は行為の要求というよりも、弔問者に対する一種の儀礼的な返答であり、発話の機能としては挨拶的な役割を果たしていると考えられる。そこで、こうした発話はD.〈儀礼対応〉に入れることにした。

　次に、「～への返事」「～の受託」などの応答の類は、先行する発話の「発話機能」と同じグループに分類するという方針をとった。例えば、1.「死去の確認」の「マー　オマエン　ホニャナー　ムスコジョン　ノーナラシタッテチ　マー（まあ　あなたの　うちではねえ、むすこさんが　なくなられたそうで、まあ。）」はA.〈情報提示〉に分類したが、それに対する2.「死去の確認への返事」の「アイサーリー（はい。）」もA.〈情報提示〉に分類した。このような返事も、相手が差し出した情報をそのとおりと認定するものとして、一種の情報の提示にあたるとみなしたためである。

　同様に、20.「お参りの申し出」の「オレ　マツ　ミツコ　エツペァ　アゲテユクハ（わたしは　まあ　水を1杯　あげていきます。）」をC.〈行為表明〉に分類したのに合わせて、21.「お参りの申し出の受託」の「ハェ　マツンダラ　アゲテクナシェー（はい、まあ　それなら　あげてください。）」もC.〈行為表明〉に含めた。この場合、前者はその行為を自ら行うことの意志を表明するものであり、後者はその行為を相手に行わせることの依頼（ないし許可）を表明するものであるという違いがあるが、共に行為の表明に関わるものと判断し、同じ発話機能のグループに分類した。なお、これらの発話の後には、さらに、22.「お参りの申し出の受託への返事」の「ハェ（はい。）」が続く。返事の形式をとっているものの、これも内容的には行為の表明にあたるとみなされるので、同じくC.〈行為表明〉の分類に入れた。

最後に、これは個別的な問題になるが、12.「弔意の表明」はその心情性を重く見てB.〈心情表明〉に分類することにした。12.「弔意の表明」は、「マー　オグヤミモーセンス(まあ　おくやみを申し上げます。)」のように定型的な言い回しが用いられることが多く、儀礼的であることからD.〈儀礼対応〉に分類することも考えられた。しかし、この種の発話は故人の死を弔い、遺族を慰める意図をもつものであり、弔問者の心情を表現するものである。ここでは、そうした面を重視して12.「弔意の表明」をB.〈心情表明〉に分類した。

3.2. 談話の構成を捉える

前節で述べた単位の認定と分類方法を用いて、実際の談話の構成を見ていきたい。まず、西日本の代表として大阪府大阪市の談話を取り上げてみよう。表1をご覧いただきたい。

この表は、大阪府大阪市の不祝儀談話を「発話要素」に分割して掲げたものである。テキストの引用は原則として原文のままとしてある。片仮名書きが方言文、漢字交じりの平仮名書きが共通語訳である。話線に沿って発話の順に「発話番号」を与え、「発話要素」にも「発話要素番号」を付した。mは男性話者、fは女性話者である。各発話要素は「発話機能」と「発話意図」を判定し、それぞれの箇所に記した。

表1　大阪府大阪市の不祝儀談話

発話番号	発話要素番号	発話要素	発話機能	発話意図
m1	m1-1	タダイマー　マー　オシラシェノ　オツカイ　チョーダイイタシマシテ (ただいまは　まあ　お知らせの　お使いを　ちょうだいいたしまして、)	〈情報〉	弔問の経緯の説明
	m1-2	ビックリーシテオリマスヨナ　シダイデゴザイマス (びっくりしておりますような　次第でございます。)	〈心情〉	弔意の表明

	m1-3	ナント　モーシアゲーマシテ　ヨロシーヤラ　セッカク　イロイロト　オツクシーナサイマシタノニ (なんと　申し上げまして　よろしいやら、せっかく　いろいろと　お尽くしなさいましたのに、)	〈心情〉	看病に対するねぎらい
	m1-4	ゴジュミョートワ　モーシナガラ　オヨロシュー　ゴザイマヘナンダソーデ (ご寿命とは　申しながら、およろしく　ございませんでしたそうで、)	〈情報〉	死去の確認
	m1-5	サゾ　オチカラオトシノ　コトデ　ゴザイマッシャロナー (さぞ　お力落としの　ことで　ございましょうね。)	〈心情〉	弔意の表明
f1	f1-1	マー　コレワ　コレワ　サッソクニ　オコシ　イタダキマシテ　オソレイリマシテ　ゴザイマス (まあ　これは　これは、さっそく　おいで　いただきまして　恐れ入りまして　ございます。)	〈儀礼〉	弔問に対する礼
	f1-2	モー　ゾンメーチューワ　イロイロト　ゴヤッカイニ　ナリマシテ　モー　アンサンニワ　ヒトカタナランナー　カワイガッテ　イタダキマシタノニ　マー　ジミョーデ　ゴザイマッシャロ　モーナー　アンサン　ナクナリマシテ　ゴザリマスノンデ　マアラタメマシテ　シェージェンノ　オレーオ　モーシアゲマスデ　ゴザリマス (もう　存命中は　いろいろと　ごやっかいに　なりまして、もう　あなたには　ひとかたならずねえ　かわいがって　いただきましたのに、まあ　寿命でございましょう、もうねえ　あなた、なくなりまして　ございますから、改めまして　生前の　お礼を　申し上げますで　ございます。)	〈儀礼〉	存命中の世話に対する礼

m2	m2-1	エー ホンーノ オシルシテ ゴザイマスンデスケレドモ エー ゴブツゼンエ オソナエ クダーシマシタラ ケッコーデ ゴザイマスケレドモ (ほんの おしるしで ございますのですけれど、ご仏前へ お供え くださいましたら 結構で ございますけれど。)	〈行為〉	供物の申し出
f2	f2-1	ハー オソレイリマシテ (恐れ入ります。)	〈儀礼〉	供物に対する礼
	f2-2	デ マタ アノ タダイマワ カサネガサネニ ヨトギノ オンマエマデ マー ゴチソーオ タクサンニ チョーダイ イタシマシテ ナニカラ ナニマデ オココロズクシデ オソレイリマシテ ゴザリマス ホトケモ ヨロコンデオリマスデ ゴザイマスヤロ (また ただいまは 重ね重ねに お通夜の お見舞いまで、まあ ごちそうを たくさん ちょうだい いたしまして、なにから なにまで お心尽くしで 恐れ入りまして ございます。仏も 喜んでおりますことで ございましょう。)	〈儀礼〉	弔問に対する礼
m3	m3-1	マー コレデ ナガノ オワカレデ ゴザイマスヨッテニ オジャマニ ナリマスデッシャロケレドモ シバラク マー オツヤ サシテイタダイテ ヨロシゴザイマッシャロカ (これで ながの お別れで ございますから、おじゃまに なりますでしょうけれど、しばらく まあ お通夜を させていただいて よろしゅうございましょうか。)	〈行為〉	お参りの申し出
f3	f3-1	ハー オソレイリマスデ ゴザリマス (恐縮で ございます。)	〈儀礼〉	お参りの申し出に対する礼

| | f3-2 | マ オサムサノ オリカラ アリガトー ゾンジマスデ ゴザイマス
（まあ お寒さの おりから ありがとう 存じますで ございます。） | 〈儀礼〉 | 弔問に対する礼 |

　以上の談話の構成を、発話機能と発話意図に注目しながら図式化すると、次のようになる。ここには、話題のまとまりをもとに認定した「話段」Ⅰ〜Ⅲも表示してある。

【大阪の不祝儀談話の構成】

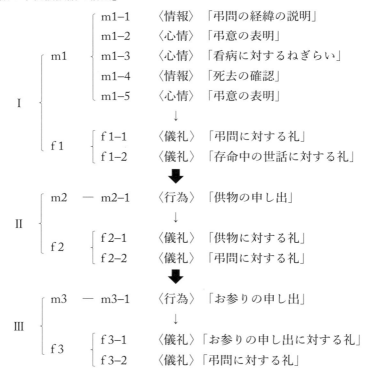

　これを見ると、大阪の不祝儀談話は、Ⅰ・Ⅱ・Ⅲの3つの話段から成り

立っていることが分かる。まず、Ⅰは「弔意の表明とそれに対する応答」の話段である。非常に形式的で1発話が長めのやりとりが交わされる。弔問者は弔問の経緯を説明した上で、自分の気持ちを吐露するように弔意を表明する。続いて、看病に対するねぎらいの言葉をかけたあと、死去の確認を行い、あらためて今度は遺族を気遣うように弔意を表明する。これに対して遺族は、弔問に対する礼を口にし、さらに、故人が存命中、弔問者に世話になったことの礼を述べている。

これに続くⅡは「供物の申し出とそれに対する応答」の話段であり、さらに、Ⅲは「お参りの申し出とそれに対する応答」の話段である。いずれも、弔問者から供物の申し出やお参りの申し出を行い、遺族がそれに対して礼を述べるというパターンがとられている。ⅡとⅢの話段には心情表明の発話は見られず、供物やお参り等、弔問の手続き的な面に関するやりとりがなされている。

構成としては、Ⅰの話段が「開始部」、Ⅱの話段が「展開部」、Ⅲの話段が「終了部」とみなすことができるが、全体の比重は明らかにⅠの話段にあり、ここが話の「核」に当たると考えられる。すなわち、不祝儀談話にとって重要な弔意の表明とそれへの応答を開始部に配置し、そこで一通り述べるべき言葉を確実かつ丁寧に交わし合うといった話のし方になっている。

これらのことから、大阪の談話は談話の中核的な部分が明確であり、整然とした構成を示していることがわかる。また、弔問者の言葉かけに対する遺族の返答が、Ⅰ・Ⅱ・Ⅲの話段のいずれも「礼」であるという点で、会話のスタイルが定型的・儀礼的であるとも言える。

それでは、東日本の談話はどうだろうか。ここでは、東北の青森県南津軽郡黒石町(現黒石市)の談話を取り上げてみる。表2をご覧いただきたい。なお、m4とm9に「アー」というあいづちが登場するが、これは相手の発話を聞いていることの表示に過ぎず、積極的な意味をもつものではないとみなした(「発話機能」「発話意図」は認定していない)。

表2 青森県南津軽郡黒石町の不祝儀談話

発話番号	発話要素番号	発話要素	発話機能	発話意図
m1	m1-1	コノタビア オメタジノ オボッコ シンデネシ (このたびは お宅の こどもが 死んでね)	〈情報〉	死去の確認
	m1-2	ナント コマチマタネシ (なんとも 困ってしまいましたね。)	〈心情〉	弔意の表明
f1	f1-1	ハー ホントネ イダワシコト シシタネア (はあ、ほんとうに 惜しいことを しましたよ。)	〈心情〉	死去についての感想
m2	m2-1	ナンボニ ナイシ (幾歳に なりますか。)	〈情報〉	故人についての質問
f2	f2-1	エジツゲシャー (5歳です。)	〈情報〉	故人についての説明
m3	m3-1	アリャリャリャリャー ホントニ ソレー マダソロー ホントニ ツセノ ソラナー イダワシゴシジャ (あれあれあれ ほんとうに それ まだ それは ほんとに 小さいのに それは 惜しゅうございます。)	〈心情〉	弔意の表明
f3	f3-1	ハー エジツニモ ナルノ ソダデダノコドシ (はあ、5歳にも なるまで 育てたのをねえ。)	〈心情〉	死去についての感想
m4	m4-1	アー (ああ。)	／	／
f4	f4-1	ホントネ イダワシコト シタッコド (ほんとに 惜しいことを しましたよ。)	〈心情〉	死去についての感想
m5	m5-1	ンダネシー (そうですね。)	〈心情〉	死去についての感想
	m5-2	オメダチダケア ホントニ イシャサモ ミナ カケデネシ (お宅では ほんとに 医者にも みな かけてね。)	〈心情〉	看病に対するねぎらい

f5	f5-1	ハー イッショーケンメ カカテシア (はあ、 いっしょうけんめい かかってね。)	〈情報〉	看病についての説明
m6	m6-1	ゼニモ ツカタシネシ (お金も 使ったのにね。)	〈心情〉	看病に対するねぎらい
f6	f6-1	ソデシア (そうです。)	〈情報〉	看病についての説明
m7	m7-1	ンニャ ホントネ コマッテ シマウネシ ホントネネシ (いや、ほんとうに 困って しまうね、ほんとうにね。)	〈心情〉	弔意の表明
f7	f7-1	アー イダワシフテシ (ああ 惜しくてね)	〈心情〉	死去についての感想
	f7-2	マーマ ホントネ イッショケンメネ カンビョノ テアデ シタケンドモネシア (m アー) (まあ ほんとうに いっしょうけんめいに 看病(の 手当て)を したけれどもねぇ。)	〈情報〉	看病についての説明
	f7-3	ドーシタンダガサ アノ コドモワ マタ ミョーニ サカシフテ アッタンダシ (どういうものか、 あの こどもは まあ 妙に りこうで あったんですよ。)	〈心情〉	故人についての感想
	f7-4	(m アリャリャリャリャ) アレ シヌネ アレァ アオ アダワタデシジャ。 ((m あれあれあれ) あれは 死ぬように あれは 運命づけられていたのですよ。)	〈心情〉	故人についての感想
m8	m8-1	ンダ オメダジノ ワラシコ ホントニシ サカシ ワラシコデ アッタオネシ (そうだ。 お宅の こどもは ほんとうにね りこうな こどもで あったね。)	〈心情〉	故人についての感想
f8	f8-1	ソンデサネ ソンダサネテバ オカシケンドモネシア (そうです。 そうだといえば おかしいけれども。)	〈心情〉	故人についての感想
m9	m9-1	アー (ああ。)	／	／

f9	f9-1	ホントネ　アレマダ　シヌネ　アダワエテ　ショワネネシ (ほんとうに　あれはまた　死ぬように　運命づけられて　きたんでしょうね。)	〈心情〉	故人についての感想
m10	m10-1	ナンボ　メゴイ　ワラシコデ　アタガサ　ソレー (ずいぶん　かわいい　こどもで　あったねぇ。)	〈心情〉	故人についての感想
f10	f10-1	アンダ　マダ　イソガシトコ　キテケデハ　ホントニ　アリガトゴシ (あなたは　また　忙しいところを　来てくださって　ほんとうに　ありがとうございます。)	〈儀礼〉	弔問に対する礼
m11	m11-1	イヤヤ　ホントニ　コマリシタジャネシ (いや　ほんとうに　困りましたね。)	〈心情〉	弔意の表明

　以上の談話の構成を、先に示した大阪の談話に倣って図式化すると、次のようになる。

【青森の不祝儀談話の構成】

```
         ┌        ┌ m1-1    〈情報〉「死去の確認」
         │   m1  ┤
         │        └ m1-2    〈心情〉「弔意の表明」
    I   ┤                         ↓
         │
         └   f1  ─  f1-1    〈心情〉「死去についての感想」
                                  ⬇
         ┌  m2  ─  m2-1    〈情報〉「故人についての質問」⎫
         │                        ↓                        ⎪
         │  f2  ─  f2-1    〈情報〉「故人についての説明」⎬ II①
         │                        ↓                        ⎪
         │  m3  ─  m3-1    〈心情〉「弔意の表明」        ⎪
         │                        ↓                        ⎭
```

第 3 章　談話の方言学　247

$$
\text{II}\begin{cases}
\begin{array}{lll}
\text{f3} \;-\; \text{f3–1} & \langle 心情 \rangle & 「死去についての感想」\\
& (\text{m4　あいづち}) & \\
\text{f4} \;-\; \text{f4–1} & \langle 心情 \rangle & 「死去についての感想」\\
& \downarrow & \\
\text{m5}\begin{bmatrix}\text{m5–1} \\ \text{m5–2}\end{bmatrix} & \begin{array}{l}\langle 心情 \rangle \\ \langle 心情 \rangle\end{array} & \begin{array}{l}「死去についての感想」\\ 「看病に対するねぎらい」\end{array}\\
& \downarrow & \\
\text{f5} \;-\; \text{f5–1} & \langle 情報 \rangle & 「看病についての説明」\\
& \downarrow & \\
\text{m6} \;-\; \text{m6–1} & \langle 心情 \rangle & 「看病に対するねぎらい」\\
& \downarrow & \\
\text{f6} \;-\; \text{f6–1} & \langle 情報 \rangle & 「看病についての説明」\\
& \downarrow & \\
\text{m7} \;-\; \text{m7–1} & \langle 心情 \rangle & 「弔意の表明」\\
& \downarrow & \\
\text{f7}\begin{bmatrix}\text{f7–1}\\ \text{f7–2}\\ \text{f7–3}\\ \text{f7–4}\end{bmatrix} & \begin{array}{l}\langle 心情 \rangle \\ \langle 情報 \rangle \\ \langle 心情 \rangle \\ \langle 心情 \rangle\end{array} & \begin{array}{l}「死去についての感想」\\ 「看病についての説明」\\ 「故人についての感想」\\ 「故人についての感想」\end{array}\\
& \downarrow & \\
\text{m8} \;-\; \text{m8–1} & \langle 心情 \rangle & 「故人についての感想」\\
& \downarrow & \\
\text{f8} \;-\; \text{f8–1} & \langle 心情 \rangle & 「故人についての感想」\\
& (\text{m9　あいづち}) & \\
\text{f9} \;-\; \text{f9–1} & \langle 心情 \rangle & 「故人についての感想」\\
& \downarrow & \\
\text{m10} \;-\; \text{m10–1} & \langle 心情 \rangle & 「故人についての感想」\\
\end{array}
\end{cases}
\begin{array}{l}\\ \\ \\ \\ \text{II}② \\ \\ \\ \\ \\ \\ \\ \\ \text{II}③ \\ \\ \\ \end{array}
$$

⬇

$$
\text{III} \begin{cases} \text{f10} \; — \; \text{f10-1} & \langle 儀礼 \rangle \; 「弔問に対する礼」 \\ & \qquad\qquad\downarrow \\ \text{m11} \; — \; \text{m11-1} & \langle 心情 \rangle \; 「弔意の表明」 \end{cases}
$$

　この談話も、大阪同様にⅠ～Ⅲの３つの話段から成り立つと考えられる。その点では、Ⅰの話段を「開始部」に、Ⅱの話段を「展開部」に、そしてⅢの話段を「終了部」に当てはめることができるが、バランスの上ではⅠとⅢが貧弱であるのに対して、Ⅱが巨大な構成となっている。つまり、この談話の主要部はⅡの話段であるとみなしてよい。

　話題としては、Ⅰの話段が「弔意の表明とそれに対する応答」、Ⅱの話段が「死去をめぐる感想のやりとり」、Ⅲが「弔問に対する礼とそれへの応答」と解釈される。Ⅰの話段が「弔意の表明とそれに対する応答」である点は大阪と共通するが、大阪では充実していたその部分が、青森では非常に簡略であり、すぐさまⅡの話段へと移行している。

　そのⅡの話段は、今述べたように「死去をめぐる感想のやりとり」が展開されており、こうした部分は逆に大阪では見当たらない。大阪では儀礼的なやりとりに終始するが、青森は感想を交わし合うことに主眼が置かれている。このⅡの話段は細かく見ると、さらに３つの部分（小話段）に分けることができそうである。それが、右側に示したⅡ①～③の区分けである。おおよそⅡ①では「故人の年齢に関する感想」が、Ⅱ②では「故人の看病に関する感想」が、そして、Ⅱ③では「故人の性格に関する感想」が交わされている。

　このように、青森ではⅡの話段が膨らんでおり、そこが主要部であると言える。そこに３つの話題が認められることは今述べたところだが、それらは連続的であり、メリハリのある構成になっているとは言えない。弔問者と遺族が互いに共感しながら故人の死を悼み、連綿と心情を吐露し合う展開となっている。

　以上のように、青森の談話は話の中核と言えるような部分が一か所にまとまっておらず、整理されていない印象を受ける。「困った」「いたわしい」と

いった心情的な言葉で示される「弔意の表明」も4か所に分散していてまとまりに欠ける。心情性に富んでいる反面、儀礼的な構成には乏しい。短い発話で頻繁に話者交代を繰り返すことも、未整理で非儀礼的な印象を助長している。

【大阪と青森の比較】

　以上、大阪と青森の不祝儀談話の構成について見てきた。両者の違いについてあらためてまとめてみよう。

　まず、大阪の談話では弔意の表明と看病のねぎらい、生前の世話への礼といった典型的なお悔やみを述べるやりとりを行ったあと、供え物やお参りなどの手続き的なやりとりに進む。談話の中心が明瞭で整理された構成である。これに対して、青森の談話では弔意の表明と死去・故人の感想が何度も繰り返されることで会話が進行していく。話の作りが単調で、整理された構成をもつとは言えない。

　また、大阪の談話は一回の発話が長く、その中である種の口上を述べているような定型性に富んだ語りが行われる。一方、青森の談話は一回の発話が短く、盛んに話者交代を繰り返すことで、日常の会話とあまり変わらないやりとりがなされている。

　さらに、談話を構成する要素にも注目すると、大阪の談話の発話意図には「礼」が目立つのに対して、青森の談話の発話意図には「感想」が頻出している。この点について、少し詳しく見てみよう。「礼」は発話機能では〈儀礼対応〉、「感想」は〈心情表明〉に分類してあるので、それらの機能を担う発話要素の出現数を数えてみると表3のようになる。〈儀礼対応〉は大阪の

表3　不祝儀談話における〈儀礼〉〈心情〉の発話要素の出現数

発話要素	大阪	青森
〈儀礼対応〉	6	1
〈心情表明〉	3	17

出現数が多く、〈心情表明〉は青森の出現数が勝っていることがわかる。発話意図の種類の点でも、〈儀礼対応〉は大阪で、「弔問に対する礼」「存命中の世話に対する礼」「供え物に対する礼」「お参りの申し出に対する礼」の4種類が現れるのに対して、青森は「弔問に対する礼」のみである。一方、〈心情表明〉については、大阪で「弔意の表明」と「看病に対するねぎらい」の2つであるのに対して、青森ではさらに「死去についての感想」と「故人についての感想」も出現している。このように、「礼」か「心情」かという点において、大阪と青森はその要素の出現頻度と種類の数の両面で対照的な様相を示している。

　以上、談話の構成における大阪と青森の違いは明らかになった。大阪の不祝儀談話は、儀礼性が会話を統率し、定型的で整理された構成を備えるのに対して、青森のそれは、心情性が会話を牽引し、日常的な会話と変わらない連綿とした構成をもつとまとめられる。小林・澤村（2014）が大阪の談話について「一見して丁寧なやりとり」がなされており、「感情を露わにせず」「型にはまった挨拶らしさ」をもつと指摘し、秋田の談話について「全体にいちいちの発言が単純で持って回ったところがなく」「型らしさがない」と述べた点は、以上の検討からも確かにうかがえる。

　この章では、記述的研究の1つのサンプルとして、大阪と青森の不祝儀談話を取り上げ、それぞれの構成（談話展開）について検討した上で比較を行った。また、談話に現れる特定の要素（儀礼的要素・心情的要素）にも注目し、それを手掛かりに各談話の性格を考察した。

4. 研究の実践（2）―地理的研究〈不祝儀の挨拶の談話を例に〉―

　前の章では方言談話の記述的研究を試みた。本章では地理的研究に着手してみよう。ただし、談話の分野で、分布地図を描くような方言地理学的分析を行うことは現段階ではなかなか難しい。そこで、ここでは、前の章で取り上げた東北と近畿のほかに、もう1地域として九州を加え、それら3地域の比較を行うことで地理的研究の実践を示すことにしたい。これは対照方言

学の試みと言えよう。

　なお、前の章では青森県南津軽郡黒石町と大阪府大阪市の談話を取り上げた。それぞれ、東北地方と近畿地方の一例として分析したつもりだが、そこで明らかになった傾向が、それぞれの地域に共通する特徴かどうかは資料を増やしてさらに確認する必要がある。そのため、本章でも引き続き日本放送協会編『全国方言資料』の不祝儀談話を資料とし、収録されている東北・近畿・九州の全地点の談話を対象として分析を行う。収録地点は各府県1〜数地点配置されており、東北・近畿・九州、各地域の傾向を全体として把握するには適当である。具体的には、東北10地点、近畿12地点、九州16地点であるが、地点数のバランスを少しでもとるために、北海道松前郡福島町白符を東北方言地域と認定し、東北地方の談話に入れて扱った。したがって、東北は11地点となる。

　さて、前の章では不祝儀談話全体の構成を視野に入れ、そこに見られる談話展開の特徴を把握した。しかし、多数の地点を扱う場合、談話の全体構成を比較・検討することは容易ではない。それは今後の課題とし、ここでは談話の部分構成を対象とする。また、特定の要素に着目して談話の特徴をつかんだり、微視的な視点から一発話の構成や要素にも注目したりして分析を行う。

4.1.　弔いの発話とそれに応じる発話―談話の部分構成を見る―

　不祝儀談話の中核部分は、弔問者による弔いの発話とそれに応じる遺族の発話であろう。弔いとその応答とは、不祝儀談話にとって必須の要素であり、かつその談話の中心をなす重要な部分と言ってよい。本節では、この部分のやりとりに注目し、その構成を見ていくことで、不祝儀談話の地域差を明らかにしてみたい。

　ここで弔いの発話とそれに応じる発話というのは、具体的には次のよう発話の組み合わせのことである。例(1)・例(2)とも、弔問者が弔いの発話を行ったのを受けて、遺族がそれに応じる発話を行っている。

例（1）

m：コノタビァ　オメタジノ　オボッコ　シンデネシ　ナント　コマチマタ
　　ネシ（このたびは　お宅の　こどもが　死んでね。なんとも　困ってし
　　まいましたね。）

f：ハー　ホントネ　イダワシコト　シシタネァ（はあ、ほんとうに　惜し
　　いことを　しましたよ。）　　　　　　　　　青森県南津軽郡黒石町

例（2）

f：アンタノトコノ　オバーサンモ　ナクナラレマシテ　マコトニ　オチカ
　　ラオトシデ　ゴザイマショー（お宅の　おばあさんも　なくなられまし
　　て、まことに　お力落としで　ございましょう。）

m：ゴテーネーニ　アリガトー　オバーサンモ　ナガナガ　オセワニ　ナラ
　　レテ（ごていねいに　ありがとう。おばあさんも　長々　お世話に　な
　　りまして。）　　　　　　　　　　　　　　滋賀県犬上郡多賀町

　これらの発話を発話要素に分けてその発話意図を確認すると、弔問者の発話は例（1）・例（2）ともに「死去の確認」（点線部）＋「弔意の表明」（波線部）という構成をとり、両者に共通性が見られる。一方、遺族の発話は、例（1）の場合、「死去についての感想」（実線部）のみで構成されるが、例（2）では、それとは別の「弔意に対する礼」（太線部）＋「存命中の世話に対する礼」（二重線部）から成り立っている。このように、遺族が弔問者の発話にどう応じるかという点で違いが認められる。

　ここでは、こうした遺族の応答の違いに注目してみよう。特に、発話機能のレベルで見た場合、例（1）の「死去についての感想」のように〈心情表明〉を行うのか、それとも例（2）の「弔意に対する礼」「存命中の世話に対する礼」のように〈儀礼対応〉を行うのか、といった点に焦点を当てることにする。具体的には、各談話において、例（1）・例（2）のような弔いの発話（主として「弔意の表明」を含む発話）とそれに応じる発話の組み合わせを抽出し、そのうち遺族側の発話に〈心情表明〉と〈儀礼対応〉のどちらが現れるかを観察する。なお、〈心情表明〉の内容としては「死去についての感

第3章　談話の方言学　253

表4　弔いへの対応発話における〈心情〉〈儀礼〉の発話要素の出現地点数

発話要素	東北(11)	近畿(12)	九州(16)
〈心情表明〉	6	5	5
〈儀礼対応〉	6	9	12

※各地域の(　)内の数字は収録地点数

想」のほかに「故人についての感想」も出現する。〈儀礼対応〉の内容は「弔意に対する礼」「弔問に対する礼」「存命中の世話に対する礼」「供物に対する礼」の4種類が観察される。

　このような見方で東北・近畿・九州の不祝儀談話を分析してみる。弔問者の弔いに対する遺族の応答に、〈心情表明〉ないし〈儀礼対応〉が出現する地点数を地域ごとに数えると、表4のようになる（各地域で〈心情表明〉と〈儀礼対応〉の合計が収録地点数を越えるのは、1地点に両方の要素が現れる場合があるからである）。

　これを見ると、東北地方では〈心情表明〉と〈儀礼対応〉が同数であるのに対して、近畿地方と九州地方では〈儀礼対応〉が〈心情表明〉を上回っていることがわかる。弔問者の弔いの発話に対して、東北では死去や故人に関する感想を口にすることで対応しようとする地点もあれば、弔意・弔問への礼や、故人の存命中の世話への礼を述べることで対応しようという地点もある。そこは拮抗している状態である。それに比べて、近畿・九州では、心情的な対応を行うよりも、儀礼的な対応を行う地点が明らかに多い。地域の特徴を相対的に見れば、弔問者の弔いの発話に対して、西日本では心情で返すより儀礼で返す傾向が顕著だが、東北では心情を吐露して応じる傾向が強いと言える。

4.2.　儀礼対応における発話内容―発話の構成を見る―

　前節では不祝儀談話の部分構成として、弔問者の弔いとそれへの遺族の対応に注目し、特に遺族がどのような受け答えをするか見てきた。本節では、そのうちの〈儀礼対応〉について、さらに深めて考えてみたい。すなわち、

弔問者の弔いに対する〈儀礼対応〉の内容として、「弔意に対する礼」「弔問に対する礼」「存命中の世話に対する礼」「供物に対する礼」の4種類の発話意図が観察されることは前節で指摘したが、ここでは、それらの選択や組み合わせに地域差が見られるかどうか検討する。

あらためて、これらの意図を持つ発話要素の具体例を挙げておこう。いずれも下線部が該当する発話要素と認定した部分である。

「弔意に対する礼」

f：ハ　オギ　オギギモーシェンスレバ　マー　オバーサンガ　オアリアンネソーデ　ゴゼーンス　マー　<u>オグヤミモーセンス</u>（は　お聞きしたところによれば　まあ　おばあさんが　おなくなりになったそうで　ございますが、まあ　おくやみを申し上げます。）

m：<u>ハ　ドーモ　アリガドゴゼンスタ</u>（は、どうも　ありがとうございました。）
　　　　　　　　　　　　　　　　　　　　　　　　　　　岩手県宮古市

「弔問に対する礼」

m：イヤ　キギヤシタガ　ドーモ　ジーサマ　ニワカニ　ドーモ　オナクナリ　ナッタッテ　マコトニ　ドーモ　ハー　コマッタコト　デギヤンシタ　マー　<u>オジカラオドシデ　オザイアンス</u>（いや　お聞きすれば、どうも　おじいさんが　急に　おなくなりに　なったそうで、まことに　どうも　困ったことが　できました。まあ　お力落としのことで　ございますね。）

f：<u>ソレワ　コワキテ　クナンシタ</u>（それは　わざわざ来て　くださいました。）
　　　　　　　　　　　　　　　　　　　　　　　　福島県河沼郡勝常村

「存命中の世話に対する礼」

f：アンタノトコノ　オバーサンモ　ナクナラレマシテ　マコトニ　オチカラオトシデ　ゴザイマショー（お宅の　おばあさんも、なくなられまして、まことに　お力落としで　ございましょう。）

m：ゴテーネニ　アリガトー　オバーサンモ　ナガナガ　オセワニ　ナラレ
　　テ(ごていねいに　ありがとう。おばあさんも　長々　お世話に　なり
　　まして。)　　　　　　　　　　　　　　　　　滋賀県犬上郡多賀町

「供物に対する礼」
f：ムグナイ　コトヂェ　アリマス　コレ　スコシヂェ　アリマスケン　オ
　　バーサンニ　スエチェ　オクレマシェー(お気の毒な　ことで　ござい
　　ます。これは　わずかで　ございますが　おばあさんに　供えて　くだ
　　さいませんか。)
m：エー　ソリャ　マー　アリガトー　ゴザイマス(ええ、それは　まあ、
　　ありがとう　ございます。)　　　　　　　　大分県南海部郡上野村

　このうち、最後に掲げた「供物に対する礼」はやや特殊である。この発話(m)を「供物に対する礼」と認めたのは、弔問者の発話(f)の後半部分「コレ　スコシヂェ　アリマスケン　オバーサンニ　スエチェ　オクレマシェー」が「供物の申し出」となっており、遺族の発話(m)は直接的にはそれを受けたものとみなされるからである。ただし、弔問者の発話(f)は前半部分について見れば、「ムグナイ　コトヂェ　アリマス」と「弔意の表明」になっている。したがって、遺族の発話(m)はこの部分も含めた礼であるととることも可能である。そうすると、この発話は「供物に対する礼」と「弔意に対する礼」とが一体化したものと認めることもできる。

　さて、表5は各地域の〈儀礼対応〉において、4種類の発話意図の要素がどの程度出現するか示したものである。これを見ると、どの地域も概して「弔意に対する礼」の割合が高いことがわかる。「弔意に対する礼」が〈儀礼対応〉の最も一般的な要素であると認めてよいであろう。また、「弔問に対する礼」もある程度現れているが、東北で少なく九州で多い傾向にある。

　さらに注目すべきは、「存命中の世話に対する礼」の出現が、近畿で突出している点である。〈儀礼対応〉が観察された9地点のすべてで「存命中の世話に対する礼」が行われている。先の表4の結果と合わせて考えると、

表5 〈儀礼対応〉における発話要素（発話意図）の種類別出現地点数

発話要素	東北(6)	近畿(9)	九州(12)
弔意に対する礼	4	6	8
弔問に対する礼	1	3	6
存命中の世話に対する礼	2	9	3
供物に対する礼	1	1	1
要素の合計数	8	19	18
1地点当たりの要素数	1.3	2.1	1.5

※各地域の（　）内の数字は〈儀礼対応〉の出現地点数

　近畿では、弔問者の弔いに対して、遺族の側は礼を述べるのが基本であり、しかも、その礼には必ず故人が生前世話になったことへの言及を含む必要がある、ということになる。これに対して、東北と九州では、そうした「存命中の世話に対する礼」は、弔いへの返答の要素としては必須ではないと言えよう。

　表5には、今扱った発話要素が1地点当たりどのくらい出現するかという数値も示した。「1地点当たりの要素数」がそれである。これを見ると、東北＜九州＜近畿の順に要素数が多いことがわかる。特に、近畿の数値が高いが、これはとりわけ近畿で複数の要素が組み合わされて発言される傾向が強いことを意味する。その場合、組み合わせのパターンとしては、「弔意に対する礼」ないし「弔問に対する礼」と「存命中の世話に対する礼」がセットになることが多い。また、それらは両方の要素が1発話の中に現れることもあれば、2発話に分かれて出現することもある。以下に具体例を示そう。実線部が「弔意に対する礼」ないし「弔問に対する礼」であり、波線部が「存命中の世話に対する礼」である。

（a）「**弔意に対する礼**」＋「**存命中の世話に対する礼**」の組み合わせ
例(1)（1発話内に2つの要素が出現する場合）
ｍ：オジー　コノタビー　ビョーキデ　トード　ナクナラレタテ　オキノド

クサンデ ゴザイマス(おやじさんは このたび 病気で とうとう おなくなりになったそうで、お気のどくなことで ございます。)
f：<u>アリガトー ゴザイマス ビョーチューワ オセワサンデ ゴダイマシタ</u>(ありがとう ございます。病気中は お世話さまで ございました。)
和歌山県日高郡竜神村

例(2)(2発話に分かれて2つの要素が出現する場合)
f：オジー ソチノ オジーモ マー ニワカニ オラハレンテ マー キノドクナ コッテ ゴザリマス(じいさん、お宅の おじいさんも まあ 急になくなって、まあ 気の毒な ことで ございます。)
m：<u>アー ドーモ スンマヘン</u> ウチノ ジーモー タッシャナ モンヤッタケンドサー グージェン アンナ コトニ ナッテー(ああ どうも すみません。うちの じいさんも 達者な ものだったけれどね、突然 あんな ことに なって……。)
f：ウチラ マー チョットモ シラントッタノニー キノドクナ コッテ ゴザリマス ー(うちら まあ すこしも 知らなかったのに、気の毒な ことでございます。)
m：<u>イヤ ゾンメーチューワ モー</u>(いや 存命中は もう……。)
滋賀県高島郡朽木村

(b)「弔問に対する礼」+「存命中の世話に対する礼」の組み合わせ
例(3)(1発話内に2つの要素が出現する場合)
m：<u>タダイマー マー オシラシェノ オツカイ チョーダイイタシマシテ ビックリーシテオリマスヨナ シダイデゴザイマス</u>(中略)サゾ オチカラオトシノ コトデ ゴザイマッシャロナー(ただいまは まあ お知らせの お使いを ちょうだいいたしまして、びっくりしておりますような 次第でございます。(中略)さぞ お力落としの ことで ございましょうね。
f：マー コレワ コレワ サッソクニ オコシ イタダキマシテ オソレイリマシテ ゴザイマス モー <u>ゾンメーチューワ イロイロ ゴ</u>

ヤッカイニ　ナリマシテ　モー　アンサンニワ　ヒトカタナランナー
カワイガッテ　イタダキマシタノニ　マー　ジミョーデゴザイマッシャ
ロ　モーナー　アンサン　ナクナリマシテ　ゴザリマスノンデ　マ　ア
ラタメマシテ　シェージェンノ　オレーオ　モーシアゲマスデ　ゴザリ
マス（まあ　これは　これは、さっそく　おいで　いただきまして　恐
れ入りまして　ございます。もう　存命中は　いろいろと　ごやっかい
になりまして、もう　あなたには　ひとかたならずねえ　かわいがって
　いただきましたのにまあ　寿命でございましょう。　もうねえ　あな
た、なくなりまして　ございますから、改めまして　生前の　お礼を
申し上げますでございます。）　　　　　　　　　　　　大阪府大阪市

例（4）（2 発話に分かれて 2 つの要素が出現する場合）
m：アー　ヒサシー　コンダガ　コナイダー　オジーヤ　ナクナラレタッテ
　　オチカラオトシデ　ゴザンショー（ごぶさたしていますが　この間
　　おじいさんが　なくなられたそうで　お力落としで　ございましょう。）
f：ナガイ　コト　カワイガッテ　モロタケドナー　ジュミョーカギリカ
　　シモーテキマシタ（長い　こと　かわいがって　いただきましたけれど
　　ね。寿命いっぱいだったのでしょう　な［亡］くなってしまいました。）
m：ツライ　コト　シマシタ（お気の毒な　ことを　しました。）
f：オーキニ。テーネーニ　ヨー　キテクレ（テ）（ありがとう。ごていねい
　　に　よく　来てくださいまして。）　　　　　　　三重県一志郡美杉村

　以上のように、近畿では判を押したように 2 つの要素がセットで出現する。このことは、近畿が東北や九州に比べて念の入った〈儀礼対応〉の形式をとることを意味するものである。弔意や弔問に対して礼を述べるだけでなく、故人が生前世話になったことへの礼も加えることで、弔問者に対してより丁重な対応を行っていると言える。

4.3. 儀礼対応における表現法―発話の要素を見る―
　前節では〈儀礼対応〉の構成的側面、すなわち、発話要素の種類の選択と

それらの組み合わせに地域差が見られることを指摘した。本節では、〈儀礼対応〉の要素をより詳細に観察し、表現法上の特徴について見ていくことにしよう。「供物に対する礼」は各地域で1地点ずつにしか現れないので省略し、「弔意に対する礼」「弔問に対する礼」「存命中の世話に対する礼」の3つを取り上げる。

(1) **「弔意に対する礼」**

まず、「弔意に対する礼」について見ると、その表現には、

  アリガトーゴザリマシタ(ありがとうございました。)
                 青森県三戸郡五戸町
  オーキニ(ありがとう。)   三重県志摩郡浜島町
  アイガト　ゴワス(ありがとう　ございます。)　　鹿児島県鹿児島市

などのように、感謝表現の主要な要素である「ありがとう」「おおきに」などの1語のみから成り立つものと、

  ドーモ　アリガドゴゼンスタ(どうもありがとうございました。)
                 岩手県宮古市
  オーキニ　アリガトハン(どうもありがとうございます。)
                兵庫県神崎郡神崎町
  ゴテーネニ　アリガトー(ごていねいにありがとう。)
                滋賀県犬上郡多賀町

などのように、「どうも～」「おおきに～」「ご丁寧に～」といった修飾成分を伴い2語から成り立つものとが見られる。これらについて、地域別に統計をとると、次の表6のようになる(「はい」などの返事、「あなた」などの呼び掛けはカウントしない)。近畿で合計が地点の数を上回るのは、「弔意に対する礼」が1地点で2回出現したことによる(1語・2語のケースがそれ

表6 「弔意に対する礼」の表現を構成する語の数

構成語数	東北(4)	近畿(6)	九州(8)
1語	3	3	6
2語	1	4	2

※各地域の（　）内の数字は「弔意に対する礼」の出現地点数

それ1回ずつ）。

「弔意に対する礼」の出現地点がそもそも東北で少なく厳密な比較は難しいが、他の地域に比べて近畿で修飾成分を伴う2語以上の表現が多いことがわかる。

(2) **「弔問に対する礼」**

「弔問に対する礼」は、先に表5で見たとおり東北では1地点でしか得られていない。次の例である。

　　ソレワ　コワキテ　クナンシタ（それは　わざわざ来て　くださいました。）　　　　　　　　　　　　　　　　　　　　　　福島県河沼郡勝常村

用例が少ないため比較は難しいものの、この東北の例に比べると近畿や九州の例は次のように感謝や恐縮・慰労の表現を伴うものが多く、より丁寧な印象を受ける。

　　オーキニ　テーネーニ　ヨー　キテクレ（テ）（ありがとう。ごていねいに　よく　来てくださいまして。）　　　　　　三重県一志郡美杉村
　　マー　コレワ　コレワ　サッソクニ　オコシ　イタダキマシテ　オソレイリマシテ　ゴザイマス（まあ　これは　これは、さっそく　おいでいただきまして　恐れ入りまして　ございます。）　　　　大阪府大阪市
　　マタ　キョーワ　オゴクロデ　ゴザイマシテ（また　きょうは　御苦労さまで　ございまして……。）　　　　　　　　福岡県三井郡善導寺町

エ　オーキン　マ　クヤミニ　キチェ　クダッタロワ（ええ、ありがとう　まあ。くやみに　来て　くださったのですか。）　　　宮崎県日南市

(3)「存命中の世話に対する礼」

　「存命中の世話に対する礼」は、共通語的には「たいへんお世話になった」のように、生前の親密な交誼に言及する中核的部分（「お世話になった」）と、その程度を強調する部分（「たいへん」）とから成り立つのが一般的である。

　まず、世話になったことを述べる中核的部分について見ると、どの地域でも次のような「お世話になった」の類が多く現れる。

　　オシェワン　ナッタケドモ（お世話に　なったけれども）
　　　　　　　　　　　　　　　　　　　　　　　山形県東田川郡黒川村
　　セァーニ　ナッタケド（世話に　なったけれど、）　兵庫県城崎郡城崎町
　　オシェワン　ナットッタリャ（お世話に　なっていたけれど、）
　　　　　　　　　　　　　　　　　　　　　　　長崎県北松浦郡中野村

　同時に、この「お世話になった」の変種と認められる「お世話様だった」「お世話様に預かった」という表現や、さらに、「ご心配に預かった」「ご厄介になった」という表現も見られる。

　　オセワサンデ　ゴダイマシタ（お世話さまで　ございました。）
　　　　　　　　　　　　　　　　　　　　　　　和歌山県日高郡竜神村
　　ゴセワサンニ　アズカリマシテカラニ（お世話に　なりまして、）
　　　　　　　　　　　　　　　　　　　　　　　　　　　京都府京都市
　　シンパイニ　アズ　アズカッタケドノー（ご心配に　あずかったけれどねえ、）　　　　　　　　　　　　　　　三重県志摩郡浜島町
　　ゴヤッカイニ　ナリマシテ（ごやっかいに　なりまして、）
　　　　　　　　　　　　　　　　　　　　　　　　　　　大阪府大阪市

また、親密な交誼を「可愛がってもらった」と独特の言い回しで表現する地域もある。次の例がそれである。

　　カワイガッテ　モロタケドナー（かわいがって　いただきましたけれどね。）　　　　　　　　　　　　　　　　　　　三重県一志郡美杉村
　　カワイガッテ　イタダキマシタノニ（かわいがって　いただきましたのに）　　　　　　　　　　　　　　　　　　　　　　　　大阪府大阪市

　以上の表現の出現状況を地域別に見ると表7のようになる（近畿は2つの要素を用いる地点が1地点ある一方、発話が途中で途切れたために中核的部分が取り出せない地点が1地点ある）。「存命中の世話に対する礼」はそもそも近畿で多いことにもよろうが、東北と九州は「お世話になった」に限定されるのに対して、近畿は表現の種類が豊富であることが見て取れる。「可愛がってもらった」という独特の表現が見られるのも近畿である。
　次に、「たいへんお世話になった」の「たいへん」の部分について取り上げると、ほかに「いろいろ」「長く」「本当に」といった表現やそれらの組み合わせが観察される。取り立てて地域差は見られないが、次のような「長く」の類が現れるのは近畿のみである。

表7　「存命中の世話に対する礼」における中核的部分の表現の種類

表現	東北(2)	近畿(9)	九州(3)
「お世話になった」	2	3	3
「お世話様だった」	0	1	0
「お世話様に預かった」	0	1	0
「ご心配に預かった」	0	1	0
「ご厄介になった」	0	1	0
「可愛がってもらった」	0	2	0

※各地域の（　）内の数字は「存命中の世話に対する礼」の出現地点数

ナガイ　コト　カワイガッテ　モロタケドナー（長いこと　かわいがっ
　　て　いただきましたけれどね。）　　　　　　　　三重県一志郡美杉村
　　オバーサンモ　ナガナガ　オセワニ　ナラレテ（おばあさんも　長々
　　お世話になりまして。）　　　　　　　　　　　　滋賀県犬上郡多賀町
　　ナガラク　ダンナントー　セァーニ　ナッタケドー（長い間　いろいろ
　　と　世話に　なったけれど、）　　　　　　　　　兵庫県城崎郡城崎町

　以上、遺族の側が発する〈儀礼対応〉の表現的側面について見てきた。全体に見て、東北は単純で淡白な言い方をし、近畿は種類が豊富で丁寧な表現をするという傾向が把握できた。九州は東北に近いものの、近畿と類似する点もある。前節で、〈儀礼対応〉の構成面を見た際、近畿では複数の要素を組み合わせる傾向が強く、東北や九州に比べて念の入った形式を用いることを指摘したが、同様の性格は表現法の面についてもうかがうことができる。

4.4.　不祝儀談話の性格―談話の要素を対象にする―

　本節では、談話に出現する要素のうち、特にその談話を特徴づけると思われるものに注目し、その出現状況から談話の表現的な性格を明らかにしてみたい。

　すでにここまでの考察の中で、東北地方の談話に見られる心情的性格を指摘してきた。3.2節では青森の不祝儀談話を取り上げ、話者同士の感情的なやりとりが会話を牽引し、普段の会話と変わらない連綿とした構成をもつと述べた。また、4.1節では遺族の弔問者への対応に注目し、西日本に比べ東北地方では心情を吐露して応じる傾向があることを明らかにした。東北方言の談話を特徴づけるそうした心情的な性質を、ここではまた別の角度から検討してみたいと考える。

　ところで、東北方言の談話が持つ心情性については、すでに小林・澤村（2014）が同じ『全国方言資料』をもとに指摘している。すなわち、秋田の不祝儀談話や朝の挨拶の談話について、「互いの気持ちを前面に押し出してやりとりする印象を受ける」（99頁）と述べる。そして、そうした感情的な印

象の原因として、「その内容はもちろんのこと、言葉の上でも話者の気持ちを露わにする要素が豊富に使用されているからである」(100頁)と説明する。ここで「話者の気持ちを露わにする要素」というのは、文レベルでは感嘆文の使用、語レベルでは感動詞や終助詞の使用を指す。

　以下ではこの指摘に基づき、感情的な言語要素の使用について観察することで、談話の表現的な特徴を考察してみることにしたい。ただし、文レベルの検討や終助詞についての考察は十分な準備ができていない。そこで、ここでは語レベルの要素を取り上げることにし、いわゆる強調や強意といった機能を含めて、活性化した感情を表出する役割を担うと思われる要素を扱っていく。具体的には、狭い意味での感動詞のほか、本来、疑問詞や副詞、指示詞、人称代名詞(およびそれらに付属形式が付いたもの)であっても、その使用が感情的な性質を帯びていると判断される形式を対象とする。

　さて、調査の範囲を4.1節で扱った、弔問者による弔いの発話とそれに応じる遺族の発話とし、具体的にどのような形式が現れるか観察してみた。以下に示すのは出現した形式の一覧である。全体を各形式本来の品詞で分類し、感動詞系・疑問詞系・副詞系・指示詞系・人称代名詞系の5つに分けた。さらに、意味的にほぼ対応すると思われる共通語を見出しとして掲げ、そのあとに該当する方言形を並べた。そのうえで代表的な方言形について具体的な例文を提示した。

【感動詞系】

ありゃ：アリャリャリャリャー
○<u>アリャリャリャリャー</u>　ホントニ　ソレー　マダ　ソロー　ホントニ　ツセノ　ソラナー　イダワシゴシジャ(あれあれあれ、ほんとに　それ　まだ　それは　ほんとに　小さいのに　それは　惜しゅうございます。)
　　　　　　　　　　　　　　　　　　　　　青森県南津軽郡黒石町

いや：イヤ、イヤイヤ、イヤーヤー、イヤヤ、ヤヤ、ヤー、エーヤ、エヤエヤ、ンニャ
○<u>イヤ</u>　ハー　タイヘンダッタ(いや　たいへんでした。)

○イヤーヤー　コレア　ホニ　ナニア　テンデノ　イノツダカラナオヌ（い
　やいや　これは　ほんとうに　なあに　一人一人の　命だからね）
　　　　　　　　　　　　　　　　　　　　　　　岩手県胆沢郡佐倉河村

【疑問詞系】

なんと：ナント、ナート、ナントモ／ドーカ
○ナート　ジーチャ　シンデ　コマタコタナス（なんと　じいさんが　死ん
　で　困ったことですね。）　　　　　　　　　秋田県南秋田郡富津内村
○ドーカ　マー　コノゴラ　ジーサンガ　ヨー　ナカッタチ　ヤンスナー
　（なんと　まあ　このたびは　じいさんが　よく　なかったということで
　　ございますね。）　　　　　　　　　　　　　大分県大分郡西庄内村

なんということか：ナンチュー
○ナンチュー　コッチノ　バーサマモ　ヨウェー　ツーノモ　キカナカッタ
　ケンジョモ　ナクナッタンダッテナー（何とまあ　こちらの　ばあさんも
　　弱い　ということも　聞かなかったけれども　なくなられたそうですね
　　え、）　　　　　　　　　　　　　　　　　　福島県相馬郡石神村

なんといったって：ナンダタッテ、ナンダドッテー
○マズ　ナンダタッテ　マズ　エノヤツラ　マズ　ナンボ　ツカラ　オッタ
　カ　シェネッチャナー（まあ　なんと言っても　まあ　家の人々は　まあ
　　どんなにか　力を　落としたか　知れませんねえ。）
　　　　　　　　　　　　　　　　　　　　　　　宮城県宮城郡根白石村

なあに：ナニア
○イヤーヤー　コレア　ホニ　ナニア　テンデノ　イノツダカラナオヌ（い
　やいや　これは　ほんとうに　なあに　一人一人の　命だからね。）
　　　　　　　　　　　　　　　　　　　　　　　岩手県胆沢郡佐倉河村

なにせ：ナンシェー
○マー　ナンシェー　カズイキノ　コトデ　マー　ヨー　マメニ　ナラナン
　ダワイ（まあ　なにしろ　年寄りの　ことで　もう　どうにも　達者に

ならなかったよ。) 　　　　　　　　　　　　　　　三重県志摩郡浜島町
どうして：ドーシチェ
○<u>ドーシチェ</u>　オマヤ　マー　オセワサンニ　ナリヤンスガ　オマヤ(どういたしまして　あなた　まあ　お世話に　なりますが　あなた。)
　　　　　　　　　　　　　　　　　　　　　　　　宮崎県東臼杵郡南方村
どうしても：ナンダテ／ドーデモ
○ジチワ　オレ　アノ　コネーンデ　ンネトコデモ　テンネコヒコ　コデー　エドモ　アッタドモ　<u>ナンダテ</u>　カンジョ　ワリャー　ソーンダシ　アオレ　キタゾナー(実は　おれが　あの　来ないで　娘でも　手伝いを　することが　たいそう　よかったんだ　けれども　どうも　つごうが　悪い　そうだし、おれが　来ましたよ。)　　山形県東田川郡黒川村
○ウチノ　オジンツァマ　フヮ　<u>ドーデモ</u>　タッシャニ　ナリカネヤッタテワ　オサンザンナコンデ　ゴザエモス　エヤエヤ(こんにちは。おたくの　おじいさまは　どうしても　たっしゃに　なられませんとは　たいへんなことで　ございます。いやいや。)　　　　山形県南置賜郡三沢村
どんなに：ナンボ、ナンボカ／イクラカ
○アンマリ　アッケナクテ　マー　<u>ナンボ</u>　マー　ザンネンデ　アッタカシリヤスメー　マ(あんまり　あっけなくて　まあ　どれほど　まあ　残念で　あったか　知れないでしょう　まあ。)　　　福島県河沼郡勝常村
○<u>イクラカ</u>　ホンニー　ザンネンナ　コッデ　ゴザイマシツロ(どんなに　ほんとに　残念な　ことで　ございましたでしょう)
　　　　　　　　　　　　　　　　　　　　　　　　福岡県三井郡善導寺町

【副詞系】

ほんとうに：ホントニ、ホントイ、ホーントニ、ホーートニ、ンートン、ホント／ホンニ、ホニ、ホンニー、ホーンニ、ホンーニ／ホンナコテ、ホンーナコツ／ホンマニナー、ホンマニヨー
○ハー　<u>ホントネ</u>　イダワシコト　シシタネァ(はあ、ほんとうに　惜しいことを　しましたよ。)　　　　　　　　　　　　青森県南津軽郡黒石町

○ホンーニ　モー　コゲナ　コトノ　ナッタシター　<u>ホンニ</u>　ココロボソー　ゴザスナー　マー（ほんとに　もう　こんな　ことが　起こったりしては　ほんとに　心細いことで　ございますね。）

福岡県福岡市

○<u>ホンナコテ</u>　マ　キツカッタナー　ヒトリムスコーン（ほんとに　まあ　お気の毒でしたねえ、ひとりむすこが（なくなって）。）

佐賀県東松浦郡有浦村

○<u>ホンマニヨー</u>　モー　ゴクラクヤヨー　モーニー（ほんとにねえ　もう　極楽ですよ。もうねえ。）

和歌山県東牟婁郡古座町

まことに：マコトニ、マゴニ

○アンタトコノ　オバーサンモ　ナクナラレマシテ　<u>マコトニ</u>　オチカラオトシデ　ゴザイマショー（お宅の　おばあさんも、なくなられまして、まことに　お力落としで　ございましょう。）

滋賀県犬上郡多賀町

あまりに：アマリ、アンマリ

○エーヤ　<u>アマリ</u>　モッケナーノ（いや　あまり　丁重なものを）

山形県東田川郡黒川村

うんと：ント

○コゲ　サマザマ　<u>ント</u>　オシェワン　ナッタケドモ　シンデシマテ（こんなに　さまざま、いろいろ　お世話に　なったけれども　死んでしまって。）

山形県東田川郡黒川村

えらく：エライ

○マー　<u>エライ</u>　イロイロトー　シンパイニ　アズ　アズカッタケドノー　マー　ナンシェー　カズイキノ　コトデ　マー　ヨー　マメニ　ナラナンダワイ。（まあ　たいそう　いろいろと　ご心配に　あずかったけれどねえ、まあ　なにしろ　年寄りの　ことで　もう　どうにも　達者に　ならなかったよ。）

三重県志摩郡浜島町

はなはだ：ハナハダ

○ゴビョー（キ）チュー　ゾンジナガラ　チョットモ　ゴアイサツー　デマセーデ　<u>ハナハダ</u>　ドーモ　シツレーオ　イタシマシテー（ご病気中と　存じながら　少しも　ごあいさつに　出ませんで、はなはだ　どうも　失

礼を　いたしまして……。)　　　　　　　　　　　　　　　京都府京都市

せいぜい：セーゼー

○セーゼー　イロイロ　ゴセワサンニ　アズカリマシテカラニ　オカゲサンデ　モー　クジューニモ　ナラレマスノデネー(ずいぶん　いろいろ　お世話に　なりまして、おかげさまで 90 歳にも　なられますのでね、)

　　　　　　　　　　　　　　　　　　　　　　　　　　　　　京都府京都市

※『日本国語大辞典』の「せいせい【済済】」の項に「古くは「せいぜい」とも」「多く盛んなさま。数が多いさま。勢勢。さいさい」とあるものがこれであろう。

だいぶ：ダーブンニ

○アー　モー　ダーブンニ　キケタナー(ああ。　もう　たいへんだったねえ。)　　　　　　　　　　　　　　　　　　　　　　奈良県山辺郡都祁村

さぞ：サゾ

○サゾ　アータ　バーサンモ　ヨロコバスデシュタイ(さぞ　あなた、ばあさんも　喜ばれることでしょう。)　　　　　　　　　　　　熊本県熊本市

やっぱり：ヤッパ

○マー　ナンヂャガ　ヂキ　コニャ　ナラザッタケンドン　ヤッパ　カッテバカリ　シチョッチェ　エーコーゼー(まあ　なんだが　すぐ　来なければ　ならなかったが、やはり　勝手ばかり　していて　来られなくて。)

　　　　　　　　　　　　　　　　　　　　　　　　　宮崎県東臼杵郡南方村

まず：マズ、マズー、マンツ

○マズ　ナンダタッテ　マズ　エノヤツラ　マズ　ナンボ　ツカラ　オッタカ　シェネッチャナー(まあ　なんと言っても　まあ　家の人々は　まあ　どんなにか　力を　落としたか　知れませんねえ。)

　　　　　　　　　　　　　　　　　　　　　　　　　宮城県宮城郡根白石村

○マンツ　コツラデ　マゴ　ナクスタツァ　モゼーコト　スマスタナー(まあ　こちらで　孫を　なくしたそうで　お気の毒なことを　しましたねえ。)　　　　　　　　　　　　　　　　　　　　　　岩手県胆沢郡佐倉河村

はあ：ハー、ハ、ハハハー、ファー、ファ

○イヤ　ハー　タイヘンダッタ　ゴスンベー　ハー　アリガドゴサイマシタ
（いや　たいへんでした。御心配（かけて）ありがとうございました。）

　　　　　　　　　　　　　　　　　　　　　　　　福島県相馬郡石神村
○ヘェ　マズ　コゲ　ハ　シンデシマッタデムケャ　ハー（はい、まあ　こ
　のように　死んでしまいましてね。）　　　　秋田県南秋田郡富津内村
　※次のように、返事の「はい」に当たるもの（応答詞としての使用）は除
　　外した。ただし、これらも感動的な意味合いが含まれている可能性は否
　　定できない。
　　m　コノタビア　オメタジノ　オボッコ　シンデネシ　ナント　ココチ
　　　　マタネシ（このたびは　お宅の　こどもが　死んでね　なんとも
　　　　困ってしまいましたね。）
　　f　ハー　ホントネ　イダワシコト　シシタネァ（はあ、ほんとうに　惜
　　　　しいことをしましたよ。）　　　　　　　青森県南津軽郡黒石町
もう：モー、モ、モーナー、モーニー、モーノー
○モー　バーモ　ホイデモ　モーノー　トシヤ　トシヤサカイ　モー　ノー
　　ゴクラクヤー　モー（もう　おばあさんも　それでも　もうねえ　年だ
　　から　もう　ねえ。極楽だ、もう。）　　　和歌山県東牟婁郡古座町
○ハー　アルガ　アータ　モー　ヒサシュー　イトドッテ　モー　コーユ
　コッチュワ　アリマッセン（はあ、あれが　あなた　もう　久しく　病気
　をしていて、もう　こういう（不幸な）ことは　ありません。）
　　　　　　　　　　　　　　　　　　　　　　　　熊本県上益城郡浜町
まあ：マー、マ、マーマ、マーネー
○マー　チカラオトシデ　ゴザイマッショー　マー（まあ　お力落としで
　ございましょう　まあ。）　　　　　　　　　佐賀県東松浦郡有浦村

【指示詞系】
そうだ：ンダ、ンダコラ
○ンダ　アイガト　モサゲモシタナー（まあ、ありがとう　ございましたね
　え。）　　　　　　　　　　　　　　　　　　　　　　鹿児島県枕崎市

※「本当にまあ」といったような意味である。『日本方言大辞典』「うんだ」の項に「⑤驚いたりあきれたりした時に言う語。あら。おやまあ。これはこれは。」とあり、九州で使用されることが示されている。ここでは「指示詞系」としておく。

【人称代名詞系】

あなた：アンタ、アンター、アータ、アンタナ
○サゾ　アータ　バーサンモ　ヨロコバスデシュタイ（さぞ　あなた、ばあさんも　喜ばれることでしょう。）　　　　　　　　　熊本県熊本市
○コッチニモ　アンタナ　モーソーエモ　ゴザンシェズー　マー　ヂーサンガ　ノーナッチ　カワイソーナ　コト　シマシタ　アンタナ（こちらさんにもね　あなた、申し上げようも　ございませんで、まあ　おじいさんがお亡くなりになって、かわいそうな　ことを　しましたね　あなた。）
　　　　　　　　　　　　　　　　　　　　　　　　　福岡県築上郡岩谷村

おまえ：オマヤ、オマヤー、オマンサ、オマンサー
○アーイ　モー　ン　デャーシンカラ　ガッコー　テチュー　トキダッタバッテン　オマヤー（はい、もう　来春から　学校　だという　ときだったんだけれど、おまえ。）　　　　　　　　　　佐賀県東松浦郡有浦村
○ゴショーチノ　トーイ　オマンサー　ヤッ　アタシヨッカ　ゲンキナ　ヤッ　ゴワシタドンカーバ（ご承知の　とおり　あなた、わたしより　元気な　やつで　ございましたが、）　　　　　　　鹿児島県鹿児島市

　以上の形式が東北・近畿・九州の談話にどのように現れるか、出現数を比較してみよう。ただし、資料とした不祝儀談話は、もともと地域によって量的な偏りがある。あらかじめこの点を確認しておくと、次のようである（観察対象とした発話の文字数を「発話量」として示した）。これを見ると、九州は東北・近畿に対して収録地点・発話数ともに多く、データの扱いには注意が必要であるが、発話量は各地域それほど大きな開きはない。この点、地域間の量的比較は十分可能と言える。

	収録地点	発話数	発話量
東北	11 地点	37 発話	1455 字
近畿	12 地点	38 発話	1532 字
九州	16 地点	54 発話	1660 字

　さて、各形式の出現状況を整理して示したのが表8である。上記の前提を考慮しつつ表8を見ると、ある程度地域的な特徴が浮かび上がっていることがわかる。

　まず、感動詞系と疑問詞系の要素は、近畿や九州にも見られはするものの、特に東北で使用されており、この地域の談話を特徴づけるものと言える。また、副詞系の要素はどの地域にも現れているが、具体的な形式は地域によって違いが認められる。「ほんとうに」に当たる形式では、東北でホントニが、近畿でホンマニが、そして、九州でホンニが選ばれる傾向がある（近畿のものは少ない）。それから、「まず」の類は東北にのみ現れており、これもこの地方の談話を印象づけている。続いて、類似の機能を持つ「はあ」「もう」「まあ」の3つについて見ると、その中では「まあ」が九州にやや目立つものの、どの地域にも出現していることがわかる。一方、「はあ」は東北に限定され、「もう」は近畿と九州、とりわけ近畿でよく使用されている（語源的に「はあ」が「はや（早）」に由来するとすれば、「もう」とは事態の既定性を感動の源泉とする点で共通性が強い）。最後に、指示詞系と人称代名詞系は九州にのみ見られ、特に人称代名詞系の多用はこの地域の特徴である。

　全体として見た場合、副詞系はどの地域にも見られるが、それに加えて感動詞系と疑問詞系が多く使用される東北は、感情的要素の種類が最も豊富であると言える。九州は東北ほどのバラエティは持たないものの、人称代名詞系に特色がある。それに対して、近畿はほぼ副詞系のみに使用が限定されており、しかも、「もう」と「まあ」の2形式に依存する傾向が認められる。

　量的な面については、もともとの資料の量的な違いがあるので慎重に見ていく必要があるが、感情的な言語要素の使用は全体として東北と九州に多

表8 感情的要素の地域別出現状況

系統	共通語	方言形式	東北	近畿	九州
感動詞系	ありゃ	アリャリャリャリャー	1		
	いや	イヤ、イヤイヤ、イヤーヤー、イヤヤ、ヤヤ、ヤー、エーヤ、エヤエヤ、ンニャ	10	1	
疑問詞系	なんと	ナント、ナート、ナントモ	3		
		ドーカ			1
	なんということか	ナンチュー	1		
	なんといったって	ナンダタッテ、ナンダドッテー	2		
	なあに	ナニア	1		
	なにせ	ナンシェー		1	
	どうして	ドーシチェ			1
	どうしても	ナンダテ	2		
		ドーデモ	1		
	どんなに	ナンボ、ナンボカ	3		
		イクラカ			2
副詞系	ほんとうに	ホントニ、ホントネ、ホントイ、ホーントニ、ホントーニ、ントン、ホント	10		4
		ホンニ、ホニ、ホンニー、ホーンニ、ホンーニ	2		8
		ホンナコテ、ホンーナコツ			2
		ホンマニナー、ホンマニヨー		2	
	まことに	マコトニ、マゴニ	2	1	
	あまりに	アマリ、アンマリ	3		
	うんと	ント	1		
	えらく	エライ		1	
	はなはだ	ハナハダ		1	
	せいぜい	セーゼー		1	
	だいぶ	ダーブンニ		1	
	さぞ	サゾ			2
	やはり	ヤッパ			2

			東北	近畿	九州
	まず	マズ、マズー、マンツ	14		
	はあ	ハー、ハ、ハハハー、ファー、ファ	16		
	もう	モー、モ、モーナー、モーニー、モーノー		15	9
	まあ	マー、マ、マーマ、マーネー	15	17	25
指示詞系	そうだ	ンダ、ンダコラ			2
人称代名詞系	あなた	アンタ、アンター、アータ、アンタナ			11
	おまえ	オマヤ、オマヤー、オマンサ、オマンサー			7
		計	87	41	76

く、近畿に少ないことは確かである。東北と九州では、もとの資料の量(東北＜九州)を考慮すると、九州より東北での使用が多いと言えそうである。

以上、この節では、地理的研究の見本として、前節に引き続き不祝儀談話を対象とし、東北・近畿・九州の比較を行った。そこでは、2.3節に提示した複数の観点から実践を試みた。

まず、談話レベルの分析として談話の部分構成を取り上げ、弔いの発話に応じる遺族の発話という隣接ペアについて検討した。次に、発話レベルの分析として、〈儀礼対応〉を機能としてもつ発話の構成を分析し、さらに、表現法上の特徴についても考察した。最後に、再び談話レベルの検討に戻り、感情的要素の出現状況から、各地域の談話の性格を明らかにした。

結果として、東北方言と近畿方言の違いが際立った。すなわち、東北方言の不祝儀談話は心情性に富み、逆に儀礼性は弱い。これと正反対に位置するのが近畿方言であり、その不祝儀談話は儀礼性が強く、心情性は乏しい。東北方言では感情を表に出し相手と共感することが重要であるのに対し、近畿方言は感情を抑え丁重な言葉を交わすことが大切にされていると言える。こうした特徴は、第3章の記述的研究の結果とも軌を一にするものである。第3章では、大阪の不祝儀談話は儀礼性が会話を統率し、定型的で整理さ

れた構成を備えるのに対し、青森のそれは心情性が会話を牽引し、日常的な会話と変わらない連綿とした構成をもつと述べた。そうした特徴は本章の分析からも読み取れたと言える。

なお、九州方言は、東北方言と近畿方言の両方の性格をそれぞれ緩やかに備え、両者の中間に位置するものと考えられる。この点は、他の地域の談話についても検討の上、あらためて論じたいと考える。

5. 調査項目案

5.1. 方言談話資料の話題・場面一覧

地点間の談話の比較や、新たな方言談話資料の作成など、今後の研究に資するために、2.1節で紹介した次の4つの資料の話題・場面を一覧にして示す。

①日本放送協会編(1999)『全国方言資料(CD-ROM版)』全12巻、日本放送出版協会

②国立国語研究所編(1965〜1973)『方言録音資料シリーズ』全15巻

③国立国語研究所編(1978〜1987)『方言談話資料(国立国語研究所資料集10)』全10巻、秀英出版

④国立国語研究所編(2001〜2008)『全国方言談話データベース 日本のふるさとことば集成(国立国語研究所資料集13)』全20巻、国書刊行会

自由会話についてはその話題を「方言談話資料(自由会話)の話題一覧」として、場面設定会話についてはその場面を「方言談話資料(場面設定会話)の場面一覧」として、それぞれ章末の表に整理した。

5.2. 『生活を伝える被災地方言会話集』の場面一覧

次に2.2節で取り上げた東北大学方言研究センターの『生活を伝える被災地方言会話集1〜3』の設定場面を提示する。これは、その土地の言語生活の様子を網羅的に記録することを目指したものである。また、地理的研究にとっても、これらの場面の収録調査を各地で行うことにより、同一場面の談

話の比較が全国的に可能になる。その点でここに示す項目は、今後の場面設定会話収録のための一つの試案としての意味を持つ。

　これらの場面の設定にあたっては、これまでの方言談話資料の場面のほか、国立国語研究所の「敬意表現面接調査票」（国立国語研究所 2006 所収）や「言葉遣い記入票」（小林のほか岸江信介・西尾純二・尾崎喜光が参加し 2009 年に実施）の項目なども参考にした。ただ、全体としてオリジナルな場面がほとんどである。

　これからの収録調査の参考になるように、以下では具体的な場面設定の情報を詳しく紹介する。これをそのまま収録調査に利用できるはずである。もちろん、調査の目的や規模に応じて、これらの場面の中から必要なものを選択して利用したり、適当な改変を加えて使用したりすることも可能である。これから談話収録を行おうというときに、どのような場面を設定すべきか考えるための 1 つの参考資料として使うことができる。

　提示の方法は、まず、2.2 節に示した【目的別言語行動の枠組み】に従って場面の一覧を掲げる。この場合、その場面にとって主要なねらいである言語行動の目的の箇所に当該の場面を分類した。続けて、各場面の設定（話者に提示した指示文）とそれについての補足的な解説を示した。『生活を伝える被災地方言会話集 1～3』は 3 年間で 8 回の収録調査が行われているが、ここではそれらの調査の場面を総合的に示すことにする。

　なお、これらの場面設定で収録された談話（宮城県気仙沼市・同名取市）は東北大学方言研究センター（2014・2015・2016）および同センターの Web サイト「東日本大震災と方言ネット」で閲覧・聴取が可能である。

【各場面の解説】

　ここでは、上のリストに挙げた項目の具体的な場面設定について解説する。以下に示すのは、実際に話者に提示した場面の指定である。会話の目的と前提となる状況を中心に指定しており、いわゆるシナリオや筋書きに当たるものは作成していない。この指定の範囲で、話者に自由にやりとりをしてもらうのが原則である。

『生活を伝える被災地方言会話集 1〜3』の設定場面リスト

※各場面の後の（ ）内の数字は、『生活を伝える被災地方言会話集』の場面番号を表す。例えば、2-3 は第 2 巻の第 3 場面を指す。

〇要求表明系－要求反応系
〈頼む－受け入れる／断る〉
 1. 荷物運びを頼む（1-1）
 2. お金を借りる（1-2）
 3. 役員を依頼する（1-3）
 4. 醤油差しを取ってもらう（2-1）
 5. ハサミを取ってきてもらう（2-2）
 6. 訪問販売を断る（3-4）
〈指示する－受け入れる／受け入れない〉
 7. ティッシュペーパーを補充する（3-1）
〈誘う－受け入れる／断る〉
 8. 旅行へ誘う（1-4）
 9. コンサートへ誘う（1-5）
 10. 庭に来た鳥を見せる（2-3）
〈許可を求める－許可する〉
 11. 駐車の許可を求める（1-6）
 12. 訪問の許可を求める（1-7）
〈同意を求める－同意する／同意しない〉
 13. 人物を特定する（1-8）
 14. 町内会費の値上げをもちかける（1-9）
 15. 畳替えをもちかける（2-4）
 16. 夕飯のおかずを選ぶ（3-3）
〈促す〉
 17. 朝、起きない夫を起こす（2-5）
 18. バスの時間が近づく（3-2）
〈申し入れる－受け入れる／受け入れない〉
 19. いじめをやめさせるよう話す（2-6）
〈やめさせる〉
 20. 不法投棄をやめさせる（1-10）

〈注意する〉
 21. 車の危険を知らせる（1-11）
 22. 工事中であることを知らせる（1-12）
 23. 傘忘れを知らせる（1-13）

〇恩恵表明系－恩恵反応系
〈申し出る－受け入れる／断る〉
 24. 荷物を持ってやる（1-14）
 25. 野菜をおすそ分けする（1-15）
 26. ゴミ当番を交替してやる（1-16）
〈勧める－受け入れる／断る〉
 27. 食事を勧める（1-17）
 28. 頭痛薬を勧める（1-18）
〈忠告する〉
 29. 入山を翻意させる（1-19）
 30. 病院の受診を促す（1-20）

〇疑問表明系－疑問反応系
〈尋ねる－答える〉
 31. 傘の持ち主を尋ねる（1-21）
 32. 店の場所を尋ねる（1-22）
 33. 主人がいるか尋ねる（3-5）
 34. 夫の友人が訪ねてくる（3-6）
〈不審がる〉
 35. 玄関の鍵が開いていて不審がる（2-7）
 36. 天気予報を不審がる（3-7）
〈確認する〉
 37. 開始時間を確認する（1-23）
 38. 玄関の鍵をかけたか確認する（2-8）
 39. 魚の新鮮さを確認する（3-8）

〇感情表明系

〈謝る−許す／非難する〉
  40. お茶をこぼす（1–24）
  41. 約束の時間に遅刻する（1–25）
  42. よそ見をしていてぶつかる（3–15）
〈励ます〉
  43. のど自慢への出演を励ます（1–27）
〈祝う〉
  44. 道端で息子の結婚を祝う（1–28）
  45. のど自慢での優勝を祝う（1–29）
  46. 福引の大当たりに出会う（3–9）
〈弔う〉
  47. 道端で兄弟を弔う（1–30）
〈なぐさめる〉
  48. のど自慢での不合格をなぐさめる（1–31）
  49. 寂しくなった相手をなぐさめる（1–32）
〈気遣う〉
  50. 足をくじいた相手を気遣う（1–33）
  51. 孫が最下位になったことを気遣う（1–34）
〈非難する〉
  52. ゴミ出しの違反を非難する（1–35）
  53. 夫が飲んで夜遅く帰る（2–9）
  54. 隣人が回覧板を回さない（3–12）
〈ねぎらう〉
  55. 退任した区長をねぎらう（1–36）
〈困る〉
  56. 車を出せずに困る（1–37）
  57. 瓶の蓋が開かない（2–19）
〈喜ぶ〉
  58. 孫が一等になり喜ぶ（1–38）
〈がっかりする〉
  59. 孫が一等を逃しがっかりする（1–39）
〈うらやむ〉
  60. 福引の大当たりについて話す（3–10）
〈叱る〉
  61. タバコをやめない夫を叱責する（1–40）
  62. 娘の帰宅が遅い（2–10）
  63. 息子が勉強しない（2–11）
〈褒める〉
  64. 孫の大学合格を褒める（1–26）
  65. 息子がよく勉強する（2–12）
〈けなす〉
  66. 食事の内容が気に入らない（3–11）
〈愚痴を言う〉
  67. 嫁の起きるのが遅い（2–13）
〈疑う〉
  68. タバコのことを隠している夫を疑う（1–41）
〈暑がる〉
  69. 冷房の効いた部屋から外へ出る（2–14）
〈寒がる〉
  70. 暖房の効いた部屋から外へ出る（2–15）
〈うまがる〉
  71. 初物のカツオを食べる（2–16）
〈迷う〉
  72. 畑の処理を迷う（1–42）
  73. 見舞いに行くべきか迷う（2–18）
  74. 見舞いと友人との再会で悩む（3–13）
〈心配する〉
  75. 帰宅の遅い孫を心配する（1–43）
〈驚く〉
  76. 花瓶を倒す（1–44）
  77. 久しぶりに友人に出会う（2–17）
  78. 猫を追い払う（3–14）
〈呆れる〉
  79. 買ってくるのを忘れる（2–20）

○**主張表明系**
〈説明する〉

80. 会合を中座する（1-45）
81. 生徒の成績を説明する（2-21）
82. 出店のことで話す（3-16）
83. 折り紙を折る（3-17）
〈言い張る〉
84. メガネを探す（1-46）
〈打ち明ける〉
85. 息子の成績が悪いことを話す（2-22）
〈教える〉
86. 外が暑いことを話す（2-23）
87. 外が寒いことを話す（2-24）
〈共感する〉
88. ガソリンの値上がりについて話す（2-25）
〈伝える〉
89. 町内会の連絡を伝える（2-26）
90. 回覧板を回す（2-27）

○関係構築系
〈朝の挨拶〉
91. 朝、道端で出会う（1-47）
92. 朝、家族と顔を合わせる（1-48）
〈昼の挨拶〉
93. 昼、道端で出会う（1-49）
〈夕方の挨拶〉
94. 夕方、道端で出会う（1-50）
〈夜の挨拶〉
95. 夜、道端で出会う（1-51）
〈就寝の挨拶〉
96. 夜、家族より先に寝る（1-52）
〈天候の挨拶〉
97. 晴れの日に、道端で出会う（1-53）
98. 雨の日に、道端で出会う（1-54）
99. 暑い日に、道端で出会う（1-55）
100. 寒い日に、道端で出会う（1-56）
〈時候の挨拶〉
101. 正月の三が日に、道端で出会う（1-57）
102. 大晦日に、道端で出会う（1-58）
103. お盆に、道端で出会う（1-59）
〈訪問・辞去の挨拶〉
104. 友人宅を訪問する（1-60）
105. 友人宅を辞去する（1-61）
106. 商店に入る（1-62）
107. 商店を出る（1-63）
〈出発・帰着の挨拶〉
108. 友人が出かける（1-64）
109. 友人が帰ってくる（1-65）
110. 夫（妻）が出かける（1-66）
111. 夫（妻）が帰宅する（1-67）
〈食事の挨拶〉
112. 食事（昼食）を始める（1-68）
113. 食事（昼食）を終える（1-69）
114. 食事（夕食）をする－開始と終了－（3-18）
〈謝礼の挨拶〉
115. 土産のお礼を言う（1-70）
116. 相手の息子からの土産のお礼を言う（1-71）
〈祝儀の挨拶〉
117. 息子の結婚式でお祝いを言う（1-72）
118. 喜寿の会でお祝いを言う（1-73）
〈不祝儀の挨拶〉
119. 兄弟の葬式でお弔いを言う（1-74）
〈物売りの呼びかけ〉
120. 客に声をかける（1-75）
〈呼び止める〉
121. 遠くにいる人を呼び止める（2-28）
122. ハンカチを落とした人を呼び止める（3-19）
〈声をかける〉
123. バスの中で声をかける（2-29）
〈自己紹介する〉
124. 近所の家に来たお嫁さんに出会

う(2–30)
〈人を紹介する〉
　125. 結婚相手を紹介する(2–31)

〈交誼を結ぶ〉
　126. 子供の結婚相手の親と会う(3–20)

　各場面は、上記の『生活を伝える被災地方言会話集1～3』の設定場面リストの項目順に、まず場面の名称を太字で表示し、そのあとに〈　〉に入れてその場面の中心となる目的別言語行動を示した。続けて、話者に提示した場面説明の指示をそのまま掲げた。さらに、その場面で注目すべきポイントを、⇒印のあとにメモ風に記した。
　なお、登場人物のAとBは特に断らない限り、近所の知り合い同士の関係である。ほかに、夫婦関係の場面も多い。

1. 荷物運びを頼む〈頼む‐受け入れる／断る〉
　Aが近所の畑でたくさん野菜をもらって帰ってきました。ところが、たくさんもらいすぎて重かったため、家までもう少しのところまで来て疲れてしまい休んでいました。ちょうどそこにBが通りかかったので、家まで一緒に運んでほしいと頼みます。そのときのやりとりを実演してみてください。
　①Bが受け入れる場合
　②Bが断る場合：例えば、Bは急ぎの用事が入っていて先を急がなければならないため、手伝いができないという場合。
　⇒相手に若干の労力の負担を強いる場面である。〈頼む〉〈受け入れる〉〈断る〉のほかに、〈気遣う〉〈恐縮する〉〈感謝する〉などの要素が現れる可能性がある。出会いから入る場面であるため、挨拶関係の要素の出現にも注目したい。

2. お金を借りる〈頼む‐受け入れる／断る〉
　AとBは共通の知り合いであるCさんのお見舞いに行きます。病院に行く前に見舞いの品を買いにやってきました。品物を選んでお金を払おうと

思ったところ、Ａは手持ちのお金が足りないことに気付きました。そこで、一緒にいたＢからお金を借りようと思います。そのときのやりとりを実演してみてください。
　①Ｂが受け入れる場合
　②Ｂが断る場合：例えば、Ｂも手持ちのお金に余裕がなく、お金を貸すことができないという場合。
　⇒金銭に関係した依頼場面である。上記１の場面よりは相手の負担が大きいと見ることもできる。

3. 役員を依頼する〈頼む－受け入れる〉
　Ａは地域の地区会長をしています。他の役員をしていた人が体調を崩して辞めることになりました。Ａは後任を探していますが、なかなか引き受けてくれる人がいません。そこでＡはＢに役員になってもらおうとお願いに行きます。Ｂは事情を理解し、役員を引き受けることにします。そのときのやりとりを実演してみてください。
　⇒公的なことがらに関する依頼場面である。相手の家を訪ねるところから始まるため、挨拶関係の要素も現れる可能性がある。

4. 醤油差しを取ってもらう〈頼む－受け入れる〉
　ＡとＢは夫婦です。家族でテーブルを囲み、食事をしています。Ｂは醤油差しを取ろうと思いますが、少し離れた位置にあり、手が届きません。そこで、Ａに醤油差しを取ってくれるよう頼みます。そのときのやりとりを実演してみてください。
　⇒依頼と受託についての項目である。ここでは、夫婦の日常生活における、ごくありふれた一場面を取り上げた。夫から妻への〈呼びかける〉行動も観察される可能性がある。

5. ハサミを取ってきてもらう〈頼む－受け入れる／断る〉
　ＡとＢは夫婦です。Ｂは脚立に上がって庭木の剪定をしていますが、普

通の剪定バサミでは、高いところの枝に手が届きません。そこで、長い剪定バサミを取ってきてもらおうと思い、ちょっと離れたところにいるAを呼びます。そのときのやりとりを実演してみてください。
　①Aが受け入れる場合：単純にBの頼みを聞き入れます。
　②Aが断る場合：これ以上、高い所の作業をするのは危なそうなので、Bに向かってやめた方がいいと言います。
　⇒この場面でも夫婦間の〈呼びかける〉行動の出現が期待される。ただし、前出の場面とは異なり、呼びかける相手は離れた位置にいる。②の状況では〈やめさせる〉言語行動も観察されるであろう。

6. 訪問販売を断る〈頼む(売り込む)－断る〉

　Aは主婦、Bは新聞のセールスマンです。Aが一人で家にいる時に、新聞購読（「東北日報」など）を勧める男のセールスマンが訪ねてきたとします。その人の話を断るとしたらどんなやりとりになりますか。そのときのやりとりを実演してみてください。
　⇒依頼と断りといっても、この場面は訪問販売という売買・契約がからむ状況である。見ず知らずの関係で、一方は売り込もうと説得に努め、もう一方は何とかその場をやり過ごそうとする、そのやりとりの様子を見ようとした。なお、〈物売りの呼びかけ〉として「120. 客に声をかける」という場面を設定している。そこで繰り広げられる日常的な買物場面のやりとりとの対比も興味深い。

7. ティッシュペーパーを補充する〈指示する－受け入れる／受け入れない〉

　AとBは夫婦です。Aはこれから買い物に行くと言っています。Bはティッシュペーパーが切れたことを思い出して、買ってくるように言います。そのときのやりとりを実演してみてください。
　　①Aが了解する場合
　　②ティッシュペーパーの買い置きがある場合
　　⇒指示と受託についての項目である。夫婦の日常生活における、ごくあ

りふれた一場面を取り上げた。依頼場面の一つと言えるが、この設定は頼む側・頼まれる側共通の利益に関わる場合を見ようとしたものである。ティッシュペーパーの買い置きをめぐって、〈尋ねる〉〈確認する〉〈答える〉といった要素の出現も期待される。

8. 旅行へ誘う 〈誘う－受け入れる／断る〉

　Aは地域の人たちと温泉旅行に行こうという話をしています。そこで、Bも誘おうということになりました。AがB宅を訪ねて温泉旅行に誘うやりとりを実演してみてください。家を訪ねる場面からやってみてください。
　　① Bが受け入れる場合：温泉旅行にはぜひ自分も行きたいと思うので、Aの誘いをうれしく思い、受け入れる場合。
　　② Bが断る場合：温泉旅行には行きたいものの、その日は別の用事が入ってしまっていて、どうしても断らざるを得ない場合。
　　⇒状況的には相手を仲間に誘い込むというニュアンスが強く出る場面である。相手の家を訪ねるところから始まるため、挨拶関係の要素も出現するかもしれない。

9. コンサートへ誘う 〈誘う－断る〉

　Aは以前から行きたかった氷川きよしのコンサートのチケットを2枚もらいました。そこでBを誘って一緒に行こうと思います。その日、Bは特別の用事はないのですが、氷川きよしにあまり関心がなく、せっかくの日曜日なので家でゆっくりしたいと思います。そこでBはAの誘いを断ることにします。そのときのやりとりを実演してみてください。
　　⇒気が進まない場合の断り方を見る。

10. 庭に来た鳥を見せる 〈誘う－受け入れる〉

　AとBは夫婦です。Bが家の中から庭を眺めていると、見慣れない鳥がやってきました。何という鳥かわかりません。そこで、Aにも見せようと思い、BはAを呼びます。Aはやって来ましたが、庭を見ても、その鳥が

どこにいるかわかりません。BはAに鳥のいる位置を教えてやります。そのときのやりとりを実演してみてください。
　⇒〈呼びかける〉行動が予想されるほか、会話の進行に応じて、〈尋ねる〉〈教える〉〈確認する〉といった要素の出現も期待される。

11. 駐車の許可を求める〈許可を求める－許可する〉
　Aの家でお祝い事があり親戚が遠方からやってきます。ところがAの家の前には車を停めることのできる場所がないので、隣に住むBの家の前に車を停めてよいか聞きにきました。そのときのやりとりを実演してみてください。
　⇒私的なことがらについて許可を求める場面である。他家への訪問の挨拶も出現が予想される。

12. 訪問の許可を求める〈許可を求める－許可する〉
　Aは町内会のことでどうしてもBに相談したいことがあります。書類を見ながら話をしなければいけないので、電話ではだめです。そこで、Bの家を訪ねようと思いますが、まず電話をかけて、これから家を訪ねてもよいか確認しようと思います。そのときのやりとりを実演してみてください。AがBに電話をかけるところからやってみてください。
　⇒公的な用事に関する場面である。訪問の許可を電話で求めようとするものであり、言語行動の媒体として電話を用いる場面である。電話を通して〈名乗る〉行動なども注目される。

13. 人物を特定する〈同意を求める－同意する／同意しない〉
　AとBが家の外で世間話をしていると、向こうにCさんのような人が立っています。Cさんを見かけるのはしばらくぶりです。Aがそれに気づきBに対して「あそこにいるのはCさんだよね。」と確認します。そのときのやりとりを実演してみてください。
　　①そうだ、と同意する場面

②Cさんではなく、Dさんじゃないかと聞き返す場面
⇒遠くに見える知り合いに気付き、話者同士がその人物を特定する場面である。〈尋ねる〉や〈答える〉にあたるやりとりも観察される可能性がある。いわゆる「同意要求」にあたる表現の出現が見込まれる。

14. 町内会費の値上げをもちかける〈同意を求める－同意する／同意しない〉
　Aは町内会長をやっていますが、来月から町内会費を上げようと考えています。近く開かれる町内会の会合で提案するつもりですが、その前に、副会長のBにそのことを伝え、Bにも同意してほしいと頼みます。そのときのやりとりを実演してみてください。
　①Bが同意する場面
　②Bが同意しない場面
　⇒公的なことがらについての同意の場面である。

15. 畳替えをもちかける〈同意を求める－同意する／同意しない〉
　AとBは夫婦です。Bは家の畳が古くなったので、そろそろ新しくしようと提案します。それに対して、Aが反応します。そのときのやりとりを実演してみてください。
　①Aが同意する場合：たしかに、畳は擦り切れたり、日に焼けたりしているので、Aもそのとおりだと思います。
　②Aが同意しない場合：たしかに、畳は古くなっていますが、来年、法事があって親戚が集まるので、それまで待って、法事の前に新しくするのがよいと思います。
　⇒上記14の場面に対して、家庭内のできごとが話題になっている。

16. 夕飯のおかずを選ぶ〈同意を求める－同意する／しぶる〉
　AとBは夫婦です。一緒にスーパーに買い物に来ました。魚のコーナーに来たところ、今日はカツオが新鮮でしかも安いようです。そこで、Aはカツオを夕飯のおかずにしようと思い、Bにそのように言います。そのとき

のやりとりを実演してみてください。※カツオの代わりにその地域で一般的な魚や野菜を指定してよい。
　①Ｂが同意する場合
　②Ｂがしぶる場合：Ｂはこのところカツオを食べることが多く、少々飽き気味です。
　⇒私的な場面という点では上記 15 の場面と近いが、食べ物の選択という個人の嗜好に関わるレベルの同意・不同意の会話を観察することがねらいである。

17. 朝、起きない夫を起こす〈促す〉

　ＡとＢは夫婦です。朝、出勤の時間が近づいても、Ｂが起きてきません。そこで、ＡはＢを起こします。そのときのやりとりを実演してみてください。
　①起きない理由が納得できる場合：Ｂは、仕事が忙しく、帰宅が遅い日が続いています。最近、たいへん疲れているようです。
　②起きない理由が納得できない場合：Ｂは、いつも遅くまで飲み歩いており、午前様になることもしばしばです。昨夜は特に遅かったようです。
　⇒〈気遣う〉〈非難する〉に当たる要素の出現も予想される。

18. バスの時間が近づく〈促す〉

　ＡとＢは夫婦です。今日は日曜日で、Ｂは町で会合があり、出かけることになっています。しかし、Ｂはバスの時間が近づいてもなかなか家を出ようとしません。ＡはＢを促します。どうやら、Ｂはバスの時間が平日ダイヤと日曜ダイヤで異なることを忘れていたようです。そのときのやりとりを実演してみてください。
　⇒同じ〈促す〉でも、上記 17 の場面に対して、こちらは相手が勘違いをしているという設定である。それに関わる〈確認する〉〈教える〉〈驚く〉などの要素も見られそうである。

19. いじめをやめさせるよう話す〈申し入れる－受け入れる／受け入れない〉

　Aの孫がBの孫にいじめられているようです。AはBの家を訪問し、孫を諭してくれるよう申し入れます。そのときのやりとりを実演してみてください。

　　①Bが受け入れる場合：Bの孫はいじめっ子として有名であり、Aの申し入れはもっともだと思われます。
　　②Bが受け入れない場合：Bは自分の孫を、他の子供をいじめるような孫ではないと信じています。
　　⇒話し相手の行為を制限する内容ではなく、話し相手の関係者の行為を〈やめさせる〉ことを依頼する内容である。

20. 不法投棄をやめさせる〈やめさせる〉

　AとBは他人同士です。Aが自分の家の山林（ないし畑）を見回っていたところ、見知らぬBがゴミを投げ捨てようとしているところを見つけました。慌ててそれを制止するやりとりを実演してみてください。
　　⇒不適切な行為に対する制止のあり方と、そうした行為を発見され、制止を受けた側の反応のし方を見る。〈許しを請う〉〈許す〉〈非難する〉〈不満を言う〉〈言い訳する〉〈謝る〉などの要素も現れる可能性がある。

21. 車の危険を知らせる〈注意する〉

　Aが歩いていると、Bが家の前の道路に出て掃き掃除をしています。するとBの背後から大型トラックがかなりのスピードでやってきました。道幅も狭いので早く車に気づかないとBが危険です。そこで、AはBに対して、車が来ていることを知らせます。このときのやりとりを実演してみてください。
　　⇒緊急性の高い注意場面である。注意された側の反応も注目される。

22. 工事中であることを知らせる〈注意する〉

　Aが家の前の道路に出て掃き掃除をしていると、向こうからBがやって

きました。Bが行こうとする方向は工事中で、道に大きな穴があいています。そこで、AはBに対して、気を付けて通るように伝えます。このときのやりとりを実演してみてください。
 ⇒上記21の場面とは緊急性の程度に差がある。注意された側の反応も注目される。

23. 傘忘れを知らせる〈注意する〉

 AとBは、公民館での催し物に参加しました。催し物も終わり、2人で帰り支度をして外に出ました。その時、AはBが朝持ってきた傘を持たずに帰ろうとしているのに気づき、先を歩いているBを呼び止めます。そのときのやりとりを実演してください。
 ⇒いわゆる注意喚起の言語行動を観察する場面である。注意された側の反応も注目される。

24. 荷物を持ってやる〈申し出る−受け入れる／断る〉

 Aは、道端に荷物を置いて休んでいるBに会いました。聞けば、Bは郵便局に荷物を運ぶ途中だそうです。Aは、Bに代わりに持ってあげると申し出ます。そのときのやりとりを実演してみてください。AとBが出会うところから始めてください。
 ①Bが申し出を受け入れる場合
 ②Bが申し出を断る場合：例えば、すでに郵便局に近いところまで来ている場合。
 ⇒上記1の依頼場面に対して、こちらは負担を負う側が申し出る場面である。〈気遣う〉〈恐縮する〉〈感謝する〉〈謙遜する〉〈遠慮する〉といった要素も現れる可能性がある。

25. 野菜をおすそ分けする〈申し出る−受け入れる〉

 家の畑で茄子を作っているAが、りっぱな茄子ができたと言って、おすそ分けに来ました。Bはそれを受け取ります。そのときのやりとりを実演し

てみてください。AがBの家を訪ねるところから会話を始めてください。
　⇒野菜のできがよいことを〈褒める〉行動が現れる可能性がある。〈自慢する〉〈謙遜する〉などの要素も得られるかもしれない。訪問の挨拶についても観察できる。

26. ゴミ当番を交替してやる〈申し出る－受け入れる〉
　東京にいるBの娘夫婦に赤ちゃんが生まれました。Bはあさってあたり孫の顔を見に東京に行ってきたいと思っていますが、今週は町内のゴミ当番にあたっており、どうしたものかと迷っています。Aは、それなら自分がゴミ当番を代わってやるから、東京に行ってくるようにBに勧めます。そのときのやりとりを実演してみてください。
　⇒迷っている相手への申し出の場面である。〈迷う〉〈勧める〉〈感謝する〉などの要素の出現も期待される。

27. 食事を勧める〈勧める－受け入れる／断る〉
　BがAの家に遊びに来ています。食事どきになったので、Aは用意してあった食事をBに勧めます。そのときのやりとりを実演してみてください。
　①Bが勧めを受け入れる場合
　②Bが勧めを断る場合
　⇒相手への気遣いによる勧めである。互いに心理的負担を伴う場面と言える。〈遠慮する〉〈感謝する〉などの要素も現れる可能性がある。

28. 頭痛薬を勧める〈勧める－受け入れる〉
　AがBを尋ねました。すると、Bは昨晩から頭が痛くてつらいと言っています。Aは自宅によく効く頭痛薬があることを思い出し、それを取ってくるから飲むように勧めます。そのときのやりとりを実演してみてください。AがBの家を訪ねるところから会話を始めてください。
　⇒上記27の場面に対して、こちらは困っている相手への実質的な気遣いからくる勧めと言える。訪問の挨拶なども現れそうである。

29. 入山を翻意させる〈忠告する〉

Aは、山に山菜を取りに行くというBに出会いました。しかし、雨が降りそうなので、今日は山に行かないほうがいいとAは思っています。AはBに、「雨が降りそうだから、日を改めたほうがいい」と忠告します。そのときのやりとりを実演してください。AとBが出会うところから始めてください。

⇒ 悪天候の中の入山を翻意させる場面である。〈迷う〉〈受け入れる〉といった要素の出現も期待される。出会いや別れの挨拶なども見られるであろう。

30. 病院の受診を促す〈忠告する〉

次の日、AがBの家を訪ねると、顔色の悪いBが出てきました。聞けば、昨日山に行った時に雨が降ってきて、傘もなかったため濡れて帰ってきたそうです。Bは咳こんでいて、熱もあるようです。このままだと悪化しそうなので、AはBに病院に行くように言います。昨日、Aが言った通りに山に行かなければ体調も悪くならなかったはずなので、今日は昨日よりも強く忠告し、Bに必ず病院を受診させたいと思います。そのときのやりとりを実演してください。AがBの家を訪ねるところから会話を始めてください。

⇒ 上記29の場面と連続している。忠告を無視したために体調を崩した相手に対して、より強い口調の忠告が出そうである。〈非難する〉〈後悔する〉といった要素も出現する可能性がある。

31. 傘の持ち主を尋ねる〈尋ねる－答える〉

AとBは、近所の人たちと公民館での催し物に参加しました。帰り支度をしているときに、Aは傘の忘れ物に気づきました。朝、Bが持っていた傘に似ています。傘がBのものかどうか尋ねる際のやりとりを実演してください。Aが傘を見つけるところから始めてください。

①Bの傘だった場合
②Bの傘ではなかった場合

⇒〈呼びかける〉〈感謝する〉などの要素も現れると考えられる。

32. 店の場所を尋ねる 〈尋ねる－答える〉

　Aは近所に新しくできた食料品店に行こうと思っていますが、道がよくわかりません。ちょうどその店で買い物をしてきた帰りだというBに出会ったので、食料品店がどこにあるか教えてもらうことにしました。食料品店の場所を尋ねる際のやりとりを実演してください。AがBに出会うところから始めてください。

⇒尋ねられた相手が店の場所を教えることから、〈説明する〉行動も観察される。また、〈確認する〉〈感謝する〉といった要素も現れる可能性がある。出会いや別れの挨拶なども出現するであろう。

33. 主人がいるか尋ねる 〈尋ねる－答える〉

　AとBは近所の知り合いです。Aの夫とBは、今、町内会の役員をしているとします。Bは町内会の行事のことで相談したいことができ、Aの家を訪ねます。Aは夫を呼びますが、返事がありません。そのときのやりとりを実演してみてください。

⇒訪問の上で人物の所在を尋ねるという状況を設定している。訪問や辞去の際の挨拶のほか、訪問の用件や夫の不在について〈説明する〉、夫を〈呼ぶ〉といった要素なども現れるであろう。

34. 夫の友人が訪ねてくる 〈尋ねる－答える〉

　Aが家にいると、夫の友人であるというBが訪ねてきました。特に約束をしたわけではなく、用事があって近くまで来たから立ち寄ってみたということです。Bは自分で採った山菜をお土産に持って来てくれました。Aは夫を呼びますが、返事がありません。そのときのやりとりを実演してみてください。なお、AとBは初対面です。

⇒訪問および所在の確認という点は上記33の場面と共通である。こちらは、話し手同士が初対面であり、しかも、訪問者が土産を持参している

点などが異なる。

35. 玄関の鍵が開いていて不審がる〈不審がる〉

　AとBは、夫婦で買い物に出かけました。家に帰ってみると、玄関のドアに鍵がかかっていません。Aは確かに鍵をかけたという記憶があり、どうして開いているのか不審です。そのときのやりとりを実演してみてください。

　　⇒〈心配する〉〈非難する〉といった要素も出現する可能性がある。

36. 天気予報を不審がる〈不審がる〉

　AとBは夫婦です。天気予報では今日は「晴れ」の予報ですが、空を見るとかなり曇っています。これでは、本当に晴れるかどうか疑わしい感じです。Bはこれから出掛けるのですが、荷物になるのでなるべく傘は持って行きたくありません。Aも本当に晴れるなら洗濯物を外に干したいと思っています。そのときのやりとりを実演してみてください。

　　⇒上記35の場面に対して、こちらは天気予報という公的、かつ、自分たちの行動を規制する情報が対象である。

37. 開始時間を確認する〈確認する〉

　今週末に公民館での催し物があるので、AはBと参加する予定です。しかし、Aは開始時間が何時だったか忘れてしまいました。3時からだったような気がしますが、自信がありません。AはBに、催し物の開始時間を確認します。BはAに開始時間は3時ではなく2時であることを教えます。そのときのやりとりを実演してください。

　　⇒時間の思い違いを正す場面でもあるので、〈否定する〉〈修正する〉〈教える〉などの要素も現れると考えられる。

38. 玄関の鍵をかけたか確認する〈確認する〉

　AとBは、夫婦で買い物に出かけました。家から少し行ったところで、B

は家に鍵をかけたか心配になりました。そこで、Aに鍵をかけたか確認します。そのときのやりとりを実演してみてください。
　⇒〈心配する〉に当たる要素も出現するかもしれない。

39. 魚の新鮮さを確認する 〈確認する－答える〉
　Aは客、Bは魚屋です。Aはサンマを買いに来ましたが、置いてあるサンマはどうも古いように見えます。そこで、そのことを魚屋のBに確認します。そのときのやりとりを実演してみてください。
　①確かに少々古い場合
　②それほど古くはない場合
　⇒買い物時の客と店側の交渉の中に現れる確認がテーマである。〈疑う〉〈説明する〉〈反論する〉〈納得する〉などといった要素も出現する可能性がある。

40. お茶をこぼす 〈謝る－許す／非難する〉
　Aの家で、Bがお茶をもらって飲んでいたとします。そのとき、Bが手を滑らせて茶碗を落とし、座布団をよごしてしまいました。そのときのやりとりを実演してみてください。Bがまさに手を滑らせ、お茶をこぼした瞬間から会話を始めてください。
　⇒その場で起こった些細なできごとである。お茶をこぼした瞬間の〈驚く〉行動も観察される可能性がある。

41. 約束の時間に遅刻する 〈謝る－許す／非難する〉
　A・Bに共通の友人が市内の病院に入院したとします。面会時間に合わせて2人で見舞いに行こうということで、バス停で待ち合わせをしました。ところが約束の時間になっても、Bが現れません。予定のバスは行ってしまい、面会時間にも間に合わないかもしれません。ようやくやってきたBはAに謝ります。そのときのやりとりを実演してみてください。
　①AがBを許す場合：例えば、孫の幼稚園からの帰りが遅く、それを

待っていなければいけなかったなど、遅刻の理由がもっともだと思われる場合。Bは律儀な人柄で、遅刻するようなことはめったにない。
- ②AがBを非難する場合：例えば、隣の家のCとお茶飲みをしていて、約束の時間になったことに気付かなかったなど、遅刻の理由がとても納得できない場合。Bはルーズな性格で、遅刻の常習犯である。
- ⇒上記40の場面に比べて多少深刻な事態である。理由が正当な場合とそうでない場合とで、〈許す〉への展開と〈非難する〉への展開に分かれることが予想される。

42. よそ見をしていてぶつかる 〈謝る〉

　AとBは他人です。Bが街を歩いていたとき、よそ見をしていてうっかりAにぶつかってしまったとします。そのときのやりとりを実演してみてください。
- ⇒この場面は上記40の場面と同じく自分の不注意による瞬間的な過失の場合であるが、相手が他人であり、かつ、動きのある状況の中での会話となっている。〈驚く〉〈気遣う〉〈許す〉といった要素も観察されるであろう。

43. のど自慢への出演を励ます 〈励ます〉

　AはNHKののど自慢大会の予選を勝ち抜き、今度、本戦に出場します。そのことをAに話したところ、BはAを励ましてあげます。そのときのやりとりを実演してみてください。AがBにのど自慢出演の話をするところから会話を始めてください。
- ⇒のど自慢への出演を相手に〈打ち明ける〉行動も注目される。

44. 道端で息子の結婚を祝う 〈祝う〉

　Aは、Bの息子の結婚が決まったという話を耳にしました。そこで、Aは

Bと道で出会ったとき、Bに対してその話題で話しかけます。そのときのやりとりを実演してみてください。
　　⇒祝う対象が相手の息子の場合である。道端での場面であり、正式な場面である下記117の「息子の結婚式でお祝いを言う」との関連が興味深い。

45. のど自慢での優勝を祝う〈祝う〉
　AはNHKののど自慢大会でとうとう優勝しました。そのことをテレビで見たBは、Aに対してその話題で話しかけます。そのときのやりとりを実演してみてください。
　　⇒祝う対象が相手本人の場合である。〈褒める〉〈喜ぶ〉といった要素も観察できる可能性がある。

46. 福引の大当たりに出会う〈祝う〉
　AとBは近所の知り合いです。町内会の福引を引きに行ったところ、最初にクジを引いたAの景品はポケットティッシュでしたが、次にクジを引いたBはなんと温泉旅行を引き当てました。その温泉はAがずっと行きたいと思っていたところでした。そのときのやりとりを実演してみてください。
　　⇒この場面は〈祝う〉に分類したが、その場で起こったできごとを目の当たりにして驚きながら祝うという場面である。瞬間的に〈喜ぶ〉という行動も見られるかもしれない。

47. 道端で兄弟を弔う〈弔う〉
　Aは、遠方にいるBの兄が亡くなったという話を耳にしました。そこで、AはBと道で出会ったとき、Bに対してその話題で話しかけます。そのときのやりとりを実演してみてください。
　　⇒道端での場面であり、正式な場面である下記119の「兄弟の葬式でお弔いを言う」との関連が興味深い。

48. のど自慢での不合格をなぐさめる〈なぐさめる〉
　　AはNHKののど自慢大会に出ましたが、残念ながら鐘が1つしか鳴りませんでした。そのことをBに話したところ、BはAをなぐさめてあげます。そのときのやりとりを実演してみてください。
　　⇒のど自慢での不合格を相手に〈打ち明ける〉行動も注目される。

49. 寂しくなった相手をなぐさめる〈なぐさめる〉
　　Aは、Bの娘が遠方に嫁いでしまい、寂しくなったのではないかと声をかけます。そのときのやりとりを実演してみてください。
　　⇒娘が遠方に嫁いだことによる寂しさである。結婚自体はめでたいことであるので、〈強がる〉表現が出る可能性もある。

50. 足をくじいた相手を気遣う〈気遣う〉
　　一緒に歩いていたAが階段で足をくじいてしまいました。BはAを気遣って声をかけます。そのときのやりとりを実演してみてください。Aがまさに足をくじいた瞬間から会話を始めてください。
　　⇒その場での緊迫した状況下にある場面である。〈驚く〉〈痛がる〉などの要素も注目される。また、下記51の場面に対して、気遣う対象が相手本人の場合である。

51. 孫が最下位になったことを気遣う〈気遣う〉
　　AはBと一緒に小学校の運動会を見に行きました。Bの孫が徒競走に出ましたが、最下位になってしまいました。それを見ていたAがBに声をかけます。そのときのやりとりを実演してみてください。
　　⇒こちらは、当事者である孫に対する気遣いと、話し相手に対する気遣いの両方が現れる場面である。

52. ゴミ出しの違反を非難する〈非難する〉
　　Aは、ゴミの日でないのにゴミを出そうとしているBに出くわしました。

ゴミの袋を置いたままにしておくと、カラスがつついて散らかってしまいます。AはBを非難するような言葉を発します。そのときのやりとりを実演してみてください。AがBを見つけたところから会話を始めてください。
　①BがAの言うことに従う場合
　②BがAの言うことに従わない場合（反論）：例えば、今日から旅行に出るので、明日の朝、ゴミを出せないなどの理由。
　　⇒上記20の「不法投棄をやめさせる」とも関連する。ともに規則違反の場合であるが、こちらは20の場面ほど深刻なケースではない。また、20の場面は相手が見知らぬ人、こちらは近所の友人という違いがある。〈忠告する〉〈不満を言う〉〈反論する〉などの要素が出る可能性もある。

53. 夫が飲んで夜遅く帰る〈非難する〉
　AとBは夫婦です。Bは酒を飲んで遅く帰ってきました。すでに夜中の12時を回っています。こういうことは、最近しょっちゅうなので、Aは堪忍袋の緒が切れました。Aは玄関の鍵を開けながらBを非難します。そのときのやりとりを実演してみてください。Bが玄関のチャイムを鳴らすところから始めてください。
　　⇒上記52の場面に対して、ここでは家庭内の場面を取り上げた。〈怒る〉に当たる強い口調の表現が得られる可能性もある。

54. 隣人が回覧板を回さない〈非難する〉
　AとBは夫婦です。隣の家の佐藤さんはゴミの日でないのにゴミを出したり、回覧板を回さずにずっと自分のところに留めて置いたりと、どうも行いがよくありません。Bはそのことを日ごろから腹立たしく思っています。今日も、すでに催し物の期日が過ぎてから回覧板を持ってきました。Bはいよいよ頭に来て、Aにそのことを話します。そのときのやりとりを実演してみてください。
　①Aが同意する場合：Aもそのように思っていたので、Bに同調しま

す。
② Aが同意しない場合：Aもそうは思うのですが、佐藤さんが仕事の関係で、朝早く出勤し夜遅く帰ることを知っているので、Bに完全に同調はできません。
⇒ 上記52・53の場面がいずれも相手を直接非難するものであるのに対して、この場面は話題の人物を非難するという設定である。〈同調する〉〈擁護する〉といった要素も現れると思われる。非難の相手が近所の知り合いであるという点では、52の場面と共通する。

55. 退任した区長をねぎらう 〈ねぎらう〉

Aは、3年間の区長の任期を無事終えました。Bがその労をねぎらいます。そのときのやりとりを実演してみてください。
⇒ 公的な仕事をしている人の労をねぎらう場面である。

56. 車を出せずに困る 〈困る〉

AとBは夫婦です。一緒に買い物に出かけるために車を出そうとすると、車庫の前に隣の家のお客の車が止まっていて進路をふさいでいるのを発見します。AとBは困ってしまい、お互いに言葉を交わします。そのときのやりとりを実演してみてください。
⇒ 〈困る〉のほか、車を移動するように隣の人に告げようという相談のやりとりが聞かれるはずである。

57. 瓶の蓋が開かない 〈困る〉

AとBは夫婦です。Aは瓶の蓋を開けたいと思ってひねりますが、堅くてなかなか回りません。そこへ、Bが帰って来たので、開けてくれるように頼みます。そのときのやりとりを実演してみてください。
⇒ 特に〈困る〉に注目した場面として設定したが、目の前の相手とのやりとりの中で〈頼む〉〈受け入れる〉に当たる要素も観察可能である。

58. 孫が一等になり喜ぶ〈喜ぶ〉

　ＡとＢは夫婦です。連れだって孫の小学校の運動会を見に行きました。孫は徒競走に出ました。最初、スタートで出遅れたのですが、最後は猛然と追い上げています。ＡとＢはさかんに声援を送ります。その甲斐あってか、孫は３人を抜いてみごと一等でゴールインしました。ＡとＢは歓声を上げます。そして、お互いに喜び合います。そうした一連のやりとりを実演してみてください。

　　⇒自分と相手が共有する喜びの感情である。孫の徒競走を見ている場面であるため、〈応援する〉行動も現れることが予想される。

59. 孫が一等を逃しがっかりする〈がっかりする〉

　ＡとＢは夫婦です。連れだって孫の小学校の運動会を見に行きました。孫は徒競走に出ました。最初、スタートはよかったのですが、最後はスピードが落ちてきました。ＡとＢはさかんに声援を送ります。しかし、その甲斐もなく、孫は最後に３人に抜かれてしまいました。ＡとＢは悲鳴を上げます。そして、お互いに落胆します。そうした一連のやりとりを実演してみてください。

　　⇒自分と相手が共有する落胆の感情である。上記58の場面と同様、孫の徒競走を見ている場面であるため、〈応援する〉行動も現れることが予想される。

60. 福引の大当たりについて話す〈うらやむ〉

　ＡとＢは夫婦です。Ａが町内会の福引を引きに行ったところ、最初にクジを引いたＡの景品はポケットティッシュでしたが、次にクジを引いた隣の家の佐藤さんはなんと温泉旅行を引き当てました。その温泉はＡがずっと行きたいと思っていたところでした。Ａは家に帰ってきてそのことを夫であるＢに話します。そのときのやりとりを実演してみてください。

　　⇒上記の「46. 福引の大当たりに出会う」の場面のあと、そのできごとを家に帰ってから家人に話すという状況である。〈うらやむ〉のほかにも

〈報告する〉〈なぐさめる〉〈なだめる〉といった要素が出現する可能性がある。

61. タバコをやめない夫を叱責する〈叱る〉
　AとBは夫婦です。夫のBが、健康のために一時やめていたタバコをまた吸い始めました。夫の健康だけでなく、最近生まれた孫の健康も心配です。少し怒った感じで、妻のAは夫のBに話しかけます。そうした一連のやりとりを実演してみてください。
　⇒〈禁止する〉行動も観察される可能性がある。相手が〈反論する〉〈言い訳する〉ことも考えられる。

62. 娘の帰宅が遅い〈叱る〉
　Bの娘のAはまだ結婚前ですが、ときどき帰宅が遅くなります。Bは見かねてAを叱ります。そのときのやりとりを実演してみてください。
　⇒ Aの反応のしかたによって、〈従う〉〈謝る〉〈反発する〉〈ふてくされる〉などさまざまな要素が現れる可能性がある。

63. 息子が勉強しない〈叱る〉
　Aの息子のBは大学受験を控えていますが、勉強に身が入らず、このままでは進学が難しそうです。今日も保護者面談で、担任の先生にそう言われてしまいました。Aは見かねてBを叱ります。そのときのやりとりを実演してみてください。
　⇒ ここでも、上記の62の場面と同様の要素の出現が見込まれる。AがBに担任の先生の発言を〈伝える〉という要素も見られるかもしれない。

64. 孫の大学合格を褒める〈褒める〉
　Aは、Bの孫の太郎君が大学に合格したという話を耳にしました。そこで、Aは、Bに対してその話題で話しかけます。そのときのやりとりを実演してみてください。

⇒相手の関係者(身内)に起こった好ましい事態を褒める場面である。相手本人への褒めは、上記25の「野菜をおすそ分けする」や45の「のど自慢での優勝を祝う」などで出現する可能性がある。また、この場面では〈祝う〉の要素も現れるかもしれない。

65. 息子がよく勉強する 〈褒める〉

Aの息子のBは大学受験を控えています。今日は保護者面談で、担任の先生にBはよく勉強していると言われました。AはBにそのことを伝えて褒めます。そのときのやりとりを実演してみてください。
⇒上記の63の場面とは逆の場合として設定した。

66. 食事の内容が気に入らない 〈けなす〉

AとBは夫婦です。このところ、夕飯のおかずに揚げ物が出ることが多いのですが、どうやらその揚げ物はスーパーで買ってきたものか、冷凍食品を電子レンジでチンしたもののようです。そうした揚げ物に、Bは本当に飽き飽きしています。今日も、食卓に揚げ物が出ています。Bはとうとう頭に来て、Aの料理をけなします。しかし、Aも仕事や介護で忙しい中、なんとか食事を作っているので、けなされるのはよい気分ではありません。そのときのやりとりを実演してみてください。
　①Aが折れる場合
　②Aが折れない場合
　⇒この場面では、〈言い張る〉〈受け入れる〉〈しぶる〉〈反論する〉といった要素の出現も観察できるかもしれない。

67. 嫁の起きるのが遅い 〈愚痴を言う〉

AとBは夫婦です。息子が結婚し、嫁を迎えましたが、その嫁は朝寝坊でなかなか起きてきません。Aは嫁に朝ご飯を作ってほしいのですが、家族の朝食は、いままでどおりAが作っています。AはBに愚痴を言います。そのときのやりとりを実演してみてください。

⇒嫁に対して直接非難するのではなく、AとBが嫁を話題にして愚痴を言い合う場面として設定した。

68. タバコのことを隠している夫を疑う〈疑う〉

AとBは夫婦です。夫のBが、健康のために一時やめていたタバコをまた吸い始めたようです。Bは吸っていないと言っていますが、タバコの匂いがするので、AはBが嘘をついているのではないかと疑います。そうした一連のやりとりを実演してみてください。

⇒〈非難する〉〈反論する〉〈言い訳する〉などの要素が現れる可能性がある。

69. 冷房の効いた部屋から外へ出る〈暑がる〉

AとBは町内会が終わって、冷房の効いた部屋から外へ出ました。すると、外はたいへんな暑さで、頭がくらくらしそうです。そのときのやりとりを実演してみてください。町内会の会場から外へ出た瞬間から会話を始めてください。

⇒〈驚く〉行動の出現も予想される。次の70の場面と対になる項目である。

70. 暖房の効いた部屋から外へ出る〈寒がる〉

AとBは町内会が終わって、暖房の効いた部屋から外へ出ました。すると、外はたいへんな寒さで、体が縮みあがりそうです。そのときのやりとりを実演してみてください。町内会の会場から外へ出た瞬間から会話を始めてください。

⇒〈驚く〉行動の出現も予想される。上の69の場面と対になる項目である。

71. 初物のカツオを食べる〈うまがる〉

AとBは夫婦です。初ガツオをもらったので、さっそく夕飯に食べるこ

とにしました。一口食べてみると、脂がのっていて、うまいことうまいこと。こんなにおいしいカツオは食べたことがありません。そのときのやりとりを実演してみてください。※カツオの代わりにその地域で一般的な魚や野菜を指定してよい。

　⇒〈驚く〉行動の出現も予想される。

72. 畑の処理を迷う〈迷う〉

　AとBは夫婦です。畑を持っていましたが、自分たちが高齢になり、畑仕事をすることがだんだん難しくなってきました。息子の世代は畑を維持するつもりはないようです。そこで、畑を手放すべきかどうか、大いに迷い、思案しています。まだやれそうな気もしますが、もう今が限界のような気もします。そうした一連のやりとりを実演してみてください。

　⇒大きな決心が必要な場面である。相談の場面であることから、さまざまな要素の出現が見込まれる。

73. 見舞いに行くべきか迷う〈迷う〉

　AとBは夫婦です。親戚が入院しました。遠い親戚なので、お見舞いに行かなくともよいとは思いますが、一方で、行った方がよいような気もします。そのときのやりとりを実演してみてください。

　⇒上記72の場面に比べると、日常よく起こりそうな場面である。〈伝える〉〈同意を求める〉〈同意する〉などの要素も現れそうである。

74. 見舞いと友人との再会で悩む〈迷う〉

　AとBは夫婦です。Bの兄が入院したというので、今度の日曜日に夫婦そろってお見舞いに行くことにしていました。ところが、東京に出ていたAの友人が一日だけ故郷（話者の居住地）に帰るので会いたいと言ってきました。Aは久し振りに友人と再会したい気持ちが強いものの、Bの兄の見舞いの予定が先に入っているので、大いに悩みます。そこで、Bと相談します。そのときのやりとりを実演してみてください。

⇒ 上記 72・73 の場面との違いは、全く別のことがらの間での選択が問題になっていることと、選択によっては相手に迷惑をかける可能性があることである。〈相談する〉〈許可を求める〉〈受け入れる〉〈勧める〉〈しぶる〉〈あきらめる〉などの要素の出現が予想される。

75. 帰宅の遅い孫を心配する 〈心配する〉

AとBは夫婦です。遊びにでかけた小学生の孫が夕方になってもなかなか帰って来ません。もう薄暗くなっており、いつもなら、とっくに家に帰っている時間です。孫のことがとても心配です。そうした一連のやりとりを実演してみてください。

⇒ この場面も、さまざまな要素が現れる可能性がある。

76. 花瓶を倒す 〈驚く〉

AとBは夫婦です。Aは誤って花瓶を倒してしまいました。水がテーブルの上にみるみる広がり、床にもしたたっています。慌ててBに雑巾を持ってくるように頼みます。Aは不注意でよく花瓶を倒すので、Bはあきれ気味です。そうした一連のやりとりを実演してみてください。花瓶を倒して驚くところからやってください。

⇒ 花瓶を倒した瞬間から会話を始めてもらうので、〈驚く〉行動が得られるはずである。また、雑巾を要求する〈頼む〉の要素や、そうした状況に対して相手が〈呆れる〉〈非難する〉〈叱る〉といった要素も観察できるかもしれない。

77. 久しぶりに友人に出会う 〈驚く〉

Aは、町で、東京に行っていたはずのBに、ばったり出会いました。Bが故郷(話者の居住地)に帰っているとは知らず、本当に久しぶりです。そのときのやりとりを実演してみてください。

⇒ 〈喜ぶ〉〈尋ねる〉といった要素のほか、挨拶関係の要素なども得られる可能性がある。

78. 猫を追い払う 〈驚く〉

　AとBは夫婦です。ふと縁側を見ると、野良猫が干してあった魚をとろうとしています。Aはそれに気づき、慌てて猫を追い払います。Bは騒々しい音を聞きつけ、何事が起こったかとAに尋ねます。そのときのやりとりを実演してみてください。

　⇒この場面は、上記76の場面とおなじくマイナスの事態であり、緊急性も高い。ただし、それが動物によって引き起こされ、その動物を追い払うという状況になっている点が特徴的である。その意味では、動物に対する要求・指示の言語行動を観察するというねらいもある。

79. 買ってくるのを忘れる 〈呆れる〉

　AとBは夫婦です。Aは買い物から帰って来ました。買い物袋の中のものを出してみると、人参がありません。そもそも、今日の夕飯はカレーライスにしようと思い、足りない人参を目当てにスーパーに行ったのですが、他の物は買ったのに、肝心な人参を買うのを忘れて帰ってきてしまいました。驚くやら呆れるやらです。傍で聞いていたBも会話に加わります。そのときのやりとりを実演してみてください。

　⇒〈けなす〉〈からかう〉といった要素も出現する可能性がある。

80. 会合を中座する 〈説明する〉

　AとBは町内会の集まりに出席していて、まだ途中ですが、Aは病院の予約があって中座しなくてはなりません。そのことを近くに座っているBに言って、途中で町内会を退席します。そのときのやりとりを実演してみてください。

　⇒〈恐縮する〉〈詫びる〉などの要素も得られるかもしれない。

81. 生徒の成績を説明する 〈説明する〉

　Aは保護者面談で、自分の子供のことについて、先生のBと話をします。先生の話では、子供の成績がよくなく、このままでは大学への進学が難しい

と言われます。そのときのやりとりを実演してみてください。
　⇒〈尋ねる〉〈忠告する〉といった要素も出そうである。

82. 出店のことで話す〈説明する〉

　AとBは近所の知り合いです。2人は町内会の夏祭りで、焼きそばの出店を手伝うことになりました。Bは出店の手伝いを何回もやったことがありますが、Aは初めてです。そこで、AはBの家を訪ね、当日の仕事の段取りや分担について教えてもらうことにしました。そのときのやりとりを実演してみてください。※出店の内容は、焼き鳥やたこ焼き、かき氷、輪投げなど、話者が話題にしやすいものとする。
　　⇒一方が他方に知識を提供する場面であり、相談的な要素も兼ね備えている。「32. 店の場所を尋ねる」における道教えのやりとりとも趣旨が共通する部分がある。

83. 折り紙を折る〈説明する〉

　AとBは近所の知り合いです。今日は敬老会で折り紙を折って遊ぶことになりました。Bはあまり折り紙の経験がないので、Aから折り方を教わります。そのときのやりとりを実演してみてください。※何を折るかは話者に任せる。
　　⇒上記82の場面と同様、知識提供の説明である。ただし、こちらの場面ではAがBに折り紙の折り方を解説しながら互いに折り紙を折るという具体的な動作を伴う。〈尋ねる〉〈確認する〉〈指示する〉〈注意する〉などといった要素の出現も期待される。

84. メガネを探す〈言い張る〉

　AとBは夫婦です。Aはメガネをかけようと思いましたが、いつものところにありません。そこで、Bにどこかへしまったかと尋ねます。Bは心当たりがありません。しかし、AはBがどこかへやったと思っています。そこでBを追及しますが、Bは自分ではないと言い張ります。そのときのや

りとりを実演してみてください。
⇒メガネのありかをめぐっての夫婦のやりとりである。〈疑う〉〈否定する〉〈追及する〉などの要素の出現も期待される。

85. 息子の成績が悪いことを話す〈打ち明ける〉
　AとBは夫婦です。今日、保護者面談があり、Aが出かけて行きましたが、先生の話では、あまり成績がよくなく、このままでは進学が難しいと言われてしまいました。Aは家に帰って、そのことをBに打ち明けます。そのときのやりとりを実演してみてください。
⇒〈困る〉〈迷う〉などの要素も現れるかもしれない。

86. 外が暑いことを話す〈教える〉
　今日はものすごい暑さです。Bは外から帰って、そのことを妻のAに教えます。そのときのやりとりを実演してみてください。家に入るところから会話を始めてください。
⇒上記「69. 冷房の効いた部屋から外へ出る」はその場で〈暑がる〉行動であるが、こちらは、それを人に教える状況として設定した。〈帰宅の挨拶〉も聞かれるであろう。

87. 外が寒いことを話す〈教える〉
　今日はものすごい寒さです。Bは外から帰って、そのことを妻のAに教えます。そのときのやりとりを実演してみてください。家に入るところから会話を始めてください。
⇒上記「70. 暖房の効いた部屋から外へ出る」はその場で〈寒がる〉行動であるが、こちらは、それを人に教える内容として設定した。〈帰宅の挨拶〉も聞かれるであろう。

88. ガソリンの値上がりについて話す〈共感する〉
　ガソリンの値段がどんどん上がっていきます。このあたりは、自家用車で

なければ買い物に行くのも不便です。Bはそのことを話題にして、ガソリンの値上がりは本当に困ってしまうと訴えます。Aはそれに共感します。そのときのやりとりを実演してみてください。
　⇒〈驚く〉〈説明する〉〈困る〉などの要素も出現する可能性がある。

89. 町内会の連絡を伝える〈伝える〉
　AはBの家に、町内会の連絡を伝えに行きます。今日、予定されている町内会が、会場の都合で、急きょ開始が1時間遅くなった（午後2時からが3時からになった）という連絡です。町内会長の佐藤さんからAさんのところに連絡があり、Bさんにも伝えてほしいということです。そのときのやりとりを実演してみてください。AがBの家に入るところから始めてください。
　⇒〈修正する〉〈指示する〉といった要素も現れるはずである。〈訪問の挨拶〉も観察されそうである。

90. 回覧板を回す〈伝える〉
　AはBの家に回覧板を渡しに行きました。そのときのやりとりを実演してみてください。
　⇒〈指示する〉〈受け入れる〉といった要素や訪問の挨拶なども出現が予想される。

91. 朝、道端で出会う〈朝の挨拶〉
　AとBは、朝、道端で会いました。出会ってから別れるまでのやりとりを実演してみてください。
　⇒冒頭のやりとりのみでなく、出会ってから別れるまでの会話全体を記録する。その点では、この場面は「挨拶」に分類したものの、いわゆる挨拶表現のみに注目したものではない。道での出会いの際に、どのようなやりとりが行われるか、全体的に把握しようとしたものである。なお、「挨拶」という点では、〈別れの挨拶〉の出現も予想される。

92. 朝、家族と顔を合わせる 〈朝の挨拶〉

　ＡとＢは夫婦です。朝、起きて最初に顔を合わせたときのやりとりを実演してみてください。
　⇒上記 91 の場面に対して、家庭内の朝の出会い場面である。

93. 昼、道端で出会う 〈昼の挨拶〉

　ＡとＢは、昼、道端で会いました。出会ってから別れるまでのやりとりを実演してみてください。
　⇒上記 91 の場面と同じ趣旨である。

94. 夕方、道端で出会う 〈夕方の挨拶〉

　ＡとＢは、夕方、道端で会いました。出会ってから別れるまでのやりとりを実演してみてください。
　⇒上記 91 の場面と同じ趣旨である。

95. 夜、道端で出会う 〈夜の挨拶〉

　ＡとＢは、夜、道端で会いました。出会ってから別れるまでのやりとりを実演してみてください。
　⇒上記 91 の場面と同じ趣旨である。

96. 夜、家族より先に寝る 〈夜の挨拶〉

　ＡとＢは夫婦です。夜、Ａはテレビを見ているＢより先に寝ることにしました。Ａにそのことを伝えるときのやりとりを実演してみてください。
　⇒家庭内の場面である。夫婦のうちどちらが先に寝るかで様相が変わる可能性がある。

97. 晴れの日に、道端で出会う 〈天候の挨拶〉

　春の昼間、晴天でとても天気の良い日に、道端でＡとＢが出会ったとき、ＡはＢにどのように声をかけますか。また、Ｂはどのように返事をし

ますか。出会ってから別れるまでのやりとりを実演してみてください。
　⇒会話の冒頭のみでなく、出会いから別れまでの会話全体を記録する。その点、実際には多様な内容が話される可能性がある。なお、天候ごとに設定した場面であるが、そもそも天候に関する話題が出現するか否かも注目点である。

98. 雨の日に、道端で出会う〈天候の挨拶〉
　梅雨の昼間、かなり雨が降っている日に、道端でAとBが出会ったとき、AはBにどのように声をかけますか。また、Bはどのように返事をしますか。出会ってから別れるまでのやりとりを実演してみてください。
　⇒上記97の場面と同じ趣旨である。

99. 暑い日に、道端で出会う〈天候の挨拶〉
　夏の昼間、カンカン照りでとても暑い日に、道端でAとBが出会ったとき、AはBにどのように声をかけますか。また、Bはどのように返事をしますか。出会ってから別れるまでのやりとりを実演してみてください。
　⇒上記97の場面と同じ趣旨である。

100. 寒い日に、道端で出会う〈天候の挨拶〉
　冬の昼間、雪が降っていてとても寒い日に、道端でAとBが出会ったとき、AはBにどのように声をかけますか。また、Bはどのように返事をしますか。出会ってから別れるまでのやりとりを実演してみてください。
　⇒上記97の場面と同じ趣旨である。

101. 正月の三が日に、道端で出会う〈時候の挨拶〉
　年が明けて正月の三が日に、道端でAとBが出会ったとき、AはBにどのように声をかけますか。また、Bはどのように返事をしますか。出会ってから別れるまでのやりとりを実演してみてください。
　⇒時候の挨拶についても出会いから別れまでの会話全体を記録する。正月

らしい挨拶表現の存在を確認すると同時に、積極的に正月（大晦日・お盆）が話題化されるかどうかを見ることがねらいである。

102. 大晦日に、道端で出会う 〈時候の挨拶〉

年末の 12 月 31 日に、道端で A と B が出会ったとき、A は B にどのように声をかけますか。また、B はどのように返事をしますか。出会ってから別れるまでのやりとりを実演してみてください。

⇒ 上記 101 の場面と同じ趣旨である。

103. お盆に、道端で出会う 〈時候の挨拶〉

8 月のお盆頃に、道端で A と B が出会ったとき、A は B にどのように声をかけますか。また、B はどのように返事をしますか。出会ってから別れるまでのやりとりを実演してみてください。

⇒ 上記 101 の場面と同じ趣旨である。

104. 友人宅を訪問する 〈訪問・辞去の挨拶〉

昼間、A が B の家を訪れるときに、A は玄関先で B にどのように声をかけますか。また、B はどのように返事をしますか。そのやりとりを実演してみてください。

⇒ 〈訪問の挨拶〉に対して、相手が応じる反応についても観察できる。

105. 友人宅を辞去する 〈訪問・辞去の挨拶〉

それでは用事を済ませた A が B の家から帰るとき、B にどのように声をかけますか。また、B はどのように返事をしますか。そのやりとりを実演してみてください。

⇒ 〈辞去の挨拶〉に対して、相手が応じる反応についても観察できる。

106. 商店に入る 〈訪問・辞去の挨拶〉

B 宅は個人商店だとします。昼間、A が B の店に買い物で訪れるときに

どのように声をかけますか。また、それに対してBはどのように返事をしますか。そのやりとりを実演してみてください。
　⇒上記104の場面は一般の家への訪問であるが、こちらは商店の場合である。

107. 商店を出る〈訪問・辞去の挨拶〉
　それでは買い物を終えたAが店を出るとき、Bに対してどのように声をかけますか。また、Bはどのように返事をしますか。そのやりとりを実演してみてください。
　⇒上記105の場面は一般の家からの辞去であるが、こちらは商店の場合である。

108. 友人が出かける〈出発・帰着の挨拶〉
　昼間、Aが道を歩いていると、普段よりも着飾っていて、どこかへ出かけるように見えるBと会いました。出会ってから別れるまでのやりとりを実演してみてください。
　⇒着飾った相手に道で出会う場面であるため、行く先を〈尋ねる〉行動や相手の服装を〈褒める〉〈からかう〉行動なども現れる可能性がある。

109. 友人が帰ってくる〈出発・帰着の挨拶〉
　夕方、再びAが道を歩いていると、先ほどとは逆の方向から、普段よりも着飾ったBが帰ってきました。そのときAはBにどのように声をかけますか。また、Bはどのように返事をしますか。出会ってから別れるまでのやりとりを実演してみてください。
　⇒上記108の場面と同じ。

110. 夫(妻)が出かける〈出発・帰着の挨拶〉
　AとBは夫婦です。昼間、Aが出かけようとする時、AとBはどのように声を掛け合いますか。そのやりとりを実演してみてください。

⇒出かける人物が夫と妻の場合で様相が異なる可能性がある。

111. 夫（妻）が帰宅する〈出発・帰着の挨拶〉

　ＡとＢは夫婦です。夕方、出かけていたＡが自宅へ帰った時、ＡとＢはどのように声をかけ合いますか。そのやりとりを実演してみてください。
　⇒上記110の場面と同じ。

112. 食事（昼食）を始める〈食事の挨拶〉

　ＡとＢは夫婦です。ＡとＢは、家で一緒に昼ご飯を食べようとしています。食事に手を付ける前のやりとりを実演してみてください。
　⇒食事の前に何か言葉を発するかどうかが注目される。また、食事の内容に対する〈褒める〉〈けなす〉などの要素が現れる可能性もある。

113. 食事（昼食）を終える〈食事の挨拶〉

　ＡとＢは夫婦です。ＡとＢは、家で昼ご飯を食べ終わりました。箸を置いたときのやりとりを実演してみてください。
　⇒食事の後に何か言葉を発するかどうかが注目される。また、食事の内容に対する〈褒める〉〈けなす〉などの表現が現れる可能性もある。

114. 食事（夕食）をする－開始と終了－〈食事の挨拶〉

　ＡとＢは夫婦です。夕飯の支度ができたので、ＡはＢを呼びます。Ｂはやって来て食卓に着き、Ａと一緒に夕飯を食べます。その後、食事が済んだので、Ｂは食卓を離れます。そのときのやりとりを実演してみてください。※食事中の会話は省略します。
　⇒この場面に関しては、上記「112. 食事（昼食）を始める」「113. 食事（昼食）を終える」がある。そこで対象にしている部分に加え、こちらでは食卓につく前の部分と、食卓を離れる部分も範囲に含めている。また、こちらでは夕食を指定し、昼食の場面である112・113とは違いを持たせてある。

115. 土産のお礼を言う 〈謝礼の挨拶〉

Aが道端でBに出会ったとき、先日Bから旅行の土産にお菓子をもらい、とても美味しかったことを思い出しました。それをBに伝えます。そのやりとりを実演してみてください。

⇒礼を言う相手が土産をくれた本人の場合。〈褒める〉や〈謙遜する〉といった要素も出現するかもしれない。

116. 相手の息子からの土産のお礼を言う 〈謝礼の挨拶〉

Aが道端でBに出会ったとき、先日Bの息子から旅行の土産にお菓子をもらい、とても美味しかったことを思い出しました。それをBに伝えます。そのやりとりを実演してみてください。

⇒上記115の場面に対して、礼を言う相手が土産をくれた人の関係者（身内）の場合である。

117. 息子の結婚式でお祝いを言う 〈祝儀の挨拶〉

AはBの息子の結婚式に招待されました。Aは結婚式当日にBにどのように声をかけますか。また、Bはどのように返事をしますか。そのやりとりを実演してみてください。

⇒祝う対象が相手の関係者（身内）の場合である。上記「44. 道端で息子の結婚を祝う」に対して、結婚式という改まりの場での会話を記録する。

118. 喜寿の会でお祝いを言う 〈祝儀の挨拶〉

AはBの喜寿を祝う会に招待されました。Aは会の当日にBにどのように声をかけますか。また、Bはどのように返事をしますか。そのやりとりを実演してみてください。

⇒祝う対象が相手本人の場合である。上記「45. のど自慢での優勝を祝う」に対して、喜寿の会という改まりの場での会話を記録する。

119. 兄弟の葬式でお弔いを言う 〈不祝儀の挨拶〉

　Bの兄の葬式に弔問したAは、葬式当日にBにどのように声をかけますか。また、Bはどのように返事をしますか。そのやりとりを実演してみてください。

　　⇒弔う対象が相手の関係者（身内）の場合である。上記「47. 道端で兄弟を弔う」に対して、葬式という改まりの場での会話を記録する。

120. 客に声をかける 〈物売りの呼びかけ〉

　Bは八百屋だとします。AはBの八百屋の前を通りかかりました。BがAに商品を買ってもらいたいとき、どのように声をかけますか。また、Aはどのように返事をしますか。そのやりとりを実演してみてください。

　　⇒上記「106. 商店に入る」は入店にあたり客が先に声をかける場合だが、こちらは、店の人が先に声をかける場合である。いわゆる「呼び込み」にあたる行動とそれに対する客側の反応が期待される。

121. 遠くにいる人を呼び止める 〈呼び止める〉

　今日は町内会の会合があります。ただ、最初、予定していた会場が使えなくなったために、別の会場に変更になりました。Bが変更後の会場に向かおうとすると、Aがその変更を知らないらしく、間違った方向へ行こうとしています。そこで、BはAを呼び止めます。AとBとの距離はだいぶ離れているので、大きな声を出さないと気付かないかもしれません。そのときのやりとりを実演してみてください。

　　⇒〈答える〉〈尋ねる〉〈確認する〉〈教える〉といった表現も現れることが考えられる。

122. ハンカチを落とした人を呼び止める 〈呼び止める〉

　Bが道を歩いていると、前を歩いていたAがハンカチを落としました。BはAに声をかけます。そのときのやりとりを実演してみてください。

　　①相手が見ず知らずの人

②相手が近所の知り合い

⇒上記 121 の場面に対して、こちらは相手が至近距離にいる場合であり、ハンカチを拾ってやるという行為も伴う。〈教える〉〈驚く〉〈感謝する〉といった要素も現れそうである。ここでは、近所の知り合いのほかに見ず知らずの人の場合も取り上げ、相手による違いも見る。

123. バスの中で声をかける 〈声をかける〉

Bがバスに乗っていると、次の停留所でAが乗り込んできました。AはBに気付かないらしく、Bのすぐ横の座席に座りました。そこで、BはAに声をかけます。そのときのやりとりを実演してみてください。

⇒〈驚く〉〈答える〉〈尋ねる〉などの要素も現れるかもしれない。

124. 近所の家に来たお嫁さんに出会う 〈自己紹介する〉

Bは、近所の家の息子が結婚し、その家にお嫁さんのAが来たことは知っています。ただ、まだAの顔を見たことはありません。ある朝、その家の前を通りかかると、Aと思われる人物が玄関前の掃き掃除をしていました。BはAとは初対面なので、自己紹介をしようと思います。BがAに声をかけるところから会話を始めてください。

⇒〈交誼を結ぶ〉や〈尋ねる〉〈答える〉などといった要素も観察できそうである。

125. 結婚相手を紹介する 〈人を紹介する〉

Aの家では息子の結婚相手が決まらず、以前からBに対して、誰か適当な人がいたら紹介してほしいと頼んでありました。ここにきて、結婚相手にふさわしい女性が現れたので、BはAにその女性のことを紹介します。そのときのやりとりを実演してみてください。

⇒この場合の「紹介する」は、ある立場にふさわしい人物として推薦するという意味であり、その点、〈勧める〉に近いものである。〈尋ねる〉〈頼む〉〈感謝する〉などの要素も出現する可能性がある。

126. 子供の結婚相手の親と会う〈交誼を結ぶ〉

　AとBはもともと知り合いではありませんが、近く互いの息子と娘が結婚することになり、今日、初めてお互いに顔を合わせました。そのときのやりとりを実演してみてください。

　⇒祝儀に至る段階の一コマとして設定した場面である。話の内容や表現の定型性などについて観察することがねらいである。

文献
井上文子(1999)「談話資料による方言研究」真田信治編『展望現代の方言』白帝社
井上文子編(2014)『方言談話の地域差と世代差に関する研究成果報告書』国立国語研究所
大西拓一郎(1996)「方言の録音資料―全国規模の方言談話資料とケーススタディとしての係り結び―」『日本語学』15-4
沖裕子(2006)『日本語談話論』(V第1章「談話型から見た喜びの表現―結婚のあいさつの地域差より―」、V第2章「談話からみた東の方言／西の方言」)和泉書院
尾崎喜光編(2011)『国内地域間コミュニケーション・ギャップの研究―関西方言と他方言の対照研究―』科学研究費補助金成果報告書
太田有紀(2015)「turn-takingと重複から見る会話の地域差―実質的発話と非実質的発話を用いて―」『言語科学論集』19
久木田恵(1990)「東京方言の談話展開の方法」『国語学』162
琴鍾愛(2005)「日本語方言における談話標識の出現傾向―東京方言、大阪方言、仙台方言の比較―」『日本語の研究』1-2
熊谷智子(2000)「言語行動分析の観点―「行動の仕方」を形づくる諸要素について―」『日本語科学』7
熊谷智子・篠崎晃一(2006)「依頼場面での働きかけ方における世代差・地域差」国立国語研究所『言語行動における「配慮」の諸相』くろしお出版
黒崎良昭(1987)「談話進行上の相づちの運用と機能―兵庫県滝野方言について―」『国語学』150
甲田直美(2015)「談話」佐藤武義・前田富祺ほか編『日本語大事典』朝倉書店

国立国語研究所(2006)『言語行動における「配慮」の諸相』くろしお出版
小林隆(2015)「東北方言の特質―言語的発想法の視点から―」益岡隆志編『日本語研究とその可能性』開拓社
小林隆・内間早俊・坂喜美佳・佐藤亜実(2015)「言語生活の記録―生活を伝える方言会話集―」大野眞男・小林隆編『方言を伝える―3.11東日本大震災被災地における取り組み』ひつじ書房
小林隆・澤村美幸(2014)『ものの言いかた西東』岩波書店
佐藤武義・前田富祺ほか編(2015)『日本語大辞典』朝倉書店
陣内正敬(2010)「ポライトネスの地域差」小林隆・篠崎晃一編『方言の発見―知られざる地域差を知る―』ひつじ書房
杉村孝夫(2013)「依頼の場面の談話分析―大分県方言談話資料による―」『福岡教育大学紀要』62-1
田窪行則(2011)「危機言語ドキュメンテーションの方法としての電子博物館作成の試み―宮古島西原地区を中心として―」『日本語の研究』7-4
東北大学方言研究センター(2014)『生活を伝える被災地方言会話集―宮城県気仙沼市・名取市の100場面会話―』東北大学国語学研究室(http://www.sinsaihougen.jp/センターの取り組み／生活を伝える被災地方言会話集／)
東北大学方言研究センター(2015)『生活を伝える被災地方言会話集2―宮城県気仙沼市・名取市の100場面会話―』東北大学国語学研究室(http://www.sinsaihougen.jp/センターの取り組み／生活を伝える被災地方言会話集2／)
東北大学方言研究センター(2016)『生活を伝える被災地方言会話集3―宮城県気仙沼市・名取市の100場面会話―』東北大学国語学研究室(http://www.sinsaihougen.jp/センターの取り組み／生活を伝える被災地方言会話集3／)
中村明・佐久間まゆみ・髙﨑みどり・十重田裕一・半沢幹一・宗像和重編『日本語文章・文体・表現事典』朝倉書店
舩木礼子(2016)「方言談話におけるあいづちの出現傾向―老年層方言談話資料から―」『方言の研究』2
三井はるみ・井上文子(2007)「方言データベースの作成と利用」小林隆編『シリーズ方言学4 方言学の技法』岩波書店

方言談話資料（自由会話）の話題一覧

解 説

1) 対象としたのは、全国規模の方言談話資料である『全国方言資料』『方言談話資料』『方言録音資料シリーズ』『日本のふるさとことば集成』の4つである。
2) 話題は、「自然・天候・災害」、「動物・家畜」、「年中行事・信仰」、「暮らし・生活」、「食生活・食べ物・料理」、「子ども・青年時代」、「旅行・娯楽・趣味」、「道具・衣服」、「病気・事故・医療」、「結婚・婚礼・家族」、「町・場所」、「仕事・商売・作業」、「漁・漁業・狩猟」、「農業・山仕事」、「戦争」、「言葉・方言」、「人物」、「その他」の18項目に大きく分類し、●で示した。
3) 話題の大分類の中に小分類を設け、【 】に入れて表示した。さらに、そのもとに具体的な談話のタイトルを配置した。談話のタイトルは、原則として元資料の表記に従った。
4) 内容が複数の分類に該当する場合は、それぞれの分類箇所に重複して示すことにした。その際、重複する分類名を「※」で表示した。
5) 一つの談話のタイトルのうち、「,」で区切られているものは別の話題として扱い、下線の話題をその分類の対象とした。
6) 「資料」欄には、該当の資料を次のように表示した。また、「収録年」には1981などの4桁の数字で資料の収録年を示した。
    全国：全国方言資料
    方言：方言談話資料
    録音：方言録音資料シリーズ
    集成：日本のふるさとことば集成
    ①②③などの丸数字：資料の巻数
7) 収録地点は話題の小分類（【 】）ごとに、JIS地名コード（全国地方公共団体コード）に従って都道府県を配列した。また、各都道府県内の地点の配列は、それぞれの資料内の記載順序によった。

話題	収録地点		資料	収録年
●自然・天候・災害				
【自然・天候】				
なだれの話	山形県	東田川郡朝日大村大鳥	全国⑦	1962
雷の話	群馬県	勢多郡大胡町	全国②	1952
雨乞と天気祭 （※年中行事・信仰）	群馬県	利根郡利根村大字追貝	方言①	1975
地震, 雷, 農家の生活と経営, 船着場と問屋	埼玉県	児玉郡上里町黛	集成⑤	1981
雪の中の生活	新潟県	柏崎市大字折居字餅粮	方言③	1975
石運び, 嫁入りの頃, 年貢の話, 冬の雨具, 浜の様子, 大雪の話	新潟県	糸魚川市上刈	集成⑦	1980
天災の思い出 - 日照りのこと	岐阜県	不破郡垂井町岩手	録音④	1967
雨ごいの話 （※年中行事・信仰）	静岡県	掛川市上西之谷	全国③	1958
雨ごいの話 （※年中行事・信仰）	静岡県	安倍郡井川村田代	全国⑦	1962
日照り, 食べ物, 伊勢参り	愛知県	常滑市矢田	集成⑨	1981
趣味と病気, 商売と跡とり, 害虫と自然	奈良県	五條市五條	集成⑫	1981
飫肥杉の話	宮崎県	日南市飫肥町	全国⑤	1954
雨乞いの話 （※年中行事・信仰）	宮崎県	宮崎郡清武町大字今泉	方言⑥	1975
雨とひでり	鹿児島県	熊毛郡上屋久町宮之浦	全国⑨	1959
【地震災害】				
津波の話	岩手県	宮古市高浜	全国①	1953
男鹿地震の話(その1)	秋田県	男鹿市脇本大倉方言	録音⑥	1967
男鹿地震の話(その2)	秋田県	男鹿市脇本大倉方言	録音⑥	1967
地震, 雷, 農家の生活と経営, 船着場と問屋	埼玉県	児玉郡上里町黛	集成⑤	1981
天災の思い出 - 地震のこと	岐阜県	不破郡垂井町岩手	録音④	1967
関東大震災の思い出	静岡県	静岡市南字中村	方言⑤	1975
静岡地震の思い出	静岡県	静岡市南字中村	方言⑤	1975
過去の地震と, 将来の地震の可能性	静岡県	静岡市北	方言⑦	1977

話題	収録地点		資料	収録年
濃尾の大地震	愛知県	海部郡立田村小家	全国③	1958
北但の震災の話	兵庫県	城崎郡城崎町飯谷	全国④	1958
地震と台風の話	宮崎県	西臼杵郡五箇瀬町桑野内	全国⑨	1961
【水害・台風】				
水害の話	北海道	美唄市西美唄山形	全国①	1958
洪水の話	宮城県	宮城郡根白石村	全国①	1953
水害, ツツガムシ, 地域の昔の様子	秋田県	湯沢市角間	集成②	1977
水に困った話	東京都	利島村	全国⑦	1962
洪水の話	新潟県	岩船郡朝日村高根	全国②	1957
お盆と台風	石川県	石川郡白峰村白峰	全国③	1956
天災の思い出 - 台風のこと	岐阜県	不破郡垂井町岩手	録音④	1967
静岡の集中豪雨	静岡県	静岡市南字中村	方言⑤	1975
大正の豪雨と昭和49年の七夕豪雨	静岡県	静岡市北	方言⑦	1977
台風の話	愛知県	海部郡立田村小家	全国③	1958
水害の話	島根県	那賀郡雲城村	全国⑤	1955
ルース台風の話	広島県	佐伯郡水内村	全国⑤	1955
虫とり, 台風と大木	徳島県	阿南市富岡町トノ町	集成⑯	1981
台風の話	宮崎県	日南市飫肥町	全国⑥	1954
台風の話	宮崎県	宮崎郡清武町大字今泉	方言⑥	1975
水害の話	鹿児島県	肝属郡高山町麓	全国⑥	1954
暴風雨の話	沖縄県	竹富町波照間(波照間島)	全国⑪	1969
暴風の話	沖縄県	竹富町鳩間(鳩間島)	全国⑪	1969
【火災】				
噴火の話	東京都	三宅村神着	全国⑦	1959
火事の話	東京都	利島村	全国⑦	1962
他火の話	東京都	八丈町宇津木	全国⑦	1962
消防について	新潟県	柏崎市大字折居字餅粮	方言⑦	1976
天災の思い出 - 雷・火事のこと	岐阜県	不破郡垂井町岩手	録音④	1967
大火の話	静岡県	吉原市吉永	全国⑥	1966
桜島爆発でにげる話	鹿児島県	鹿児島市	録音①	1963
火事の思い出	鹿児島県	川辺郡笠沙町片浦	録音③	1966
●動物・家畜				
ねずみのお汁	宮城県	亘理郡亘理町荒浜	方言⑤	1979
鳥コの話	秋田県	男鹿市脇本大倉方言	録音⑥	1967
水害, ツツガムシ, 地域の昔の様子	秋田県	湯沢市角間	集成②	1977
田螺と蝗	山形県	西村山郡河北町谷地	方言⑦	1977
きつねの話	茨城県	新治郡葦穂村	全国②	1952
狐のいたずら, 昔の祝儀, 遊び, 正月行事, 浪曲師	栃木県	日光市小来川地区(旧・栃木県上都賀郡小来川村)	集成④	1979
狼	群馬県	利根郡利根村大字追貝	方言①	1975
くまときつね火の話	埼玉県	秩父郡両神村	全国②	1952
きつねにばかされた話	千葉県	香取郡小見川町神里	全国②	1953
くまにおそわれた話	神奈川県	愛甲郡宮ヶ瀬村	全国②	1953
当ねっこ(当年駒)	長野県	西筑摩郡新開村黒川西洞	全国②	1957
ムササビのこと	静岡県	静岡市上湯島(旧安倍郡大川村上湯島)	録音⑭	1970
べこ(子牛)の話	三重県	北牟婁郡海山町河内	全国④	1958
狐の話	鳥取県	倉吉市国分寺	全国⑤	1955
きつねにばかされた話	山口県	美禰郡秋芳町別府江原	全国⑤	1955

話題	収録地点		資料	収録年
突き合い牛の話	愛媛県	北宇和郡津島町	全国⑤	1956
松食い虫被害	愛媛県	越智郡伯方町木浦	方言⑧	1977
狸，内職，風鎮祭	愛媛県	松山市久谷町奥久谷	集成⑰	1981
牛飼い話	長崎県	北松浦郡中野村	全国⑥	1954
ハブの話	鹿児島県	大島郡徳之島町亀津南区	全国⑩	1965
●年中行事・信仰				
【全般】				
年中行事，昔の生活の様子	北海道	十勝支庁中川郡豊頃町牛首別(通称・二宮)	集成①	1978
年中行事	神奈川県	小田原市久野字中久野	集成⑥	1983
年末年始の行事	京都府	京都市中京区	集成⑪	1983
年末年始の話	大阪府	大阪市	全国④	1953
年中行事の話	鳥取県	八頭郡郡家町奥谷・上津黒	方言⑥	1976
昔の節句	大分県	大分郡挾間町谷(現・大分県由布市挾間町谷)	集成⑱	1978
年末年始の行事	沖縄県	那覇市首里	全国⑩	1953
瀬底島の年中行事について	沖縄県	本部町字瀬底	録音⑫	1969
年中行事	沖縄県	八重山竹富町鳩間島	録音⑮	1973
年中行事	沖縄県	国頭郡今帰仁村字今泊	集成⑳	1978
沖縄の四季と年中行事	沖縄県	那覇市首里	方言⑥	1979
【個別】				
おでしこの話	青森県	三戸郡五戸町	全国①	1953
盆踊り	青森県	南津軽郡黒石町	全国①	1953
お山(岩木山)の参詣	青森県	青森市大字牛館	方言③	1978
かせどりの話	岩手県	胆沢郡佐倉河村	全国①	1953
お盆の頃	岩手県	江刺市男石1丁目	方言⑦	1976
昔の仙台の様子，神仏にまつわる話	宮城県	仙台市八幡	集成③	1977
お祭	宮城県	亘理郡亘理町荒浜	方言⑤	1979
赤倉山の鬼穴 (※年中行事・信仰)	秋田県	南秋田郡富津内村	全国①	1953
なろかぼいの話	秋田県	南秋田郡富津内村	全国①	1953
＜なまはげ＞の話	秋田県	男鹿市脇本大倉方言	録音⑥	1967
豆腐祭の話	山形県	東田川郡黒川村	全国①	1953
小正月の行事	山形県	西村山郡河北町谷地	方言①	1975
お盆，眠り流しと茄子焼き	山形県	東田川郡櫛引町大字丸岡	集成③	1980
獅子舞の話	福島県	河沼郡勝常村	全国①	1953
狐のいたずら，昔の祝儀，遊び，正月行事，浪曲師	栃木県	日光市小来川地区(旧・栃木県上都賀郡小来川村)	集成④	1979
壮健芝居	群馬県	利根郡利根村大字追貝	方言①	1975
雨乞と天気祭 (※自然・天候・災害)	群馬県	利根郡利根村大字追貝	方言①	1975
ほおずき市	東京都	台東区	集成⑥	1980
初午	東京都	台東区	集成⑥	1980
年末年始	東京都	台東区	集成⑥	1983
鳥追いの話	新潟県	中魚沼郡津南町結東	全国②	1957
夜まつり	新潟県	佐渡郡相川町大倉	全国⑧	1958
キリコまつりの話	石川県	輪島市名舟町	全国③	1956
おすずみまつりから盆のころ	石川県	鹿島郡能登島町向田	全国⑧	1960
盆祭りのころ	石川県	輪島市海士町	全国⑧	1962
お祭りのこと	石川県	羽咋郡志雄町字荻市	録音⑨	1967

第3章　談話の方言学　321

話題	収録地点		資料	収録年
お寺の法事	石川県	羽咋郡志雄町字荻市	録音⑨	1967
レンゲ山の角力	石川県	羽咋郡志雄町字荻市	録音⑨	1967
冬の藁仕事，元服	石川県	羽咋郡押水町字宝達	集成⑩	1977
お地蔵様の話	福井県	武生市下中津原町	方言④	1975
薬師如来の信仰	福井県	武生市下中津原町	方言④	1975
盆のころ	山梨県	南巨摩郡早川町奈良田	全国②	1957
十五夜の話	山梨県	北都留郡上野原町西原	全国②	1958
祭り	長野県	上伊那郡中川村南向	方言⑦	1976
雨ご［乞］いの話　(※年中行事・信仰)	静岡県	掛川市上西之谷	全国③	1958
雨ごいの話　(※年中行事・信仰)	静岡県	安倍郡井川村田代	全国⑦	1962
盆のころ	愛知県	南設楽郡作手村菅沼	全国③	1957
昔の祭り	愛知県	小牧市藤島	録音⑩	1967
盆唄のこと，亡き夫のこと	愛知県	北設楽郡富山村中の甲	方言③	1975
日照り，食べ物，伊勢参り	愛知県	常滑市矢田	集成⑨	1981
禱屋の話	三重県	北牟婁郡海山町河内	全国③	1958
祇園まつりの話	京都府	京都市	全国④	1953
祭りの日のこと	京都府	綾部市高槻町字観音堂・桜	方言④	1976
天神まつりの話	大阪府	大阪市	全国④	1953
子供の遊び，子供の手伝い，田辺のことば，田辺まつり	和歌山県	田辺市芳養町	集成⑫	1981
おまつりの話	島根県	周吉郡中村伊後	全国⑧	1959
トンドまつり	島根県	知夫郡西ノ島町宇賀	全国⑧	1959
亥の子さん	島根県	仁多郡横田町大字大馬木	方言④	1975
どんど焼・ひとひ正月・こと祭	島根県	仁多郡横田町大字大馬木	方言④	1975
盆と祭	島根県	仁多郡横田町大字大馬木	方言④	1975
膝塗り餅・とろへん・ほとほと	島根県	仁多郡横田町大字大馬木	方言④	1975
農作業，子どもの頃，夏祭り	島根県	仁多郡仁多町大字亀嵩	集成⑭	1980
イノコの話　(※子ども・青年時代)	岡山県	真庭郡勝山町神代	全国⑤	1955
盆の寺まいり	広島県	庄原市山内町(旧比婆郡山内西村)	全国⑤	1955
神楽	広島県	広島市古江東町(現・広島県広島市西区古江東町)	集成⑮	1977
神祭りの当家(TOYA)について	山口県	美禰郡秋芳町別府江原	全国⑤	1955
狸，内職，風鎮祭	愛媛県	松山市久谷町奥久谷	集成⑰	1981
正月前後・子どものころ	香川県	三豊郡詫間町大浜肥地木	全国⑤	1956
盆踊りの話	高知県	幡多郡大月町竜ヶ迫	全国⑧	1962
支那弥様の祭り	高知県	南国市岡豊町滝本	方言②	1975
迷信習俗	高知県	南国市岡豊町滝本	方言②	1975
放生会	福岡県	福岡市博多	全国⑥	1954
まつりの話	佐賀県	佐賀郡久保泉村川久保	全国⑥	1954
御幸と盆踊の話	佐賀県	東松浦郡有浦村	全国⑥	1954
鬼面火(オンメンヒ)の話	長崎県	福江市上大津	全国⑨	1959
32日のお地蔵さま	長崎県	福江市上大津	全国⑨	1959
正月の楽しみ	長崎県	南松浦郡新魚目町浦桑	全国⑨	1959
正月の話	長崎県	西彼杵郡琴海町尾戸郷小口	方言②	1976
ペーロンの話	長崎県	西彼杵郡琴海町尾戸郷	方言⑧	1977
商いの話，御潮斎，子どものしつけ，世の移り変わり	長崎県	平戸市大野町	集成⑲	1983

話題	収録地点		資料	収録年
湯前線開通当時の思い出，お嶽さん参り，麻作り	熊本県	球磨郡錦町一武東方	集成⑲	1980
正月の思い出	大分県	大分郡挾間町谷(現・大分県由布市挾間町谷)	集成⑱	1978
雨乞いの話（※年中行事・信仰）	宮崎県	宮崎郡清武町大字今泉	方言⑥	1975
青島・鵜戸・榎原神社参りの話	宮崎県	宮崎郡清武町大字今泉	方言⑥	1975
臼かえしとにさあどん（※子ども・青年時代）	鹿児島県	熊毛郡南種子町島間小平山	全国⑨	1959
「ひぐら」の行事	鹿児島県	鹿児島市	録音①	1963
おばけの話	鹿児島県	大島郡笠利町赤木名	全国⑩	1965
浜下り	鹿児島県	大島郡徳之島町亀津南区	全国⑩	1965
お祭り	鹿児島県	熊毛郡上屋久町宮之浦方言	録音⑦	1967
爬竜船の話	沖縄県	糸満町	全国⑩	1953
瀬底島のノロと門中について	沖縄県	本部町字瀬底	録音⑫	1969
初代ノロについての逸話	沖縄県	本部町字瀬底	録音⑫	1969
結願祭の話	沖縄県	竹富町鳩間(鳩間島)	全国⑪	1969
3月3日の話	沖縄県	平良市西里(宮古島)	全国⑪	1969
ハーリー船の話	沖縄県	平良市西里(宮古島)	全国⑪	1969
豊年祭などの話	沖縄県	伊良部村長浜	全国⑪	1969
昔の船旅と"ユタ"（※町・場所）	沖縄県	伊江村東江・川平(伊江島)	全国⑪	1970
昔の船旅とアンガナシー様のお通り（※町・場所）	沖縄県	伊平屋村我喜屋(伊平屋島)	全国⑪	1971
●暮らし・生活				
【全般】				
昔のくらし	北海道	美唄市西美唄山形	全国①	1958
年中行事，昔の生活の様子	北海道	十勝支庁中川郡豊頃町牛首別(通称・二宮)	集成①	1978
昔のくらしと今のくらし	岩手県	胆沢郡佐倉河村	全国①	1953
昔の暮らし	岩手県	九戸郡種市町中野	全国⑦	1962
昔の暮らし	東京都	八丈町中之郷	全国⑦	1962
昔の暮らし	東京都	八丈町宇津木	全国⑦	1962
昔の暮らし	富山県	東砺波郡平村上梨	全国⑧	1960
医者・病気について，人の生き方，親切，噂話	岐阜県	中津川市苗木	集成①	1979
昔の暮らし	静岡県	吉原市吉永	全国③	1966
昔の生活と今の生活	静岡県	静岡市南字中村	方言⑤	1975
昔の生活の思い出	静岡県	静岡市南字中村	方言⑤	1975
昔といま	愛知県	小牧市藤島	録音⑩	1967
暮らしの今昔	三重県	一志郡美杉村川上	全国④	1957
昔の暮らし	滋賀県	犬上郡多賀町萱原	全国④	1957
くらしの今昔	兵庫県	神崎郡神崎町粟賀	全国④	1958
昔のくらし	奈良県	吉野郡下北山村上桑原	全国⑧	1960
昔の暮らし	高知県	幡多郡大月町竜ヶ迫	全国⑧	1962
暮らしの今昔	福岡県	築上郡岩屋村鳥井畑	全国⑥	1953
生活の今昔	福岡県	三井郡善導寺町	全国⑥	1954
生活の今昔	佐賀県	東松浦郡有浦村	全国⑥	1954
昔と今	佐賀県	佐賀市久保泉町上和泉草場	集成⑲	1978
くらしの今昔	長崎県	南高来郡有家町	全国⑥	1954
暮らしの今昔	長崎県	壱岐郡郷ノ浦町里触	全国⑨	1959

話題		収録地点		資料	収録年
昔のくらし	長崎県	上県郡上対馬町鰐浦		全国⑨	1959
昔の暮らし	熊本県	本渡市佐伊津		全国⑨	1961
暮らしの今昔	大分県	臼杵市諏訪津留		全国⑨	1953
暮らしの今昔	大分県	臼杵市諏訪津留		全国⑨	1961
昔の暮らし	鹿児島県	大島郡瀬戸内郡阿木名		全国⑩	1965
昔の暮らしと今の暮らし	鹿児島県	大島郡喜界町羽里		全国⑩	1966
昔と今の暮らし	沖縄県	国頭郡安波		全国⑩	1967
昔の暮らしの話	沖縄県	与那国町祖納(与那国島)		全国⑪	1968
昔のことあれこれ	沖縄県	伊良部村長浜		全国⑪	1969
衣食住の移り変わり	沖縄県	那覇市首里		方言⑥	1979
【個別】					
弘前の昔の風物詩	青森県	弘前市若党町・亀甲町		集成①	1979
山小屋生活の今昔	山形県	南置賜郡三沢村		全国①	1953
秋の暮らし	富山県	下新川郡入善町小摺戸		全国③	1956
昔の山の暮らし	滋賀県	高島郡朽木村		全国④	1958
十津川の暮らし(1)	奈良県	吉野郡十津川村那知合・谷垣内		方言②	1975
十津川の暮らし(2)	奈良県	吉野郡十津川村那知合・谷垣内		方言②	1975
山師の生活	宮崎県	西臼杵郡五箇瀬町桑野内		全国⑨	1961
士族のくらし・町民のくらし	鹿児島県	鹿児島市		録音①	1963
御殿の生活・今と昔	沖縄県	那覇市首里		方言⑥	1979
【生活習慣や社会事情】					
植樹と日照権	山形県	西村山郡河北町谷地		方言①	1975
生活改善の話 (※病気・事故・医療)	千葉県	香取郡小見川町神里		全国②	1953
大阪弁，船場ことば，商売して，古いしきたり	大阪府	大阪市東区(現・中央区)		集成⑬	1977
幣貨改正	福井県	武生市下中津原町		方言④	1975
商いの話，御潮斎，子どものしつけ，世の移り変わり	長崎県	平戸市大野町		集成⑲	1983
島の概説 (※暮らし・生活)	沖縄県	本部町字瀬底		録音⑫	1969
人頭税のころの話	沖縄県	与那国町祖納(与那国島)		全国⑪	1968
異国船襲来の話	沖縄県	平良市大神(宮古群島大神島)		全国⑪	1969
●食生活・食べ物・料理					
【全般】					
農作業と食生活 (※農業・山仕事)	福島県	大沼郡昭和村大字大芦		集成③	1982
昔の食生活	新潟県	中魚沼郡津南町結東		全国②	1957
食物の話	新潟県	佐渡郡畑野村後山		全国⑧	1958
食べ物の話	新潟県	佐渡郡羽茂村大崎		全国⑧	1958
昔の食べ物，労働の移り変わり	富山県	砺波市鷹栖		集成⑩	
食物の話	石川県	石川郡白峰村白峰		全国⑤	1956
ほうとう，食べ物	山梨県	塩山市中萩原		集成⑧	1978
食べものの話	岐阜県	吉城郡古川町黒内		全国③	1956
食物の話	静岡県	安倍郡井川村田代		全国⑦	1962
昔の食物	愛知県	南設楽郡作手村菅沼		全国③	1957
日照り，食べ物，伊勢参り	愛知県	常滑市矢田		集成⑨	1981
昔の食生活	滋賀県	甲賀郡甲賀町神(俗称　神村)		集成⑪	1981
食べものの話	奈良県	吉野郡下北山村上桑原		全国⑧	1960

話題	収録地点		資料	収録年
昔の食物	奈良県	吉野郡十津川村小原	全国⑧	1960
昔の食べもの	島根県	周吉郡中村伊後	全国⑤	1959
昔の食物	高知県	香美郡美良布町	全国⑤	1956
こどもの頃の遊び，いたずら，食べ物などの話	高知県	南国市岡豊町常通寺島・滝本	方言⑧	1976
食生活の話	長崎県	西彼杵郡琴海町尾戸郷小口	方言②	1976
食生活の今昔	熊本県	上益城郡浜町	全国⑥	1954
昔の食物	鹿児島県	枕崎市鹿籠	全国⑥	1954
昔の食べ物	鹿児島県	大島郡笠利町赤木名	全国⑩	1965
食べものの話	鹿児島県	大島郡知名町瀬利覚	全国⑩	1966
【個別】				
やづのめ－一つの花に実が八つなる梅の話コ－	秋田県	男鹿市脇本大倉方言	録音⑥	1967
アイスキャンデーとお婆さん	宮城県	亘理郡亘理町荒浜	方言⑤	1979
学校の弁当	宮城県	亘理郡亘理町荒浜	方言⑤	1979
餅あぶりの話	山形県	東田川郡黒川村	全国①	1953
かてめしの話	山形県	東田川郡朝日大村大島	全国⑦	1962
田楽焼き	山形県	西村山郡河北町谷地	方言①	1975
昔の菓子・飴売りのおばあさん	群馬県	利根郡利根村大字追貝	方言①	1975
之乎路（シオジ）	石川県	羽咋郡志雄町字荻市	録音⑨	1967
ほそのだらし	福井県	遠敷郡名田庄村納田終	全国⑤	1956
土地の食べ物の話	福井県	勝山市平泉寺町平泉寺	集成⑩	1982
こどものおやつ （※子ども・青年時代）	京都府	綾部市高槻町字観音堂・桜	方言④	1976
雄米（ONDORI－MAI）の話	徳島県	那賀郡延野村雄	全国⑤	1956
といもの話	長崎県	下県郡厳原町豆酘	全国⑨	1959
あくまきの話	鹿児島県	鹿児島市	全国⑥	1954
からいもの話	鹿児島県	阿久根市大川尻無小麦	全国⑨	1961
餅もらいの話	鹿児島県	大島郡喜界町羽里	全国⑩	1966
逢だんご	鹿児島県	川辺郡笠沙町片浦	録音③	1966
73歳のお祝いとごちそう	沖縄県	那覇市首里	全国⑩	1953
共同作業（砂糖作りの話）（※仕事・商売・作業）	沖縄県	具志川村仲泊	全国⑪	1968
●子ども・青年時代				
【子ども時代】				
小学校時代の思い出	岩手県	江刺市本町	方言⑤	1975
昔の子供の様子	宮城県	亘理郡亘理町荒浜	方言⑤	1979
学校へ通ったころ	富山県	下新川郡入善町小摺戸	全国③	1956
修学旅行	石川県	羽咋郡志雄町字荻市	録音⑨	1967
小さい時の小づかい銭	石川県	羽咋郡志雄町字荻市	録音⑨	1967
むかしの進学	石川県	羽咋郡志雄町字荻市	録音⑨	1967
小学校に通った頃，名前のこと，西野弁	長野県	木曽郡開田村大字西野	集成⑧	1978
小学校時代の思い出	三重県	志摩郡阿児町立神	集成⑨	1981
こどものころ	京都府	綾部市高槻町字観音堂・桜	方言④	1976
こどものおやつ　（※食生活・食べ物・料理）	京都府	綾部市高槻町字観音堂・桜	方言④	1976
こどものころの衣服　（※道具・衣服）	京都府	綾部市高槻町字観音堂・桜	方言④	1976
子供の頃の遊び，子供の頃の思い出	兵庫県	相生市相生（俗称・相生［あお］）	集成⑬	1985

話題	収録地点		資料	収録年
農作業，子どもの頃，夏祭り	島根県	仁多郡仁多町大字亀嵩	集成⑭	1980
イノコの話　（※年中行事・信仰）	岡山県	真庭郡勝山町神庭	全国⑤	1955
こどもの四季・春から夏	岡山県	真庭郡勝山町神庭	全国⑤	1955
正月前後・子どものころ	香川県	三豊郡詫間町大浜肥地木	全国⑤	1956
小学校時代の思い出	高知県	南国市岡豊町滝本	方言②	1975
こどものころの話	長崎県	北松浦郡中野村	全国⑥	1954
船乗りの時の話，同級生や友だちのこと	宮崎県	宮崎市青島	集成⑱	1981
【青年時代】				
若い頃の思い出など	岩手県	江刺市本町	方言⑤	1975
電話交換嬢とのデート	宮城県	亘理郡亘理町荒浜	方言⑤	1979
若者宿の話	石川県	河北郡内灘村大根市	全国③	1956
いまの若いもの	石川県	羽咋郡志雄町字荻市	録音⑨	1967
めろと若衆	福井県	丹生郡織田町笈松	全国③	1956
若い頃の旅行　（※旅行・娯楽・趣味）	愛知県	北設楽郡富山村中の甲	方言⑦	1976
若い衆のころ	滋賀県	犬上郡多賀町萱原	全国⑤	1956
若い衆のころ	徳島県	那賀郡延野村雄	全国⑤	1956
夜這い	高知県	南国市岡豊町滝本	方言②	1975
今の若い者	福岡県	三井郡善導寺町	全国⑥	1954
青年宿の話	長崎県	西彼杵郡琴海町尾戸郷	方言⑧	1977
若いころの苦労話	大分県	臼杵市諏訪津留	全国⑨	1961
臼かえしとにさあどん　（※年中行事・信仰）	鹿児島県	熊毛郡南種子町島間小平山	全国⑨	1959
戦時中回顧談，青年団の活動	鹿児島県	揖宿郡頴娃町牧之内飯山	集成⑳	1977
【遊び】				
冬の楽しみ　（※旅行・娯楽・趣味）	新潟県	柏崎市大字折居字餅粮	方言③	1975
狐のいたずら，昔の祝儀，遊び，正月行事，浪曲師	栃木県	日光市小来川地区（旧・栃木県上都賀郡小来川村）	集成④	1979
幼いころの遊び	長野県	上伊那郡中川村大字葛島	方言①	1975
穴一の話	岐阜県	郡上郡白鳥町石徹白	全国③	1956
女主人と道具屋の会話 - (1)人形	京都府	京都市	録音⑪	1964
小学校とこどもの遊び	京都府	綾部市高槻町字観音堂・桜	方言④	1976
子供の頃の遊び，子供の頃の思い出	兵庫県	相生市相生（俗称・相生［あお］）	集成⑬	1985
子供の遊び，子供の手伝い，田辺のことば，田辺まつり	和歌山県	田辺市芳養町	集成⑫	1981
虫とり，台風と大木	徳島県	阿南市富岡町トノ町	集成⑯	1981
昔の服装と遊戯　（※道具・衣服）	高知県	南国市岡豊町滝本	方言②	1975
こどもの頃の遊び，いたずら，食べ物などの話	高知県	南国市岡豊町常通寺島・滝本	方言⑧	1976
遊びの話	長崎県	西彼杵郡琴海町尾戸郷小口	方言②	1976
おさない時のあそび	鹿児島県	鹿児島市	録音①	1963
わかれ遊び	沖縄県	名護町城	全国⑩	1967
子どもの遊び	沖縄県	那覇市首里	方言⑥	1979
【育児・しつけ】				
商いの話，御潮斎，子どものしつけ，世の移り変わり	長崎県	平戸市大野町	集成⑲	1983
昔の暮らしの思い出(子供を育てる苦労話)	沖縄県	具志川村仲泊	全国⑪	1968

話題	収録地点		資料	収録年
子の誕生の話	沖縄県	石垣市登野城	全国⑪	1968
子を育てる話	沖縄県	石垣市川平（石垣島）	全国⑪	1968
鳩間方言の録音－(1)鳩間島における産育の思い出	沖縄県	八重山竹富町鳩間島	録音⑮	1973
子どもの教育	沖縄県	那覇市首里	方言⑥	1979
●旅行・娯楽・趣味				
観光の話	青森県	南津軽郡黒石町	全国①	1953
旅行	山形県	西村山郡河北町谷地	方言①	1975
追いはぎ・ほうそうばやし・楽しみ	茨城県	新治郡葦穂村	全国②	1952
冬の楽しみ （※子ども・青年時代）	新潟県	柏崎市大字折居字餅粮	方言③	1975
相撲の話	長野県	上伊那郡中川村南向	方言①	1976
弓の話題	静岡県	静岡市北	方言⑦	1977
若い頃の旅行 （※旅行・娯楽・趣味）	愛知県	北設楽郡富山村中の甲	方言⑦	1976
趣味と病気の話，商売と跡とり，害虫と自然 （※病気・事故・医療）	奈良県	五條市五條	集成⑫	1981
ふたりの娘の会話 -(11)淡路ゆき	京都府	京都市	録音⑪	1964
ふたりの娘の会話 -(12)買い物に行った話	京都府	京都市	録音⑪	1964
ふたりの娘の会話 -(14)東京に行ったときの話	京都府	京都市	録音⑪	1964
3人の女子学生の会話 -(15)鳴門のみやげ話	京都府	京都市	録音⑪	1964
骨董品の話	鳥取県	米子市篠津町	集成⑭	1984
でこまわしの話	愛媛県	温泉郡川内村井内	全国⑤	1956
昔の楽しみ	鹿児島県	大島郡知名町瀬利覚	全国⑩	1966
鹿児島見物	鹿児島県	熊毛郡上屋久町宮之浦方言	録音⑦	1967
●道具・衣服				
弁慶の話	秋田県	男鹿市脇本大倉方言	録音⑥	1967
電気がついた	新潟県	糸魚川市砂場	全国②	1958
石運び，嫁入りの頃，年貢の話，冬の雨具，浜の様子，大雪の話	新潟県	糸魚川市上刈	集成⑦	1980
ひで松の話	山梨県	北都留郡上野原町西原	全国②	1958
しっぺぞの話	長野県	更級郡大岡村芦の尻	全国②	1957
あかりの今昔	長野県	上伊那郡高遠町山室（旧三義村）	全国②	1958
縞手本の話	長野県	上伊那郡中川村大字葛島	方言①	1975
世間話 - 補聴器のこと	岐阜県	不破郡垂井町岩手	録音④	1967
こどものころの衣服 （※子ども・青年時代）	京都府	綾部市高槻町字観音堂・桜	方言④	1976
はたおりとあかりの話 （※仕事・商売・作業）	兵庫県	神崎郡神崎町粟賀	全国④	1958
ゆさごの話	奈良県	山辺郡都祁村（旧都介野村）	全国④	1957
服飾の今昔	高知県	幡多郡大方町	全国⑤	1956
昔の服装と遊戯 （※子ども・青年時代）	高知県	南国市岡豊町滝本	方言②	1975
きものとあかりの話	熊本県	本渡市佐伊津	全国⑨	1961
あかりの話	鹿児島県	熊毛郡南種子町島間小平山	全国⑨	1959
あかりの話	沖縄県	那覇市久米町	全国⑩	1953
鳩間方言の録音－(2)鳩間島における織物の思い出	沖縄県	八重山竹富町鳩間島	録音⑮	1973
●病気・事故・医療				
自転車で土手から落ちたこと	宮城県	亘理郡亘理町荒浜	方言⑤	1979
叔母さんの卒倒	山形県	西村山郡河北町谷地	方言①	1975

話題		収録地点		資料	収録年
薬草と病気		茨城県	水戸市上国井町(旧・茨城県那珂郡国田村大字上国井)	集成④	1982
薬		群馬県	利根郡利根村大字追貝	方言①	1975
病気見舞いの品物		群馬県	利根郡利根村大字追貝	方言①	1975
生活改善の話		千葉県	香取郡小見川町神里	全国②	1953
昔のお医者さん		長野県	更級郡大岡村芦の尻	全国②	1957
世間話-ものもらいのこと		岐阜県	不破郡垂井町岩手	録音④	1967
医者・病気について，人の生き方，親切，噂話		岐阜県	中津川市苗木	集成⑨	1979
趣味と病気の話，商売と跡とり，害虫と自然（※旅行・娯楽・趣味）		奈良県	五條市五條	集成⑫	1981
無医村のころ		和歌山県	日高郡竜神村大熊	全国④	1957
病気・医者の話		長崎県	西彼杵郡琴海町尾戸郷小口	方言②	1976
海の遭難		鹿児島県	熊毛郡上屋久町宮之浦方言	録音⑦	1967
●結婚・婚礼・家族					
【結婚全般】					
足入れの話		東京都	八丈町大賀郷	全国⑦	1959
石運び，嫁入りの頃，年貢の話，冬の雨具，浜の様子，大雪の話		新潟県	糸魚川市上刈	集成⑦	1980
嫁取り婿取り		富山県	東砺波郡平村上梨	全国⑧	1960
娘の結婚		福井県	武生市下中津原町	方言④	1975
昔の嫁入り		長野県	上伊那郡中川村大字葛島	方言①	1975
結婚当時のこと		京都府	綾部市高槻町字観音堂・桜	方言④	1976
旦那衆の嫁取り		和歌山県	日高郡竜神村大熊	全国④	1957
結婚の風習		山口県	都濃郡都濃町(旧須金村)	全国⑤	1955
嫁取り石の話		愛媛県	北宇和郡津島町	全国⑤	1956
女房かたぎ		高知県	南国市岡豊町滝本	方言②	1975
恋愛・結婚の話		長崎県	西彼杵郡琴海町尾戸郷小口	方言②	1976
婚礼の風習		熊本県	上益城郡浜町	全国⑥	1954
昔の結婚式，正月の思い出，昔の節句		大分県	大分郡挾間町谷(現・大分県由布市挾間町谷)	集成⑱	1978
結婚の話		宮崎県	東臼杵郡南方村	全国⑥	1954
結婚の話		鹿児島県	肝属郡高山町麓	全国⑥	1954
結婚式の今昔		鹿児島県	川辺郡笠沙町片浦	録音③	1966
結婚の話		沖縄県	知念村久高	全国⑩	1968
求婚の話		沖縄県	平良市大神(宮古群島大神島)	全国⑪	1969
【婚礼】					
婚礼の話		岩手県	宮古市高浜	全国①	1953
ご祝儀のこと		岩手県	遠野市土淵町土淵	集成②	1980
婚礼の話		福島県	相馬郡石神村	全国①	1953
狐のいたずら，昔の祝儀，遊び，正月行事，浪曲師		栃木県	日光市小来川地区(旧・栃木県上都賀郡小来川村)	集成④	1979
祝儀の話(1)		福井県	武生市下中津原町	方言④	1975
祝儀の話(2)		福井県	武生市下中津原町	方言④	1975

話題	収録地点		資料	収録年
道具持ちの話	福井県	武生市下中津原町	方言④	1975
嫁姑の話	岐阜県	吉城郡古川町黒内	全国③	1956
祝言の話	滋賀県	高島郡朽木村	全国④	1958
祝言の話	鳥取県	倉吉市国分寺	全国⑤	1955
婚礼の話	福岡県	福岡市博多	全国⑥	1954
婚礼の話	大分県	南海部郡上野村	全国⑥	1954
さんべえかいの話	鹿児島県	薩摩郡上甑村中甑	全国⑨	1962
結納と結婚の話	沖縄県	国頭郡宇嘉	全国⑩	1953
【家族】				
若夫婦の御年始	宮城県	亘理郡亘理町荒浜	方言⑤	1979
おじいさんとおばあさんの喉コ	秋田県	男鹿市脇本大倉方言	録音⑥	1967
若い時の話ちょっぴり-夫婦仲良くかせいだこと	秋田県	男鹿市脇本大倉方言	録音⑥	1967
やもめ話	埼玉県	秩父郡両神村	全国②	1952
嫁としゅうと	新潟県	佐渡郡畑野村後山	全国⑧	1958
盆唄のこと, 亡き夫のこと	愛知県	北設楽郡富山村中の甲	方言③	1975
家族のこと	京都府	綾部市高槻町字観音堂・桜	方言④	1976
うちのそらのぢいさん	広島県	庄原市山内町(旧比婆郡山内西村)	全国⑤	1955
うちの嫁は	高知県	幡多郡大方町	全国⑤	1956
老夫婦の話	沖縄県	国頭郡宇嘉	全国⑩	1953
●町・場所				
【町・場所の様子】				
昔の仙台の様子, 神仏にまつわる話	宮城県	仙台市八幡	集成③	1977
赤倉山の鬼穴　(※年中行事・信仰)	秋田県	南秋田郡富津内村	全国①	1953
水害, ツツガムシ, 地域の昔の様子	秋田県	湯沢市角間	集成②	1977
都市計画と移転	山形県	西村山郡河北町谷地	方言①	1975
石運び, 嫁入りの頃, 年貢の話, 冬の雨具, 浜の様子, 大雪の話	新潟県	糸魚川市上刈	集成⑦	1980
浜がなくなった話	石川県	輪島市名舟町	全国③	1956
女主人と道具屋の会話-(3)京都の案内	京都府	京都市	録音⑪	1964
女主人と道具屋の会話-(4)島原見物の話	京都府	京都市	録音⑪	1964
湯の山温泉の話	広島県	佐伯郡水内村	全国⑤	1955
滝の由来と景observations	高知県	南国市岡豊町滝本	方言②	1975
調査地の現状と変遷	福岡県	北九州市八幡東区大字大蔵字河内	集成⑱	1981
船場川の話	熊本県	熊本市中唐人町	全国⑥	1954
地名伝説	鹿児島県	川辺郡笠沙町片浦	録音③	1966
昔の久米村	沖縄県	那覇市久米町	全国⑩	1953
島の概説　(※暮らし・生活)	沖縄県	本部町字瀬底	録音⑫	1969
【店・建造物】				
牛館橋	青森県	青森市大字牛館	方言③	1978
昔の商店	群馬県	利根郡利根村大字追貝	方言①	1975
トンネルのできる前	東京都	八丈町大賀郷	全国⑦	1959
墓場の話など	静岡県	静岡市上湯島(旧安倍郡大川村上湯島)	録音⑭	1970
医科大学建設の話	宮崎県	宮崎市清武町大字今泉	方言⑥	1975
首里城の思い出	沖縄県	那覇市首里	方言⑥	1979
守礼門の額	沖縄県	那覇市首里	方言⑧	1983

第3章　談話の方言学

話題	収録地点		資料	収録年
明治の首里城周辺	沖縄県	那覇市首里	方言⑧	1983
【交通・乗り物】				
交通の今昔	宮城県	宮城郡根白石村	全国①	1953
交通の今昔	福島県	河沼郡勝常村	全国①	1953
乗り物がなかったころ	奈良県	吉野郡十津川村小原	全国⑧	1960
湯前線開通当時の思い出，お嶽さん参り，麻作り	熊本県	球磨郡錦町一武東方	集成⑲	1980
交通の今昔	大分県	南海部郡上野村	全国⑥	1954
水運の話	宮崎県	東臼杵郡南方村	全国⑥	1954
交通の今昔	鹿児島県	枕崎市鹿籠	全国⑥	1954
乗物のないころ	鹿児島県	揖宿郡山川町岡児ヶ水	全国⑨	1961
昔の船旅と"ユタ"（※年中行事・信仰）	沖縄県	伊江村東江・川平（伊江島）	全国⑪	1970
昔の船旅とアンガナシー様のお通り（※年中行事・信仰）	沖縄県	伊平屋村我喜屋（伊平屋島）	全国⑪	1971
●仕事・商売・作業				
【仕事】				
昔の仕事	東京都	三宅村神着	全国⑦	1959
昔の仕事	新潟県	佐渡郡羽茂村大崎	全国⑧	1958
昔の仕事と今の仕事	新潟県	岩船郡朝日村高根	全国②	1957
昔の労働	新潟県	柏崎市大字折居字餅粮	方言③	1975
昔の食べ物，労働の移り変わり	富山県	砺波市鷹栖	集成⑩	1981
昔ののら仕事の話	石川県	鹿島郡能登島町向田	全国⑧	1960
忙しい農村女性の一年 - 一年の行事	岐阜県	不破郡垂井町岩手	録音④	1967
忙しい農村女性の一年 - 経済的な面その他	岐阜県	不破郡垂井町岩手	録音④	1967
昔の仕事・今の仕事	島根県	大原郡大東町春殖畑鴨	全国⑤	1955
狸，内職，風鎮祭	愛媛県	松山市久谷町奥久谷	集成⑰	1981
昔の仕事	高知県	高知市領家，針原	集成⑰	1977
昔と今の仕事ぶり	大分県	大分郡西庄内村	全国⑥	1954
船乗りの時の話，同級生や友だちのこと	宮崎県	宮崎市青島	集成⑱	1981
昔と今の仕事ぶり	鹿児島県	大島郡瀬戸内郡阿木名	全国⑩	1965
昔の労働	沖縄県	石垣市登野城	全国⑪	1968
島の生業	沖縄県	伊平屋村我喜屋（伊平屋島）	全国⑪	1971
【商売・金・税】				
肥やし金と給金	山形県	西村山郡河北町谷地	方言①	1975
駄賃とりの話	福島県	相馬郡石神村	全国①	1953
出稼	群馬県	利根郡利根村大字追貝	方言①	1975
地震，雷，農家の生活と経営，船着場と問屋	埼玉県	児玉郡上里町黛	集成⑤	1981
石運び，嫁入りの頃，年貢の話，冬の雨具，浜の様子，大雪の話	新潟県	糸魚川市上刈	集成⑦	1980
酒屋の話	福井県	武生市下中津原町	方言④	1975
店員のしつけ	京都府	京都市	全国④	1953
大阪弁，船場ことば，商売人，古いしきたり	大阪府	大阪市東区（現・中央区）	集成⑬	1977
趣味と病気の話，商売と跡とり，害虫と自然	奈良県	五條市五條	集成⑫	1981
おこごでえ（※漁・漁業・狩猟）	長崎県	上県郡上対馬町鰐浦	全国⑨	1959
商いの話，御潮斎，子どものしつけ，世の移り変わり	長崎県	平戸市大野町	集成⑲	1983
ふれ売りの話	熊本県	熊本市中唐人町	全国⑥	1954
さかな売りの話	鹿児島県	鹿児島市	全国⑥	1954
町へ繭を売りに行く話	沖縄県	石垣市川平（石垣島）	全国⑪	1968

話題	収録地点		資料	収録年
【茶】				
茶づくりの話	岐阜県	揖斐郡久瀬村西津汲	全国③	1956
お茶の話	静岡県	静岡市足久保奥組	集成⑧	1979
茶摘みの話	三重県	一志郡美杉村川上	全国④	1957
茶摘みの話	奈良県	山辺郡都祁村(旧都介野村)	全国④	1957
【冬の仕事】				
冬の水汲み	山形県	西村山郡河北町谷地	方言①	1975
冬の藁仕事,元服	山形県	西村山郡河北町谷地	方言①	1975
冬の仕事	新潟県	柏崎市大字折居字餅粮	方言③	1975
冬の藁仕事	石川県	羽咋郡押水町字宝達	集成⑩	1977
【養蚕】				
蚕の収入	山形県	西村山郡河北町谷地	方言①	1975
養蚕	新潟県	柏崎市大字折居字餅粮	方言③	1975
養蚕のこと	群馬県	前橋市富田町字下富田	集成⑦	1983
養蚕の話	長野県	上伊那郡高遠町山室(旧三義村)	全国②	1958
養蚕の話	福井県	丹生郡織田町笈松	全国③	1956
養蚕の話	宮崎県	宮崎郡清武町大字今泉	方言⑥	1975
【その他の個別作業】				
縄綯(な)い	青森県	青森市大字牛館	方言⑤	1978
草履作りと小遣い	山形県	西村山郡河北町谷地	方言①	1975
子守	山形県	西村山郡河北町谷地	方言①	1975
糸ひきの話	群馬県	勢多郡大胡町	全国②	1952
荷の運搬と牛の扱い	群馬県	利根郡利根村大字追貝	方言①	1975
潮汲み水汲み	東京都	八丈町中之郷	全国⑦	1959
山出しの話	東京都	三宅村坪田	全国⑦	1959
石運び,嫁入りの頃,年貢の話,冬の雨具,浜の様子,大雪の話	新潟県	糸魚川市上刈	集成⑦	1980
むしろ打ちの話	富山県	氷見市飯久保	全国③	1956
木挽閑談	高知県	幡多郡大方町	録音⑧	1967
炭負いの話	福井県	遠敷郡名田庄村納田終	全国③	1956
荷替えの話	山梨県	南巨摩郡早川町奈良田	全国②	1957
炭の船積みの話	岐阜県	揖斐郡久瀬村西津汲	全国③	1956
土塗りの話	三重県	志摩郡浜島町南張	全国④	1958
黒谷の紙すき	京都府	綾部市高槻町字観音堂・桜	方言④	1976
はたおりとあかりの話 (※道具・衣服)	兵庫県	神崎郡神崎町粟賀	全国④	1958
きもいりの話	兵庫県	城崎郡城崎町飯谷	全国④	1958
子供の遊び,子供の手伝い,田辺のことば,田辺まつり	和歌山県	田辺町芳養町	集成⑫	1981
掛木売り	島根県	那賀郡雲城村	全国⑤	1955
紙すきの思い出	山口県	都濃郡都濃村(旧須金村)	全国⑤	1955
井戸掘り,箱笛,農業の今昔	山口県	豊浦郡豊北町阿川	集成⑮	1978
池普請と水引き	香川県	観音寺市池之尻町	集成⑯	1978
もみすりの話	愛媛県	温泉郡川内村井内	全国⑤	1956
田役の話	高知県	香美郡美良布町	全国⑤	1956
湯前線開通当時の思い出,お嶽さん参り,麻作り	熊本県	球磨郡錦町一武東方	集成⑲	1980
むしろ干し	大分県	臼杵市諏訪津留	全国⑨	1961

第 3 章　談話の方言学　331

話題	収録地点		資料	収録年
なまっきりの話	鹿児島県	熊毛郡上屋久町宮之浦	全国⑨	1959
共同作業(砂糖作りの話)(※食生活・食べ物・料理)	沖縄県	具志川村仲泊	全国⑪	1968
下男奉公について	沖縄県	本部町字瀬底	録音⑫	1969
下男奉公についての笑い話と悲しい話	沖縄県	本部町字瀬底	録音⑫	1969
●漁・漁業・狩猟				
漁業の今昔	北海道	松前郡福島町白符	全国①	1958
にしん漁の話	北海道	松前郡福島町白符	全国①	1958
川のさかなとり	青森県	青森市大字牛館	方言③	1978
はだかもぐりの話	岩手県	九戸郡種市町中野	全国⑦	1962
熊狩りの話	山形県	南置賜郡三沢村	全国①	1953
鶏冠海苔の収穫	千葉県	館山市相浜	方言⑦	1976
昔の漁業	千葉県	館山市相浜	方言⑤	1977
あぐり網漁，地曳網漁，魚の行商	千葉県	長生郡長生村一ツ松	集成⑤	1977
地曳網漁	千葉県	長生郡長生村一ツ松	集成⑤	1977
海女の話	千葉県	安房郡富崎村布良	全国②	1953
魚仲買人の話	千葉県	安房郡富崎村布良	全国②	1953
飛び魚取り	東京都	三宅村坪田	全国⑦	1959
くま狩りの話	神奈川県	愛甲郡宮ヶ瀬村	全国②	1953
小網の話	石川県	河北郡内灘村大根市	全国③	1956
あわび取り	石川県	輪島市海土町	全国⑧	1962
いわし網	三重県	志摩郡浜島町南張	全国④	1958
かつお(鰹)漁の話	和歌山県	東牟婁郡古座町	全国④	1958
昔の舟と漁場	和歌山県	東牟婁郡古座町	全国④	1958
四つ張り網	島根県	知夫郡西ノ島町宇賀	全国⑧	1959
動力船になって	香川県	三豊郡詫間町大浜肥地木	全国⑤	1956
漁師の思い出話	高知県	幡多郡大方町	録音⑧	1967
おこごでえ (※仕事・商売・作業)	長崎県	上県郡上対馬町鰐浦	全国⑨	1959
くじらとり	長崎県	南松浦郡新魚目町浦桑	全国⑨	1959
十五夜の綱引きの話	鹿児島県	薩摩郡鹿島村鹿島	全国⑨	1962
のり取りの話	鹿児島県	薩摩郡上甑村中甑	全国⑨	1962
ブリ漁の話	鹿児島県	薩摩郡鹿島村鹿島	全国⑨	1962
網主の奥さんと漁夫	鹿児島県	川辺郡笠沙町片浦	録音③	1966
イルカ漁	沖縄県	名護町城	全国⑩	1967
漁の話	沖縄県	竹富町波照間(波照間島)	全国⑪	1969
鳩間島の漁業について－(1)鰹船の話(帆船から機械船へ)	沖縄県	八重山竹富町鳩間島	録音⑮	1973
鳩間島の漁業について－(2)追い込み漁業の話	沖縄県	八重山竹富町鳩間島	録音⑮	1973
鳩間島の漁業について－(3)角叉の(干瀬の話)	沖縄県	八重山竹富町鳩間島	録音⑮	1973
鳩間島の漁業について－(4)沖つりの話(魚の名前)	沖縄県	八重山竹富町鳩間島	録音⑮	1973
魚売りの話	沖縄県	糸満町	全国①	1953
猟の話	沖縄県	知念村久高	全国⑩	1968
●農業・山仕事				
【農業・山仕事全般】				
つらい農作業	青森県	青森市大字牛館	方言③	1978
＜昔は苦労した＞という話コ	秋田県	男鹿市脇本大倉方言	録音⑥	1967
手足による農作業	山形県	西村山郡河北町谷地	方言①	1975
山仕事	山形県	西村山郡河北町谷地	方言①	1975
農作業と食生活 (※食生活・食べ物・料理)	福島県	大沼郡昭和村大字大芦	集成③	1982
地震，雷，農家の生活と経営，船着場と問屋	埼玉県	児玉郡上里町黛	集成⑤	1981

話題	収録地点		資料	収録年
苦しかった昔ののら仕事	富山県	氷見市飯久保	全国③	1956
農家の主婦の苦しみ楽しみ	京都府	綾部市高槻町字観音堂・桜	方言④	1976
今の農業と昔の農業	鳥取県	八頭郡郡家町	方言⑧	1976
農作業，子どもの頃，夏祭り	島根県	仁多郡仁多町大字亀嵩	集成⑭	1980
農業と天候	岡山県	小田郡矢掛町内田	集成⑭	1979
井戸掘り，箱笛，農業の今昔	山口県	豊浦郡豊北町阿川	集成⑮	1978
諸作りの話	長崎県	西彼杵郡琴海町尾戸郷小口	方言②	1976
西瓜作りの話	長崎県	西彼杵郡琴海町尾戸郷小口	方言②	1976
麦こぎ・麦すりの話	長崎県	西彼杵郡琴海町尾戸郷小口	方言②	1976
田畑の作物の話	宮崎県	宮崎郡清武町大字今泉	方言⑥	1975
山仕事の話	沖縄県	国頭郡安波	全国⑩	1967
【稲作】				
田打ちの頃	青森県	青森市大字牛舘	方言③	1978
堆(にお)と小作米	青森県	青森市大字牛舘	方言③	1978
よなべの話	新潟県	糸魚川市砂場	全国②	1958
米審査のこと	岐阜県	不破郡垂井町岩手	録音④	1967
米作状況	静岡県	静岡市南字中村	方言⑤	1975
稲刈	島根県	仁多郡横田町大字大馬木	方言④	1975
田植・草取り	島根県	仁多郡横田町大字大馬木	方言④	1975
井戸掘り，箱笛，農業の今昔	山口県	豊浦郡岡豊町阿川	集成⑮	1978
稲の不作	高知県	南国市岡豊町滝本	方言②	1975
米作りの話＜田植えのこと＞	長崎県	西彼杵郡琴海町尾戸郷小口	方言②	1976
米作りの話＜苗代のこと＞	長崎県	西彼杵郡琴海町尾戸郷小口	方言②	1976
米作りの話＜もみすりのこと＞	長崎県	西彼杵郡琴海町尾戸郷小口	方言②	1976
米作りの話＜もみ種んこと＞	長崎県	西彼杵郡琴海町尾戸郷小口	方言②	1976
大水と田植の話	大分県	大分郡西庄内村	全国⑥	1954
鳩間方言の録音－(3)鳩間島における稲作の思い出	沖縄県	八重山竹富町鳩間島	方言⑮	1973
【農具】				
農機具の本を見ながらの三人の会話	島根県	仁多郡横田町大字大馬木	方言⑧	1976
農機具の話	佐賀県	佐賀郡久保泉村川久保	全国⑥	1954
耕転機の話	鹿児島県	阿久根市大川尻無小麦	全国⑨	1961
【草刈】				
萱野刈り	山形県	西村山郡河北町谷地	方言①	1975
山の下刈りの話	栃木県	那須郡黒羽町	全国②	1952
干草刈り	群馬県	利根郡利根村大字追貝	方言①	1975
草刈りの話	長野県	西筑摩郡新開村黒川西洞	全国②	1957
ぬすと(盗人)草の話	岐阜県	郡上郡白鳥町石徹白	全国③	1956
草刈りの話	長崎県	下県郡厳原町豆酘	全国⑨	1959
●戦争				
青森空襲	青森県	青森市大字牛舘	方言③	1978
配給と兵役	群馬県	利根郡利根村大字追貝	方言①	1975

話題	収録地点		資料	収録年
精勤章(軍隊での)の話	福井県	武生市下中津原町	方言④	1975
戦友の話	福井県	武生市下中津原町	方言④	1975
戦争中の思い出 - 空襲のこと	岐阜県	不破郡垂井町岩手	録音④	1967
戦争中の思い出 - 食糧事情のこと	岐阜県	不破郡垂井町岩手	録音④	1967
復員のころの思い出と戦後の復興	静岡県	静岡市南字中村	方言⑤	1975
兵隊生活と君が代	静岡県	静岡市南字中村	方言⑤	1975
戦時中回顧談，青年団の活動	鹿児島県	揖宿郡頴娃町牧之内飯山	集成⑳	1977
●言葉・方言				
江戸のことば	東京都		全国②	1952
芸界のことば	東京都		全国②	1952
あいさつ	石川県	羽咋郡志雄町字荻市	録音⑨	1967
イッタッタ・キタッタなど	石川県	羽咋郡志雄町字荻市	録音⑨	1967
オラッチャ・ヤーヤなど	石川県	羽咋郡志雄町字荻市	録音⑨	1967
小学校に通った頃，名前のこと，西野弁	長野県	木曽郡開田村大字西野	集成⑧	1978
方言のこと(1)～(4)	静岡県	静岡市上湯島(旧安倍郡大川村上湯島)	録音⑭	1970
麻機・静岡の方言	静岡県	静岡市北	方言⑦	1977
ふたりの娘の会話 -(10)京都弁	京都府	京都市	録音⑪	1964
ふたりの娘の会話 -(13)東京弁と京都弁	京都府	京都市	録音⑪	1964
3人の女子学生の会話 -(17)東京弁と京都弁	京都府	京都市	録音⑪	1964
大阪弁，船場ことば，商売人，古いしきたり	大阪府	大阪市東区(現・中央区)	集成⑬	1977
船場ことば	大阪府	大阪市東区(現・中央区)	集成⑭	1977
子供の遊び，子供の手伝い，田辺のことば，田辺まつり	和歌山県	田辺市芳養町	集成⑫	1981
昔のことば	島根県	大原郡大東町春殖畑鴨	全国⑤	1955
●人物				
ボサマ	青森県	青森市大字牛館	方言③	1978
繁次郎という男の話　四つ　①鰊は川に	秋田県	男鹿市脇本大倉方言	録音⑥	1967
繁次郎という男の話　四つ　②紅餅	秋田県	男鹿市脇本大倉方言	録音⑥	1967
繁次郎という男の話　四つ　③山さ行ってマギきり	秋田県	男鹿市脇本大倉方言	録音⑥	1967
繁次郎という男の話　四つ　④若勢ぶり	秋田県	男鹿市脇本大倉方言	録音⑥	1967
狐のいたずら，昔の祝儀，遊び，正月行事，浪曲師	栃木県	日光市小来川地区(旧・栃木県上都賀郡小来川村)	集成④	1979
義経伝説	群馬県	利根郡利根町大字追貝	方言⑧	1976
大工の親方(1)～(4)	静岡県	静岡市上湯島(旧安倍郡大川村上湯島)	録音⑬	1970
美代助や作辰のこと	静岡県	静岡市上湯島(旧安倍郡大川村上湯島)	録音⑭	1970
ベトナム僧のお経	静岡県	静岡市南字中村	方言⑤	1975
いつも襤褸を着て欲のなかった人の話	島根県	仁多郡横田町大字大馬木	方言④	1975
こってのにへい	島根県	仁多郡横田町大字大馬木	方言④	1975
坊主御主と呼ばれた国王の話	沖縄県	那覇市首里	方言⑧	1983
●その他				
<謎>よもやま話	秋田県	男鹿市脇本大倉方言	録音⑥	1967
餅のかぞえ歌	秋田県	男鹿市脇本大倉方言	録音⑥	1967
追いはぎ・ほうそうばやし・楽しみ	茨城県	新治郡葦穂村	全国②	1952
七倉七石七不思議	群馬県	利根郡利根町大字追貝	方言⑧	1976
おそぎえ話	新潟県	佐渡郡相川町大倉	全国⑧	1958
思い出話	福井県	武生市下中津原町	方言⑦	1976

話題	収録地点		資料	収録年
身辺雑事	愛知県	北設楽郡富山村中の甲	方言③	1975
うわさ話など	愛知県	北設楽郡富山村中の甲	方言③	1975
ふたりの老女の会話-(5)無題	京都府	京都市	録音⑪	1964
ふたりの老女の会話-(6)打ち合わせ	京都府	京都市	録音⑪	1964
よもやま話	奈良県	吉野郡十津川村谷垣内	方言⑧	1976
昔談義	鳥取県	八頭郡郡家町奥谷・上津黒	方言⑥	1976
よもやまばなし	愛媛県	越智郡伯方町木浦	方言⑥	1975
しばてん夜話	高知県	高知市朝倉米田	録音⑤	1967
土佐のオナゴのよもやま放談	高知県	高知市朝倉米田	録音⑤	1967
おとろしい話	福岡県	築上郡岩屋村鳥井畑	全国⑥	1954
おとろしか話	長崎県	南高来郡有家町	全国⑥	1954
海幽霊と産女	長崎県	壱岐郡郷ノ浦町里触	全国⑨	1959
タイトルなし(雑談)	宮崎県	都城市	録音②	1963
がらっぱはおっど	鹿児島県	揖宿郡山川町岡児ヶ水	全国⑨	1961

第3章　談話の方言学　335

方言談話資料（場面設定会話）の場面一覧

解　説
1) 対象としたのは、全国規模の方言談話資料であり、かつ、場面設定会話を収録する『全国方言資料』『方言談話資料』『方言録音資料シリーズ』の3つである。
2) 『方言録音資料シリーズ』は特に場面設定会話という指定はないものの、演出・演技によるものという注意書きが付いている会話を場面設定会話と認めた。さらに、そうした注意書きのない会話についても、スクリプトを確認したうえで場面設定会話に含めたものがある。
3) 各場面設定会話を、『生活を伝える被災地方言会話集1～3』の目的別言語行動の枠組みを参考にして系統ごとに分類した。すなわち、関係構築系／要求表明系－要求反応系／疑問表明系-疑問反応系／感情表明系／主張表明系の5種類に分類し、分類しきれなかったものは「その他」とした。
4) この表では、「収録場面」欄に、〈 〉に入れて場面名を提示した。その際の場面名は、原則としてそれぞれの資料に記載されているままの表記とした。また、「収録地点」欄に、その場面の収録地点、および、資料の名称・巻、調査年を掲げた。収録地点は都道府県別とし、( )内に詳細な地点名を記した。〔 〕内には該当の資料を次のように示した。
　　全国：全国方言資料
　　方言：方言談話資料
　　録音：方言録音資料シリーズ
　　①②③などの丸数字：資料の巻数
　　1981 などの4桁の数字：資料の収録年
5) 収録地点は JIS 地名コード（全国地方公共団体コード）に従って都道府県を配列した。また、各都道府県内の地点の配列はそれぞれの資料内の記載順序に従った。

収録場面	収録地点
●関係構築系	
〈あいさつ〉	**沖縄県**(那覇市首里〔方言⑩ 1981〕)
〈朝、ひとの家を訪ねた時〉	**北海道**(松前郡福島町白符、美唄市西美唄山形〔全国① 1958〕)／**青森県**(南津軽郡黒石町、三戸郡五戸町〔全国① 1953〕)／**岩手県**(宮古市高浜、胆沢郡佐倉河村〔全国① 1953〕)／**宮城県**(宮城郡根白石村〔全国① 1953〕)／**秋田県**(南秋田郡富津内村〔全国① 1953〕)／**山形県**(東田川郡黒川村〔全国① 1953〕、東田川郡朝日村大鳥〔全国⑦ 1962〕)／**福島県**(相馬郡石神村、河沼郡勝常村〔全国① 1953〕)／**茨城県**(新治郡葦穂村〔全国② 1952〕)／**栃木県**(那須郡黒羽町〔全国② 1952〕)／**群馬県**(勢多郡大胡町〔全国② 1952〕)／**埼玉県**(秩父郡両神村〔全国② 1952〕)／**千葉県**(安房郡富崎村布良、香取郡小見川町神里〔全国② 1953〕)／**東京都**(東京都〔全国② 1952〕、三宅村神着、八丈町大賀郷、三宅村坪田、八丈町中之郷〔全国⑦ 1959〕、利島村、八丈町宇津木〔全国⑦ 1962〕)／**神奈川県**(愛甲郡宮ヶ瀬村〔全国② 1953〕)／**新潟県**(中魚沼郡津南町結束、岩船郡朝日村高根〔全国② 1957〕、糸魚川市砂場〔全国② 1958〕、佐渡郡相川町大倉、佐渡郡畑野村後山、佐渡郡羽茂村大崎〔全国⑧ 1958〕)／**富山県**(氷見市飯久保、下新川郡入善町小摺戸〔全国③ 1956〕、東砺波郡平村上梨〔全国⑧ 1960〕)／**石川県**(輪島市名舟町、石川郡白峰村白峰、河北郡内灘村大根市〔全国③ 1956〕、鹿島郡能登島町向田〔全国⑧ 1960〕、輪島市海土町〔全国⑧ 1962〕)／**福井県**(丹生郡織田町笈松、遠敷郡名田庄村納田終〔全国③ 1956〕)／**山梨県**(南巨摩郡早川町奈良田、北都留郡上野原町西原〔全国② 1957〕)／**長野県**(西筑摩郡新開村黒川西洞、更級郡大岡村芦の尻〔全国② 1957〕、上伊那郡高遠町山室（旧三義村）〔全国② 1958〕)／**岐阜県**(郡上郡白鳥町石徹白、揖斐郡久瀬村西津汲、吉城郡古川町黒内〔全国③ 1956〕)／**静岡県**(掛川市上西之谷〔全国③ 1958〕、安倍郡井川村田代〔全国⑦ 1962〕、吉原市吉永〔全国③ 1966〕)／**愛知県**(南設楽郡作手村菅沼〔全国③ 1957〕、海部郡立田村小家〔全国③ 1958〕)／**三重県**(一志郡美杉村川上〔全国④ 1957〕、志摩郡浜島町南張、北牟婁郡海山町河内〔全国④ 1958〕)／**滋賀県**(犬上郡多賀町萱原〔全国④ 1957〕、高島郡朽木村〔全国④ 1958〕)／**京都府**(京都市〔全国④ 1953〕)／**大阪府**(大阪市〔全国④ 1953〕)／**兵庫県**(城崎郡城崎町飯谷〔全

収録場面	収録地点
	国④ 1953)、神崎郡神崎町粟賀〔全国④ 1958〕）／**奈良県**（山辺郡都祁村（旧都介野村）〔全国④ 1957〕、吉野郡十津川村小原、吉野郡下北山村上桑原〔全国⑧ 1960〕）／**和歌山県**（日高郡竜神村大熊、東牟婁郡古座町〔全国④ 1957〕）／**鳥取県**（倉吉市国分寺〔全国⑤ 1955〕）／**島根県**（大原郡大東町春殖畑鴨、那賀郡雲城村〔全国⑤ 1955〕、周吉郡中村伊後、知夫郡西ノ島町宇賀〔全国⑧ 1959〕）／**岡山県**（真庭郡勝山町神代〔全国⑤ 1955〕）／**広島県**（庄原市山内町（旧比婆郡山内西村）、佐伯郡水内村〔全国⑤ 1955〕）／**山口県**（都濃郡都濃村（旧須々万村）、美禰郡秋芳町別府江原〔全国⑤ 1955〕、徳島郡那賀郡延野村雄〔全国⑤ 1956〕）／**香川県**（三豊郡詫間町大浜肥地木〔全国⑤ 1956〕）／**愛媛県**（温泉郡川内村井内、北宇和郡津島町〔全国⑤ 1956〕）／**高知県**（香美郡美良布町、幡多郡大方町〔全国⑤ 1956〕、幡多郡大月町竜ヶ迫〔全国⑧ 1962〕）／**福岡県**（福岡市博多、三井郡善導寺町、築上郡岩屋村鳥井畑〔全国⑥ 1954〕）／**佐賀県**（佐賀郡久保泉村川久保、東松浦郡有浦村〔全国⑥ 1954〕）／**長崎県**（南高来郡有家町、北松浦郡中野村〔全国⑥ 1954〕、福江市上大津、南松浦郡新魚目町浦桑、壱岐郡郷ノ浦町里触、下県郡厳原町豆酘、上県郡上対馬町鰐浦〔全国⑨ 1959〕）／**熊本県**（熊本市中唐人町、上益城郡浜町〔全国⑥ 1954〕、本渡市佐伊津〔全国⑨ 1961〕）／**大分県**（大分郡西庄内村、南海部郡上野村〔全国⑥ 1954〕、臼杵市諏訪津留〔全国⑨ 1961〕）／**宮崎県**（日南市飫肥町、東臼杵郡南方村〔全国⑥ 1954〕、西臼杵郡五箇瀬町桑野内〔全国⑨ 1961〕）／**鹿児島県**（鹿児島市、枕崎市鹿籠、肝属郡高山町麓〔全国⑥ 1954〕、熊毛郡南種子町島間小平山、熊毛郡上屋久町宮之浦〔全国⑨ 1959〕、阿久根市大川尻無小麦、揖宿郡山川町岡児ヶ水、薩摩郡上甑村中甑〔全国⑨ 1961〕、薩摩郡鹿島村鹿島〔全国⑨ 1962〕、大島郡笠利町赤木名、大島郡瀬戸内郡阿木名、大島郡徳之島町亀津南区〔全国⑩ 1965〕、大島郡喜界町羽里、大島郡知名町瀬利覚〔全国⑩ 1966〕）／**沖縄県**（那覇市首里、那覇市久米村、糸満町、国頭郡宇嘉〔全国⑩ 1953〕、国頭郡安波、名護町城、知念村久高〔全国⑩ 1967〕、具志川村仲泊、石垣市登野城、石垣市川平（石垣島）、与那国町祖納（与那国島）〔全国⑪ 1968〕、平良市大神（宮古群島大神島）、平良市西里（宮古島）、伊良部村長浜、竹富町鳩間（鳩間島）、竹富町波照間（波照間島）〔全国⑪ 1969〕、伊江村東江と川平（伊江島）〔全国⑪ 1970〕、伊平屋村我喜屋（伊平屋島）〔全国⑪ 1971〕）
〈お昼の対話〉	**秋田県**（男鹿市脇本大倉〔録音⑥ 1967〕）
〈夕方、ひとの家を辞する時〉	〈朝、ひとの家を訪ねた時〉と同地点・同資料
〈訪問の対話〉	**秋田県**（男鹿市脇本大倉〔録音⑥ 1967〕）
〈いとま乞いのあいさつ〉	**沖縄県**（那覇市首里〔方言⑨ 1981〕）
〈道で知人に会った時〉	〈朝、ひとの家を訪ねた時〉と同地点・同資料
〈道で知人に会う〉	**青森県**（青森市大字牛舘〔方言⑩ 1979〕）／**群馬県**（利根郡利根町大字追貝〔方言⑩ 1976〕）／**千葉県**（館山市相浜〔方言⑩〕）／**新潟県**（柏崎市大字折居字餅粮〔方言⑩ 1976〕）／**長野県**（上伊那郡中川村南向〔方言⑩ 1976〕）／**静岡県**（静岡市南字中村〔方言⑩ 1976〕）／**愛知県**（北設楽郡富山村中の甲〔方言⑩ 1976〕）／**福井県**（武生市下中津原町〔方言⑩ 1976〕）／**奈良県**（吉野郡十津川村那知合・谷垣内〔方言⑩〕）／**鳥取県**（八頭郡家町〔方言⑩ 1976〕）／**島根県**（仁多郡横田町大字大馬木〔方言⑩ 1976〕）／**愛媛県**（越智郡伯方町木浦〔方言⑩ 1977〕）／**高知県**（南国市岡豊町滝本〔方言⑩ 1976〕）／**長崎県**（西彼杵郡琴海町尾戸郷〔方言⑩ 1977〕）
〈道で目上の知人に会う〉	〈道で知人に会う〉と同地点・同資料
〈買い物の時〉	〈朝、ひとの家を訪ねた時〉と同地点・同資料
〈八百屋さんと一婦人との対話〉	**鹿児島県**（川辺郡笠沙町片浦〔録音③ 1966〕）
〈夫の出かけるのを送る時〉	〈朝、ひとの家を訪ねた時〉と同地点・同資料
〈主人をおくりだす〉	**鹿児島県**（鹿児島市〔録音① 1963〕）

収録場面	収録地点
〈夫の帰りを迎える時〉	〈朝、ひとの家を訪ねた時〉と同地点・同資料
〈主人をむかえる〉	鹿児島県(鹿児島市〔録音① 1963〕)
〈不祝儀〉	〈朝、ひとの家を訪ねた時〉と同地点・同資料
〈おくやみをのべる〉	鹿児島県(鹿児島市〔録音① 1963〕)
〈女主人と道具屋の会話-(2)おくやみ〉	京都府(京都市〔録音⑪ 1964〕)
〈祝儀〉	〈朝、ひとの家を訪ねた時〉と同地点・同資料
〈ふたりの老女の会話-(9)祝儀〉	京都府(京都市〔録音⑪ 1964〕)
〈孫の誕生をいわう〉	鹿児島県(鹿児島市〔録音① 1963〕)
〈祝儀：孫の誕生をよろこぶ〉	鹿児島県(川辺郡笠沙町片浦〔録音③ 1966〕)
〈新築の祝いを述べる〉	**青森県**(青森市大字牛館〔方言⑨ 1979〕)／**群馬県**(利根郡利根町大字追員〔方言⑨ 1976〕)／**千葉県**(館山市相浜〔方言⑨〕)／**新潟県**(柏崎市大字折居字餅粮〔方言⑨ 1976〕)／**長野県**(上伊那郡中川村南向〔方言⑨ 1976〕)／**静岡県**(静岡市南字中村〔方言⑨ 1976〕)／**愛知県**(北設楽郡富山村中の甲〔方言⑨ 1976〕)／**福井県**(武生市下中津原町〔方言⑨ 1976〕)／**奈良県**(吉野郡十津川村那知合・谷垣内〔方言⑨〕)／**鳥取県**(八頭郡郡家町〔方言⑨ 1976〕)／**島根県**(仁多郡横田町大字大馬木〔方言⑨ 1976〕)／**愛媛県**(越智郡伯方町木浦〔方言⑨ 1977〕)／**高知県**(南国市岡豊町滝本〔方言⑨ 1976〕)／**長崎県**(西彼杵郡琴海町尾戸郷〔方言⑨ 1977〕)
〈借用の御礼〉	沖縄県(那覇市首里〔方言⑨ 1981〕)
〈伝言の礼をのべる〉	鹿児島県(鹿児島市〔録音① 1963〕)
●要求表明系 - 要求反応系	
〈品物を借りる〉	〈新築の祝いを述べる〉と同地点・同資料
〈3人の女子学生の会話-(16)ノートを貸して〉	京都府(京都市〔録音⑪ 1964〕)
〈ふたりの老女の会話-(8)仲介をたのむ〉	京都府(京都市〔録音⑪ 1964〕)
〈人に伝言をたのむ〉	鹿児島県(鹿児島市〔録音① 1963〕)
〈旅行に誘う〉	〈新築の祝いを述べる〉と同地点・同資料
〈御清明祭へのおさそい〉	沖縄県(那覇市首里〔方言⑨ 1981〕)
〈ふたりの老女の会話-(7)謡いの会へさそう〉	京都府(京都市〔録音⑪ 1964〕)
〈運動会に参加をすすめる〉	鹿児島県(川辺郡笠沙町片浦〔録音③ 1966〕)
〈子供をおこす(1)(2)〉	鹿児島県(鹿児島市〔録音① 1963〕)
●疑問表明系 - 疑問反応系	
〈隣家の主人の所在を尋ねる〉	〈道で知人に会う〉と同地点・同資料
〈松山御殿のある場所を尋ねる〉	沖縄県(那覇市首里〔方言⑨ 1981〕)
●感情表明系	
〈けんかをする〉	〈新築の祝いを述べる〉と同地点・同資料
●主張表明系	
〈(その)伝言をつたえる〉	鹿児島県(鹿児島市〔録音① 1963〕)
●その他	
〈路上の立話〉	鹿児島県(鹿児島市〔録音① 1963〕)
〈初対面の世間話〉	鹿児島県(鹿児島市〔録音① 1963〕)
〈うわさ話をする〉	〈道で知人に会う〉と同地点・同資料
〈結婚のうわさ話〉	沖縄県(那覇市首里〔方言⑩ 1981〕)
〈子供の日の玩具市で〉	沖縄県(那覇市首里〔方言⑩ 1981〕)

第 4 章
言語行動の方言学

中西太郎

1. 研究史と課題

1.1. 言語行動の研究史

　言語行動とは、具体的な場面に応じて特定の表現様式を選択し、それを表現することで起こる動的なことがらのことである。なお、ここで表現形式ではなく表現様式としたのは、言語表現、非言語表現などの表現形式に加え、その行動をしないという無形式の選択も含むことを加味したためである。

　言語行動の研究には、言語行動の構成要素や機能を検討する理論的な研究と、言語行動の実態を明らかにする実証的研究がある。古くは理論的な研究が先行し、そこで議論された枠組みをもとにして、実証的な研究が行われるようになった。実証的な研究では、具体的な場面に焦点を当てて実態を捉えることになるが、扱う具体的な場面としては、依頼、勧誘、断り、謝罪、感謝の言語行動といったもの等があり、これまでの研究では主として、その場面の目的を果たすための表現様式の選択の仕方を対象としてきた。

　日本における言語行動の実証的研究は、主に国立国語研究所の一連の研究によって牽引されてきた(国立国語研究所 1971、1982、1983、1984、1986、1990)。これらの研究の展開と資料の蓄積により、理論の検討の深化も進み、言語行動の研究射程、調査方法、比較対象、言語行動の構成要素等の考察が進んだ。それとともに、国立国語研究所の調査対象となった地域は、特に重点的に調査がなされた言語生活、敬語行動、コードスイッチング

等の領域に関して、貴重な研究成果が残されることとなった。
　その後、国立国語研究所(1984)『日独言語行動の比較』などを皮切りにして、他言語の言語行動と比較を行う対照研究が盛んに行われ、言語行動研究の発展を加速させた。例えば、代表的なものには、馬瀬良雄他(1988)等が挙げられる。こうして対照研究が盛んになる一方で、国内の言語行動の地域差を扱う先駆的な研究も見え始めた(徳川宗賢 1985)。だが、当時の方言学の課題は、第一に、方言学の研究の基盤となる基礎的な言語形式の地域差の把握にあり、あいさつや敬語など、すでに研究が軌道に乗っていた一部の領域を除き、近年まで、国内の地域差が脚光を浴びることは少なかった。
　ただし、言語行動の対照研究の隆盛は、言語行動の研究全体を発展させ、国内の地域差を明らかにする研究の素地を作ることになった。その意義を具体的に述べるなら、日本語学の研究において、発話機能志向での視点の定着を促し、言語形式のみならない、言語行動の表現様式への着目が必要だという意識を浸透させたことにあると考えられる。
　そのような中、言語行動の国内の地域差に関する関心を高めるきっかけとなったのは、隣接領域の研究の発展であった。例えば、敬語に代表される待遇表現の研究は、近年、「配慮表現」へと対象を広げて展開した(国立国語研究所 2006b)。このような新たな視点の成立は、その視点を以て国内の地域差を鳥瞰したらどうなるかという方言学の新たな課題を生むことにつながった。なお、こうした「配慮表現」の研究への展開には、相手に適切に「配慮」を示すために、敬語に限らず相手を遇するためにどのような表現様式が用いられるかといった考え方の定着があり、対照研究等を通して浸透した発話機能志向がその展開に一役買ったとも考えられる。
　こういった一連の流れを背景にして、新たな視点での地域差の探求、発見が進み、方言学の分野でも、言語行動の地域差を扱う研究が増えている。現在では、「配慮表現」という枠の下に、「通時的研究」や「対照研究」も視野に入れ、総合的な研究への発展も見せている(三宅和子・野田尚史・生越直樹編 2012、野田尚史・高山善行・小林隆 2014)。さらに、近年では、蓄積されたデータをもとにして理論を構築することも視野に入れた、総合的研究

へと発展してきている。

1.2. 言語行動研究の課題

このように活発化する言語行動研究の流れを受け、方言学における言語行動の研究は、新たな展開を迎えている。

本節では、言語行動の研究の観点ごとに、今後の課題を整理する。具体的には、(1) 分析対象、(2) 分析単位、(3) 分析の観点、(4) 地域差を生み出す背景について述べる。

(1) 分析対象

言語行動の分析対象について、課題は言語行動を捉える範囲と種類にある。第一に範囲について、表現様式の地域差を捉える調査枠組みが求められる。特定の言語行動で選択される表現形式には、言語表現と非言語表現がある。このうち、言語表現を対象とする研究はこれまでに数多く行われ、研究が蓄積されている。一方、他言語との対照研究を1つの契機にして、言語表現のみならず、非言語表現やその言語行動をしない（ゼロの言語行動）といった、表現様式が注目されるようになった。こういった観点で国内の地域差を明らかにした先駆的な研究としては、商品の買戻し交渉の地域差等を調べた徳川(1985)等がある。しかし、依然として、非言語行動や、ゼロの言語行動まで含めた地域差は十分に明らかになったとは言えず、今後に期す課題となっている。

次に種類についてだが、記述の観点の重心をずらし、より多彩な種類の言語行動の変種を捉える必要がある。言語行動の変種に関わる観点は、相手や目的等がある。これまで、敬語行動、コードスイッチング等の研究を通して相手別の観点で変種を捉える研究は多くなされてきた。また、目的別の観点でも、日本語記述文法研究会(2009)が示すような対人行動の類型(表1)に捉えられる、依頼や感謝、謝罪等の研究は盛んだと言える。

しかし、分析対象となる目的別の言語行動の種類は、それで十分とは言えない。例えば、不満を言う、(返事を)保留する、疑う、気遣う、喜ぶ、言い

表1　対人行動の類型(日本語記述文法研究会 2009: 289頁)

持ちかけ系	命令・禁止　依頼　勧め　助言・忠告　誘い　許可求め　申し出
応答系	承諾・許可　断り・不許可
調整系	感謝　謝罪

訳する等、その他の言語行動の多くは手つかずのままである。そのような状況を受け、目的別の言語行動を、体系的・網羅的に記述するための試みが始まっている（小林隆・内間早俊・坂喜美佳・佐藤亜実 2014）。このような観点で地域ごとの資料を整えることは、まさに喫緊の課題である。今後は、より多彩な言語行動を対象にし、地域ごとの調査、把握を進める必要がある。

(2)　分析単位

　分析単位については、より長い単位を扱うことが課題となっている。例えば、ペンを借りる依頼をする場合、「貸す」の述語部分は「貸して」「貸してください」「貸していただけますか」等のようなバリエーションが考えられる。方言学は、当初このような意味的に等価の形式の地域的バリエーションを捉えることを優先していた。しかし、実際の依頼の場面では「申し訳ないのですが」「ペンを忘れてしまいまして」のように前置き表現をつけたり、「あ、筆箱がない！まずいなあ…」などの状況を伝える文を添えたりし、それらの要素が組み合わさり、「申し訳ないのですが、／ペンを忘れてしまいまして。／ペンを貸していただけますか。」といったように、依頼という目的を達成するための長い単位を構成している。この時の一つ一つの要素は「機能的要素」と呼ばれることがある。また、「貸していただけますか」という依頼の表現形式の代わりに「そのペン書きやすそうだね」といった羨望の表現に表現内容を変えて頼むこともあり、その表現内容の差が相手への適切な距離感を示す上で重要な役割を担うこともしばしばある。こういった点から、運用という実態を対象とする言語行動の分野では、従来の形式のみならず、その表現内容や発話の要素の組み合わせ、その後の会話の流れ等も射程

に入り、形式から表現内容や機能の差へ、単独の要素から複数の要素へと射程が広がっている。例えば、一発話の中での機能的要素の選択の仕方（熊谷智子・篠崎晃一 2006）、表現内容の選択の仕方、発話量等（沖裕子 1993a・b）が分析対象となっている。

　また、目的を持った言語行動一つ一つは、ひとつながりとなって、より大きな一定の言語行動の流れ（「スクリプト」）を作っている。例えば、買い物場面では、入店時、レジでの支払い、店を出るとき等、折々、一定の言語行動を行う節目がある。そういった一連の買い物の言語行動の流れを総体的に捉え、節目ごとの言語行動の有無なども比較する研究が行われるようになった（篠崎晃一・小林隆 1997）。今後、一定の流れをまるごと捉え、記述から地域の言語生活の様子が見えてくるような言語行動の研究が求められる。

(3)　分析の観点

　分析の観点における課題は、複合的な観点で使用実態に迫ることである。言語行動は、言語の運用を扱う分野であり、個人の生活環境や、それを支える社会の在り方が、言語行動の在り方に、多かれ少なかれ関わってくる。それゆえ、地理的要因のみならず、社会的要因も加味した考察が必要になる。これまでは地理的要因・社会的要因（性差、世代差、社会構造差等）は、それぞれ別個に分析されることが多かったが、今後、地理的要因に加えて社会的要因を考える複合的アプローチが求められる。また、社会的要因の軸においても、交通の発達による通勤圏の拡大やインターネット・SNSなどの仮想空間上でのつながり等、ことばの伝播に関わる新たな要因が想定されるようになり、そういった要因が絡み複雑化する社会の在り方に合わせて、都市性（西尾純二 2009）等、新たな説明指標の検討が求められる。

(4)　地域差を生み出す背景

　最後に、言語行動の研究では、言語行動の地域差を生み出す背景の解明が今後の課題となる。なお、地域差を生み出す背景の説明には、微視的な視点と巨視的な視点が考えられる。

微視的な視点とは、例えば、ある言語行動の産出プロセスに着目し、表現するに至るまでのモデルを考えるものである。西尾純二 (2015) は、言語行動を動的プロセスとして捉えることの重要性を唱え、マイナスの待遇表現行動についてその産出過程を捉えた「マイナスの待遇表現行動のプロセスモデル」を提示している。そのモデルでは、マイナス待遇表現行動の契機となるような事態に接触した際、事態を評価し、表現態度を決定し、表現を選択するという段階を経ることになる。こういったモデルは地域差の背景を考える上でも有用である。例えば、出会いの場面で想定される言語行動を考えたとき、「何も言わない」という表現様式の発現が考えられるが、その産出過程には、「(親しい関係なので) 何も言わない」という方向と、「(自分に無関係なので) 何も言わない」という方向の、全く異なる2つの事態評価の可能性が考えられるからである。そして、そのどちらであるかは、巨視的な視点で地域差を生む背景との関わりを考える上でも重要である。
　巨視的な視点で地域差の背景を解明するアプローチにおいては、言語行動の地域差の背景にある、より大きな要因を見出すことが重要である。例えば、共通語の敬語行動の地域差の背景には、方言の敬語の地域差が影響を与えていることが明らかにされた (吉岡泰夫 2000)。さらに近年では、言語的発想法という概念を軸に、社会と言語活動の関係を捉え、地域差を生む仕組みを捉えたモデルも示された (小林隆・澤村美幸 2014)。こういった背景的な原理と言語行動の使用実態の関係について明らかにすることが課題となる。
　なお、微視的な視点と巨視的な視点をそれぞれ説明したが、微視的な視点での説明と巨視的な視点での説明は対立するものではない。微視的な視点でのモデルの背景には、巨視的な視点で明らかにされた原理が影響していると考えられ、最終的には両者を有機的に統合し、個人と、社会と、多様な言語行動の在り方の関係をつかむことが言語行動研究の到達点の1つ、と考える。

　ただし、(4) の研究の進展には、(1)〜(3) の展開を踏まえた基礎的な資料

の蓄積が欠かせない。したがって、(4) を見据えた、地域差の把握を着実に行っていくことが期待される。その際の調査も、やみくもにするわけではなく、各々の言語行動の背景的原理を予測し、目的に適った、適切な観点での調査、把握を行うことが肝要である。

2. 方法と資料

2.1. 言語行動研究の対象の設定

　本節では、「研究史と課題」を踏まえ、言語行動の領域の研究対象をどう設定するかについて論じる。具体的には、前節で論じた、分析対象、分析単位、分析の観点、地域差を生み出す背景について具体的に考察する。

　まず、分析対象の範囲については、今後、言語表現だけでなく、言語表現に伴う要素としての声の大小、声の質、抑揚などのパラ言語的要素や、身振り、表情などの非言語表現の地域差も射程に入れた研究を行う必要がある。例えば、調査をしていると、同じ方言区画の地域でも「海沿いに住んでいる人たちは、ことば遣いが荒い」等という意見を聞くことがままある。そこには、音韻・語彙・文法等の面では、さほど変わらないのに、そういった印象を形成する要素は何かという課題が存在する。その課題の答えを追及するには、運用を射程にした言語行動レベルで、表現様式や表現内容、しぐさ、パラ言語要素を同時に扱い、比較・判断する必要がある。調査にあたって、非言語表現等をチェックできる質問項目の仕組みや、録画での調査記録等も必要となるだろう。もちろん、分析に際しては、言語表現と非言語表現等を別個に分析するのではなく、それらが言語行動の目的達成のために有機的に作用する様を捉えなければならない。また、表現様式に注目するという観点から見て、その言語行動を回避するという選択も掬い取る枠組みが必要だと言える。

　分析対象となる言語行動の種類に関わる構成要素については、これまでにいくつもの研究で議論がなされてきた(杉戸清樹 1986)。それらの構成要素は、実際にどういう場面を調査するかという調査項目設計の軸となるもので

あり、言語行動の体系を捉えるときに欠かせないものである。例えば、「目的」「相手」「参加者」「手段」「内容」など、様々な要素が考えられる。これらを掛け合わせるだけで膨大な数の場面が導かれることになるが、そのすべてを網羅した調査をするのは現実には難しい。ただし、「相手別」の言語行動については、これまでに敬語行動やコードスイッチングといった領域で研究の蓄積がある。その研究の成果から、ある程度、「相手」という変数の変化に伴う使用実態の現れ方の予測がつけられる。

そのような先行研究の成果を考慮に入れて優先的に行うべき記述を考えたとき、最も急務だと言えるのは、「目的別」の言語行動の実態の把握だと考えられる。先にも述べたが、「目的別」の分類による言語行動の種類は数多あるにも関わらず、従来の研究では、特定の言語行動に対象が偏っており、未解明の場面を含め、研究の余地を多く残している。

そこで次に必要になってくるのが目的別の言語行動の整理と体系化である。この点について現段階で最も参考になるのが、次に示す小林・内間・坂喜・佐藤 (2014) の「目的別言語行動の分類」である。なお、その項目のうち、日本語記述文法研究会 (2009) に示される代表的な言語行動には ※ を付した。すなわち、※の付く言語行動はこれまでの言語行動研究で扱われる中心だったものであり、※のついていない言語行動は、今後、調査・記述が求められるものである。

目的別言語行動の分類(小林・内間・坂喜・佐藤 2014: 14–15 頁)
1. 要求表明系（＝要求を述べる）
   頼む※、従わせる※、誘う※、同意を求める、許可を求める※、許しを請う、禁止する※、やめさせる、注意する…
2. 要求反応系（＝要求に答える）
   受け入れる※、従う※、同意する、許可する ※、許す※、断る※、保留する…
3. 恩恵表明系（＝恩恵を与える）
   申し出る※、勧める、忠告する…

4. 恩恵反応系（＝恩恵に答える）
   受け入れる※、断る※、遠慮する、保留する…
5. 疑問表明系（＝疑問を述べる）
   尋ねる、確認する、不審がる…
6. 疑問反応系（＝疑問に答える）
   答える、肯定する、否定する、教える、保留する…
7. 感情表明系（＝感情を伝える）
   謝る※、詫びる※、感謝する※、恐縮する、褒める、けなす、叱る、励ます、応援する、なぐさめる、気遣う、ねぎらう、心配する、非難する、不満を言う、愚痴を言う、嘆く、後悔する、反発する、自慢する、謙遜する、強がる、痛がる、暑がる、寒がる、迷う、疑う、驚く、喜ぶ、怒る、困る、がっかりする、呆れる、おもしろがる、からかう、祝う、弔う…
8. 主張表明系（＝主張を述べる）
   説明する、主張する、言い張る、賛成する、反対する、反論する、言い訳する、共感する、打ち消す、修正する、追及する、打ち明ける、伝える…
9. 関係構築系（＝関係を結ぶ）
   呼びかける、挨拶する、名乗る、自己紹介する、人を紹介する…

　これらの分類はまだ試案の段階と述べているが、「〜反応系」といったような、受け手の言語行動や、「応援する」「痛がる」などの従来の研究に見られない多くの言語行動を網羅しており、言語行動の体系把握の指針になる。
　次に、分析単位についてだが、これについては分析対象で設定した目的別の言語行動、それぞれの達成に至るまでの一連の過程を捉えるような調査が望ましい。例えば、その時の流れの目安となる一般的な流れを説明した先行研究には、次に示す甲斐睦朗（1987）がある。この論文では、あいさつ言葉の順序性に注目し、現実におきるあいさつ談話の進行過程に即して、あいさつ談話の冒頭部・終了部に来得るもの（第Ⅰ種）、その間に来得るもの（第Ⅱ

種)という観点から、従来のあいさつの分類を整理している。

　あいさつの分類(甲斐 1987: 140 頁)
　第Ⅰ種　出会いと別れのあいさつ言葉
　　(1)出会いと別れ
　　(2)他家の訪問・辞去
　　(3)自家の出入り・見送り・出迎え
　　(4)起床・就寝
　　(5)安否の尋問・祝福
　　(6)慰安・激励・弔問
　第Ⅱ種　その他のあいさつ言葉
　　(7)仕事の依頼・感謝
　　(8)食事の接待・感謝

　これら、それぞれのあいさつ談話の中における出現範囲は図1のように示される。図1のあいさつの種類は上述の分類に対応している。A～Dは、あいさつの順序性を示しており、図中、実線の部分に上述のあいさつ分類の表現がそれぞれ来得るということを表す。特に「A出会い」にかかっている表現はその表現からあいさつ談話が始まることを示す。
　このような流れを目安に、対象となる言語行動の一連の場面の流れについて設問を設定して自然な流れを作り、スクリプトとしてセットになる言語行動を記録する必要がある。というのも、日高水穂(2014)では、若年層の依頼─受諾/断りの言語行動における会話の流れを分析・考察し、一連のやり取りに一定の型があることを指摘している。こういったやり取りの型(機能的要素の種類や出現位置等)に地域差がある、ということは十分に考えられる。
　分析の観点については、複合的な観点で検証していかなければならない。つまり、地理的要因と社会的要因の両面から検討が行われるべきだということである。そのためにそれぞれの要因での検討の軸となる項目を見定める必

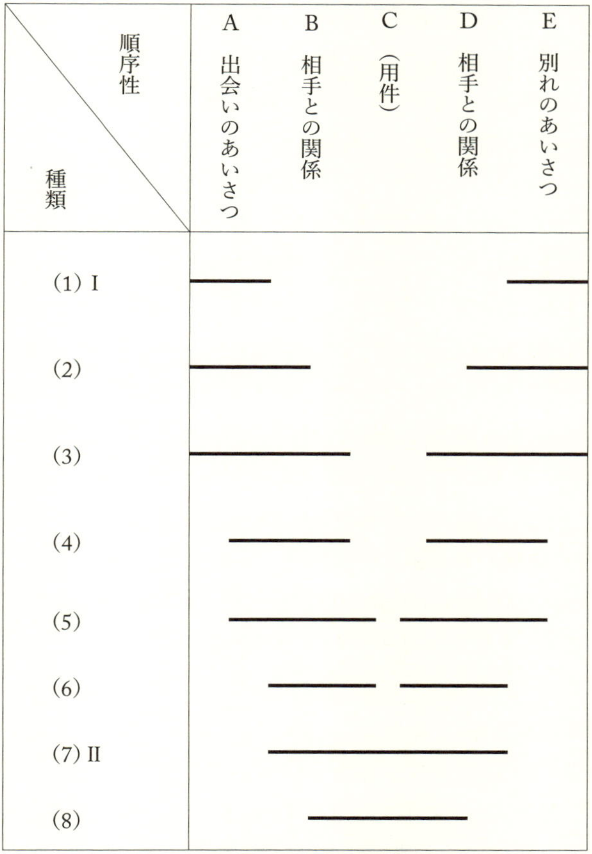

種類＼順序性	A 出会いのあいさつ	B 相手との関係	C （用件）	D 相手との関係	E 別れのあいさつ
(1) I	─				─
(2)	──			─	
(3)	────────				
(4)		─		─	
(5)		─		─	
(6)		──		──	
(7) II		────────			
(8)			─		

図1　あいさつ言葉の順序性
（甲斐1987の表(3)を甲斐の考察に基づき、筆者が一部修正）

要がある。まず、地理的要因からの検討でデータの代表性を保証する項目、例えば、外住歴、話者の両親の出身地等の情報を聴取する。一方、社会的要因については、性別、年齢等の項目のみでは、複雑化する社会構造が言語行動へ与える影響を説明するのに十分でないと考えられる。考えられる項目としては、家族構成や近所との付き合いの度合い、通勤圏、地域コミュニティ

への参加度、自宅周辺の施設等がある。例えば、西尾純二（2009）では、感謝の表現の使用実態について、地下鉄の駅の有無／居住市町村の人口の多寡／周辺農家の有無という項目による整理で実態の比較を行い、それぞれの指標を持つ話者の言語行動に特徴があることを示した。これは、これらの項目が都市性を図る指標となる、という社会的要因による検証と言える。さらに、考察時には調査時に聞き得たデータのみならず、地域の特性を測る他分野の情報にも目を配る必要がある。大西拓一郎（2008）では、鉄道情報、地勢（標高や山・川の配置）、人口密度、世帯当たり人数という地域特性と、地理的分布の関係の検証を行っている。こういった、直接的、間接的にコミュニケーションの在り方に関わる地域の特性にも目を向け、それを利用した検証を行っていくことが肝要である。まずは、このような姿勢で、言語行動の地域差の背景を検討していくことが求められる。

2.2. 言語行動研究の方法論

次に言語行動の研究の方法論を論じる。言語行動の使用実態を明らかにするのに、どのような調査方法や分析方法を取るべきかという問題である。

(1) 言語行動の調査法

言語行動は、日常生活の一場面を対象とするだけに、自然観察調査も含め、選びうる調査法の選択肢が広い。例えば、具体的な調査手法として、自然観察調査、ロールプレイ調査（場面設定会話調査）、面接調査、アンケート調査、内省調査といった方法等が考えられる。いずれも、言語行動の調査としては一長一短あり、目的に応じた選択が必要だが、その選択を的確に行うため、言語行動のどのような側面を明らかにするのに向いているのか、その特性を把握しておかなければならない。

表2は、言語行動の調査で得るべきデータの質に関わる観点を縦軸に据え、その観点に対し、横軸に様々な調査法を配し、調査法ごとにその質に関わる観点への有効性を示したものである。それぞれの観点ごとに、向き不向きを ｛◎／○／△／×｝の4段階で示した。

表2　各種調査法と言語行動調査の相性

観点	自然観察調査	ロールプレイ調査		面接調査	アンケート調査	内省調査
		シナリオあり	シナリオなし			
言語行動の自然さ	◎	△	○	△	△	×
言語行動の展開	◎	◎	◎	○	○	△
参加者の意識	×	○	○	◎	◎	◎
参加者の属性	△	○	○	◎	◎	×
場面の網羅性	×	△	△	○	○	◎
多人数調査との相性	△	△	△	○	◎	×

　最初の項目は言語行動の自然さである。例えば、それぞれの調査法で、自然な言語行動を観察できるかという観点で調査法の性格を判断した。この点については自然観察調査によって記録される姿が最も自然なものと言える。自然観察調査では非言語表現についても自然なものを記録できる。次いで自然な言語行動を観察できるものとしてロールプレイ調査（場面設定会話調査）を配した。ロールプレイ調査にはシナリオを用意し指定するものと、そうでないものがある。もちろん、シナリオを指定しないものの方が自然な反応が引き出せる。これらのロールプレイ調査の詳しい特徴は本書「談話の方言学」を参照されたい。ただ、これらは、いずれもある程度場面を想定して意識して答えることになる点で、自然観察調査には若干劣ると判断した。具体的に言えば、本来ならその言語行動を「しない」選択をするであろう場面でも、結果的に演じてしまう可能性があるということである。とはいえ、実際にその場面の言語行動を、相手を交えて演じるという点で、意識上で振り返る面接調査などとは一線を画し、自然観察調査に準じた自然な言語行動が得られる。また、演じる場面の設定に関わる小物や、演じる場面の環境（屋外場面など）を用意するなどの準備で、より自然な言語行動を引き出す工夫をすることも可能である。次に、面接調査やアンケートが考えられる。これらは意識上で当該言語行動を振り返るという点で、再現度が問題となり、話者がどれだけ内省力に富んだ人かという事に左右される可能性がある。最後

に内省調査だが、これも調査者の内省力に大きく依存するため、常に自然な言語行動を引き出せると限らないと言える。また、自然観察調査以外の調査では、話者への指示の仕方、尋ね方のワーディングにも気を配る必要がある。例えば、『方言資料叢刊』第7集、朝の出会いの場面では、次のような質問をしている。

> 朝9時頃に、近くの道路で、次に挙げる人に出会ったとき《A》どのように挨拶しますか。そして、その後《B》「どこへ行くのか」を尋ねるのにどのように言いますか。実際に出会ったときのことを想像したり、思い出しながら、詳しく教えてください。
> 1. お寺の住職さん 2. 校長先生 3. 見知らぬ年配の男性 4. 見知らぬ年配の女性 5. 顔見知りの年上の男性 6. 顔見知りの年上の女性 7. 10歳ほど年下の見知らぬ男性 8. 10歳ほど年下の見知らぬ男性 9. 同級生の男性 10. 同級生の女性 11. 10歳ほど年下の顔見知りの男性 12. 10歳ほど年下の顔見知りの女性 13. 近所の中学生の男の子 14. 近所の中学生の女の子(下線は筆者)

　この質問の枠組みに従って岩手県盛岡市方言の待遇表現を調査した本堂寛(1997)によると、盛岡市でのあいさつの使い分けは表3の通りである。
　校長先生、見知らぬ年配、だいぶ年が離れた年下などには「オハヨゴザンス」、それより近しい相手だと「オハヨガンス」、子供には「オハヨ」と使い分けており、一見きれいな「オハヨー」型、俚言敬体使い分けタイプと見られる。しかし、この話者は「(見知らぬ人に声をかけることはないし、ましてや、挨拶や行き先を尋ねることをしたことはない)」と重要な回答を合わせてしている。つまり、3/4/7/8は、「挨拶」という言葉に導かれた規範としての回答である可能性があり、質問に対する回答が実態にそぐわないものである可能性を示唆している。この『方言資料叢刊』の事例の場合、「《A》どのように挨拶しますか。」と、あいさつをすることを前提にして、どんなあいさつをするかと受け取られる質問の仕方で聞いているがために、声をかけ

表3　盛岡市方言でのあいさつの使い分け
（調査結果をもとに筆者が作成）

相手番号	あいさつ
1	オハヨガンス
2	オハヨゴザンス
3	
4	
5	
6	オハヨガンス
7	
8	
9	
10	
11	オハヨゴザンス
12	
13	オハヨ
14	

ないという日常的な反応の選択を問いそびれているのである。ここには、「挨拶をしない」というゼロの言語行動を射程に入れていなかった可能性も窺えるが、射程に入れていたとすれば、それをすくい取れる聞き方をする必要がある。つまり、質問法を取る場合、目的に応じて質問文のワーディングにも気を配る必要があることが分かる。

　次に、言語行動の展開という面でも、自然観察調査とロールプレイ調査が優れている。どちらも実際に対話相手となる人物がいてやり取りが進むので、自然に言語行動を展開する（させる）ことができる。面接調査やアンケートでも、続く質問の流れで言語行動の展開を求めたりすることもできる。ただし、節目ごとに質問を挟むことになるため、自然観察調査とロールプレイ調査に比べ展開の自然さが若干落ちることは否めない。内省調査では、話者が対話相手の反応も含め、1人でやり取りを考えることになり、その分展開が独りよがりにならざるを得ず、自然な展開を引き出すのが難しい。

次に表2で設定したのは、対話相手への親疎意識などを問う参加者の意識についてである。自然観察調査は、基本的に外部からの観察であるため、それ単体では会話参加者間の親疎意識などを捉えるのが難しい。この点を探るのに最も向いているのは、自分の意識を顧みることができる内省調査だと考えられる。また、先に取り上げた『方言資料叢刊』のように、性別・年齢・上下・親疎などを戦略的に設問として取り上げやすいアンケート調査や面接調査も適していると言える。対面している面接調査なら、調査中の話者の反応を見ながら、その場で質問の中での設定を変え、話者の意識による回答パターンの違いなどを柔軟に探ることができる。例えば、他家訪問の場面の言語行動を聞く設問で「相手によって変わる」という情報を得たときは、「では親しい同年代にどう言いますか」「親しい目上の方にどう言いますか」と、話者が重要だと捉える観点に沿った答えを聞き出せるということである。一方、ロールプレイ調査では、上下・親疎など、相手への意識による違いを調べようとすれば、実際に様々な相手に話者になってもらうか、同じ対話相手を、様々な関係の相手として見立てて収録することになる。様々な相手を呼ぶのは労力の面で現実的ではなく、同じ対話相手を見立ててやることが必然的に多くなる。つまり、どれだけ対話相手との現実の関係に縛られず、調査の設定に沿った立場を演じられるかという、話者の想像力・演技力に頼る部分が大きくなるのである。したがって、ここでは内省調査、アンケート調査、面接調査に準ずる評価とした。

　次に、参加者の属性の観点だが、これは社会的属性（性別・年齢・職業等）の異なりに応じた言語行動の違いを調査しやすいかということを示している。言ってみれば、先の観点が対話相手の性質によってどう変わるかだったのに対し、こちらは話者の性質によってどう変わるかを探る観点である。この点については、一度に大量に調査票を配布できるアンケート調査や、調査員の人員次第で多人数調査も可能な面接調査が優れていると言える。一方、ロールプレイ調査は、社会的属性のみならず、ロールプレイ調査への適正といった点も考慮に入れる必要があるため、条件のそろった人物を見つけ出すのが難しい。また、会話を繰り広げる2人以上の話者の都合を合わせなけ

ればならず、調査実施にかかる調整の労もある。さらに、文字起こしの際の確認の労力なども考えれば、やはりアンケートや面接調査に比べ、参加者の属性は統制しづらいと言える。自然観察調査は、観察地点をずらすことでターゲットの属性の調整を試みることはできるが、労力、時間がかかる。内省調査は、基本的に自分の持っている属性についての分析となるので、社会的属性の統制はできない。

　次に、場面の網羅性だが、これはどれだけ効率よくねらいの場面の言語行動を採取できるかということである。内省調査は、自分の思い起こすままに様々な場面の言語行動を採取でき、そういった意味で網羅性に優れている。面接調査やアンケート調査でも、体系的に設問化し、網羅的に尋ねることが可能であり、ベーシックな手段と言える。ロールプレイ調査では、一つ一つの場面の収録に時間がかかり、場面を網羅するのには、多くの時間を要する。収録に協力的な話者が必要となる。自然観察調査では、ねらいの場面がうまく生起するかという問題がつきまとい、網羅するのが困難と言える。

　最後に多人数調査との相性について述べる。方言地理学的に全国を範囲とし1000地点規模で調査を行うような場合（地理的視点）、および、世代別多人数調査のように多数の話者を量的に扱うような場合（社会的・計量的視点）は、1地点あたりにかける時間・労力が少なくて済むアンケート調査が有効である。次いで、現地話者を訪ねる面接調査となる。自然観察調査やロールプレイ調査はこれらの調査に比べ、時間・労力がかかることが見込まれる。内省調査は調査の性質上、不可能である。

　以上、本節では、調査法と言語行動研究の相性を、それぞれの観点に分けて論じてきたが、重要なのは、どの調査法も万能ではないということである。例えば、筆者は、あいさつ表現について代表的な地点で計量的な観点であいさつ表現の待遇性の有無と重要性についての調査を行い、その検証結果にもとづいて、待遇的観点で地理的分布を把握する調査に着手するという方法論を取っている。その過程で、計量的な観点での調査においては、「日記調査法」という、話者に自らのあいさつ表現を24時間記録してもらう自然観察調査とアンケート調査を掛け合わせた性質を持つ調査法を用い、地理的

分布の把握においては、質問形式で一定の場面について聞き取る面接調査法を用いている。これは、1地点で大量のデータを網羅的に集めるのに優れてはいるが、調査での負担からいって数十地点もの面的な調査を行うのには不向きな日記調査法と、日記調査法に比べれば、限られた場面を聞くという点でデータの網羅性は劣るが、その分負担は少なく面的な調査を行うのに向いている面接調査との組み合わせで、相互の長短を補い合い、日本語あいさつ表現の全貌を捉えようと模索した結果である。このように、研究の目的や研究対象の性質などに応じて、調査法の利点を生かし、適切なものを選んだり、複数の方法を組み合わせてアプローチしたりすることこそが重要だと言える。

(2) 言語行動の分析法

本節では言語行動の方言学的研究の分析手法を紹介する。だが、適切な分析手法の在り方を論じるためには、言語行動の研究が何を目指すかを考えなくてはならない。その点について、渋谷勝己(2003)では、「言語行動の分野の課題」として、次のような点を挙げている。

(a) 結果の解釈

(一部省略)当該場面の当該言語行動、あるいは当該社会の当該言語行動がどのように行われているか(howの問題)は記述されても、なぜそのような行動がその場面や社会で採られるのかという解釈や説明(whyの問題)に言及するものは少なかった。また言及された場合でも、アドホックな文脈解釈や皮相な文化論の域を出ないものが多く見出される。隣接分野との共同研究が望まれるところであろう。

(b) 斬新さ

(a)の前半で触れた記述の内容についても、当該言語共同体の構成メンバーにとってはあまりに当たり前のことであって、研究の結果に読み手を驚かせるものがないという場合が多い。これは、それぞれの構成メンバーに、生まれたときから形成してきたスキーマ(ときにステレオタ

イプ）があるからある意味では当然のことではあるが、（日本語を外国語として学ぶための教科書を作成する場合のように）話し手のもつスキーマに依存するだけで言語行動が描き出せるのであれば、わざわざ調査によって言語行動を明らかにする意味はない。

　この点、一定の調査法を用いて行った対照研究は、差異を見出すことによって発見が保証され、また外国語教育面での応用ということも考えられるが、それだけではやはり物足りない。日常的なできごとを異なった視点から見ることのアイディアが要求されるところであろう。

　　（渋谷 2003: 257–258 頁。記号など、本文に合わせ筆者が改変）

　(a)のような「なぜ」に踏み込む説得力ある解釈に至らなかった理由は、差異を見出すことに注力し背景を掘り下げる視点や構想に乏しかったことが挙げられるが、それと同時に、背景を明確に把握する分析手法が磨かれてこなかったことも見逃せない。つまり、言語行動学の活性化には、今後、言語行動の背景を掘り下げるアイディアとそれを説得的に実証する分析手法の洗練が重要なのである。

　近年では多様な言語行動の資料の蓄積により、その背景に迫る視点が徐々に芽生えつつある。また、言語行動の在り方の「なぜ」の解釈においても、モデル検証による背景的な原理の実証の取り組みや、多種多様な要因を解析に加え、その背景とのつながりを見出す統計的手法への着手も進んでいる。

　例えば、小林・澤村（2014）は、ある地理的・社会的要因と特有の言語行動の傾向が相関を見せた時、なぜその要因がその特有の傾向につながるのか、といった背景を考えようとしている。すなわち、言語行動の現象面の差異を直接地理的・社会的要因と結びつけるのではなく、その間にコミュニケーション環境や言語的発想法といった重層的な要因が関与するモデル（「社会と言語活動の関係モデル」）を提示し、地域の社会環境が地域特有の具体的な言語活動として現れる様を説明している。

　また、より実証的な研究として、西尾純二（2014）では、「利益の連鎖システム」の概念による説明によって、感謝・謝罪の場面での言語行動が社会的

行動のルールと結びついていることを明らかにしている。中西太郎(2008)では、出会い時のあいさつ表現を、実態調査に基づき大量に収集し、それを荻野の数量化の分析法にかけることによって、あいさつ表現の背景にある言語表現上の待遇関係把握が敬語のそれと同じであることを洗い出した。このような分析手法の応用が待たれる。

さらに、言語行動の地域差を生む背景に至る分析手法は、多種多様な言語行動の実態と多種多様な要因の関係を見出す、重層的な情報を扱いうる分析手法が求められる。近年では、従来までの言語研究に用いられてきた数量化理論等の多変量解析などに加え、自由回答と質的変数の関係を可視的に示す、テキストマイニングなどの新しい手法を用いた分析も見られる(岸江信介 2009)。

また、先に述べたように、社会的な観点からの検証を行う場合でも、大局的な背景を見落とすことがないように地理的な情報を掛け合わせた検証を行うことが求められる。そういった重層的な検証を可能にする手法としては、地理情報支援システム(GIS: geographical information systems)による分析も有効だろう。例えば、大西(2008)では、人口密度と敬語行動の重ね合わせによる検証から、両者の間に相関関係があることを見出している。

このようなアイディアや分析の手法が、上記の渋谷(2003)の課題に応えるような考察に至るための足掛かりになる。

2.3. 言語行動の資料

本節では、言語行動の方言学的研究に必要となる資料について、既存の資料とこれから求められる資料をそれぞれ紹介する。

(1) 既存の資料

ここでは原資料が公開されており、言語行動の方言学的研究に活用しうる既存の資料を紹介する。なお、言語行動の研究に活用しうるというのは、具体的には、2.1節で示した「目的」「相手」「参加者」「手段」「内容」などのいずれかの観点で、言語行動のバリエーションを捉えており、研究者などに

よる解釈がなるべく含まれていない、資料性が高いものということである。さらに、今後の研究への活用の可能性が高いものを優先し、ある特定の地域について多種多様な場面の言語行動を統一的な観点で把握したもの、特定の場面の言語行動について全国的視野で把握したもの、あるいはその両方の視点を併せ持つものに絞って紹介する。なお、各資料について収録地点数、公開されている音声・映像資料の有無、収録場面の概要、資料の特徴を解説する。なお、本書第3章「談話の方言学」で取り上げた資料は、ここでは解説を省略する。

① 『全国方言資料』(本書第3章「談話の方言学」の「2. 資料と方法」参照)
② 『方言談話資料』(本書第3章「談話の方言学」の「2. 資料と方法」参照)
③ 『方言資料叢刊』
地点数：第1巻40地点(海外2地点)、第7巻37地点(海外3地点)
音声・映像資料：なし
収録場面：
『第1巻 祝言のあいさつ』(方言研究ゼミナール幹事団、1991年、広島大学教育学部国語教育学研究室方言研究ゼミナール)
Ⅰ. 結納授受
Ⅱ. 嫁をもらう人へのお祝いのあいさつ
Ⅲ. 嫁に出すことが決まった家の人へのお祝いのあいさつ
Ⅳ. 結婚式当日のあいさつ
Ⅴ. 結婚式後、姑が新婦を連れて近所へあいさつに回る時のあいさつ
Ⅵ. 嫁を迎えた家の人へのあいさつ
Ⅶ. 結婚式後の仲人へのあいさつ
Ⅷ. 嫁のはじめての里帰りのあいさつ
『第7巻 待遇表現』(方言研究ゼミナール幹事会、1997年、広島大学教育学部国語教育学研究室方言研究ゼミナール)

A 質問、勧め、依頼、推量、伝達、申し出、詫び、誘い、譲渡、共感求め、心情表明

B 朝の出会い(相手別)

特徴：第1巻は、結納から結婚後の里帰りまで、婚姻を契機にして起こる非日常の場面でのやり取りを、祝う側、祝われる側という相互のやり取りを意識しながら、自由回答で聞いている点に特色がある。第7巻は、Aのような様々な言語行動について、共通語翻訳式で、親しい友人、近所の年長の人等、相手別の表現を記録している。特に、Bの朝の出会いの挨拶の表現については、自由回答と翻訳式の組み合わせで、多種多様な相手(14種)への表現を記録している。

④『あいさつことばの世界』(藤原与一、1992年、武蔵野書院)

地点数：不明

音声・映像資料：なし

収録場面：

朝の出会い、日中の出会い、晩の出会い、別れ、感謝、断り、出かける時、帰着、訪問、辞去、婚礼、出産祝い、建築祝い、悔やみ、病気見舞い、労作作業時の出会い、新年、入店時、応答

特徴：全国の特徴的な俚言を自然観察調査により収集しており、収録する目的別場面の種類も豊富である。ただし、場面、語形により、記述が手厚いものとそうでないものがある。

⑤『方言文法全国地図』(Grammar Atlas of Japanese dialects、以降GAJ)

地点数：807地点

音声・映像資料：なし

収録場面：

『方言文法全国地図第5集』(国立国語研究所、2002年、大蔵省印刷局)命令、禁止、感謝のあいさつ

『方言文法全国地図第6集』(国立国語研究所、2006年、財務省印刷局)質問、命令、応答、共感求め、伝達、出会いの挨拶、心情表明

特徴：文法事象の全国分布を展望し、方言地理学的に解明するための

方言地図集である。統一された属性の話者に面接調査を行っており、資料としての信頼性が高い。第5集、第6集では、上記の言語行動について、相手別の言語表現の分布の差を見ることができ、言語行動の資料としても活用できる。なお、挨拶は自由回答式、その他の言語行動は翻訳式で調査されている。

⑥『奈良田のことば』(山梨ことばの会、2013年、地域資料デジタル化研究会)
地点数：1地点
音声・映像資料：音声・映像資料あり
収録場面：
見送り(家族)、迎え(家族)、訪問‐朝、訪問‐買い物、道での挨拶、祝儀、不祝儀、出産祝い、病気見舞い、ものを借りる
特徴：ロールプレイ方式で各場面の一連のやり取りを収録している。字幕が付けられた映像資料があることが最大の特徴である。

⑦『伝える、励ます、学ぶ、被災地方言会話集《宮城県沿岸15市町》』(本書「談話の方言学」の「2. 資料と方法」参照)

⑧『生活を伝える被災地方言会話集—宮城県気仙沼市・名取市の100場面会話—』(本書「談話の方言学」の「2. 資料と方法」参照)

⑨『生活を伝える被災地方言会話集2—宮城県気仙沼市・名取市の100場面会話—』(本書「談話の方言学」の「2. 資料と方法」参照)

⑩『生活を伝える被災地方言会話集3—宮城県気仙沼市・名取市の100場面会話—』(本書「談話の方言学」の「2. 資料と方法」参照)

　このように既存の資料を見ると、方言学における言語行動の地域差の把握は、①〜④の資料のように、各種のあいさつ場面を中心にして記録が始まり、徐々にその対象範囲を広げ、近年では⑧〜⑩のように、多種多様な言語行動の場面を扱うようになってきたことが分かる。
　ここまでは研究の資料として直接参考になるものを示してきた。さらに、本節では、言語行動の研究の着眼点を見つけるための資料にも言及したい。

というのも、言語行動の地域差は、(1)のような、明確に分類される目的別言語行動の表現様式の差ばかりでなく、ほぼ無意識のうちに行っている些細な言語行動や、日常行う言語行動の量の差という形ででも現れうる。しかし、そういった差異は、ことばに鋭敏な研究者でさえ直感的に気づくことが難しいため、調査の着眼点として挙げづらいという問題があるからである。そこで、そういった難しさを解消し、地域差の出そうな項目を効率よく収集するため、専門家に限らず、世間の多くの眼を通して得た意見を参照するのも1つの手だと考える。例えば、平田陽一郎(2013)には、東京、大阪、名古屋の、場所別(街の商店／フリーマーケット／家電量販店／デパートの店頭)の「値切る」人の割合のアンケート結果が示されている。アンケートの実施対象の詳細等、明らかでない部分がいくつかあるゆえに研究資料としては扱えないが、このような一般書に書かれている地域の特徴は、言ってみれば、多くの人の目に留まる特徴的な言語行動だという可能性がある。その意味で、それをもとに言語行動の調査項目を立てるための資料として、活用の価値があると言える。現在では地域の特徴を取り上げる言語学の専門書以外の書籍が多く出版されている(前垣和義 2010、千秋育子 2012 など)。言語行動の地域差のタネ探しとしての活用も大いに考えられる。

(2) **これから求められる資料**

今後、言語行動の方言学的研究の分野で求められる資料は、石井正彦・孫英奭(2013)の提唱する「マルチメディア・コーパス」のような資料が考えられる。マルチメディア・コーパスとは、「音声文字化テクストと映像・実音声を同期させ、その発話場面の映像・実音声をも参照できるコーパス(石井・孫 2013: 38 頁)」のことである。

このような資料を作るメリットの1つとしては、非言語表現と言語表現の関わりについて考察できることである。例えば、同著では、テレビ番組を対象にして、「アリガトウ」のバリエーションと、お辞儀の深さの関係についての分析がなされている。その結果、番組内での役割関係によってお辞儀の深さに違いがあることが指摘されている。そして、マルチメディア・コー

パスを使って、分析の射程を非言語表現にまで広げれば、そこに有意味かつ特徴的な言語行動のパターンを見出せる可能性が高いと述べ、様々な非言語表現と言語表現の関わりの分析を試みている。

　このような非言語表現と言語表現の関わりを考えることは、言語行動の方言学的研究において欠かせない視点と言える。例えば、第4節で紹介する、言語行動の地理的研究の実践例では、朝、未知の相手に出会う場面での言語行動についての調査結果を示しているが、「お辞儀をする」という回答が顕著な地域(徳島県／南九州地方)も見られる。言ってみれば、言語表現に代わり非言語表現が見られることもあるということである。つまり、言語行動学的な観点で地域差を明らかにする立場に立つと、「オハヨー」などの言語表現のみに注目した分析では地域の正確な言語行動の実態を捉えたことにはならず、非言語表現も含めて地域差を捉えていかなければならないということを示している。

　そういった意味で石井・孫(2013)は、資料のみならず具体的な分析例まで示し、言語行動の映像による記録の重要さを示唆する先駆的な研究と評価できる。このような活用を視野に入れた、地域ごとのマルチメディア・コーパスが求められるということである。

　方言学の分野で、このように映像・音声を伴い、地域の言語行動を記録したものでは、先に挙げた『奈良田のことば』が挙げられる。こういった映像を備えた資料(図2)に、収録場面の種類や状況設定、出演者の関係等、資料の活用に必要な情報が加われば理想的な言語行動分析の資料となる。ただし、マルチメディア・コーパスができれば万能かというとそうではない。すでに述べた通り、そもそもその言語行動を回避するといった方策は、別の調査手法で引き出す必要があり、目的に応じた資料を用意しなければならない。

図2 「道での挨拶」(山梨ことばの会 2013 より)

3. 研究の実践(1)—記述的研究〈祝いの言語行動を例に〉—

　これまで論じてきたような課題を受け、本節と次節では、言語行動の方言学的研究の具体的な実践例を、記述的研究、地理的研究、社会的研究それぞれについて示す。

　まず、言語行動の記述的研究の実践例として示すのは、東北大学方言研究センター(2014、2015、2016)である。この研究の優れた点は、目的別言語行動の種類の豊富さ、ロールプレイ調査により得られたやり取りの自然さ、会話の自然な終了までの一連のやり取りを収録している点などが挙げられる。つまり、1.2節に挙げた言語行動研究の課題に照らして言えば、分析対象について、従来の研究より多くの種類を取り上げ、分析の単位について、言語行動のスクリプトまでを捉えるという、新たな記述の方向性の1つを示すものである。ただし、記述的研究の実践例と題したものの、本節で行うのは、この記述的資料を活かした研究の方向性を示す程度の試論に過ぎない。本格的な研究に至るまでの分析は、このような方向での記述的資料がさらに蓄積された先に可能となるものと考える。本節での取り組みはそのような研究を可能にするための資料蓄積を促す意味で、分析の一事例を示すものである。

ここでは、具体的に、東北大学方言研究センター（2014）の一場面を取り上げ、収録されたやり取りの特徴を指摘し、このような記述の仕方で描き出される言語行動の特徴とその研究の意義について述べる。

　最初に挙げるのは、宮城県気仙沼市の高年層同士の会話である。一連の会話の収録は、近所の友人同士という人間関係の設定で、2人の話者に「道端で息子の結婚を祝う」という場面のやり取りを演じてもらったものである。

会話例①：気仙沼市の会話―場面 28. 道端で息子の結婚を祝う
　　　　　（東北大学方言研究センター 2014: 112–114 頁。一部、筆者が加工）
【表記】　カ行＋「゜」：カ行鼻濁音を表す。　　例．オカケ゜
　　　　　下線：発話の重なり部分　例．(B<u>ハイ</u>)オメデトー
【話者】　A　女　1941(昭和 16)年生まれ(収録時 72 歳)
　　　　　B　男　1940(昭和 15)年生まれ(収録時 72 歳)
001A：　アラ Bサン　イートゴデ　　アッタヤー。マー　アノ　　コナイダ
　　　　ムスコサンガ゜　ケッコンスルッテ　キーデ(B<u>ハイ</u>)オメデトー
　　　　ゴザイマス。
　　　　あら Bさん　いいところで　会ったな。　××あの　この間
　　　　息子さんが　　結婚するって　　聞いて(B<u>はい</u>)おめでとう
　　　　ございます。
002B：　ハイハイハイ　オラエノ Xネー、(A<u>ウン</u>)ンダガラ　　トシトッテ
　　　　キタカラッサー、ドーナッカド　オモッテ　シンパイシテダッタノッサ。
　　　　はいはいはい　うちの Xね、　(A<u>うん</u>)そうなんだ　年取って
　　　　きたからさ、　どうなるかと　思って　心配していたのさ。
003A：　アー　ナント　イガッタゴドネ<u>ーーー</u>。
　　　　あー　なんと　よかったこと<u>ね</u>。
004B：　<u>ウーン</u>　オカケ゜サマデネー。(A<u>ウーン</u>)ホレァー　オバチャンー
　　　　ガネ、セワシテクレダガラッサ、(A<u>アーーー</u>)ンダガラ　マー
　　　　<u>うん</u>　おかげさまでね。　(A<u>うーん</u>)ほら　　おばちゃん
　　　　がね、世話してくれたからさ、(A<u>あー</u>)それだから　まあ

```
          ミアイ　ヤッテミダノッサ。
          見合い　やってみたのさ。
005A：　アー　ナントネー、　イガッダゴドネーー。
          あー　なんとね、　よかったことね。
006B：　ウン　アド　アンマリネートシ　トッドッサー、ナニガ　アッテモ
          うん　あと　あんまりね　年　取るとさ、　何か　あっても
          コマッカラ　ハヤグード　オモッテダッタナ。
          困るから　早くと　　　思っていたんだよ。
007A：　ウーン　イガッタネー。
          うーん　よかったねー。
008B：　オガケ゚サマダデバ。
          おかげさまだってば。
009A：　ハイハイ　オメデトゴザリシター。
          はいはい　おめでとうございました。
010B：　ウーン。ホンダガラネ、アイデノヒトモネ　オリョーリ　ジョーズ
          うん。　そうなんだよ、相手の人もね　　お料理　　上手
          ダッツガラッサ。
          だっていうからさ。
011A：　アラ　ナニヨリダゴド。
          あら　何よりだこと。
012B：　ホンダガラ　オレ　イズバンネー、（Aウン）オシバデ　　ツグッテ
          それだから　私　一番ね、　　　　（Aうん）酒のつまみ　作って
          モラウノ{笑}タノシミニシテンノッサ。
          もらうの{笑}楽しみにしているのさ。
013A：　ナントー（B　ウン）タノシミ　フエダゴド。
          なんとー（B　うん）楽しみ　増えたこと。
014B：　ンダンダ。
          そうだそうだ。
015A：　ハー（B　ハイ）イガッタネー（B　ハイ）ホンデ。
```

はあ（B <u>はい</u>）よかったね　（B <u>はい</u>）それで［は］。

016B：　アドデ　アソビサ　ダイ〔1〕ヨ。
　　　　あとで　遊びに　おいでよ。

017A：　ハイ<u>ハイ</u>。（B <u>ハイ</u>）デ アノー　アドデ　アノ　オカーサンサモ
　　　　はい<u>はい</u>。（B <u>はい</u>）で あ　あとで　あの　お母さんにも
　　　　アイニイクノデ　<u>ハイ</u>（B <u>ハイハイ</u>）ツタエデデクダ（B <u>マッテッ</u>
　　　　会いに行くので　<u>はい</u>（B <u>はいはい</u>）伝えててくだ　（B <u>待ってる</u>
　　　　<u>ガラ</u>）ハイ　（B <u>ハイ</u>）ツタエデデモラエバ。
　　　　<u>から</u>）はい　（B <u>はい</u>）伝えててもらえば。

018B：　ハイ。
　　　　はい。

019A：　ハーイ。
　　　　はい。

020B：　ワガリ<u>マシタ</u>。
　　　　わかり<u>ました</u>。

021A：　<u>ハーイ</u>　オメデトゴザイマシタ。
　　　　<u>はい</u>　おめでとうございました。

　分析に際しては、これらの A、B それぞれの発話を、呼びかけ、祝いなど、相手に対する働きかけの機能を担う最小部分と考えられる単位に分割する。このような単位が、先述の「機能的要素」である（熊谷・篠崎 2006）。例えば、001A、002B の表現を要素として分類すると、次のようになる。

　　　001A：アラ B サン〈呼びかけ〉／　イートゴデ　アッタヤー〈相手承
　　　　　　認〉。　／マー　アノ　コナイダムスコサンガ゚　ケッコンス
　　　　　　ルッテ　キーデ〈確認〉／　オメデトーゴザイマス〈祝い〉。
　　　002B：ハイハイハイ　オラエノ X ネー〈確認〉、／ンダガラ〈共感表
　　　　　　明〉／　トシトッテキタカラッサー、ドーナッカド　オモッテ
　　　　　　シンパイシテダッタノッサ〈心情表明〉。

このように機能ごとに分類して分析することで祝いの言語行動の特徴が見えてくる。例えば、ここで特徴的なのはAの応じ方の展開である。Aは、017Aの発話以外、＜祝い＞と＜喜び＞の表現に終始しているのである。最初に「オメデトーゴザイマス」と＜祝い＞の表現で応じた後、003A、005A、007A、011A、013A、015Aといずれも「イガッタネー」、「ナニヨリダゴド」などという〈喜び〉の表現であり、残る009A、021Aも〈祝い〉の言葉である。これは、お祝いの言語行動を行うとき、どのようにやり取りを展開していくかという点での特色と言える。
　このようなやり取りの記述が必要な理由は、別の〈祝い〉の場面と比べることでより明確になる。次に挙げるのは気仙沼市における「のど自慢で優勝を祝う」時の祝いの場面でのやり取りである。

会話例②：気仙沼市の会話―場面29. のど自慢での優勝を祝う
　　　　　（東北大学方言研究センター 2014: 115・116頁。一部、筆者が加工）
001A：　ナントBサン　テレビデ　ミタデバ。　ユーショシタンダネ、
　　　　なんとBさん　テレビで　見たってば。　優勝したんだね、
　　　　スゴイネー。
　　　　すごいね。
002B：　ンダガランダガラー。
　　　　そうなんだそうなんだ。
003A：　アラーー。
　　　　あら。
004B：　ナヌー　ドゴデ　ミダッタ。
　　　　何　どこで　見た。
005A：　テレビデ　ミダデバ。
　　　　テレビで　見たってば。
006B：　テレビデ。（A　ハイー）オー　イガッダ。
　　　　テレビで。（A　はい）　おー　よかった。
007A：　タイシタモンダ、イチバン　ウマガッタガラ。

　　　　　　たいしたもんだ、一番　　　うまかったから。
　　　　　（B イヤーイヤイヤイヤイヤ）ヤッパリー　ユーショーモン
　　　　　（B いやいやいやいやいやいや）やっぱり　　優勝もの
　　　　　ダッダネーー、　ハイ。
　　　　　だったね、　　　はい。
008B：　ウン。アノー　アンダエノッサ　アノ　マゴ゜ノケッコンシジデモ
　　　　　うん。あの　　あなたの家のさ　あの　孫の結婚式でも
　　　　　オンナジノウダッテアケ゜ッカラ。
　　　　　同じの歌ってあげるから。
009A：　ハイ。タノムガラー。（B ウン）ナントナント　スゴ゜イー。ウダー
　　　　　はい。頼むから。　　（B うん）なんとなんと　すごい。　　歌
　　　　　ウマイネー　アイカワラズー。
　　　　　うまいね　相変わらず。
010B：　ホンダガラ　ミンナガラネ、（A ウン）コンド　ドーキューセーデ
　　　　　それだから　みんなからね、（A うん）今度　同級生で
　　　　　オイワイカイ　ヤッテケルッテ。
　　　　　お祝い会　　　やってくれるって。
011A：　アー　スゴ゜イスゴ゜イ。ホントニ。（B イヤー）イガッタネー。
　　　　　あー　すごいすごい。　本当に。　（B いやー）よかったね。
012B：　ハイハイ。
　　　　　はいはい。
013A：　ハイ。
　　　　　はい。

　この場面で祝う側が述べている表現に注目すると、事実の〈確認〉や〈祝い〉が述べられる点は、会話例①の結婚のお祝いの場面と共通している。さらに、「イガッタ」「スゴイ」「タイシタモンダ」など、祝う側が感想を繰り返し吐露しながら展開していく点が、名取市、気仙沼市の祝い方の共通性として指摘できる。しかし、細かく見ると、この場面では「タイシタモンダ、

イチバン　ウマガッタガラ。」「ウダー　ウマイネー　アイカワラズー。」の
ような、相手の良い点を具体的に述べる〈褒め〉の表現が用いられている。
このように同じ祝いの場面でもどんな要素の表現を用いるかは異なってお
り、さらに、その後どのような要素を用いてやり取りを展開するかは、場面
の展開を追って記録しないとわからないということである。
　また、ある一連の言語行動のスクリプトを記述しておくことで、要素的な
単位での地域間比較では見えない言語行動の地域差が見えてくる可能性もあ
る。例えば、会話例①で見た気仙沼市の結婚の祝いの場面について、名取市
の同場面は次の通りである。

会話例③：名取市の会話―場面 28. 道端で息子の結婚を祝う
　　　　　　（東北大学方言研究センター 2014: 298–299 頁。一部、筆者が加工）
【話者】　A　女　1947（昭和 22）年生まれ（収録時 66 歳）
　　　　　B　男　1947（昭和 22）年生まれ（収録時 66 歳）
001A：　アラ　コンニチワー。
　　　　あら　こんにちは。
002B：　オーイ　シバラグ。
　　　　はい　　久しぶり。
003A：　イガッタネーBサン。アンダエノXクン、ケッコン　キマッタ
　　　　良かったねBさん。　あなたの家のXくん、結婚　　決まった
　　　　ンダッテネー。イガッタゴダ。
　　　　んだってね。　良かったこと。
004B：　ンー　ヤーットサー。ンー。ドーナッカト　オモッテ　サンジュースギ
　　　　うん　やっとさ。　　うん。どうなるかと　思って　　三十過ぎ
　　　　デモ。　　　　　　　　　　デモ　ヤットネ（Aンー）チマリシタ。
　　　　ても［結婚しないで］。でも　やっとね（Aうん）決まりました。
　　　　（Aホント<u>ホント</u>）ット　コレデ　ヒトアンシンダネ、オレモ。
　　　　（A本当<u>本当</u>）本当［に］　これで　ひと安心だね、　私も。
005A：　イズ　シキ　アゲ゚ノ。

　　　　　いつ　式　挙げるの。
006B：　ンー　ライゲズノハツカーニ　　　　ンー　　（A　アー　ンデ）
　　　　　うん　来月の二十日に　　　　　　うーん（A　あー　それで［は］）
　　　　　スルコトニナッテダノ。
　　　　　することになっているの。
007A：　イソガシーンダネ。（B　ンー）オヨメサンニナルヒト　ドッカラ
　　　　　忙しいんだね。　　（B　うん）お嫁さんになる人　　どこから
　　　　　キタノ。
　　　　　来たの。
008B：　アー　チカインダヨ。　ホレ、　トナリノシンデムラ。
　　　　　あー　近いんだよ。　ほら、　隣の仙台村。
009A：　アー　ンジャ　イガッタデス。（B　ンーンーンーンー）オメデトー
　　　　　あー　それでは　良かったです。（B　うんうんうんうん）おめでとう
　　　　　サン。
　　　　　さん。
010B：　ハーイ　ドーモ　アリガトーネ。
　　　　　はい　　どうも　ありがとうね。

　ここでは、出会いのやり取り（001A、001B）を交わしたあと、祝いの場面のやり取りに入っているが、祝う側の応じ方の展開が、会話例①の気仙沼市と異なっている。
　まず、003Aでは「イガッタネーBサン〈感想〉。／アンダエノXクン、ケッコン　キマッタンダッテネー〈確認〉。／イガッタゴダ〈感想〉。」と、〈感想〉や〈確認〉をする点は変わらない。それに応じるBの表現も「ンーヤーットサー〈心情表明〉。／ンー。ドーナッカト　オモッテ　サンジュースギデモ〈心情表明〉。／デモ　ヤットネ　チマリシタ〈報告〉。／ットコレデ　ヒトアンシンダネ、オレモ〈心情表明〉。」となっており、このやり取りは大きく変わらない。しかし、続く発話でAは、「イズ　シキ　アゲ゚ンノ」や「オヨメサンニナルヒト　ドッカラキタノ」といった質問を投げか

けている。これらの表現は、Aが結婚式に呼ばれる可能性があるから確認したというわけでもなく、また、相手の息子のお嫁さんの素性を詳しく把握したいという気持ちで発した質問でもないと考えられる。つまり、相手との会話のやり取りを続けるためのつなぎの社交的な質問と言える。

この社交的な質問について、沖裕子（2006）では、『方言資料叢刊』を対象に、「嫁をもらう人へのあいさつ」の会話の特徴を次のように指摘している。

会話例④：京都府京都市のお祝いのあいさつ
A：　　ア、コンニチワ。アノ コンド ムスコサンニ オヨメサン キマッタ
　　　　あ、こんにちは。アノ 今度　息子さんに　お嫁さんが　決まった
　　　　ソーデ　ゴザイマシテ　オメデトーゴザイマス。
　　　　そうで　ございまして　おめでとうございます。
B：　　エー。マー　エン　アッテ　ヤット　キマリマシタンデ。マ
　　　　ええ。まあ　縁（が）　あって　やっと　決まりましたので。まあ
　　　　ホットシトリマス。　　エーヒトガ　ミツカリマシテ。
　　　　ほっとしております。　いい人が　　見つかりましてね。
A：　　<u>ドチラノ カタ モラワレマスンデス カ。ドナタノ ゴショーカイデ。</u>
　　　　どちらの方（を）もらわれますんですか。どなたの ご紹介で。
　　　　<u>オヨメサン　オトシワ　オイクツデス。</u>
　　　　お嫁さん　　お歳は　　おいくつですか。
　　　　（方言研究ゼミナール幹事団 1991: 164–165 頁。一部、筆者が加工）

Aの発話の下線を引いた部分では、立て続けに相手の花嫁について質問を行っているが、こういった質問は、それを話題にして話を続けるためのものと指摘する。そしてそれが、積極的に話題を取り上げ、談話を展開していこうとする態度の現れとし、〈社交的尋ね〉と分類している。

これを踏まえて、名取市の会話例③に現れる発話「イズ　シキ　アゲ゚ノノ」や「オヨメサンニナルヒト　ドッカラキタノ」を顧みると、これらも形式の面から言えば〈社交的尋ね〉だと解してよいだろう。一方、気仙沼市の

会話例①の同場面では、2人の会話に、こうした〈社交的尋ね〉の表現は見られない。なお、会話例④は、京都府京都市のお祝いのあいさつだが、沖（2006）は同様の観点で全国的な比較も行い、地域的な特徴を指摘している。全国的には「おめでとうございます」「決まったそうでございまして」のような、〈祝い〉や〈確認〉、さらに「よかったですね」のような〈感想〉（本章では〈喜び〉）が述べられることが多い。その中で、特に近畿圏で、下線部の表現のように「どこから嫁をもらうのか」「誰の紹介か」「年はいくつか」といった〈社交的尋ね〉を積極的に用いて話をつなげていくことが多いという特徴が見えるとのことである。こういった社交を目的としたコミュニケーションは、言語的やり取りの重要性が高い文化的中心地や都市部で発達している可能性が高いとされる（小林・澤村 2014）。そういった指摘を踏まえると、東北地方の中心都市である仙台市に隣接しており、その分、都市的なコミュニケーションのやり取りの仕方の影響を濃く受けている可能性がある名取市で、宮城県の周縁部に位置する気仙沼市に比べて、このような社交的なやり取りの特徴が見られることは、コミュニケーション法の発達と伝播といった観点から見ても大変興味深い事実である。ただし、この社交を目的とした談話展開の特徴を捉える観点に関連して、注意しておかなければならないのは、それが〈尋ね〉の形以外で表れる可能性も視野に入れる必要があるということである。ここでは、取り上げた地域の例の中で〈尋ね〉を特徴として取り上げたが、〈感想の吐露〉を連ねる形で社交的なやり取りを展開するということも十分考えられる。言ってみれば、〈尋ね〉の形であることが、この地域の社交のやり取りの特徴である可能性もあるということである。

　いずれであれ、こうした〈社交的〉な談話展開の特徴は、それぞれの言語行動の冒頭には出るとは考えづらく、言語行動の一連の展開を捉え、それを比較する、すなわち「スクリプト」を比較することで明らかになってくる差と言える。このような言語行動の展開や構造の差に焦点を当てうる点にも、場面設定の言語行動研究の意義があると考えられる。

　こういった言語行動の展開や構造の地域差を捉えるような場面設定会話の

資料は、現段階では限られているが、近年では、そのような資料を収集しようとする取り組みも見え始めた(井上文子他 2015)。今後、多地域間の多様な言語行動の展開や構造の比較が可能になるような資料の蓄積が必要になる。東北大学方言研究センターの取り組みは、目的別言語行動の記述的研究の資料の在り方の有力なモデルを示したものと評価できる。

4. 研究の実践(2)
― 地理的研究・社会的研究〈出会いのあいさつを例に〉―

　本節では、言語行動の地理的研究の実践例として、種々ある言語行動のうち、出会いのあいさつの言語行動を対象にした事例を紹介する。本節で扱う事例は、1.2 節の課題に照らして言えば、分析対象について、表現様式の地域差を視野に入れ、言語形式から表現内容へ枠を広げ、非言語表現を拾い上げて記述するとともに、分析の観点について、地理的要因と社会的要因を掛け合わせた複合的な要因で言語行動の地域差の考察を行うものである。

　あいさつの研究は、方言学の分野で、かねてより方言研究者の関心を集めていたもので、その研究の蓄積は多い。近年までの研究は、言語表現の地域差に注目するものが多かった。しかし、言語行動の研究の進展を受け、言語行動学的観点であいさつの地域差を研究する視点が芽生えてきた。

　例えば、家族へのあいさつ場面の地理的研究から、対人行動時に無言という選択肢もあることが示唆されるようになったり(江端義夫 1997、2001)、あいさつ言葉とともにお辞儀などがよく表れることから、言語表現に相当する非言語表現を考えさせるに至ったり(国立国語研究所 1984)、言語行動の研究の発展にも大いに寄与してきた分野である。

　本節で扱うのは、このような流れを汲む研究の事例であり、それを以て方言学における言語行動の地理的研究、社会的研究の展開の方向性を紹介することとする。

4.1. 言語行動学的観点での出会いのあいさつの地理的研究

　まず最初に、筆者の立場と「あいさつ」の捉え方について説明する。筆者は、多様かつ自然な言語行動としてのあいさつを捉える立場から、「オハヨーゴザイマス」のような定型的なあいさつ言葉やあいさつ動作、さらに「イーテンキダナー」「ゲンキカ」のような非定型の表現まで含め、あいさつ場面で交わされ、あいさつの機能を果たすものをあいさつと捉え、それを「あいさつ表現」と銘打って分析している。そして、これまでに、未だ実態解明が十分でない、幾つかの地域のあいさつ表現の使用実態を、待遇的観点を重視して調査し、あいさつ表現の使用実態の地域差を把握することを目的として研究を進めてきた。

　あいさつ表現の地域差を明らかにする研究は、藤原与一の『あいさつことばの世界』や国立国語研究所の『方言文法全国地図』(GAJ)等を代表として、これまでに数多く存する。しかし、言語行動の地域差を明らかにする研究の流れを汲み、例えばあいさつをするかどうかや、どんな動作をするかといった、言語行動の表現様式レベルで地域差を明らかにする研究はまだ十分とは言えず、更なる資料の蓄積が必要とされている。また、他の言語行動と異なり、目的別の観点での記述が先行して進んだあいさつ表現の研究では、待遇的側面での記述が不足しており、その観点での調査・考察も求められている。

　そこで、これまで筆者は、表現様式の地域差や待遇的観点での把握を重視し、あいさつ表現使用実態の地域差を明らかにしてきた。本節では、筆者のこれまでの調査のうち、中西太郎(2014、2015b)で用いた多地域のデータ(南三陸地方、北東北地方、南九州地方、徳島県、沖縄県)を用い、GAJとも比較可能な朝の出会いの場面を対象にして、言語行動学的観点での地理的研究・社会的研究の1つの事例を示す。

(1) 分析の手続き

　分析対象とする地域は、南三陸地方(岩手県南東部〜宮城県北東部全26地点)、南九州地方(宮崎県南部・鹿児島県全34地点)、北東北地方(青森

県・秋田県全44地点)、徳島県(14地点)と、沖縄県(沖縄本島とその属島28地点)である。

　調査は、面接調査で、「朝、道端で、対等よりやや目上の人に会いました。あなたご自身は、相手に、何かことばをかける、ないしは身振りをしたりしますか？」という質問文で行った。そして、待遇的場面差を把握するため□の部分を［最も目上の人／対等よりやや目上の人／同年代の親しい人／顔見知り程度の同年代の知人／目下のもの／未知の相手］と、人物を変えて順に質問した。この質問文では「あいさつ」という言葉をあえて用いず、より現実の使用実態に沿った自然な言語行動を引き出す工夫をしている。

　このようにして得た回答をもとに、地域差や場面差を把握するため、表現内容の差異と敬語形式の差異を重視して分類を行った。例えば、「オハヨー」は「目覚めの早さ」とし、「オハヨー／オハヨーゴザイマス」を、それぞれ常体／敬体とする分類である。具体的な分類は次の通りである。なお、次の4.2節の地理的研究で取り上げる、南三陸地方、北東北地方の分布図に現れる分類には、対応する記号も合わせて示してあるが、4.3節で行う横断的比較の表のみに示される分類(目覚め類など)には、対応する記号を示していない。

大分類	小分類		具体例
目覚め			
		オキタカ常体	ヨカメーサンジャガ／ウキティー
目覚めの早さ			
	○	ハヤイネ常体	キョーワハヤイナヤ／ハヤカッタネガ／エレハエーガ／ハヤイナー／アサヘーサルー
	●	─── 敬体	ハエーナムス／ハエスナー／ハエカシナー／オハヤス
		オハヨー共通語常体	オハヨー
	／	俚言常体	オハヨーサン
	∠	俚言敬体	オハヨーゴザリス／オハヨーゴス／オハヨーゴザス／オハヨーゴザンシタ
	┃	─── 共通語敬体	オハヨーゴザイマス
天気			
	☼	天気常体	キョーアメフリダネー／キョーワシバレルノー／キョーヨカヒヨリジャネー／エーオシメリヤー／チュンハリギセーサーヤー
	✹	─── 敬体	キョーワイーテンキダナンス／イーテンキナンシ／ヨカテンキゴワスナー／キョーアツーガース／イワシケヤイビーンヤー

行先尋ね
　□　ドコエ常体　　　ドゴサイグンダベ／ドサイグナ／ドゴイットカー／ドコイッキョル／
　　　　　　　　　　／マーカイガ
　■　―――敬体　　　ドゴサイグノッス／キョードゴサイグスカ／ドケイッキャットナー／
　　　　　　　　　　／ドチラニオイデルンデスカ／ダーチモーインガ
様子伺い
　◇　ナニシテイルカ常体　ナニシテタ／ナニヤッテラー／ナイストヨー／ナニションナ
　　　　　　　　　　／ヌーソーガ
　◆　―――――敬体　　ナンノシゴトデスカ／キョーナニスンノッサ／ナイゴッゴワヒカ
　　　　　　　　　　／ヌーシンソーチョー
調子伺い
　♡　ゲンキ？常体　　　タッシャダガ／ゲンキデヤッテッカ／ドゲンフッカ／キゲンエーカエ／
　　　　　　　　　　／ガンジューヤミ
　♥　―――敬体　　　カワリナイスカー／ドーシテイシタカ／ゲンキオジャイナー／
　　　　　　　　　　／イサマシデショーカエ／ゲンキヤイビーンナー
再会
　☾　ヒサシブリ常体　　ヒサシブリダ／シバラグダッタネ／ナゴアワンガ／エットブリジャナ
　　　　　　　　　　／ミールーハヌ
　☽　―――敬体　　　シバラクデシタ／オヒサシブリダンスー／ナゴエアゲモハンガー
　　　　　　　　　　／サタソータンロー
初見
　　　コンニチワマダ〜敬体　チャラッゴワシタ／マダゴザシタ
慰労
　✚　オツカレサマ常体　　ゴクローサンダネ／クタンディネーナー
　　　オツカレサマ敬体　　クタンディネーソーランナー
激励
　☺　一生懸命常体　　　イツモオカセギダゴド／ガンバイヤー／ガンバリヨー／ハマトーサヤー
オヒナル
　　　オヒナル敬体　　　オヒナッテオイデルカエ
実質的内容を持つ表現
　⬠　実質的表現常体　　キョーモショーギャルベネ／ゴハンタベタカ／ケガシタライカンドー
　　　　　　　　　　／チョットシゴトセーヨ／クサハイガナー（草生えているね）
　⬟　―――――敬体　　ツリコスカ／サンポダスカ／ヨカアサッゴアス／キョーワオハカマイ
　　　　　　　　　　リデスカ、ゴユックリイッテキテクダサイヨ／
　　　　　　　　　　ヨーンナウワチミソーリョー（ゆっくりお歩きなされよ）
呼びかけ類
　△　呼びかけ　　　　ドーモ／オス／ヨーイ／オー／ハイサイ／ヘーサリ
　▲　名前　　名前を呼ぶ
　▲　呼称詞　　　　　センセー／オマンサー／ウンジュ
その他
　☆　コンニチワ　　　コンチワ／コンニヅワ／チワ
動作
　✖　お辞儀など　　会釈／お辞儀
　ᴗ　手を振るなど　　手を振る
何もしない　　✖
無回答　　N　　該当する相手がいない、などの理由

　あいさつ表現の研究では、しばしば、その表現が定型的か、非定型的かということが問題になる。これは定型化しているかどうかが、あいさつとして

の成熟度に関わっており、あいさつ言語行動の形成を読み解く上で重要な鍵となるからである。そこで、定型／非定型の分布が分かるよう、特に顕著な分布を持つと予想される定型的表現のオハヨー類には線系の記号を割り当てた。ここでオハヨー類のみを定型として扱うのは、中西（2008）で明らかにした定型性を判断する3つの基準（実質的意味の有無・形態の固定度・場面とことばの結びつきの強さ）から見て、とりわけ定型性が高いと判断されるからである。

　また、プロットするにあたって、複数の構成要素から表現が成り立つ場合（「オー、ゲンキカ。」の「オー」と「ゲンキカ」）や、複数の形式が併用で回答された場合（「オハヨーゴザイマス。」と「ドゴサイグ。」）は、それらの記号を並列して地図に表した。

　　例．オー、ゲンキカ。　　＝　△♡
　　　　オハヨーゴザイマス。／ドゴサイグ。　＝　|▢

なお、誘導で得られた回答、付問で得られた回答、話者が質問場面とは違う状況を想定していた回答などは、自然な回答とみなさず、記号化の対象としなかった。

　このように分類した結果をもとに、まず分布図を作成し、各地域における地域差を確かめる作業を行う。

（2）　南三陸地方の場面別分布

　本節では南三陸地方の分布を取り上げるが、表現様式を重視した筆者の調査の成果と従来の研究の違いを示すため、形式を重視して朝の出会いの場面を調査したGAJ349図の分布を示す（図3）。なお、記号は、筆者の分類に合わせて換えてある。GAJの分布より、従来の研究では、当該地域はオハヨー類（| ∠ ↙ ↑）が広く分布する定型的表現使用地域と推定されている。筆者の調査では、想定する相手がGAJの設定とほぼ同等の「やや目上」の相手への表現の分布を取り上げた。やはり、オハヨー類が目立ち、概ね、GAJの調

図3 南三陸地方における筆者の調査とGAJ349図の比較

査地点付近には、同じ記号、ないし同系統の表現が分布するのが確認できる。これはGAJ349図の分布と共通する結果と言える。ただし、GAJとの比較で気づくことは、筆者の調査で得られた表現の種類の数が全体的に多いということである。この点については、質問文の違いによる影響と見る必要がある。まず、GAJの質問と筆者の調査の質問は、"朝、道端での出会い"という場面設定の点は共通している。だが、その後に続く質問文で、GAJの質問では、「どんなあいさつをしますか」という尋ね方をしている。それに対し筆者の調査では、「何かことばをかける、ないしは身振りをしたりしますか」という尋ね方をしている。すでに2.2節で述べたように、「挨拶」という質問文のワーディングは、規範的な意識としてのあいさつの仕方を引き出す可能性がある。その意味で、GAJの質問文は、あいさつ言葉の典型を引き出すような質問だと言え、自然な言語行動を引き出すワーディングに配慮をした筆者の質問と、得られる回答が異なったものと考えられる。ただ

し、GAJ の調査が、全く現実にそぐわないものを取り出してきたかといえば、そうではない。筆者の調査の結果にも、GAJ 調査の質問で典型として引き出されたオハヨー類が窺えることから、筆者の調査の質問が、GAJ 調査の質問を包含するような性格の質問だと言えるまでである。運用を視野に入れた把握を目指すのであれば、このような自然な言語行動を引き出すような調査質問文が目的に適っているといえる。

　このような調査結果の特徴を踏まえ、図 4 に様々な相手への場面別分布を示す（見やすさを重視し、図 4–1、図 4–2 と分割した）。場面ごとに表れる表現の特徴を見ると、親しい同年代のような、心的距離の近い相手の場面になればなるほど、行先尋ねの表現（□■）や、調子伺いの表現（♡♥）など、オハヨー類以外の非定型表現が、併用表現として多く見られる点が注目に値する。この結果から、GAJ で定型的表現使用地域と判断される地域についても、待遇的場面別に分布を詳細に見ると、特に親しい相手への場面では、非定型表現も分布する可能性があるということが示唆される。つまり、「オハヨーゴザイマス」が広く用いられている地域だからといって、親しい相手へは「ゴザイマス」を付けない「オハヨー」が使われているとは限らないということである。このような点が、言語行動学的な観点で、広く使用実態の把握を行わなければならない理由の 1 つである。

　次に南三陸地方の分布の特徴だが、それを特徴づける最も有力なオハヨー類は全域に分布しており、地域内で顕著な地域差は見られない。オハヨー類以外の表現で有力なものとして、親しい同年代に対してよく行われる呼びかけ（△）などがあるが、それも北は釜石市周辺から、気仙沼市のやや以南までと、特に地域的に固まることなく全域に分布している。

　したがって南三陸地方の使用実態は、概ね一様の、定型的表現の優勢地域と判断できる。そこで、各場面に、総地点数に占める出現数が 25％を超える表現をとって、その使用実態をまとめると表 4 のようになる。

　形式重視の従来の研究が導いた特性（「定型的表現使用地域」）を改めて確認することができたと同時に、当該地域の言語行動の特色が、定型的表現の使い分けだけに特色づけられるものではないことが分かる。例えば、同年代の

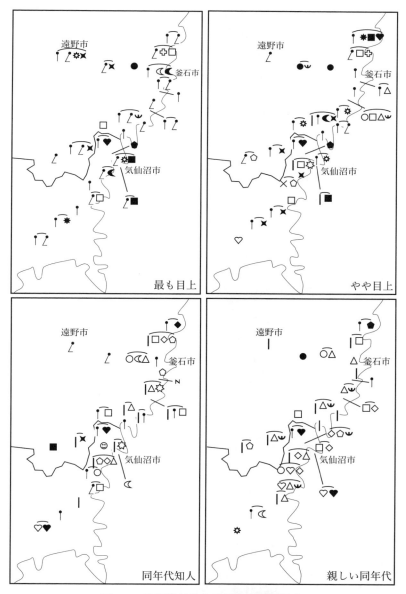

図 4-1　南三陸地方の待遇的場面別分布

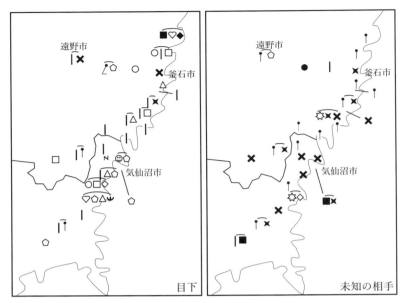

図 4-2　南三陸地方の待遇的場面別分布

表4　南三陸地方　高年層のあいさつ表現の使い分け

相手	主なバリエーション
最も目上	オハヨー俚言敬体、オハヨー共通語敬体
やや目上	オハヨー共通語敬体
顔見知り程度の同年代	オハヨー共通語敬体、オハヨー常体
同年代	オハヨー常体、呼びかけ類
目下のもの	オハヨー常体
未知の相手	オハヨー共通語敬体、何もしない

相手には、呼びかけ類が含まれ、「ヨー」「オッス」のような表現も用いられていることが窺え、オハヨー類の述語形式の使い分けに留まらないことが指摘できる。さらに、未知の相手の場面で、何もしない（✖）という表現様式が見られるのも、表現様式に注目した言語行動学的な観点での研究の成果と言

える。

　このように表現様式を視野に入れた調査では、得られる回答の幅が異なり、場面差を考慮に入れて判断すると、地域の特性が場面によって変わる可能性があることも示唆できた。つまり、今後、地域内での分布の特徴を場面横断的に把握し、その上で対象地域の使用実態を把握する必要があるということである。

（3）　北東北地方の場面別分布

　本節では、地域間比較・分析の対象として、北東北地方の出会いのあいさつの場面別の方言地図を取り上げる。北東北地方は、GAJ349図の分布を受け、秋田県を中心に、非定型表現使用地域と判断されていた地域である（三井はるみ 2007）。

　まず手始めに地理的な観点から、分布のあり方を確かめる。図5は北東北地方の待遇的場面別分布を示したものである（図4と同様、2分割にした）。最も目上の場面などのオハヨー敬体類（✍ ↑）の分布等で一見して分かるように、オハヨー類が全体に多いように見える。また、未知の相手への場面では、南三陸地方と同じように何もしない（✖）という表現様式が多く見られる。その割合は、南三陸地方に比べても高い（南三陸地方：7/26地点、北東北：25/44地点）。一方、親しい同年代の相手への場面などでは行先尋ね（□）や呼びかけ（△）などの表現が比較的多く見られる。すなわち、場面別の特徴では、南三陸地方と同じように、親しい相手への場面ほど非定型表現が多く表れていると言える。さらに、非定型表現の分布に注目してみると、その分布には地域的な偏りがあるように窺われる。例えば、津軽半島先端部や下北半島、その間の夏泊半島、秋田県県北地域、秋田県内陸地域、秋田県南部地域などに、天気（✿❋）、行先尋ね（□■）、調子伺い（♡♥）などの非定型表現が多いように見て取れる。このような地域の多くは、地域の中心都市から離れた非都市部である点が注目に値する。

　つまり、この地図では都市部と非都市部ではあいさつ表現発達のあり方に差があるのではないかと看取される。そこで、様々な視点が考えられる社会

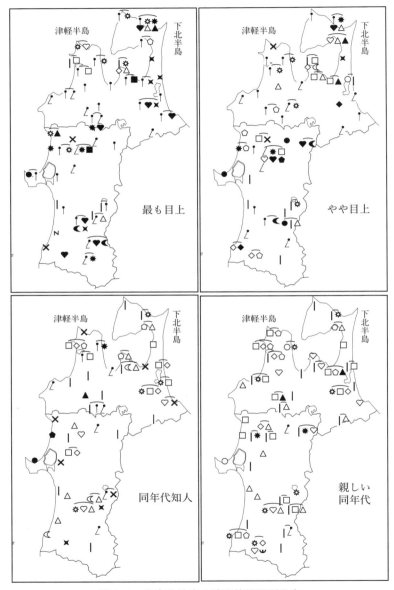

図 5-1　北東北地方の待遇的場面別分布

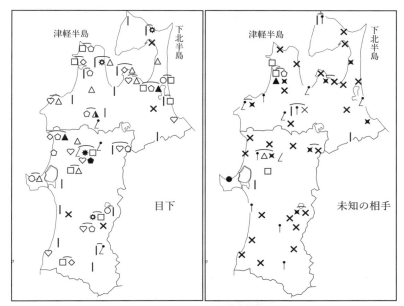

図 5-2　北東北地方の待遇的場面別分布

的要因のうちでも、都市部／非都市部を判断する重要な基準の1つである人口密度に着目し、その視点からあいさつ表現の使用実態のあり方を分析する。

4.2. 言語行動学的観点での出会いのあいさつの社会的研究

前節のような手法で広域間の比較を射程にした地方ごとの使用実態把握を試みていくと、使用実態の導出に際して、地理的要因の観点からだけでは説明がつかないことがある。これは、言語行動が言語の運用を題材にする分野であり、それゆえ家族構成や通勤形態、生活形態など、地域の暮らしぶりや、その暮らしぶりの基盤となる社会のあり方が、言語行動のあり方に密接に関わるからである。そこで、言語行動の方言学的研究を進める上では、社会のあり方の差を捉えるような社会的要因からの分析・考察も求められる。もちろん、前節までに示してきた待遇的観点での分布把握というのも、その

地域の使用実態を、地理的側面に人間関係という側面を加えて立体的に捉えることを企図しており、社会的要因を重視する筆者の研究の特色と言えるのだが、本節では、特に、今後の地理的研究を進めて行くうえで検証の必要性が高まっている都市性を取り上げ、社会的要因での分析の観点として本データに適用して考察することにする。

前節の北東北地方の場面別の分布特徴の概観から、都市部／非都市部という軸での使用実態の異なりが看取された。そこで、各都市の人口密度を判断基準に利用して地点を振り分け、人口過密地域を都市、人口過疎地域を非都市の使用実態とみなして、都市部／非都市部のあいさつ表現使用実態の特徴を明らかにする。なお、人口密度データは平成12年国勢調査をもとにした統計局「日本統計地図」を用い、人口密度100人/km^{2}を基準に、調査地点を都市部(人口過密地域)、非都市部(人口過疎地域)に分けることにする。地点の内訳は以下の表5の通りである。

次の表6は、各表現分類の場面ごとの出現割合を、都市部／非都市部それぞれで算出したものである。

表中の値は、それぞれの表現が、都市／非都市部それぞれの総地点数に占める割合を計算したものであり、累計で100％を越えることもある。都市部と非都市部を比べると、オハヨー類については、非都市部が一部若干少ないものの、都市部、非都市部両地域で同じくらいの割合で行われている。注目すべきは天気以下の非定型表現などの割合である。非都市部では、天気や行先尋ね、呼びかけの表現が都市部に比して相対的に高い値を示すほか、その他の表現の用いられ方でも、非都市部の方が幅広く行われている。つまり、非都市部の方が、都市部より様々な表現を用いて朝の出会い時の声かけを行っているということである。このような実態を受け、都市部／非都市部、それぞれに使用実態をまとめると表7のようになる。ここから、GAJの全国分布を受けて非定型表現使用地域とされてきた北東北地方でも、都市部のような定型的な表現の使用傾向を示す地域と、非都市部のような非定型表現使用地域があることが分かる。

表5　人口密度から見た都市部／非都市部の分類

都市部	青森、秋田、大館、大間、大曲、男鹿、角館、黒石、五城目、五所川原、にかほ、能代、野辺地、八戸、弘前、本荘、三沢、むつ、湯沢、横手(計20地点、市町村などは略)
非都市部	鰺ヶ沢、大畑、大鰐、鹿角、蟹田、上小阿仁、狩場沢、河辺、小湊、三戸、市浦、大仙太田、鷹巣、田沢湖、鳥海、十和田、中泊、深浦、藤里、二ツ井、八峰、三厩、横浜、六ヶ所(計24地点)

表6　北東北地方　都市部／非都市部のあいさつ表現使用実態

分類	地域・場面	北東北 都市部						北東北 非都市部					
		最上	やや上	同疎	同親	目下	未知	最上	やや上	同疎	同親	目下	未知
ハヤイネ	常体			5	5			4			4	4	
	敬体	5	10	5			5	4	4				
オハヨー	常体	10	20	25	45	45	15	13	17	25	46	33	4
	俚言常体							4	8			4	4
	俚言敬体	20	25	15	10	10	15	25	8	13		4	4
	共通語敬体	55	20				25	42	33	13			8
天気	常体	5	5	10	10	5		25	13	8	25	8	
	敬体	10	5					13	8	4	8	4	
行先尋ね	常体		5	5	25	15		8	17	25	38	25	13
	敬体							8					
様子伺い	常体		5					4	8	17	21	17	
	敬体		5					4					
調子伺い	常体		5	10	15	15		4	4	4	17	25	
	敬体	10						21	13				
再会	常体			10				4	4				
	敬体	10	5					4					
実質的表現	常体	5	10	5	15	20		8	8	13	17		4
	敬体							4			4		
呼びかけ	呼びかけ		10	20	15	10		13	13	17	29	29	4
	名前												
	呼称詞			10	5	10	5	8				4	4
動作	お辞儀	10						13	4	8		4	29
	手を振る										4		
何もしない		5		15		5	50	4	8	13		13	63
無回答		5											

表7　北東北地方　高年層のあいさつ表現の使い分け

相手	主なバリエーション	
	都市部	非都市部
最も目上	オハヨー共通語敬体	オハヨー共通語敬体、オハヨー俚言敬体、天気常体
やや目上	オハヨー俚言敬体	オハヨー共通語敬体
顔見知り程度の同年代	オハヨー常体	オハヨー常体、行先尋ね常体
同年代	オハヨー常体、行先尋ね常体	オハヨー常体、行先尋ね常体、呼びかけ、天気常体
未知の相手	何もしない、オハヨー共通語敬体	何もしない、お辞儀

4.3. 複合的観点による言語行動の方言学的研究

　これまで、4.1節で地理的研究、4.2節で社会的研究の観点からの実践を試みたが、課題にも挙げた通り、地理的要因・社会的要因を総合して地域差を描くことが肝要である。その実践例として、4.1節、4.2節で方言地図として取り上げた地域以外も扱い、巨視的な視点で地域差を明らかにする試みを行う。なお、紙幅の都合で割愛するが、他の4地域それぞれについても方言地図を作製し、地域内の使用実態を確かめ、さらに社会的要因（都市部／非都市部）の観点から検討を行っている（中西2015b）。その上で、都市部と非都市部で差が見られない地域は、ひと括りにして扱う判断をしている。なお、このような社会的要因から見た差が全国で一様に表れない理由は、次のモデルがよく説明してくれる（小林2015）。

　図6のモデルは、伝播の仕方の概念図を表しており、それぞれの円の中の色の黒さが伝播する言語事象の浸透度を示している。それぞれの円は中心が最も黒くなっており、そこが伝播の中心地であることがわかる。大きな円の中に複数存在する小さな円は、地方中央都市を中心にした文化圏を示しており、大きな円のグラディエーションと相まって重層的なグラディエーションをなしていることが看取される。小林は、この図で、言語行動が広まる際にも、非都市部を迂回し、先に都市と都市の間を飛び火的に伝わり、そこを

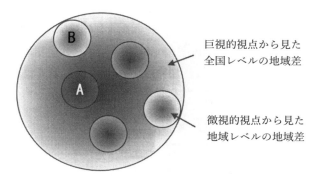

図6　言語的発想法の地域差の概念図（小林2015: 368頁。筆者が一部加工）

中心にして伝わるような伝播が起きることを説明している。これを念頭に考えると、Aのように、円内で都市部／非都市部の差が薄い地域と、Bのように、都市部／非都市部で差が顕著な地域があることが理解できる。すなわち、今回扱う地域では、特に北東北地方がBに当てはまっているということである。

以上のような判断を経て、最終的に、分類ごとに地域それぞれの使用率を集計し、比較して示したのが図7である。各地域、場面ごとに、総地点数に占めるあいさつ表現それぞれの割合を算出し、その値の大きさに応じて、出現頻度の高い表現のセルを黒く塗りつぶして示している。つまり、全体の中で大きい値を示すセルほど黒くなり、そのまとまり具合によって、視覚的によく使用する表現の地域間の偏り等が窺えるというものである。ただし、北東北地方については、社会的要因での検討結果から、都市部と非都市部とで分けて示している。つまり、図7は、地理的要素と場面的要素に加え、都市性を掛け合わせた、まさしく複合的観点による考察のための表と言える。

徳島県、南三陸地方ではオハヨー類の枠が黒く、定型的表現の使用率が高いことが確認できる。さらにその枠の色は、左下と右上が黒く、左上と右下が白くなっている。各表現の枠について、上段に常体、下段に同種の表現の敬体を据えているため、このような枠の色の表れ方は、最も目上等の相手に

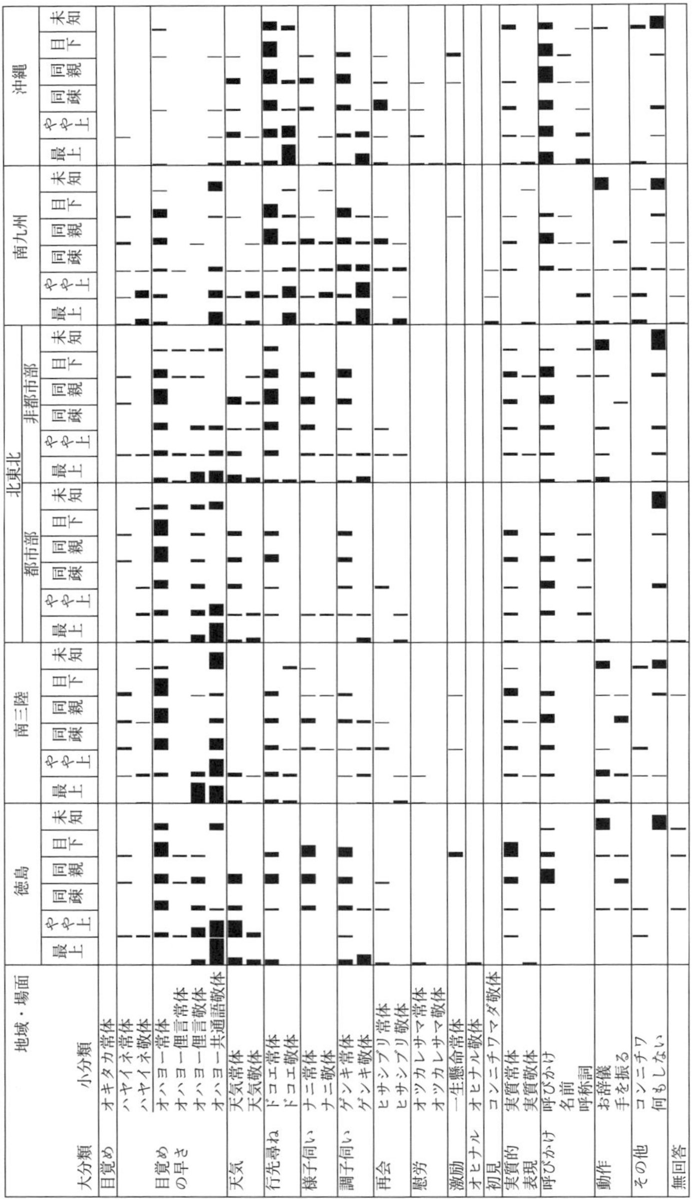

図 7 各表現の地域間出現割合比較図

は敬体を、親しい同年代等の相手には同種の表現の常体を使うという傾向を示す。つまり、ここでのオハヨーの枠の色の表れ方は、オハヨーの述語バリエーションで待遇的な使い分けを充足することを意味する。そして、同様の傾向は、北東北地方の都市部でも見られる。

　北東北の非都市部では、オハヨー類の枠の黒みが減じ、使用が全体的に減っていると分かる。一方、天気や行先尋ね、調子伺い、呼びかけの表現の枠の黒みが増し、使用が増えているのが分かる。ただしその表れ方は、南三陸地方のオハヨー類のように使い分けを示すものではなく、各枠で右上がやや黒い程度、すなわち、同年代や目下の相手への場面で、各表現の常体を使うといったものである。

　次に、南九州地方では、オハヨー類の枠はだいぶ白い部分が目立ち、代わって行先尋ねや様子伺い、調子伺いの枠の黒さが際立ってきている。しかも、その表れ方は北東北地方とは異なり、左下と右上が黒く、左上と右下が白くなっている。つまり、同種の表現で、常体／敬体の使い分けを行っているということを意味する。中西（2014）では、ここから、北東北地方と南九州地方の非定型の内実が違うことを指摘した。北東北地方は、オハヨー類のような定型的表現以外の表現が、どれも待遇的表し分けの面で十分有効に機能してはおらず、その意味で決定的に決まった表現がない非定型であり、南九州地方は、オハヨー類のような定型的表現以外のいくつかの表現それぞれが、常体／敬体の対応で使い分けられ、待遇的意味を持って有用なものとして用いられている非定型だということである。

　これらの結果を踏まえ、沖縄地方の使用実態を見ると、南九州地方より顕著に、行先尋ねの表現を用いていることが窺える。さらに、調子伺いも少なくない割合で使用されている。つまり、例えば親しい相手なら「マーカイガ（どこへか）」、目上なら「マーカイヤイビーガ（どこへですか）」と、行先尋ねの表現の常体／敬体の対応で使い分けられており、これらの表現が、あいさつ表現における待遇的表し分けという面において、一定の役割を果たしていると取れる。ただし、例えば、行先尋ねの表現では、常体の形式が、親しい相手のみならず、親しくない相手や目上の相手まで使われており、その点

は南九州と性格を異にする。また、呼びかけの表現が、全場面に渡って用いられていることも特徴的である。総じて、図7からは、定型的表現のオハヨー類が顕著に用いられる地域から、非定型表現を主として交わす地域までの使用実態の連続性が現れているということが言えよう。

　また、言語行動の表現様式や非言語表現の地域差という点では、未知の相手への反応で地域ごとに差が見られることが指摘できる。例えば、北東北地方では、未知の相手へは、ほぼ、何もしないか、お辞儀程度の反応だが、他地域では何もしない選択肢以外に、南三陸地方でオハヨーゴザイマスと声をかけたりし、沖縄本島では行先を尋ねたりする反応が見られる。また、徳島県、南九州地方では、お辞儀をするという割合が高い。

　以上が、言語行動学的観点から見たあいさつ表現の研究の分析である。本節では、言語行動学的研究の課題に照らし、まず、分析対象について、表現様式の地域差を視野に入れ、言語形式から表現内容へ枠を広げ、非言語表現を拾い上げて、あいさつ表現の地域差の把握を行った。さらに、分析の観点について、地理的要因と社会的要因を掛け合わせた複合的な要因で言語行動の地域差の考察を行う試みを行った。社会的要因による検証では、手始めに一事例として、人口密度による都市区分の観点から使用実態の分析を行った。これらの分析を通して、言語行動の地理的・社会的研究、さらに複合的観点による言語行動の方言学的研究の方向性の1つを示した。

　一方で、課題も多い。ここでは特に複合的要因を扱う上での課題と、地域差を生み出す背景を探る試みに関する課題を挙げる。対象となる言語事象の性質によっては、さらに複合的な社会的要因を加味する必要があるかもしれない。その検証を行うためには、多変量解析による分析・考察も射程に入れる必要があるだろう。ただし、多変量解析による分析は変数として何を測り、解析に用いるかという時点で、測る観点の設定から漏れた要因の影響力を、解析に十分に反映できなくなる可能性がある。そういった意味では、より様々な要因を分析の視野に入れ、少なくとも社会的要因のみならず、地理的要因も考慮に入れた複合的な観点による検証を行う姿勢が重要だと考える。

また、言語行動の地域差と密接な関係がある要因を洗い出すことは、地域差の背景に迫るための第一歩に過ぎない。ある要因とある言語行動の相関関係を洗い出した後は、それらを結びつける理論を構築しなければならない。例えば、言語的発想法による影響も、有力な理論の1つである。だが、どのような理論を妥当なものとして提示するかは、さらなるデータの検証を経て慎重に判断する必要がある。

つまり、このような課題に取り組むために、多種多様な言語行動のデータを少しでも多く蓄積すること、それが言語行動の方言学的研究を進めるための基盤となる、喫緊の課題だと言える。

5. 調査項目案

本節では、言語行動の分野をどのように調査するか、調査項目の一案を示す。言語行動の研究を深める調査を行う際、各地域について網羅的に記述した資料を揃えるのが理想だが、話者の負担や、調査にかける時間・労力を考えると、『方言文法全国地図』のような地点密度でその資料を揃えることは望めない。そこで、地域の言語生活像を捉えるため、記述的研究のための調査項目と、地理的研究のための調査項目の2種類が必要と考えられる。

5.1. 記述的研究のための調査項目

記述的研究のための調査項目を構築する際に参考となる枠組みとして、東北大学方言研究センター（2014、2015、2016）の調査で検討された目的別言語行動の分類（2.1節（1））が挙げられる。それに従った具体的な設定場面は、本書第3章「談話の方言学」の「5.2.『生活を伝える被災地方言会話集』の場面一覧」に示しておいた。

ただし、言語行動の記述を目的としたときに、調査手法はロールプレイ調査のみで十分というわけにはいかない。これまでに述べてきたように、東北大学方言研究センター（2014、2015、2016）の場面別会話収集のためのロールプレイ調査では、極めて自然な言語行動のやり取りを収録できるが、そも

そもの言語行動の有無などの点が把握できない。つまり、ロールプレイ調査で言語行動の展開を捉えるとともに、アンケート調査や面接調査など他の調査方法を併用し、言語行動の有無も含めた総体を把握する必要があるのである。

5.2. 地理的研究のための調査項目

　言語行動の地理的研究のための資料を整えるという意味では、調査項目等を絞って大量のデータを取り、地域縦断的に比較することができる統一的な資料を作る必要がある。

　本節では、言語行動における全国の地域差を把握するための調査手法として、面接用調査票とアンケート調査票の例を示す。

（1）　面接調査票

　面接調査票の例として示すのは、筆者があいさつ表現の全国調査で用いている調査票である。地理的研究の1つのサンプルとして、あいさつ表現の定型性と待遇的観点との関係に注目し、その地域差を探るための調査項目を例示することにする。定型性や待遇的観点での使用実態を捉えることは、あいさつ表現発達の原理を導き出すために重要な観点と言え、そういった点から言っても、本節でサンプルとして提示するに値すると判断した。

　筆者のあいさつ表現の面接調査票は、目的別の言語行動のうち、代表的な場面の実態を聞いて定型性を測る《代表的あいさつ場面の定型性》項目、出会いの場面における待遇的場面ごとの使い分けを聞く《出会いのあいさつ表現の待遇的場面差》項目、そして、道尋ねに関する表現の使い分けを聞く《道尋ね・行き先答え表現の待遇的場面差》項目の3種を合わせて調査票を設計している。設問総数は57問で、調査時間は、およそ1時間30分の設計である。

　これらの調査の設計にあたっては、その言語行動自体の有無も視野に入れるような、より自然な言語行動を引き出す設問設定の工夫をしている。

　例えば、あいさつ表現の調査では、規範的な意識に引き寄せられ、実態と

異なる回答をしてしまうことを避けるため「あいさつ」という言葉を質問文に使わず、「あなたご自身は、相手に、何かことばをかける、ないしは身振りをしたりしますか？」と尋ねている。

また、《代表的あいさつ場面の定型性》の項目では、設問を一定のストーリーにそって流れをつけて聞き（友達の家に遊びに行くため、家族に声をかけて家を出る→道端で昨夜食事をごちそうになった友人に会う→その友人から遊びに誘われるが先約があるので断る→別れを告げる→約束の友人にお土産を買うため商店に入るなど）、自然な回答が引き出せるような工夫をしている。

以下に調査票の実例（「兵庫県あいさつ表現調査票」）を示した。そこには、参考語形も示してある（【労をねぎらうとき】）。これは、調査地域の方言集を調べて抽出したものであり、特徴的な表現があった時、その使用を確認するためのものである。

● 面接調査票の実例

A．《代表的あいさつ場面の定型性》

設問 これから、1日の行動に沿って、場面場面で、あなたご自身がどんなことばをかけたり、行動をするかをお尋ねします。
　　まずは、あなた自身が出かけるときをご想像ください。今日は親しい友人の家に遊びにいく約束をしています。時刻は正午ごろです。

(1)【外出するとき】
　あなたご自身は、何かことばをかける、ないしは身振りをしたりしますか？

(2)【労をねぎらうとき】
　（道を歩いていて田んぼで仕事をしている知り合いを見かけました。そんな時…）
　あなたご自身は、相手に、何かことばをかける、ないしは身振りをしたりしますか？
　➡参考語形：シッポリデンナ（加古郡）、シマイシナハレ（神戸）など

(3)【お礼を言うとき】
    (道中、偶然にも夕べ家に招かれて食事をご馳走になった友人に会いました。)
    あなたご自身は、相手に、何かことばをかける、ないしは身振りをしたりしますか？

(4)【断りのとき】
    (その友人からゲートボールに誘われたのですが、今日はあいにく用事があっていけません。そんなとき、相手の誘いに対して…)
    あなたご自身は、どんなことばをかける、ないしは身振りをしたりしますか？

この調査における調査項目の全容は、次の通りである。A・B・Cの３種類の内容を含んでいる。

●あいさつ表現面接調査票の調査項目一覧
　A.《代表的あいさつ場面の定型性》
　　話者が外出する時の一連の流れにそって
　　(1)【外出するとき】
　　(2)【労をねぎらうとき】
　　(3)【お礼を言うとき】
　　(4)【断りのとき】
　　(5)【別れるとき】
　　(6)【買い物に店に入るとき】
　　(7)【買い物が終わって店を出るとき】
　　(8)【知人の家の前を通り過ぎるとき】
　　(9)【訪問時】

(10)【食事の前後に人を訪ねるとき】
(11)【贈り物を渡すとき】
(12)【辞去のとき】
(13)【祝いを述べるとき】
(14)【外出から帰ったとき】
(15)【就寝時】
話者が家にいる時の一連の流れにそって
(16)【家族を送り出すとき】
(17)【人の訪問を受けたとき】
(18)【贈り物を受けたとき】
(19)【謝罪のとき】
(20)【食事を勧めるとき】
(21)【客を送り出すとき】
(22)【家族を迎えるとき】
(23)【(地域特有表現)サイナラ(兵庫)など】の使用場面／使用例

B.《出会いのあいさつ表現の待遇的場面差》
朝、居間で　(24)両親に　　(25)兄弟に　　(26)子供に
朝、道端で、(27)最も目上の人に　　(28)同じ相手に昼
　　　　　　(29)対等よりやや目上の人に　　(30)同じ相手に昼
　　　　　　(31)同年代の親しい人に　　(32)同じ相手に昼
　　　　　　(33)顔見知り程度の同年代の知人に　　(34)同じ相手に昼
　　　　　　(35)目下のものに　　(36)同じ相手に昼
　　　　　　(37)見知らぬ人に　　(38)同じ相手に昼

C.《道尋ね・行き先答え表現の待遇的場面差》
【道尋ね】
(39)～(47)の相手に「あなたは　どこへ　行くのか」と行先を尋ねるとしたら、それぞれの相手にどのように言うか。

(39)自分の父親　　(40)兄弟　　(41)自分の子供　　(42)最も目上
(43)対等よりやや目上　　(44)同年代の親しい人
(45)顔見知り程度の同年代の知人　(46)目下のもの　(47)見知らぬ人
(48)(39)～(47)の相手が書かれたカードを提示し、ことばをかけるとき、上から下まで遠慮のある順位を付けるとしたら、どうなるか。

【行き先答え】
(49)～(57)の相手に会ったとき、行先を聞かれて「私は　役場へ　行く」と答えるとき、どのように言うか。
(49)自分の父親　　(50)兄弟　　(51)自分の子供　　(52)最も目上
(53)対等よりやや目上　　(54)同年代の親しい人
(55)顔見知り程度の同年代の知人　(56)目下のもの　(57)見知らぬ人

　Aの項目を見ると、例えば、不祝儀の場面がない等、必ずしもこれまでのあいさつ表現の研究の場面設定を網羅した設計になっていないことが分かる。これは、先に述べた通り、筆者が地域の定型性を調べることを目的の1つにしており、日常性という観点から優先度を決めて場面を選定したという事情がある。また、Bの項目で、夜の場面や、相手について男女の別などがないことも、2.2節で述べた、日記調査法によるあいさつ表現の待遇性の検討を経て、それらの観点での場面設定が、待遇的観点での地域差の記述という筆者の目的からいって、朝の場面、昼の場面に比べて重要性が低いと判断したために、面接調査票に反映しなかったという事情がある。一方、Cの項目で質問、回答時の待遇表現及び相手への待遇意識の順位(48)を聞いているのは、B.《出会いのあいさつ表現の待遇的場面差》とC.《道尋ね・行き先答え表現の待遇的場面差》の使い分けを比較し、あいさつ表現と、道尋ね・行き先答えの場面の待遇表現の、相手を待遇する機能の差を比較することを見据えてのことである。これも、待遇的観点での地域差の記述といった筆者の目的に適った調査項目の設計となっている。
　重要なのは、一定のデータによる検討を経て、「あいさつ」という事象にとって重要な観点を見極め、優先度をつけてその観点に沿った調査をある程

度行い、その観点がいかに「あいさつ」という事象に影響を及ぼしているかを解き明かすことである。それが分かれば、「あいさつ」が生じる場面についての予測がつくようになり、ひいては、地理的研究を深めるための項目が尽くされた調査票の作成が可能となる。これは、本段落の「あいさつ」を「言語行動」に換えても同じことが言えるだろう。

（2） アンケート調査票

　アンケート調査票の例として示すのは、東北大学方言研究センター「話し方の全国調査」(2015年)の調査票である。調査地点は全国2000市町村であり、分布調査一般の方法に倣い特定地域に集中させるのではなく、日本全土をまんべんなく覆うように対象市町村を配置するように配慮をしている。インフォーマントは、教育委員会等を介して協力者を探してもらい、それぞれの市町村の範囲で、在外歴の少ない生え抜き高年層男性が選ばれるように指定している。インフォーマントは原則として各市町村1名ずつとしている。このアンケート調査は、アンケート調査票を郵送し、回答は調査票の冒頭に示された「記入のしかた」に従って回答者が自分自身で記入する自記式という方式をとっている。

　アンケート調査項目の設計にあたっては、その言語行動自体の有無も話者から引き出すような設問設定をしている。例えば、ゼロの言語行動が予測される場面では、{ア．何も言わない／イ．何か言う→具体的に記入}というように、ゼロの言語行動が回答者の選択肢に入るような見せ方になっている。

　また、設問の中には、特定の言語行動の開始側と受け側、どちらの立場での反応も聞く工夫がされているものがある。例えば、申し出の言語行動を捉える設問では、まず「あなたは、家庭菜園で茄子を作っているとします。とてもりっぱな茄子ができたので、近所の知り合いに分けてやりに行きました。その茄子を相手に渡すとき、何と言って渡しますか。」と、申し出の開始側のとしての反応を聞き、直後の設問で、「それでは、立場が逆で、あなたが茄子をもらう側だとしたら、何と言って受け取りますか。」と、今度は

受け側としての反応を聞くような形である。従来の言語行動研究では、比較的調査が手薄だった、受け側のあり方の特徴を捉える設問の設計と言える。

さらに、買い物の言語行動に関する設問では、レジ持込み→支払い→おつり確認と設問の流れをつけ、一連のスクリプトとしての買い物の言語行動を提示し、回答者に答えやすくすることで自然な言語行動を引き出す設問設計がされている。

また、回答方式は、選択肢を提示する選択式ではなく、自由に回答を記入する自由回答式を採用している。これは、言語行動の地域差を捉えるためのデータを引き出す時、選択式よりも自由回答式の方が、はっきりした地域的特徴が現れるという見込みのもとでの選択とされる。

具体的な調査票の実例を次に示す。

●アンケート調査票の実例

10. 近所の知り合いと待ち合わせをしましたが、あなたは忘れ物を取りに家に引き返したため、10分ほど約束の時間に遅れてしまいました。このとき、あなたは待っていた相手に対して何か言いますか。

　　ア．何も言わない
　　イ．何か言う　→具体的にどう言うか、ご記入ください。

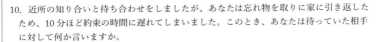

11. 近所の知り合いと待ち合わせをしましたが、その人は10分ほど約束の時間に遅れてやって来ました。この人は、毎回、遅刻を繰り返していて、今回が初めてではありません。このとき、あなたは相手に対して何か言いますか。

　　ア．何も言わない
　　イ．何か言う　→具体的にどう言うか、ご記入ください。

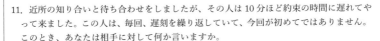

12. 近所の知り合いが、今度NHKののど自慢大会に出ることになったと言っています。あなたはそれを聞き、相手に対してどのような言葉を返しますか。

13. 近所の知り合いが、NHKののど自慢大会に出て優勝しました。あなたはその様子をテレビで見たとします。あとで、その人に出会ったとき、このことに関して何か声をかけますか。
　　ア．何も声をかけない
　　イ．何か声をかける　→具体的に何と言うか、ご記入ください。

　このアンケート調査の調査項目の全容は、次の通りである。

● **「話し方の全国調査①」アンケート調査票の調査項目一覧**
（【　】内は調査対象となる言語行動、ないし、対となる言語行動の組み合わせを示している。組み合わせの場合、下線を引いてあるものが、その設問で対象となる言語行動であることを示している。）
1. 荷物運びの手伝いを頼む【<u>頼む</u>－受け入れる】※
2. 荷物運びの手伝いを頼む【頼む－<u>受け入れる</u>】※
3. 野菜を分けてやる【<u>申し出る</u>－受け入れる】※
4. 野菜を分けてやる【申し出る－<u>受け入れる</u>】※
5. 病院の受診を勧める【勧める】※
6. 旅行へ誘う【<u>誘う</u>－受け入れる／断る】※
7. 旅行へ誘う【誘う－<u>受け入れる</u>／断る】※
8. 旅行へ誘う【誘う－受け入れる／<u>断る</u>】※
9. 連絡を伝える【伝える】※

10. 会合を中座する【説明する】※
11. 傘の持ち主を尋ねる【尋ねる－答える】※
12. 傘の持ち主を尋ねる【尋ねる－答える(肯定)】※
13. 傘の持ち主を尋ねる【尋ねる－答える(否定)】※
14. 退任した区長をねぎらう【ねぎらう】※
15. ゴミ出しの違反を非難する【非難する】※
16. 約束の時間に遅刻する【謝る・説明する】※
17. 約束の時間に遅刻する【非難する】※
18. のど自慢への出演を励ます【励ます】※
19. のど自慢での優勝を祝う【祝う】※
20. のど自慢での不合格をなぐさめる【なぐさめる】※
21. 弔問の挨拶を述べる【不祝儀の挨拶】※
22. 正月の三が日に、道端で出会う【時候の挨拶】※
23. 荷物を持ってやる【申し出る－受け入れる】※
24. 荷物を持ってやる【申し出る－受け入れる】※
25. 孫が一等になり喜ぶ【喜ぶ／ほめる】※
26. 孫が一等を逃しがっかりする【がっかりする／なぐさめる】※
27. 醤油差しをとってもらう【頼む－受け入れる】※
28. 醤油差しをとってもらう【頼む－受け入れる】※
29. 帽子を自慢する【自慢する】
30. 帽子をほめる【褒める】※
31. 食事をほめる【褒める】
32. 新築の家について何か言う【ほめる・けなす・お世辞を言う・うそをつく】
33. お客に帰ってもらう【ほのめかす・催促する・いやみを言う】
34. バスの乗り場を尋ねる【質問する】
35. 忘れ物を注意する【呼びかける・注意する】
36. 葉書を買う【頼む・お礼を言う】
37. 葉書を買う：商品受け取り時【頼む・お礼を言う】

38. 買物をする:レジ持込時【呼びかける・頼む】
39. 買物をする:支払い【頼む】
40. おつりを確認する【確認する】
41. ぶつかったことを謝る【謝る】
42. ぶつかったことを謝る【謝りへの返答】

　このアンケート調査に盛り込んだ項目の内容には、地理的研究のためのみならず、記述的研究の進展にも貢献し、ひいては、この先の言語行動の方言学的研究の発展を見込んだ工夫が見られる。具体的にその工夫点を挙げると、この調査の調査項目のいくつか（※を付した項目）は、東北大学方言研究センターの『生活を伝える被災方言会話集』の設定場面と対応させてある。

　例えば、「19. のど自慢での優勝を祝う」（上の「アンケート調査の実例」では 13 番の質問）は、本章第 3 節「研究の実践（1）」で示した『生活を伝える被災地方言会話集』の会話例②「のど自慢での優勝を祝う」の場面に対応するものである。先に示した通り、会話例②を見ると生き生きとした会話が繰り広げられているが、この調査では、そもそもそのような場面で祝うやり取りをするかどうかは問わぬことになっている。先に個別的調査の解説でも指摘した通り、ロールプレイ調査では、そもそも会話を採ることを前提にして調査を行うため、言語行動の有無が把握しづらいのである。しかし、上の「アンケート調査の実例」のような質問形式で聞けば、アンケート調査で、ゼロの言語行動を一定程度、把握できる。しかも、アンケート調査は、5.1 節で紹介したロールプレイ調査に比べ、調査から資料完成までに費やす時間が短いため、大量のデータを採り、地域差や性差、世代差を見るのにも適しているというメリットがある。アンケート調査を広く行うことによって、ロールプレイ調査で明らかにできなかった点をカバーすることができるのである。

　さらに、ゆくゆくはアンケート調査とロールプレイ調査の同場面の比較により得られたデータの性質の差を明らかにし、それを踏まえて、アンケート

調査で得られた全国のデータから、ロールプレイ調査で得られる言語行動の展開の特徴をある程度予測するといったことも考えられる。つまり、言語行動の地域差を面的にも点的にも掘り下げることにつながるのである。このように、アンケート調査とロールプレイ調査を組み合わせることで、それぞれの調査法の短所を補い、地域の言語行動の実態を総合的に明らかにすることができる。この質問項目の内容設定と2種の調査手法による調査実施には、そうした意欲的な試みが汲み取れる。このような研究の展開を可能にするという意味でも、様々な調査手法に精通し、それを適宜駆使して対象にアプローチする方法を取るのがよいと言える。多様な調査手法を駆使することによって、個々の調査のメリット・デメリットを昇華した、価値の高い資料が得られるのである。

文献

石井正彦・孫英奭(2013)『マルチメディア・コーパス言語学―テレビ放送の計量的表現行動研究―』大阪大学出版会

井上文子・松田美香・酒井雅史・白坂千里(2015)「第34回研究大会ワークショップ ロールプレイ会話による方言談話対照研究の試み―地域差・世代差・性差・メディア差に注目して―」『社会言語科学』17-2

江端義夫(1997)「挨拶言葉の分布と歴史―家族との朝の出会いの挨拶」『国文学解釈と教材の研究』42-7

江端義夫(2001)「日本のあいさつ表現とあいさつ行動の地理言語学的研究」『社会言語科学』3-2

大西拓一郎(2008)『現代方言の世界』朝倉書店

沖裕子(1993a)「喜怒哀楽のことば―談話型から見た喜びの表現 結婚のあいさつの地域差より」『日本語学』12-1

沖裕子(1993b)「日本の方言を捉える―談話から見た東の方言／西の方言」『月刊言語』22-9

沖裕子(2006)『日本語談話論』和泉書院

尾崎喜光(2011)『国内地域間コミュニケーション・ギャップの研究―関西方言と他方

言の対照研究』科学研究費補助金成果報告書
甲斐睦朗(1987)「日本語のあいさつ言葉の構造―昭和 20 年代後半の「川のある下町の話」を例にして」『国語国文学報』44
岸江信介(2009)「注意喚起時における言語行動の地域差と場面差―テキストマイニングによる分析を中心に」『月刊言語』38-4
熊谷智子・篠崎晃一(2006)「第 3 章 依頼場面での 働きかけ方における世代差・地域差」国立国語研究所『言語行動における「配慮」の諸相』くろしお出版
国立国語研究所(1971)『待遇表現の実態―松江 24 時間調査料から』秀英出版
国立国語研究所(1978〜1987)『方言談話資料』全 10 巻、秀英出版
国立国語研究所(1982)『企業の中の敬語』三省堂
国立国語研究所(1983)『敬語と敬語意識―岡崎における 20 年前との比較』三省堂
国立国語研究所(1984)『言語行動における日独比較』三省堂
国立国語研究所(1986)『社会変化と敬語行動の標準』秀英出版
国立国語研究所(1990)『場面と場面意識』三省堂
国立国語研究所(2002)『方言文法全国地図第 5 集』大蔵省印刷局
国立国語研究所(2006a)『方言文法全国地図第 6 集』財務省印刷局
国立国語研究所(2006b)『言語行動における「配慮」の諸相』くろしお出版
小林隆(2009)『消えゆく日本語方言の記録調査 言葉遣い記入票その 2』東北大学方言研究センター
小林隆(2015)「東北方言の特質―言語的発想法の視点から―」益岡隆志編『日本語研究とその可能性』開拓社
小林隆・澤村美幸(2014)『ものの言いかた西東』岩波新書
小林隆・内間早俊・坂喜美佳・佐藤亜実(2014)「言語行動の枠組みに基づく方言会話記録の試み」『東北文化研究室紀要』55
小林隆・内間早俊・坂喜美佳・佐藤亜実(2015)「第 4 章 言語生活の記録―生活を伝える方言会話集―」大野眞男・小林隆編『方言を伝える 3・11 東日本大震災被災地における取り組み』ひつじ書房
篠崎晃一(2002)「言語行動の方言学」日本方言研究会編『21 世紀の方言学』国書刊行会
篠崎晃一(2010)「働きかけ方の地域差」小林隆・篠崎晃一編『方言の発見―知られざる地域差を知る―』ひつじ書房
篠崎晃一・小林隆(1997)「買物における挨拶行動の地域差と世代差」『日本語科学』2
渋谷勝己(2003)「第 12 章言語行動の研究史」『朝倉日本語講座 9 言語行動』朝倉書店

陣内正敬（2011）「ポライトネスの地域差」小林隆・篠崎晃一編『方言の発見―知られざる地域差を知る―』ひつじ書房
杉戸清樹（1986）「行動の中の方言」飯豊毅一・日野資純・佐藤亮一編『講座方言学3 方言研究の問題』国書刊行会
千秋育子（2012）『関西人のルール』中経出版
東北大学方言研究センター（2013）『伝える、励ます、学ぶ、被災地方言会話集―宮城県沿岸15市町―』東北大学大学院文学研究科国語学研究室
東北大学方言研究センター（2014）『生活を伝える被災地方言会話集―宮城県気仙沼市・名取市の100場面会話―』東北大学大学院文学研究科国語学研究室
東北大学方言研究センター（2015）『生活を伝える被災地方言会話集2―宮城県気仙沼市・名取市の100場面会話―』東北大学大学院文学研究科国語学研究室
東北大学方言研究センター（2016）『生活を伝える被災地方言会話集3―宮城県気仙沼市・名取市の100場面会話―』東北大学大学院文学研究科国語学研究室
徳川宗賢（1985）「日本の風土性」九学会連合日本の風土調査委員会編『日本の風土』弘文堂
中西太郎（2008）「あいさつ言葉の定型化をめぐって―「おはよう」を事例とした定型化の検証―」『国語学研究』47
中西太郎（2014）「あいさつ表現の使用実態の地域差―朝の出会い時を中心に―」『応用言語学研究　明海大学大学院応用言語学研究科紀要』16
中西太郎（2015a）「コミュニケーション・ギャップの一因としてのことばの地域差」『応用言語学研究』17
中西太郎（2015b）「言語行動の地理的・社会的研究―言語行動学的研究としてのあいさつ表現研究を例として―」『方言の研究』1
中西太郎・田附敏尚・内間早俊（2009）「秋田県の言語調査報告」『東北大学東北文化研究室紀要』50
西尾純二（2008）「言語行動の多様性に関する研究の射程」山口幸洋博士の古希をお祝いする会編『方言研究の前衛』桂書房
西尾純二（2009）「再検討・日本語行動の地域性」『月刊言語』38-4
西尾純二（2014）「現代語の感謝・謝罪に見られる配慮表現」野田尚史・高山善行・小林隆編（2014）『日本語配慮表現の多様性―歴史的変化と地理的・社会的変異―』くろしお出版
西尾純二（2015）『マイナスの待遇表現行動―対象を低く悪く扱う表現への規制と配慮』くろしお出版

日本語記述文法研究会(2009)『現代日本語文法7第12部談話第13部待遇表現』くろしお出版
日本放送協会・金田一春彦・柴田武(1966–1972)『全国方言資料』全11巻、日本放送出版協会
野田尚史・高山善行・小林隆編(2014)『日本語配慮表現の多様性—歴史的変化と地理的・社会的変異—』くろしお出版
日高水穂(2014)「談話の構成から見た現代語の配慮表現」野田尚史・高山善行・小林隆編(2014)『日本語配慮表現の多様性—歴史的変化と地理的・社会的変異—』くろしお出版
平田陽一郎(2013)『ココが違う！東京 大阪 名古屋 あなたはどこまで知っていますか?!』文芸社
藤原与一(1992)『続昭和(→平成)日本語方言の総合的研究第3巻あいさつことばの世界』武蔵野書院
方言研究ゼミナール幹事団編(1991)『方言資料叢刊第1巻祝言のあいさつ』広島大学教育学部国語教育学研究室方言研究ゼミナール
方言研究ゼミナール幹事会編(1997)『方言資料叢刊第7巻方言の待遇表現』広島大学教育学部国語教育学研究室方言研究ゼミナール
本堂寛(1997)「岩手県盛岡市方言の待遇表現」方言研究ゼミナール幹事会編『方言資料叢刊第7巻方言の待遇表現』広島大学教育学部
前垣和義(2010)『大阪のおばちゃん学』PHP研究所
馬瀬良雄・岡野ひさの・杁山あつ子・伊藤祥子(1988)「言語行動における日本・台湾・マレーシア(マレー系)の比較—大学生の挨拶行動を中心に—」『国語学』155
三井はるみ(2007)「おはようございます、こんばんは」『月刊言語』35–12
三宅和子・野田尚史・生越直樹編(2012)『「配慮」はどのように示されるか』ひつじ書房
山岡政紀・牧原功・小野正樹(2010)『コミュニケーションと配慮表現—日本語語用論入門—』明治書院
山梨ことばの会(2013)『一方言の島—奈良田のことば』NPO法人地域資料デジタル化研究会
吉岡泰夫(2000)「敬語使用と規範意識の社会差・地域差」『計量国語学』22–6

Webサイト
東北大学方言研究センター『東日本大震災と方言ネット』(http://www.sinsaihougen.

jp/、2015 年 9 月アクセス）

総務省統計局『日本統計地図』（http://www.stat.go.jp/data/chiri/map/、2015 年 9 月アクセス）

あとがき

　本書は最初「方言学の開拓」というタイトルで宣伝に出ていたから、お気づきの方はあれっと思われたかもしれない。最後の詰めの段階で迷いに迷い、「方言学の未来をひらく」と変更した。少々気取った書名のようにも感じるが、ひつじ書房のお墨付き・後押しがあっての決定である。
　もちろん、本の名前を変えたからといって、中身が変わるわけではない。だが、アピールするものが異なることはたしかである。本書の中で、われわれは方言学の未開の地に自らクワを入れスキを振るった。その意味では「開拓」でもよかったかもしれない。しかし、その未開の地はけっして荒れ野原ではない。新しい研究を待ちうけている豊穣の地なのである。しかもそれは遥かに広がり、われわれはその入り口に立ったに過ぎない。方言学の未来を託すべき方言の沃野に、読者のみなさんと一緒にチャレンジしてみたい。新しい方言学を切り拓くための一助として本書を世に送ろう。そんなメッセージを「方言学の未来をひらく」という書名に込めることにした。
　今回、そうした志を共にしてくれたのは、東北大学の教え子のみなさんである。教え子、と言っても研究室時代からこちらが教えてもらうことの方が多く、しかも今や、その道の中堅の域に達しようという方々である。東北大学に集まる若い人たちはテーマがバラエティに富み、一緒に研究していてとても楽しく刺激的な時間を共有できた。川﨑めぐみさんは山形方言のオノマトペを、澤村美幸さんは感動詞などの方言形成を、椎名渉子さんは子守唄の談話展開を、中西太郎さんは挨拶を中心とした言語行動を、それぞれ専門に研究していた。その点では、すでに一人一人が未開の地を踏み分けつつあったと言える。これらのみなさんのテーマの広がりと、溢れんばかりのチャレンジ精神のおかげで、今回、このようにタッグを組んで新しい世界へ挑戦することが可能となった。なお、計画を練る段階では、執筆者のみなさんと同

世代の田附敏尚さんにも加わってもらい、有益な助言をいただいたことを記しておきたい。

　松本功社長をはじめ、ひつじ書房のスタッフにはこのたびもたいへんお世話になった。われわれの意気込みを買ってくださり、書籍化に向けた支援を惜しまなかったみなさんに、この場を借りて心から感謝したい。直接の担当は渡邉あゆみさんと鈴木紫野さんだったが、渡邉さんが産休に入る関係で、途中から鈴木さんに交替することになった。本書の出版が新しい命の誕生と重なり、喜びが2倍になった思いである。みどりごの成長を祈るとともに、本書が次世代の研究のゆりかごとなることを願おう。

小林　隆

索引

ABAB型　45, 49
ABッ型　40
ABラABラ型　31, 41, 47
ABラッ型　38
h音付加　105
H化　103
j音付加　105
w音付加　105

あ

挨拶　88
あいさつ表現　375, 396
青森県南津軽郡黒石町の不祝儀談話　244
青森の談話　249
青森の不祝儀談話の構成　246
あからさまに儀礼的なフィラー　95
味・食感を表すもの　75
足の動きに伴う音・様子　63
遊びのかけ声　88
頭・顔の動きに伴う音・様子　64
あっぱれ　153
あは　152
アバ　164, 165, 166, 168, 169

アバ系感動詞　122, 149
アバ系感動詞の意味　172
アバ系感動詞の種類　157
アバ系感動詞の地域別意味条件　183
アバ系感動詞の地理的・歴史的展開　183
アバ系感動詞の地理的展開　149
アバ系感動詞の範囲　149
アバババ　168
アバヤ　165
あはれ　153
アベ　165, 166
アンケート型調査　119
アンケート調査　26, 354, 355, 403
アンケート調査票　399

い

言い淀み　88
意外性　127
意外性の感動　173, 175, 176, 182, 184
意外な事態　127
意志表示　88
位相性　108
痛みの感動詞　110
一般語　28
一般語彙の副詞に近いオノマトペ　76
祝いの言語行動　364
イントネーション　105, 129

う

受け側のあり方　400

え

映像（動画データ）　220
演出性　225

お

応答　88
応答詞　88
大阪の談話　249
大阪の不祝儀談話の構成　242
大阪府大阪市の不祝儀談話　239
荻野の数量化　358
音遊び　45
音象徴　12
オノマトペ　11, 113
オノマトペ辞　15, 29
オノマトペ辞「ラ」　30
オノマトペに後接する要素　83
オノマトペの収集　32
オノマトペの認定　27
オノマトペ標識　12
恩恵反応系　216
恩恵表明系　216
音調　103
音調的操作　104, 105, 129, 131, 132, 134
音調的特徴　129

か

開始部　243, 248
概念系　110, 111
外来語　27
会話の自然性　220
加工性　225
下降調　107, 133, 143

感慨的感動　141, 142, 143
感覚を表すもの　72
関係構築系　216
慣習化　45
感情的意味　129, 130, 132, 133, 137
感情的な言語要素　264
感情的要素　271
感情表明系　216
感情を表すオノマトペ　75
歓声　88
感動　88
感動詞　264, 271
感動詞化　100, 101, 109
感動詞から他品詞への転成　102
感動詞系　271
感動詞と文の類型との対応　107
感動詞内での用法の拡張　98
感動詞の意味分析の観点　97
感動詞の語形成　103
感動詞の資料　114
「感動詞の全国分布調査」　153
感動詞の単位認定　103
感動詞の調査方法　118
感動詞の範囲　87
感動詞の分類　87
感動詞の方言形成　113
感動詞標識　103, 105
感動詞への志向性　113
感動の種類　97
感動の性質　94
感動の程度　143

き
擬音語　11, 60
聞き手の有無　97
聞きなし　24, 28
擬似オノマトペ　28
記述的研究　14
擬情語　59, 60
擬声語　60
擬態語　11, 60
気づかれない方言　29
機能的要素　208, 227, 342, 367
規範意識　26
基本義　128, 131
基本形　128
基本形形式　129, 130
疑問詞　265, 271
疑問詞文　147
疑問反応系　216
疑問表明系　216
客観性　225
九州・琉球地方　174, 184
九州・琉球方言　182
九州地方　253, 255, 256, 258, 260, 262, 263, 271
九州方言　274
狭義の感動詞　88
強調　31
強調辞　16
曲線的な感動　173, 176, –180, 182, 184
儀礼性　250, 273
儀礼対応　231, 249, 252–255, 259, 263
近畿地方　253, 255, 256, 258, 260, 262, 263, 271
近畿方言　273

く
グイラ・ポット系オノマトペ　52, 80
具体的描写性　54, 56, 59
供物に対する礼　255
グロットグラム調査　51

け
敬語　346
形態的操作　104, 105, 129, 131–133, 169
形態的操作の意味　142
形容詞語幹による感嘆用法　155
気仙沼市方言　173, 174, 176, 182, 184
原因のありか　97
言語行動の産出プロセス　344
言語行動の自然さ　351
言語行動の種類　214
言語行動の調査法　350
言語行動の展開　353
言語行動の枠組み　215
言語的発想　225
言語的発想法　344, 389
現場性　20, 54

こ
行為指示　88
行為表明　231
後接辞　22, 30
号令・応援　88
声の大きさ　105
声の質　105, 129
声の高さ　105
コードスイッチング　346

索引　413

呼気　132, 134
語義化　128, 129
語群　51
語形化　128, 129, 130
語形成　103, 110
語形生成システム　169
語形生成システムの東西差　169
「古今感動詞一覧」　121
語頭の母音の有無　164
語尾の母音の種類　165
コミュニケーションギャップ　9
困惑表明文　147

さ

参加者の意識　354
参加者の属性　354
三辺境分布　152, 164

し

視覚的な描写　56
時間関係の副詞　52, 54
時間的表現　53
志向性　50
指示詞　269
自然観察調査　351, 353
自然物　71
自然傍受法　14
事態と想定　125
事態の受け止め方　97
事態の認知　123, 125
事態描写文　144
〈質・様〉への言及　53, 59
実現義（語義）　128, 131
実現形　128, 129, 130
失敗の感動詞　100, 110, 121

社会的要因　343, 374, 385
社会と言語活動の関係モデル　357
社交的尋ね　373
重音化　105, 129, 132, 142, 169
重音化＋長音化（語中・語尾）形式　130, 133, 134, 139
重音化＋長音化（語頭）形式　130
重音化＋長音化形式　141, 142
重音化・長音化の度合い　142
重音化形式　168, 169
重音化単独形式　132, 139, 141, 142
重音化単独形式（長音化なし）　130
自由回答式　400
自由会話　212, 215
周圏論　152
終了部　243, 248
主張表明系　216
呪文・まじない　88
使用依存度　26
状況描写文　144
状況描写文・評価表明文＋疑問詞　146
畳語　28
畳語化　105
上昇調　107, 134, 143
使用制限の強化と弛緩　183
常体／敬体の使い分け　391
情動的感動詞　94
情報処理的な見方　94
情報提示　231

ショーアップ語　95
人工物　72
人口密度　386
心情性　250, 273
心情的性格　263
心情描写文　145
心情表明　231, 249, 252, 253
身体感覚を表すオノマトペ　17, 59
心的な情報処理　92

す

スクリプト　343, 348, 364, 400
ストレス　105, 129, 132, 134

せ

性格　70
『生活を伝える被災地方言会話集』　215, 274, 275, 217, 218, 361
『生活を伝える被災地方言会話集』の設定場面リスト　276
清濁対立　12, 21
声門閉鎖　104
生理音　89
生理的な反応　175
ゼロの言語行動　341, 399
全国のオノマトペ　19
『全国方言資料』　213, 230, 274
全身の動きに伴う音・様子　65
全身の感覚　73
想定を超えた事態　127

そ

促音化 103, 104
速度 105
存命中の世話に対する礼 254, 259, 261

た

待遇性 108
待遇的観点 375
待遇的場面差 394, 397
対照研究 340
対人行動の類型 342
多人数調査 355
他品詞から感動詞への転成 100
他品詞からの転成 109
他品詞への派生 109
多変量解析 358
短縮化 168
単独型 157, 166, 167
談話 207, 226
談話型 208
談話形態 215
談話資料 23, 211
談話的機能 92
談話展開 208
談話の構成 222, 226
談話の成立要因 220
談話の表現論的性格 226
談話の要素 223
談話標識 208, 223, 226
談話レベル 222
談話を分析する際の単位 226

ち

知識・予想などとの関係 97
地方中央都市 388
中部地方 174, 180, 181, 184
中部方言 182
弔意に対する礼 254, 259
長音化 103, 104, 129, 133, 142
長音化単独形式 133, 134, 139, 140, 141, 142
長音化単独形式（重音化なし） 130
調査項目案 59, 185, 274, 393
調査項目の設定 120
弔問に対する礼 254, 259, 260
直線的な感動 173, 176, 177, 178, 179, 180, 185
地理情報支援システム 358
地理的研究 50

つ

繋ぎ詞 88

て

定型性 111, 112, 225, 378, 394
定型的 273
定型的表現 378, 380, 392
程度の拡大 44
テキストマイニング 358
手の動きに伴う音・様子 64
展開指定型 212, 217, 218, 219
展開自由型 212, 217, 218

展開部 243, 248
伝播 389
伝播速度 113

と

東西比較 17
動作のかけ声 88
胴体の感覚 74
動物に関するもの 66
頭部の感覚 73
東北大学方言研究センター 153, 215, 274, 275
東北大学方言研究センターの調査項目 121
東北地方 169, 174, 180, 184, 253, 255, 256, 258, 260, 262, 263, 271
東北方言 182, 263, 273
動揺的感動 139, 141, 142, 143
都市性 343, 350

な

内省型調査 118
内省調査 354, 355
内発系 179
内発系感動詞 106
ナゾスッペ 148
名取市 217, 275
『奈良田のことば』 361, 363
ナンダベ 146

に

西日本 165, 166, 167, 168, 263

『日独言語行動の比較』 340
日記調査法 355
『日本語方言立ち上げ詞の研究』 115, 121
『日本のふるさとことば集成』 214, 274
『日本方言大辞典』 149
人称代名詞 270, 271
認知的感動 173, 176, 182, 184
認知的な反応 175

ね
猫の呼び声 102

は
バ 122, 164, 165, 168, 169
配慮性 225
配慮表現 340
派生形 82
発言性 225
発想法 9, 20, 112
発想法レベルの地域差 113
発話 226, 229
発話機能 227, 229
発話の構成 223
発話要素 224, 226, 227, 229
発話量 270
発話レベル 223
発話連鎖 222
「バ」と文の種類・文型 144, 148
「バ」の意味 122
「バ」の形態 128, 134
場面設定 120, 121

場面設定会話 212, 215, 373
場面に依存した発話者の感情 129
場面の網羅性 355
場面別分布 380, 384
囃し文句・合いの手 88
パラ言語 226
パラ言語的要素 345
反射的感動 173
反射的な反応 124, 175

ひ
非意外性の感動 173, 175
鼻音化 105
非概念系 110, 111
東日本 165-168
東日本大震災と方言ネット 275
非言語行動 220
非言語的要素 226
非言語表現 345, 363, 392
非定型性 112
非定型表現 383, 386, 392
ビデオ質問調査票 120
人以外のものが発する音 62
人が発する音 61
人の声 60
非難表明文 146
皮膚感覚 73
比喩的な用法 45
評価表明文 145
表現形式 339, 341
表現内容 376
表現様式 339, 341, 345
表現様式の地域差 374
表情音 88

ふ
フィラー 88
不快感 36, 40
付加的な意味 35
複合型 157, 166, 167
複合や接辞の付加による派生 106
副詞 266, 271
不祝儀談話 230
不祝儀の挨拶 230
『物類称呼』 114
プラスの感動 173, 180, 181
分析性 225

へ
平板調 133, 134, 143

ほ
方言辞典 22
方言集 22
『方言資料叢刊』 352, 359
『方言談話資料』 214, 218, 274
方言談話資料の話題・場面一覧 274
方言特有のオノマトペ 77
『方言文法全国地図』 114, 360
『方言録音資料シリーズ』 214, 274
褒め 370

ま

マイナスの感動　173, 180–182
マイナス評価　36, 40, 44
摩擦化　105
マルチメディア・コーパス　362

み

道尋ね　397
宮城県気仙沼市　217, 275
宮城県気仙沼市方言　122
宮城県名取市　217, 275
民話　24

む

昔話　24
無声化　104

め

名詞化要素　38

面

面接型調査法　119
面接調査　25, 354
面接調査票　394

も

目的別言語行動　364
目的別言語行動の分類　346
目的別言語行動の枠組み　216, 227, 275
物売りの声　88
物に関するもの　67

や

山形県寒河江市方言　30

よ

要求反応系　216
要求表明系　216
容姿・状態　69
様態副詞　52, 54
予測可能な事態　127

呼

呼びかけ　88
喜び　368

ら

「ラ」の特徴　34

り

陸羽東線グロットグラム調査　55, 80

ろ

ロールプレイ会話　212
ロールプレイ調査　353, 364, 403

わ

ワーディング　352, 379
話術　209
話題指定型　212
話題自由型　212
話段　226, 229

著者紹介（五十音順）

川﨑めぐみ（かわさき めぐみ）　名古屋学院大学商学部講師
出身地は山形県。専門分野は方言学、日本語学。主な論文に『東北方言オノマトペの形態と意味』（東北大学博士学位論文）等。旧姓、川越。

小林隆（こばやし たかし）　東北大学大学院文学研究科教授
出身地は新潟県。専門分野は方言学、日本語史。主な著書に『方言学的日本語史の方法』（ひつじ書房　2004）、『ものの言いかた西東』（共著、岩波書店 2014）等。

澤村美幸（さわむら みゆき）　和歌山大学教育学部准教授
出身地は山形県。専門分野は方言学、日本語学。主な著書に『日本語方言形成論の視点』（岩波書店 2011）、『ものの言いかた西東』（共著、岩波書店 2014）等。

椎名渉子（しいな しょうこ）　フェリス女学院大学国際センター講師
出身地は東京都。専門分野は方言学。主な論文に「子守歌詞章の地域差―おどし表現・甘やかし表現を中心に―」『国語学研究』44（2005）、「すわる（座る）―育児語―」「かみ・ほとけ（神・仏）―育児語―」大西拓一郎編『新日本言語地図―分布図で見渡す方言の世界―』（朝倉書店 2016）等。

中西太郎（なかにし たろう）　目白大学社会学部メディア表現学科講師
出身地は茨城県。専門分野は方言学、社会言語学。主な論文に「柳田が導く日中の出会いのあいさつ表現研究の可能性」小林隆編『柳田方言学の現代的意義―あいさつ表現と方言形成論―』（ひつじ書房　2014）、「言語行動の地理的・社会的研究―言語行動学的してのあいさつ表現研究を例として―」『方言の研究』1（ひつじ書房 2015）等。

方言学の未来をひらく―オノマトペ・感動詞・談話・言語行動

Towards the Future of Dialectology:
Onomatopoeia, Interjection, Discourse, and Language Behavior
Takashi Kobayashi, Megumi Kawasaki, Miyuki Sawamura, Shoko Shiina, Taro Nakanishi

発行	2017年5月10日 初版1刷
定価	5800円＋税
著者	ⓒ 小林隆・川﨑めぐみ・澤村美幸・椎名渉子・中西太郎
発行者	松本功
装丁者	萱島雄太
印刷・製本所	三美印刷株式会社
発行所	株式会社 ひつじ書房
	〒112-0011 東京都文京区千石2-1-2 大和ビル2階
	Tel.03-5319-4916 Fax.03-5319-4917
	郵便振替 00120-8-142852
	toiawase@hituzi.co.jp http://www.hituzi.co.jp/

ISBN978-4-89476-852-9

造本には充分注意しておりますが、落丁・乱丁などがございましたら、小社かお買上げ書店にておとりかえいたします。ご意見、ご感想など、小社までお寄せ下されば幸いです。